MEDICINA CHINESA

Dedicatória

Aos nossos pais, professores, pacientes, estudantes e filhos, que muito contribuíram para este trabalho.

E67m   Ergil, Marnae C.
           Medicina chinesa : guia ilustrado / Marnae C. Ergil, Kevin V. Ergil; apresentação por Michael Smith ; tradução Vinicius Antoniazzi. – Porto Alegre : Artmed, 2010.
           416 p. ; 19 cm.

           ISBN 978-85-363-2303-9

           1. Medicina complementar. 2. Medicina chinesa. I. Ergil, Kevin K. II. Título.

                                                                                  CDU 615.8

Catalogação na publicação: Renata de Souza Borges CRB-10/1922

Marnae C. Ergil
Kevin V. Ergil

MEDICINA CHINESA
Guia ilustrado

Apresentação por Michael Smith, MD

Tradução e revisão técnica:

Vinicius Antoniazzi
Médico Acupunturista.
Professor do Curso de Especialização
em Acupuntura do Centro de Estudos de
Acupuntura do Rio Grande do Sul – CESAC/RS.

2010

Obra originalmente publicada sob o título *Pocket Atlas of Chinese Medicine*, autoria de Marnae Ergil, Kevin Ergil et al.
ISBN 978-3-13-141611-7

Copyright © 2009 by Georg Thieme Verlag KG, Stuttgart, Germany

Capa: *Mário Röhnelt*

Preparação de original: *Márcio Friedl*

Leitura final: *Sandra da Câmara Godoy*

Editora Sênior – Biociências: *Letícia Bispo de Lima*

Editora responsável por esta obra: *Laura Ávila de Souza*

Projeto e editoração: *Techbooks*

Reservados todos os direitos de publicação, em língua portuguesa, à
ARTMED® EDITORA S.A.
Av. Jerônimo de Ornelas, 670 – Santana
90040-340 – Porto Alegre – RS
Fone: (51) 3027-7000   Fax: (51) 3027-7070

É proibida a duplicação ou reprodução deste volume, no todo ou em parte, sob quaisquer formas ou por quaisquer meios (eletrônico, mecânico, gravação, fotocópia, distribuição na Web e outros), sem permissão expressa da Editora.

Unidade São Paulo
Av. Embaixador Macedo Soares, 10.735 – Pavilhão 5 – Cond. Espace Center
Vila Anastácio – 05095-035 – São Paulo – SP
Fone: (11) 3665-1100   Fax: (11) 3667-1333

SAC 0800 703-3444

IMPRESSO NO BRASIL
PRINTED IN BRAZIL

Organizadores

Marnae C. Ergil, MA, MS,
LAc, Dipl. OM (NCCAOM)
Professor
Finger Lakes School of Acupuncture
 and Oriental Medicine
New York Chiropractic College
Seneca Falls, NY, EUA

Kevin V. Ergil, MA, MS,
LAc, Dipl. OM (NCCAOM)
Professor Associado
Finger Lakes School of Acupuncture
 and Oriental Medicine
New York Chiropractic College
Seneca Falls, NY, EUA

Colaboradores

Simon Becker, Dipl. Ac e CH
Presidente
Swiss Professional Organization for
 TCM
Waedenswill, Suíça

Stephen Birch, PhD
The Stichting (Foundation) for the
 Study of Tradicional East Asian
 Medicine (STEAM)
Amsterdan, Holanda

Mary Garvey, BA, PracDipAc,
 MHlthSci, MLitt
College of Traditional Chinese
 Medicine
University of Technology Sydney
Sidnei, Austrália

Michael McCarthy, MA(ThB), LAc,
 DipCHM, D-Tuina, MIRCHM,
 MTCMCI
Institute of East West Medical
 Sciences
Dublin, Irlanda

Anne Reinard, BA
Luxemburgo, Luxemburgo

Yves Réquéna, MD
Prática privativa
Aix-en-Provence, França

Professor Douglas Wile, PhD
Alverno College
Milwaukee, WI, EUA

Agradecimentos

Gostaríamos de agradecer à equipe editorial e de produção da Editora Thieme, particularmente a Angelika Findgott e Anne Lamparter, por seu comprometimento paciente e cuidadoso com a produção do *Medicina Chinesa: guia ilustrado*. Somos também muito agradecidos a Bob Felt, da Paradigm Publications, por defender nosso envolvimento neste projeto. Pelo fato de termos sido convidados para este projeto quando o trabalho já estava sendo feito, nossa contribuição inicial fez com que a fase de produção deste livro levasse mais tempo para ser concluída. A determinação de Angelika Findgott em ver este projeto impresso foi fundamental para sua publicação e merece todo o nosso reconhecimento.

Somos agradecidos aos diversos autores que contribuíram com seu conhecimento nesta obra. Simon Becker, Stephen Birch, Mary Garvey, Anne Reinard e Yves Réquéna juntaram-se ao projeto bem antes de nós e foram dedicando cada vez mais seu tempo, conforme as características editoriais e de *design* do livro foram se tornando mais claras e as revisões de capítulos já submetidos se tornaram necessárias. Simon Becker gentilmente cedeu sua extensa e bem escrita contribuição, compartilhando seu abrangente conhecimento da medicina chinesa. Somos também gratos a Doug Wile e Michael McCarthy, que se juntaram ao projeto mais tarde e cujos conhecimentos substanciais contribuíram muito para este trabalho.

Somos muito agradecidos à Finger Lakes School of Acupuncture and Oriental Medicine do New York Chiropratic College por viabilizar um ambiente tão adequado ao exercício de escrever e organizar. Agradecemos a Ai Zhong Li, PhD, LAc, que contribuiu em muitas das ilustrações que constam no capítulo de *tui na*, inclusive posando em algumas delas. Agradecemos também a nossos estudantes que contribuíram com o conteúdo de inúmeras fotos.

Por fim, devemos reconhecer e ressaltar que nosso trabalho como autores depende da generosidade de estudiosos, professores, pacientes e estudantes, que gentilmente contribuíram para enriquecer todo o conhecimento ou o entendimento que possamos ter quanto à tradição da medicina chinesa. Estamos particularmente agradecidos pela profunda e generosa erudição de Nigel Wiseman e Feng Ye. Fizemos todo o esforço para usar o seu glossário-padrão nos textos, o que torna os termos da medicina chinesa bastante acessíveis ao leitor, e baseamos nossos estudos no *Fundamentals of Traditional Chinese Medicine* e no *Practical Dictionary of Chinese Medicine*, desses autores. Além disso, não teríamos conseguido prosseguir sem os trabalhos de Paul Unschuld, Tie Tao Deng, Yi Tian Ni e tantos outros, sendo impossível citar todos.

Se houver (e é provável que haja) quaisquer erros neste livro, os autores e colaboradores são totalmente responsáveis por eles.

Apresentação

A medicina chinesa pertence a todos nós, e suas perspectivas são valorizadas por pessoas de todas as culturas. Essa medicina representa um tesouro característico, uma vez que seus 2 mil anos de comentários contínuos – embora frequentemente contrastantes – representam o melhor exemplo da sutileza e do poder que emergem da análise da experiência humana. O herbalismo chinês é mais sofisticado do que o de outras tradições herbais, em razão de os chineses serem mais persistentes em observar e registrar suas experiências.

À medida que a sociedade ocidental foi se familiarizando com a medicina chinesa no final do século XX, a acupuntura conquistava mais adeptos por se moldar facilmente ao perfil do profissional licenciado, de clínica privada, característico dos serviços de saúde ocidentais. Os métodos relacionados de acupressura, *qi gong* e *tui na* foram em grande parte ignorados. A acupuntura foi progressivamente revisada com o intuito de enfatizar a ideia de que uma ação mecânica em um local preciso cria um efeito específico. Essa simplificação dos conceitos tradicionais da acupuntura os torna mais lineares e aceitáveis para os ocidentais.

Na realidade, a acupuntura desenvolve-se a partir da natureza profunda do toque humano e da relação da energia vital entre as pessoas. Localizar os pontos pelo toque é mais efetivo do que usar guias estritamente anatômicos, já que o terapeuta sente o movimento do *qi*, assim como o praticante de *qi gong*, sendo guiado pela dinâmica da sensação entre paciente e terapeuta.

A medicina chinesa começa por uma apreciação da vida e da energia vital (*qi*). Quando o *qi* flui suavemente, produz equilíbrio e proteção. O tratamento aumenta e facilita o fluxo do *qi*. Assim, o tratamento de acupuntura ensina os pacientes a se ajudarem, incentivando o *qi* a se movimentar de acordo com a necessidade de cada um. Nessa perspectiva, a localização do estímulo e a temporização adequada das sensações são consideradas válidas, mais de acordo com as percepções do paciente e do executante do que com um mapa estático.

Eu nasci com uma fenda palatina bilateral. Consequentemente, devo minha vida à medicina tecnológica ocidental. A maioria dos aspectos da medicina tecnológica envolve cirurgia, próteses e exames, que têm grande valor prático e são facilmente integrados em diferentes paradigmas culturais. Entretanto, um contraste cultural revela-se quando comparamos a medicina chinesa à medicina farmacológica ocidental.

Na faculdade de medicina, aprendemos que a doença é um processo estranho ao organismo, que deve ser atacado. Aprendemos ainda que o próprio corpo é frequentemente a fonte da doença. Como consequência dessa filosofia, a maioria dos fármacos é desenvolvida para suprimir um ou outro componente do nosso corpo. Significativamente, fármacos que não sejam supressores de funções corporais, tais como penicilina e digoxina, são derivados de tradições herbais e incorporados à medicina ocidental.

Como clínico, observei que a medicina farmacológica e seu modelo implícito de oposição à doença pode exaurir os profissionais que a praticam. A medicina chinesa, em contraste, parece ter um efeito revigorante em seus praticantes, talvez em virtude de reconhecer e utilizar as experiências do paciente e a intuição do terapeuta em cada tratamento. O clínico estabelece uma parceria com o paciente, e a autoconsciência do terapeuta pode ter um impacto claro e benéfico no resultado do tratamento.

A pesquisa médica ocidental procura informações sobre a vida testando modelos lineares de causa e efeito. Uma maior acurácia depende da ausência de variáveis que confundam e de um modelo simples: uma ação leva a um desfecho. Somente um número limitado de variáveis pode ser estatisticamente investigado. Esses métodos analíticos produzem força estatística e, ao mesmo tempo, subestimam a complexidade do nosso organismo. O coração e os pulmões, que se comportam como máquinas, são amplamente estudados e bem compreendidos usando-se esse modelo. Partes do corpo que têm funções mais estratificadas, tais como o fígado e a flora do lúmen intestinal, são mais complexas, o que torna seu estudo mais difícil.

O filósofo austríaco Karl R. Popper ensina que devemos focar em assertivas que sejam específicas o suficiente para que se possa constatar se são verdadeiras ou falsas, dado o tipo correto de evidência. Ainda que isso seja apropriado em muitas situações, não se aplica à maioria das situações biológicas, nas quais os tópicos constituídos por altos graus de complexidade desafiam sua orientação reducionista. A evolução da vida inclui complexidade e redundância em todos os níveis e em todos os momentos da existência, impondo desafios reais aos modelos reducionistas.

Nenhuma característica da sobrevivência pode ser mais importante do que a homeostase, a reparação tecidual e a remoção de toxinas. Logo, precisamos apreciar a inteligência curativa do organismo como um produto da evolução. Para maiores esclarecimentos, cito minha própria experiência clínica: fui chamado para ajudar uma mulher grávida durante um parto improdutivo. Coloquei, então, a agulha no BP-6, um ponto da perna comumente usado para ajudar no parto, esperando um trabalho de parto mais vigoroso. Entretanto, a paciente adormeceu por 4 horas, despertou e deu à luz o bebê em 2 horas. Nesse momento, percebi que o organismo havia se adaptado e priorizado seus processos conforme suas necessidades.

Em resumo, há três contrastes significativos entre a medicina chinesa e a medicina ocidental:

1. A medicina chinesa baseia-se na função homeostática ativa do organismo; a medicina farmacológica ocidental procura o equilíbrio pela supressão de certos componentes dos sistemas fisiológicos.
2. A pesquisa ocidental é focada em modelos lineares, enquanto a medicina chinesa aceita o desafio do nosso complexo mundo biológico.
3. A medicina chinesa é um contexto que dá boas-vindas a mudanças a longo prazo e ao autodesenvolvimento.

Os editores, autores e publicadores deste belo livro acreditaram que era importante apresentar uma imagem completa e bem acabada, da medicina chinesa e de seu envolvimento com a saúde e a doença. No mundo atual, necessitamos de um modelo de cuidados com a saúde centrado nas necessidades mais complexas do organismo. Acredito que este livro possa ser uma janela única para o modo pelo qual a medicina chinesa entende o mundo e o organismo. Obrigado Thieme, Marnae e Kevin Ergil por nos ajudarem a achar uma trilha mais aberta para o futuro.

Michael Smith, MD
Diretor do Lincoln Recovery Center
Professor Associado de Psiquiatria
da Cornell University
Presidente fundador da National
Acupuncture Detoxification Association
Bronx, Nova Iorque, EUA

Prefácio

Medicina Chinesa: guia ilustrado é um livro único que tem por objetivo oferecer uma visão geral da história, da teoria e da prática da medicina tradicional chinesa. Seu caráter único emerge de duas características: a primeira é o conceito distinto de guia de bolso, o qual, usando páginas de texto muito informativo associadas a ilustrações, torna-o uma fonte de informações excepcionalmente rica, ideal para ser lida em partes, de acordo com o interesse do leitor; a segunda refere-se ao fato de que este livro foi produzido por especialistas em medicina chinesa, que a ensinam, a estudam e a praticam em três continentes, destacando tanto a consistência interna da medicina chinesa profissional moderna quanto sua distribuição por todo o mundo.

O que é e para quem serve este livro?

Este livro é uma exposição abrangente da história, da teoria e da prática da medicina chinesa e procura mostrar de que forma essa medicina é praticada hoje na China e em inúmeros outros países. Além disso, oferece uma discussão concisa e acurada da história da medicina chinesa e de suas teorias fundamentais, abordando o diagnóstico, a acupuntura, a farmacoterapia tradicional, o *tui na*, o *qi gong*, o *tai ji quan*, a dietética chinesa e a pesquisa em acupuntura. Ao escrevê-lo, procuramos fornecer informações fundamentais para o entendimento da forma como a medicina tradicional chinesa é praticada com um grau de detalhe que não é comum em textos introdutórios. Cada capítulo oferece uma grande quantidade de informações acessíveis ao leitor sem conhecimento do assunto, mas com uma profundidade adequada para que os praticantes experientes possam ter *insights* e descobrir informações novas que contribuam para aumentar seu conhecimento.

Se, por um lado, nenhum capítulo leva à exaustão o respectivo assunto, nem deve ser usado no lugar de diversas referências e textos-padrão, que podem ser buscados para aprofundar cada tópico aqui tratado, também é verdade que cada capítulo inclui os princípios centrais e a estrutura completa desses domínios teóricos e clínicos, proporcionando ao leitor uma descrição completa e fiel dos tópicos.

Escrito para ser acessível a qualquer pessoa que esteja interessada em obter ou aprofundar um entendimento da medicina chinesa, este livro tem como objetivo ser um recurso para aqueles que estejam insatisfeitos com os limitados e limitantes livros "populares" sobre o assunto e que necessitem de um entendimento mais amplo ou profundo da medicina chinesa. Assim, entendemos que será de grande valia para estudantes ou profissionais de qualquer disciplina que necessitem visualizar o campo da medicina chinesa em toda a sua amplitude.

Estudantes de medicina chinesa que almejem obter uma base sólida e ampla sobre a qual construirão o seu conhecimento futuro irão se beneficiar muito com este livro. Os primeiros estágios do estudo da medicina chinesa envolvem o contato com grande quantidade de informações; no entanto, frequentemente esses detalhes podem obscurecer a estrutura que dá forma a ela. Portanto, aqueles que pretendem iniciar seu estudo em medicina chinesa precisam ser capazes de entender a estrutura da medicina e seus domínios terapêuticos de forma que seja possível engajar-se nos estudos sistemáticos a partir de uma perspectiva mais informada. Este guia oferece discussões detalhadas dos princípios-chave de maneira organizada e eficiente.

Este livro fornece ao médico, ao farmacêutico, ao enfermeiro, ao quiroprático e a outros provedores, tradicionais ou não, informações acerca de cuidados com a saúde com o nível de informação que os profissionais almejam mas sem detalhes técnicos extensivos. É nosso desejo que, por envolver de forma mais abrangente a riqueza e a complexidade dessa medicina, ele ajude a aumentar o entendimento e possivelmente a qualidade das pesquisas nos locais em que a medicina chinesa é estudada no Ocidente.

Como tirar melhor proveito deste livro?

Este guia contém uma série de capítulos distintos, que podem ser lidos de maneira isolada. De fato, algumas páginas podem ser lidas como uma primeira abordagem concisa de ideias e tópicos específicos. No entanto, o propósito do livro é melhor alcançado por aquele que fizer a leitura do início ao fim, visto que, especialmente nos três primeiros capítulos, os conceitos são desenvolvidos e interligados. Um leitor impaciente pode ler os primeiros três capítulos sobre história, teoria e diagnóstico e então prosseguir para a leitura de qualquer domínio terapêutico: acupuntura, farmacoterapia, dietética chinesa, *tui na*, *tai ji quan* ou *qi gong*.

À medida que escrevíamos nossos capítulos e trabalhávamos com outros autores, incorporamos as histórias de três pacientes da prática clínica de Marnae (não são fornecidas informações precisas quanto à sua identificação). Esses pacientes – *Jeremias*, *João* e *Alice* – são apresentados no capítulo sobre diagnóstico e podem ser encontrados nos capítulos sobre acupuntura, *tui na* e farmacoterapia chinesa. Escolhemos três pacientes que representam três aspectos importantes da medicina chinesa e os usamos ao longo dos capítulos para demonstrar como funciona o pensamento diagnóstico e terapêutico dessa medicina. *João* tem uma condição crônica associada ao envelhecimento e à saúde precária; *Jeremias* tem uma doença respiratória aguda, típica de muitos pacientes; e *Alice* ilustra algumas perspectivas quanto a condições ginecológicas. Esses pacientes não representam o espectro completo dos pacientes encontrados em clínicas ou tratados pela medicina chinesa – suas condições não são complexas –, contudo representam uma amostra da população de pacientes de ambulatório e representam uma oportunidade para a aplicação do processo de raciocínio clínico da medicina chinesa.

Marnae C. Ergil e Kevin V. Ergil
Geneva, Nova Iorque, EUA

Sumário

1 História
Marnae C. Ergil

Introdução. 2
A criação do mundo. 2
Origens lendárias da
medicina chinesa 4
Evidências arqueológicas iniciais –
a dinastia Shang 8
A dinastia Zhou e a medicina
demonológica (1100–475 a.C.). 12
Estados beligerantes: criando
ordem a partir do caos 14
O taoísmo como uma resposta ao
caos e sua influência na medicina 24
A reunificação da China e o
surgimento da medicina
tradicional da China. 26
A maturação da medicina chinesa 34
A sistematização da medicina
e a educação médica. 36
A medicina no período
imperial tardio: 1368–1911 40
A medicina na China moderna. 42
Tradução e terminologia. 48
Tabela de dinastias. 50

2 Teorias fundamentais da medicina chinesa
Kevin V. Ergil

Introdução. 54
Yin e *yang*. 56
As cinco fases 60
Qi, sangue, fluidos, essência
e espírito 64
Os canais 70
Órgãos e vísceras 72
As três causas de doenças 88
O corpo sadio como uma
paisagem ordenada. 94

3 Diagnóstico na medicina chinesa
Kevin V. Ergil

Sinais de uma paisagem desordenada 98
Coletando e organizando informações. . . 100
Os quatro exames 100
Diagnóstico de padrões 122
Padrões e doenças: entendendo e
integrando padrões de
diagnóstico da MTC. 146
Princípios e métodos de tratamento. 148
Estudo de caso João. 150
Estudo de caso Alice 152
Estudo de caso Jeremias 154

4 Acupuntura
Marnae C. Ergil

Introdução. 158
Teoria dos canais e colaterais. 164
Estratégias de seleção de pontos 186
Microssistemas da acupuntura 194
Estudo de caso João. 198
Estudo de caso Alice 200
Estudo de caso Jeremias 202

5 Tui na
Michael McCarthy e Kevin V. Ergil

Introdução. 206
Preparação física do praticante 208
Técnicas terapêuticas 210
Aplicações clínicas do *tui na*. 214
Preparações tópicas 218

6 Farmacoterapia tradicional chinesa
Simon Becker

Revisão histórica. 222
Farmacopeias 228
Substâncias medicinais. 230
Propriedades medicinais 232
Processamento de medicamentos 236

Categorias de medicamentos 238
Formulações medicinais chinesas..... 260
Estrutura das formulações 262
Formas de administração
das formulações.................... 264
Categorias de formulações
medicinais........................ 266
Segurança dos medicamentos
chineses........................... 294

7 Dietética chinesa
Mary Garvey

Introdução........................ 300
O queimador médio (*Zhong Jiao*) 302
Dieta e disfunções 304
Aconselhamento dietético............310

8 *Qi gong*
Anne Reinard e Yves Réquéna

Origens históricas 320
Princípios...........................324
Prática do *qi gong*................... 334

9 *Tai ji quan*
Douglas Wile

Introdução........................ 346
Origem e evolução.................. 348
Cronologia e características
dos estilos 352

Princípios dos movimentos e
mecânica corporal.................. 354
Marcos da literatura do *tai ji quan* 356
Tai ji quan e medicina tradicional
chinesa........................... 356
Autodefesa, competição e armas 360
Posturas representativas 362
Tai ji quan e medicina ocidental....... 364

10 Pesquisa em acupuntura: uma visão geral
Stephen Birch

Tipos de pesquisa................... 368
Desafios enfrentados pela
pesquisa em acupuntura 374
Áreas para futuras pesquisas 375
Achando e lendo publicações
de pesquisa em acupuntura...........376

Referências....................... 379

Leituras adicionais................. 385

Fotos e ilustrações................. 390

Índice 391

1

História

Marnae C. Ergil

Introdução 2

A criação do mundo 2

Origens lendárias da
medicina chinesa....................4

Evidências arqueológicas iniciais –
a dinastia Shang.....................8
O diagnóstico das doenças Shang 8
O tratamento das doenças Shang....... 10

A dinastia Zhou e a
medicina demonológica
(1100-475 a.C.).....................12
O tratamento das doenças causadas
por demônios 14

**Estados Beligerantes: criando ordem
a partir do caos** 14
A medicina das correspondências
sistemáticas 16

O taoísmo como uma resposta ao
caos e sua influência na medicina 24

A reunificação da China e
o surgimento da medicina
tradicional da China 26
A base textual da medicina chinesa 28

A maturação da medicina chinesa 34

A sistematização da medicina
e a educação médica.................36

A medicina no período imperial tardio:
1368-1911 40

A medicina na China moderna 42

Tradução e terminologia 48

Tabela de dinastias 50

Introdução

A história da medicina chinesa é a história da China (**A**). As afirmativas concernentes à antiguidade da medicina chinesa variam. As histórias mitológicas relatam uma tradição de 5 mil anos de idade, enquanto trabalhos mais acadêmicos sugerem uma tradição de 2 mil anos. Os registros escritos mais antigos são de pouco mais de 2 mil anos. O importante aqui não é definir exatamente qual a idade da medicina chinesa, mas o significado histórico que ela exprime. Conforme algumas tendências políticas, sociais e religiosas ascenderam e outras sucumbiram, aspectos foram sendo incorporados a um sistema médico em constante mudança e contínuo desenvolvimento. Do mais antigo culto aos ancestrais à sistematização do pensamento confucionista e à busca da imortalidade do taoísmo, da reinterpretação dos antigos clássicos à introdução do pensamento médico ocidental, tudo isso, dentre outras coisas, influenciou a medicina tradicional da China, tendo impacto no que atualmente se denomina medicina chinesa.

Hoje em dia, uma medicina que conserva muitos aspectos desses desenvolvimentos históricos é praticada na China, em Taiwan, em Hong Kong, no Japão, em Cingapura, na Coreia, no Vietnã e, mais recentemente, na Europa, nos Estados Unidos e na Austrália. Essa medicina espalhou-se pelo mundo, absorveu novas ideias e continuou a se desenvolver. Vale ressaltar que a medicina não é estática, de modo que os praticantes de sistemas médicos tradicionais, assim como aqueles da biomedicina, estão sempre receptivos a novas ideias e a novas teorias. Peculiar à medicina chinesa é o fato de ter conseguido, no decorrer de seu longo desenvolvimento, incorporar novas ideias e manter as perspectivas terapêuticas e diagnósticas mais antigas.

A criação do mundo

Todas as culturas têm um mito de criação para explicar suas origens. Na China, é a lenda de Pan Gu, que, dentre muitas outras, relata a seguinte história: no início, o cosmos era um gás que se solidificou em uma colossal pedra. Desse ovo cósmico, nasceu uma criatura chamada Pan Gu, que viveu por 18 mil anos, crescendo 3 metros por dia, e ocupou seu tempo picando a pedra até que fosse dividida em duas partes: uma se tornou o céu (*yang*) e a outra se tornou a terra (*yin*). Quando Pan Gu completou seu trabalho e morreu, sua cabeça transformou-se em montanhas; sua respiração tornou-se o vento e as nuvens; sua voz, o trovão; seu olho esquerdo, o sol, e seu olho direito, a lua. Seus músculos e veias tornaram-se a matriz da terra, e sua carne, o solo. Seu cabelo e barba viraram constelações, e sua pele e pelos do corpo transformaram-se em plantas e árvores. Seus dentes e ossos tornaram-se metais, e seu tutano tornou-se pérolas e pedras preciosas. Seu corpo formou a chuva, e os piolhos sobre ele foram impregnados pelo éter e se tornaram humanos (Wong e Wu, 1936).

Dinastia	Período
Xia	2100-1600 a.C.
Shang	1600-1100 a.C.
Zhou Zhou Ocidental Zhou do Oriental, incluído o período Primavera e Outono	1100-771 a.C. 770-475 a.C.
Estados Beligerantes	475-221 a.C.
Qin	221-206 a.C.
Han	206 a.C.-220 d.C.
Três Reinos	220-265
Jin Ocidental e Oriental	265-420
Dinastias Norte e Sul	420-581
Sui	581-618
Tang	618-907
Cinco Dinastias	907-960
Song do Norte e do Sul	960-1270
Jin	1115-1234
Yuan	1271-1368
Ming	1368-1644
Qing	1644-1911
República da China Continente Taiwan	1912-1949 1949-presente
República Popular da China	1949-presente

Nota: Para um esboço detalhado dos principais eventos médicos nas dinastias, ver p. 50-51.

(A) Dinastias chinesas. É importante ressaltar que muitos dos períodos se sobrepõem. As dinastias, muitas vezes, foram estabelecidas antes da derrota de um regime existente ou coexistiram em diferentes áreas da China.

Esse mito é interessante por trazer a ideia de Pan Gu guarnecer o ambiente para a vida. Um dos aspectos fundamentais da medicina chinesa é o reconhecimento de uma relação muito estreita entre a fisiologia humana e o ambiente externo. Ao conhecer a história chinesa, é possível entender que a saúde corporal do imperador estava diretamente relacionada com a saúde do mundo (China), de modo que, se ocorressem desastres naturais, pensava-se que a relação do imperador com os céus estava fora de equilíbrio, causando doenças ao mundo. Esse relacionamento entre a terra e o corpo é um importante elemento da filosofia da medicina chinesa, que aparece não somente na teoria médica, mas também na teoria política e estadística chinesas.

Origens lendárias da medicina chinesa

Acredita-se que, por volta de 2900 a.C., três soberanos míticos governaram a China em sucessão. Cada um deles está diretamente associado à criação da cultura e da medicina chinesas: Fu Xi (O Domador de Bois – **A**), Shen Nong (o Fazendeiro Divinal – **B**) e Huang Di (o Imperador Amarelo).

Fu Xi (que, segundo a lenda, viveu por volta de 2953 a.C.) foi milagrosamente concebido e teria nascido após um período de 12 anos de gestação. A ele são atribuídos a invenção dos primeiros símbolos desenhados como uma forma de comunicação, o estabelecimento das regras do matrimônio e o ensino da pesca e da criação de animais domésticos. A contribuição de Fu Xi para a medicina foi a construção dos oito trigramas (*ba gua* – **C**), nos quais se baseiam o *Livro das Mutações* (*Yi Jing* ou *I Ching*) e muitos princípios da filosofia médica.

Shen Nong teria reinado de 2838 a 2698 a.C. e é considerado o inventor do arado e da enxada, o inaugurador da agricultura sedentária, o fundador dos mercados públicos e, o mais importante, o suposto autor da primeira matéria médica, *Matéria Médica do Fazendeiro Divinal* (*Shen Nong Ben Cao*). Acredita-se que tenha provado 70 diferentes tipos de plantas, animais e minerais em um único dia, estabelecendo assim a arte da medicina herbária (ver p. 224). Além disso, Shen Nong expandiu o uso dos oito trigramas desenvolvidos por Fu Xi para os 64 hexagramas atualmente em uso. Shen Nong é o deus patrono dos herbalistas e considerado o pai da medicina herbária. Tradicionalmente, no 1º e 15º dias de cada mês, incensos e oferendas são colocados em frente a seu santuário e, em alguns lugares, são fornecidos descontos em todas as ervas nesses dias. Existem evidências de que a primeira matéria médica não tenha sido escrita até o primeiro século a. C., apesar da atribuição a Shen Nong.

Origens Lendárias da Medicina Chinesa

(A) Fu Xi (nascido em 2953 a.C.). Um dos três soberanos míticos, é famoso por ter estabelecido regras de conduta e por ter ensinado os povos a viver como sedentários, ao invés de nômades. Imagina-se que ele tenha criado os oito trigramas (ba gua), nos quais muitas outras ideias filosóficas e médicas foram baseadas.

(B) Shen Nong. Diz-se que Shen Nong reinou de 2838 a 2698 a.C. Autor mítico da *Matéria Médica do Fazendeiro Divinal*, é o deus patrono dos herbalistas e foi incorporado ao panteão de divindades do taoísmo.

(C) Ba gua. Essa versão do ba gua é conhecida como a Sequência Pré-Celestial. Os trigramas estão relacionados com as quatro direções cardinais, com o sul no topo e o norte embaixo. O trigrama associado com o sul e o verão é o trigrama céu, ao passo que o norte e o inverno estão associados ao trigrama terra. Os trigramas que ficam em lados opostos devem se equilibrar mutuamente. Acredita-se que essa sequência tenha sido elaborada por Fu Xi. Apesar de existirem outras versões, essa é considerada a mais antiga.

Huang Di (**A**) provavelmente seja a figura mais conhecida da medicina chinesa. Acredita-se que tenha vivido de 2698 a 2598 a.C.. Huang Di e seu ministro Qi Bo são os autores míticos de *O Clássico de Medicina do Imperador Amarelo* (*Huang Di Nei Jing*) – algumas vezes chamado de *O Clássico Interno do Imperador Amarelo*. As gerações subsequentes ligaram suas ideias e teorias a esse texto, que continua a ser citado atualmente para fundamentar a prática da medicina chinesa, sendo a primeira compilação mais corretamente datada em 200 a.C. Esse texto é de fato a compilação dos escritos de várias pessoas e foi revisado e editado muitas vezes. Entretanto, é nesse livro que a medicina tradicional da China é pela primeira vez expressa da forma que é familiar para nós hoje em dia.

O texto está dividido em dois livros: *Questões Elementares* (*Su Wen*) (**B**) e *Pivô Espiritual* (*Ling Shu*), algumas vezes também chamado de *Eixo Espiritual*. O livro *Questões Elementares* lida com a teoria médica, como o princípio do *yin* e *yang* e as cinco fases, enquanto o *Pivô Espiritual* tem seu foco na acupuntura e moxabustão. Os dois textos representam uma série de questões e respostas entre Huang Di e seu conselheiro, Qi Bo. Diz-se que Qi Bo, assim como Shen Nong, testou a ação das drogas, curou doenças das pessoas e escreveu livros sobre medicina e terapêutica médica. Acredita-se que Huang Di tenha desenvolvido a arte de fazer a seda, feito os primeiros barcos, as primeiras carretas, além de desenhar o arco e flecha e criar a linguagem escrita. É frequentemente chamado de "Pai da Nação Chinesa".

O texto, que é atribuído ao Imperador Amarelo, inclui ensaios sobre tópicos, tais como:

- a doutrina *yin* e *yang*
- a doutrina das cinco fases
- o corpo e seus órgãos
- sangue e *qi*
- os vasos
- agentes patogênicos
- doenças
- exame
- terapias invasivas
- terapias com substâncias
- terapias com calor

O crédito por ser o inventor da medicina tradicional da China é aleatoriamente atribuído a qualquer um desses três soberanos míticos (ver p. 4). É provável que nenhum dos três realmente tenha existido, no entanto têm a importante função de explicar a origem da medicina chinesa. Shen Nong e Huang Di, e os textos que levam seus nomes, continuam a ser importantes à teoria básica da medicina chinesa, sendo constantemente usados como referências para fundamentar a teoria e a prática dessa medicina.

Esses ensaios mostram a diversidade do material coberto e, embora muitos desses tópicos continuem a ser fontes de grandes discussões na medicina chinesa, também apontam para a continuidade da tradição.

Origens Lendárias da Medicina Chinesa 7

(A) Huang Di. Huang Di (o Imperador Amarelo) é o ser mitológico considerado o autor do texto *O Clássico de Medicina do Imperador Amarelo* (*Huang Di Nei Jing*). Na realidade, esse texto é uma compilação de ensaios avulsos que foram editados e reeditados muitas vezes durante os últimos 2 mil anos. Entretanto, ainda é o texto que os praticantes modernos citam para subsidiar a teoria e a prática da medicina chinesa.

> "Nos primeiros tempos havia Huang Di.
> Quando ele veio à vida, tinha espiritualidade e poder mágico.
> Enquanto (ainda) era fraco, ele podia falar.
> Enquanto (ainda) era jovem, aprendia rapidamente.
> Enquanto crescia, era sincero e diligente.
> Quando amadureceu, ascendeu para o céu."
>
> (Citado de Unschuld, 2003, p. 9)

(B) Citado de Huang *Di Nei Jing Su Wen*.

Evidências arqueológicas iniciais – a dinastia Shang

A dinastia Shang (1600-1100 a.C.) é a primeira dinastia chinesa da qual há evidências arqueológicas claras. Existem histórias de povos mais antigos, no entanto não há evidências que as comprovem. Antes dos Shang, é possível que culturas nômades da Idade da Pedra tenham se espalhado pelo norte da China, sem soberania central. A dinastia Shang surgiu da interação entre tribos, que então criaram uma autoridade poderosa e de grande alcance. Entre as evidências arqueológicas dos Shang, estão muito artefatos, incluindo o que chamamos de ossos de oráculo, o que indica que havia atividades terapêuticas ocorrendo naquele tempo.

Para entender essas atividades terapêuticas, é importante conhecer um pouco da estrutura básica da sociedade Shang. Os primeiros escritos chineses foram desenvolvidos nessa época, permitindo que a informação fosse passada adiante. Os Shang tinham relações sociais claramente delineadas. Havia um tipo de nobreza, e a sociedade se tornou sedentária. Muito importante era o entendimento definitivo de que os vivos e os mortos existiam em uma relação interdependente. Os mortos necessitavam de comida dos vivos, e os vivos dependiam dos mortos para a saúde e o bem-estar, para o sucesso ou a falência e para um clima estável e benéfico. Essa relação desenvolveu os primórdios da adoração aos ancestrais, uma ideia que, de diferentes formas, permanece com os chineses até os dias atuais. A relação entre os vivos e seus ancestrais foi importante para as atividades terapêuticas, uma vez que essa relação mediava todos os eventos da vida, incluindo saúde e doença.

Evidências de atividades terapêuticas existiam de fato somente no que diz respeito aos reis, indicando que o rei era o mediador entre os ancestrais e os vivos. Enquanto os ancestrais estavam contentes e recebiam cuidados, a condição do país era harmoniosa e o povo era geralmente sadio.

O diagnóstico das doenças Shang

O rei consultava os ancestrais por meio de ossos de oráculo e de intérpretes, os *wu* (xamãs). Os ossos de oráculo eram escápulas de gado ou carapaças de tartaruga. Buracos seriam perfurados nos ossos ou nas carapaças (**A**), o rei (**B**) apresentaria uma questão, e o osso ou carapaça seria aquecido a temperaturas muito altas e rapidamente resfriado, criando rachaduras entre os buracos perfurados. As rachaduras poderiam ser lidas e interpretadas pelo rei para entender a vontade dos ancestrais. As principais interrogações feitas aos ancestrais variavam de questões sobre tempo, caça, sonhos, doenças, guerra e em relação ao futuro. Muitas vezes, a causa de qualquer doença ou distúrbio, incluindo problemas sociais, físicos ou naturais, era a maldição de um ancestral que teria sido ofendido de alguma forma.

Existem evidências de que fenômenos naturais, como o vento e a neve, eram considerados a causa de algumas doenças. Esses conceitos tornaram-se muito mais desenvolvidos dentro da prática da medicina e continuam importantes até hoje.

Evidências Arqueológicas Iniciais – A Dinastia Shang

(A) Um osso de oráculo de carapaça de tartaruga com caracteres escritos.

(B) Caractere para "rei". O caractere *wang* simboliza a relação do soberano com os céus ou os ancestrais e com a terra ou o povo. A linha de cima representa os céus ou os ancestrais, a linha de baixo representa a terra ou os humanos, e a linha do meio representa o soberano. A linha perpendicular conectando as outras três linhas mostra como o soberano é o intermediário entre os céus ou os ancestrais e a terra ou os humanos, comunicando-se com os ancestrais para manter a terra e a humanidade saudáveis e harmoniosas.

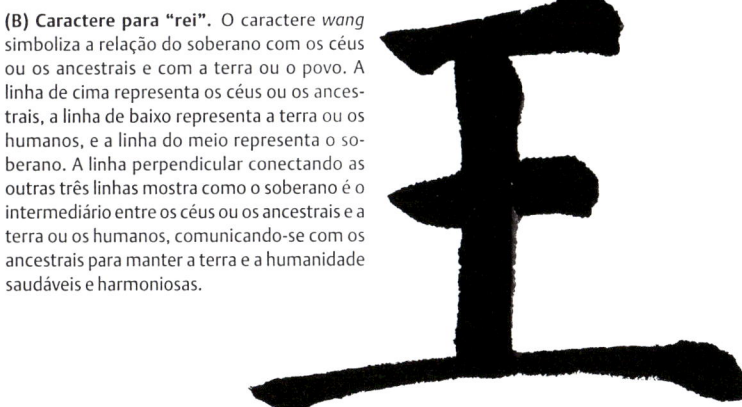

O tratamento das doenças Shang

Quando a doença era causada por determinada ofensa aos ancestrais, o tratamento era relativamente fácil: apaziguar o ancestral ofendido. Isso podia incluir fazer oferendas, mudar o modo como o ancestral foi enterrado ou revisar a condução dos assuntos políticos. Embora fosse o único responsável pela comunicação com os ancestrais, o rei apenas interviria nas doenças de membros de sua família ou da nobreza. Indivíduos fora do círculo imediato do rei tinham de encontrar outros modos de encaminhar seus desconfortos. Somente se a doença pudesse causar uma severa ameaça ao povo (uma epidemia) ou quando a falta de ação pudesse colocar em risco sua autoridade o rei poderia pedir a atenção dos ancestrais, em benefício do povo. A autoridade do rei estava ligada à habilidade de se comunicar com os ancestrais, e disso dependia a continuidade de sua liderança. Se perdesse a habilidade de se comunicar, ou os indivíduos sentissem que a relação não era mais efetiva, o rei perderia seu poder. Curiosamente, o fato de o rei/imperador se comunicar com os ancestrais ou com o céu e deles receber aprovações tornou-se o princípio pelo qual as dinastias eram criadas e se sucediam até que a última dinastia imperial caísse, em 1911.

Se perdesse sua habilidade de comunicação com os ancestrais e não mais conseguisse curar o povo de desastres sociais e naturais, o rei poderia ser legitimamente substituído por alguém que tivesse esse poder. Percebe-se aqui a estreita relação entre o soberano, os ancestrais, a saúde da nação e a emergência da terapêutica médica. Com o tempo, foi desenvolvido um sistema médico mais direcionado para a prevenção das doenças ou para o tratamento de indivíduos; todavia esse sistema ainda mantinha suas raízes políticas.

Conforme o tempo foi passando, o culto aos ancestrais acarretou o desenvolvimento de muitos sistemas filosóficos complexos, incluindo o sistema do *feng shui* (vento e água), que começou como um método de prognosticar os ventos e as águas, de forma que os túmulos dos ancestrais fossem colocados em locais propícios. Muitas das ideias de Confúcio foram baseadas no culto aos ancestrais, especialmente sua ênfase na piedade filial e na veneração aos ancestrais.

Até os dias atuais, o culto aos ancestrais continua a ser praticado em locais como Taiwan e Cingapura. Muitos templos foram construídos em homenagem aos ancestrais e, dentro deles, são colocadas placas com inscrições. O Dia Qing Ming (literalmente festival da limpeza e do brilho), comumente conhecido como "Dia de Varrer as Tumbas", é um feriado nacional em Taiwan e na China continental. É o dia em que as pessoas retornam aos túmulos dos ancestrais, trazendo comida e dinheiro para a vida após a morte (veja também **A**, **B**, **C**).

Evidências Arqueológicas Iniciais – A Dinastia Shang 11

(A) Santuário aos ancestrais da dinastia Qing. Essa foto mostra a entrada para um santuário aos ancestrais. Dentro dele, são encontradas as placas que representam todos os ancestrais de um determinada família. Frequentemente há centenas de placas dentro de um único santuário.

(B) Templo familiar. Na frente desse santuários aos ancestrais, encontram-se os tradicionais cães *fu* (um macho e uma fêmea) guardando a entrada.

(C) Placas aos ancestrais dentro de um santuário. Tradicionalmente, eram feitas de pedra.

A dinastia Zhou e a medicina demonológica (1100-475 a.C.)

Quando os Shang consolidaram-se no poder, muitas tribos desenvolveram relações com eles, enquanto se mantinham independentes do seu poder. Um desses grupos, os Zhou, além de fazer aliança com os Shang, também se aliaram a tribos tibetanas primitivas, com as quais os Shang tinham grande animosidade. Por fim, os Zhou, com a ajuda das tribos tibetanas, destronaram os Shang e estabeleceram sua própria dinastia (ver p. 3 e 50). Uma das dinastias mais longas, os Zhou não estabeleceram um Estado completamente unificado, mas um sistema de cidades-estado aliadas, semelhantes à sociedade feudal europeia (Hucker, 1975).

Por muito tempo, durante a dinastia Zhou, a consulta aos ossos de oráculo continuou como era na dinastia Shang. Os *wu* (**A**, **B**, ver também p. 8 e 14) do período Shang também são encontrados durante a dinastia Zhou; todavia, mais no final da dinastia, os *wu*, que eram principalmente membros da família real, perderam muito do seu poder político. Consequentemente, estabeleceram-se como curandeiros e adivinhos entre as pessoas comuns. Seu papel entre os nobres foi, em parte, substituído pela ação de sacerdotes que eram capazes de se comunicar com os céus para entender o futuro (uma função bem diferente da função de se comunicar com os antepassados para determinar se eles estavam zangados).

Com a descentralização do poder produzida pelo sistema de cidades-estado, havia pouca clareza quanto à fonte última da autoridade política. As fidelidades estavam focadas nos líderes locais e não no rei. Além disso, desastres naturais tornavam-se frequentes. Ambas as condições – calamidades ambientais e a falta de uma liderança central forte – provocavam confusão e ansiedade entre os cidadãos. Os habitantes de outras cidades-estado poderiam não compartilhar suas crenças e lealdades. Que líder iria guiar os rituais do povo?

Dessa sensação de ansiedade generalizada cresceu a noção de que os ancestrais abandonados por pessoas que falhavam em cumprir os rituais corretos poderiam vagar pela terra como demônios, lançando doenças e desastres para punir os outros. Diferentemente dos ancestrais, os demônios não eram ligados à população por laços e obrigações familiares póstumos, por isso causavam malefícios a qualquer pessoa que quisessem. Dessas preocupações, nasceu a prática da "medicina dos demônios". Como não havia certeza de que o rei tinha contato direto com os seres do outro mundo, os *wu* tomaram para si o papel de interpretar para as pessoas os desejos dos demônios e de exorcizar os demônios e os ventos perniciosos dos doentes, uma posição menos valorizada, mas finalmente mais duradoura.

Evidências Arqueológicas Iniciais – A Dinastia Shang 13

(A) *Wu* com asas. Desenho de um entalhe retirado de uma tumba da dinastia Han. O *wu* está preparando uma medicação herbal.

(B) Caracteres para *wu* e *yi*. O caractere para medicina e médico ou curandeiro (*yi*) pode ter sido criado durante a dinastia Zhou. No início, tinha o caractere *wu* na parte inferior com a metade superior representando uma aljava com uma flecha à esquerda e uma lança à direita. Mais tarde, a metade inferior do caractere foi mudada para representar o caractere para álcool, um importante componente dos vinhos medicinais.

É possível que o conceito de espíritos desencaminhados sem parentesco com pessoas tenha surgido, durante a dinastia Zhou, do desenvolvimento do conceito de alma humana. Os Zhou acreditavam que os humanos possuíam duas almas: a alma etérea (*hun*) e a alma corpórea (*po*). A alma corpórea existe no corpo desde o nascimento e acaba no momento em que a pessoa morre. A alma etérea entra no corpo algum tempo após o nascimento e pode deixar o corpo durante o sono para vagar pelo mundo. Depois da morte, a alma etérea continua a vagar pelo mundo até que ache outro corpo no qual queira entrar. O preceito da medicina dos demônios, especialmente como ela se desenvolveu no final da dinastia Zhou, é que essa alma etérea é inerentemente má e quer ferir a humanidade. Os *wu* têm o poder de exorcizar essas almas sem lar e de bani-las do mundo dos vivos; entretanto, nesse modelo, a adesão às normas sociais adequadas não mais protege o indivíduo da doença e do perigo, como na época do culto aos ancestrais.

O tratamento das doenças causadas por demônios

Embora a crença de que demônios pudessem causar doenças esteja claramente documentada em artefatos arqueológicos do Zhou tardio e do período dos Estados Beligerantes, as formas de tratar as doenças causadas por demônios não são comprovadas. Há algumas evidências de que os *wu* tentavam tratar os demônios da mesma forma que os guerreiros tentavam expulsar os invasores, atacando-os com lanças. *O Livro dos Ritos* (*Liji*), da dinastia Zhou, afirma que "várias vezes por ano, e também durante certas ocasiões especiais, como o funeral de um príncipe, hordas de exorcistas saíram gritando pelas ruas da cidade, entrando nos pátios e lares, estocando seus arpões no ar, numa tentativa de expelir as criaturas perniciosas" (Unschuld, 1985, p. 37). Além de usar arpões e ameaças, os *wu* usavam drogas medicinais para expelir ou destruir demônios. Algumas das drogas usadas incluíam "aromáticos, animais preparados ou partes de animais, ervas, um coágulo menstrual de mulher, etc." (ibid., p. 41).

Estados Beligerantes: criando ordem a partir do caos

O declínio da dinastia Zhou foi longo e dramático. Os anos finais foram cheios de guerras e batalhas até que não restasse nenhuma unidade aparente, dando início ao período dos Estados Beligerantes (**A**, **B**). O período dos Estados Beligerantes (ver também p. 3 e 50) oficialmente iniciou em 475 a.C. e durou até 221 a.C.; no entanto, por volta de 771 a.C., a nação Zhou estava em declínio e não havia ordem de nenhuma espécie. Desse caos, muitas tentativas de trazer ordem surgiram, incluindo o pensamento confucionista e o taoísmo.

Kong Fu Zi (Confúcio), provavelmente o homem mais influente da história chinesa, viveu durante o período dos Estados Beligerantes e criou a doutrina filosófica que iria influenciar definitivamente a cultura chinesa pelo resto dos tempos.

Estados Beligerantes: Criando Ordem a Partir do Caos 15

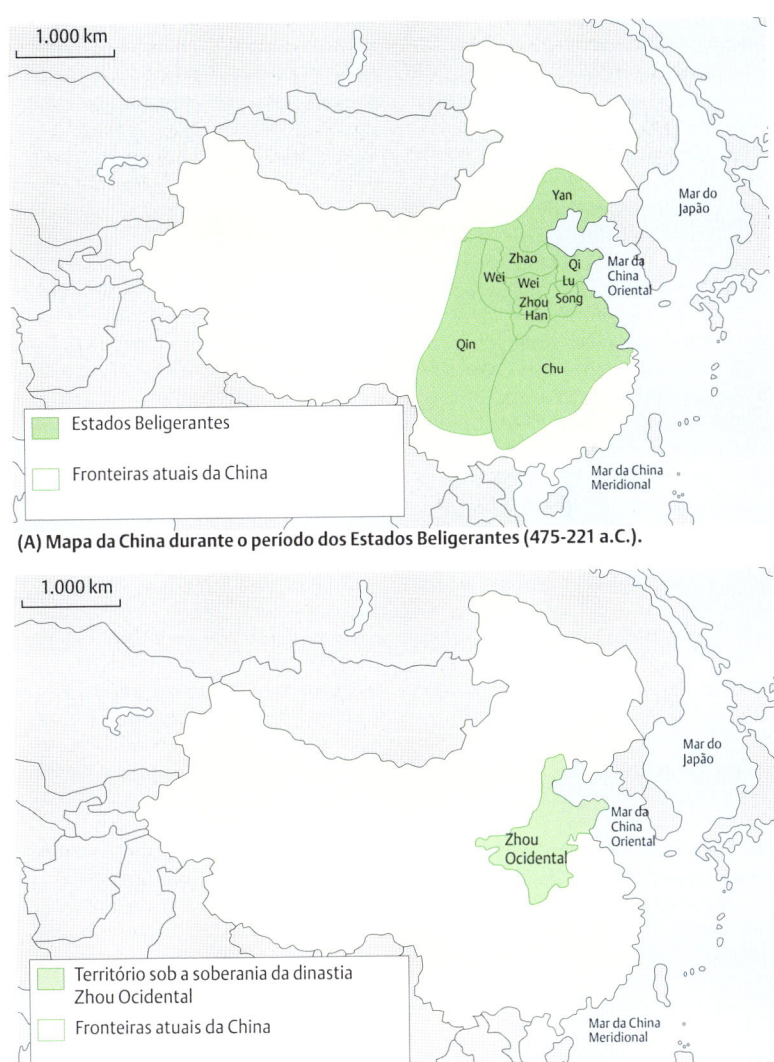

(A) Mapa da China durante o período dos Estados Beligerantes (475-221 a.C.).

(B) Mapa da China durante a dinastia Zhou Ocidental.

(A) e (B) Esses mapas mostram como o território da China mudou. Com o passar do tempo, o território dominado pelo Império Chinês expandiu-se e recuou várias vezes. A área demonstrada nos mapas modernos inclui várias regiões contestadas, chamadas regiões autônomas, incluindo a área que compreende o Tibete.

Confúcio viveu de 551 a 479 a.C. Embora fosse um acadêmico e professor, desejava se envolver na política. Entretanto, sem passar nos exames imperiais (nos quais foi reprovado), não havia como fazer parte da burocracia imperial. Ironicamente, muitos anos após sua morte, suas ideias passariam a ter muita influência em todos os aspectos da vida chinesa, inclusive na medicina.

Confúcio acreditava em uma ordem natural para as coisas, que era também uma ordem moral. Os problemas e o caos da nação eram causados pela liderança de homens inferiores, que não estavam desempenhando corretamente os ritos da sociedade feudal. Se os homens fossem virtuosos e observassem estritamente os ritos dos ancestrais, então o país seria ordeiro e tudo estaria bem na sociedade e na natureza. A doutrina confucionista era baseada na hierarquia dos papéis sociais e na prática das virtudes associadas, que deveriam ser mantidas para que os papéis fossem corretos (**A**, **B**, **C**). Se os papéis fossem devidamente mantidos, então haveria saúde e harmonia na vida das pessoas e no país. Condutas impróprias romperiam a ordem social, e somente a manutenção das relações apropriadas garantiria a força e a vitalidade da China e dos chineses.

A Medicina das Correspondências Sistemáticas

Embora a ordem moral do pensamento confucionista não fosse direcionada para a medicina, teve um grande impacto em seu desenvolvimento. O que hoje é chamado de "Medicina das Correspondências Sistemáticas" (Unschuld, 1985) surgiu, junto com o código moral de Confúcio, do caos dos Estados Beligerantes. Esse sistema de medicina não foi criado para apaziguar ancestrais ou demônios, mas representava um sistema baseado na razão, o qual manejava as relações somáticas e ambientais para trazer ordem ao caos.

Enquanto se desenvolvia, a Medicina das Correspondências Sistemáticas incorporava várias ideias maiores, que se desenvolveram como noções filosóficas separadas durante o período dos Estados Beligerantes. Embora alguns aspectos dessas ideias adentrem no reino das práticas religiosas ou culturais, o que foi preservado na medicina tradicional da China faz alusão às práticas dos Estados Beligerantes. Atualmente, a medicina chinesa inclui ideias dos Estados Beligerantes, tais como: uma crença na unidade entre humanidade e natureza, o *yin* e *yang* e a teoria das cinco fases e o conceito de *qi* como a base da vida. Mesmo não sendo explicitamente uma parte da teoria médica contemporânea chinesa, a imagem de um império unido, harmonioso, funcionando suavemente transformou-se na imagem de um corpo sadio *versus* uma nação fora de equilíbrio, estagnada e desunida, transposta para a imagem de um corpo doente. Essa imagem continua a ser um tema que permeia, embora implicitamente, tanto a medicina quanto a sociedade chinesas. Outras crenças, tais como o culto aos ancestrais e os *wu*, mesmo não sendo estritamente uma parte do sistema médico, continuam a se manifestar na cultura chinesa e nas práticas folclóricas xamânicas.

Estados Beligerantes: Criando Ordem a Partir do Caos

Cinco relações-chave	Virtudes apropriadas
Pai para filho	Piedade filial
Soberano para súdito	Lealdade
Irmão para irmão	Fraternidade
Marido para esposa	Amor e obediência
Amigo para amigo	Confiança

(A) A hierarquia confucionista dos papéis sociais. Essa tabela representa as cinco relações-chave para entender a filosofia confucionista e as virtudes das quais são incumbidos os subordinados em cada relação.

(B) Estátua de um acadêmico confucionista.

"Se fôssemos caracterizar em uma palavra o modo de vida chinês dos últimos 2 mil anos, a palavra seria confucionismo. Nenhum outro indivíduo na história chinesa influenciou tão profundamente a vida e o pensamento de seu povo, como um transmissor, professor e intérprete criativo da cultura e literatura antigas, e como um molde da mente e do caráter chineses. As outras filosofias antigas, os sistemas religiosos do taoísmo e do budismo, todos conheceram seus dias de glória e negligência; no entanto, as doutrinas do confucionismo, desde seu reconhecimento geral, no primeiro século antes de Cristo, nunca cessaram de exercer uma influência vital na nação e continuam exercendo essa influência até o século atual. Muitos chineses denominaram-se taoístas, budistas, até mesmo cristãos, mas raramente deixaram de ser confucionistas. Desde o tempo de sua aceitação generalizada, o Confucionismo tem sido mais do que um credo a ser professado ou rejeitado; tornou-se uma parte inseparável da sociedade e do pensamento da nação como um todo, o significado de ser chinês. Os clássicos confucionistas não são o cânone de uma seita particular, mas a herança literária de todo um povo."

(DeBary, Chan e Watson, 1960, p. 15)

(C) Citado de *Fontes da Tradição Chinesa*.

Unidade da humanidade com a natureza

O primeiro elemento da Medicina das Correspondências Sistemáticas, a crença na unidade da humanidade com o mundo natural, talvez seja o aspecto mais chamativo da medicina chinesa nos dias atuais. Essencialmente, a crença implica a existência de uma relação entre o ambiente maior (o macrocosmo) e o ambiente do organismo (o microcosmo). Tal definição é mais genérica e claramente expressa em termos do ambiente natural e seu efeito no organismo. Por exemplo, expor-se ao vento pode resultar em um "golpe de vento", o qual pode se manifestar como um resfriado comum ou uma paralisia facial. O outro aspecto da relação da humanidade com o ambiente natural expressa-se dentro do corpo, no qual o vento interno pode agitar-se caso haja insuficiência dos fluidos, causando secura, ou se houver calor interno. Como consequência, poderão surgir espasmos, convulsões ou até mesmo paralisias. Isso caracteriza uma analogia com o estado do mundo natural, no qual as secas causam fortes ventos, que criam tempestades de areia e destroem as plantações, causando fome.

Essa unidade, contudo, não se aplica somente ao ambiente natural, mas também ao ambiente social. Se as relações sociais de alguém estão inadequadamente mantidas, então suas emoções serão afetadas. Assim, se houver raiva em vez de amor entre o marido e a esposa, aparecerão consequências no organismo dessa pessoa, manifestando-se como dores de cabeça, palpitações e outros sintomas. Assim, manter relações apropriadas com o ambiente natural e relações sociais adequadas é igualmente importante para a manutenção da saúde.

Teoria *Yin* e *Yang*

O próximo elemento da Medicina das Correspondências Sistemáticas, que emergiu como uma resposta ao caos do período dos Estados Beligerantes, é o entendimento do *yin* e *yang* e as cinco fases (*wu xing*). Essas duas teorias de correspondência desenvolveram-se como escolas filosóficas e políticas separadas, que não estavam diretamente ligadas à medicina; todavia, mais tarde, tornaram-se a base do pensamento médico.

A teoria *yin* e *yang* é o conceito mais fundamental na filosofia da medicina chinesa. Originalmente, os dois caracteres significavam apenas o lado ensolarado de uma colina (*yang*) e o lado sombreado de uma colina (*yin*) (Wilhelm e Byrnes, 1967, p. 297; Unschuld, 1985, p. 55) (**A**). Os ambientes muito diferentes que existem em cada lado da colina (o lado brilhantemente iluminado, quente, ativo, e o lado sombreado, frio e passivo) vieram a representar um conjunto de opostos, no qual os elementos devem sempre estar presentes simultaneamente, de modo que um contém elementos do outro e igualmente um pode se transformar no outro. A escola *yin* e *yang* cresceu como uma escola de filosofia que tentava explicar o mundo em termos desses pares de opostos. Mais tarde, essas ideias também foram aplicadas ao corpo para expressar pensamentos acerca dos processos fisiológicos normais e patológicos (**B**, **C**).

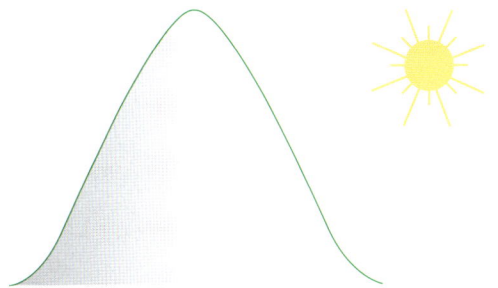

(A) *Yin* e *yang* podem ser entendidos como os lados ensolarado e sombreado de uma colina: *Yin*: o lado sombreado da colina; *Yang*: o lado ensolarado da colina.

(B) Caracteres para *yin* e *yang*, cada um com o radical para "morro" na esquerda.

> "Céu é *yang*; terra é *yin*.
> Primavera é *yang*; outono é *yin*.
> Verão, *yang*; inverno, *yin*.
> As horas do dia, *yang*; as horas da noite, *yin*.
> O estado do maior, *yang*; do menor, *yin*.
> O soberano, *yang*; o ministro, *yin*.
> O superior, *yang*; o inferior, *yin*.
> O masculino é *yang*; o feminino, *yin*.
> O pai é *yang*; o filho, *yin*.
> O irmão mais velho, *yang*; o irmão mais novo, *yin*.
> Todas as categorias de *yang* imitam o céu; o céu exalta a ordem apropriada.
> Ultrapassar a ordem apropriada é dissimulação.
> Todas as categorias de *yin* imitam a terra.
> A virtude da terra é ser plácida e quieta; apropriadamente ordenada e tranquila."
>
> (Citado em Unschuld, 2003, p. 87)

(C) Citado de *Huang Di Nei Jing Su Wen*.

Um dos aspectos mais importantes da filosofia *yin* e *yang* é que todo fenômeno pode ser identificado como *yin* ou *yang* em relação ao que está especificamente à sua volta. Em termos do corpo, sua parte externa (a pele e os cabelos) é *yang* em relação ao seu interior e órgãos; a parte superior do corpo é *yang* em relação à sua parte inferior; e a parte posterior é *yang* em relação à parte frontal. *Yin* e *yang* podem ser definidos quando estabelecem relação um com o outro, e não como entidades individuais que existem de forma isolada. Por exemplo, a primavera é *yin* em relação ao verão porque é mais fria e simboliza um período de desenvolvimento em direção ao *yang* do verão; a primavera, por sua vez, é *yang* em relação ao inverno porque é mais quente e indica que as estações estão se movendo em direção ao calor. Assim, a natureza *yin* ou *yang* de qualquer fenômeno não é definitiva, mas sempre mutável de acordo com o ambiente (ver também p. 56).

Uma das discussões da escola *yin* e *yang* é o debate a respeito da existência física de *yin* e *yang*. São o *yin* e o *yang* meramente conceitos usados para organizar os fenômenos em relação um ao outro? Ou são fenômenos reais, tangíveis ou substâncias que podem ascender e declinar tanto na natureza como no corpo humano, causando desequilíbrio entre *yin* e *yang* e, assim, criando desarmonias ou doenças no organismo (Farquhar, 1987)? Quando consideramos o organismo na medicina chinesa, é importante entender que *yin* e *yang* são ao mesmo tempo conceito e substância, de forma que somos capazes de organizar o corpo em termos de *yin* e *yang*, e também estamos aptos a observar sistematicamente e tratar os desequilíbrios e insuficiências de substâncias *yin* e *yang*.

Teoria das cinco fases

A teoria das cinco fases, que é baseada em linhas de correspondências definidas (**A**), nas quais todas as coisas do universo podem ser colocadas, é bastante confucionista (ver também p. 60). Se as relações apropriadas entre essas linhas de correspondência são mantidas, então há harmonia no organismo e no universo, assim como há harmonia se as virtudes apropriadas forem praticadas nos relacionamentos. As fases não são estáticas, no entanto mudam constantemente em relação umas às outras e ao ambiente. Incluído na teoria do movimento das cinco fases está um ciclo de geração no qual uma fase é responsável por produzir a próxima (p. ex., madeira produz fogo) e também um ciclo restritivo no qual uma fase é responsável por restringir a outra (i.e., madeira restringe terra)(**B**). Quando as fases estão fora de equilíbrio, há um efeito nas ações das outras fases. Como cada fase é correlacionada com um sistema orgânico, os desequilíbrios no corpo se refletem no sistema orgânico associado.

Fase	Madeira	Fogo	Terra	Metal	Água
Tom/Nota	*Jue*	*Zhi*	*Gong*	*Shang*	*Yü*
Cor	Ciano	Vermelho	Amarelo	Branco	Preto
Estações	Primavera	Verão	Verão prolongado*	Outono	Inverno
Números	Oito	Sete	Cinco	Nove	Seis
Imperadores	Fu Xi	Yan Di	Huang Di	Shao Hao	Zhuan Xu
Espíritos	Espírito das árvores	Espírito do fogo	Espírito do solo	Espírito do Oeste	Espírito da água
Criaturas	Com conchas	Com plumas	Nuas	Com pelos	Com carapaça
Deuses	Deus da família	Deus do forno	Deus do solo	Deus das portas	Deus das estradas
Animais	Galo	Ovelha	Boi	Cavalo	Porco
Clima	Vento	Calor	Umidade	Secura	Frio
Direções	Leste	Sul*	Centro	Oeste	Norte*

(A) Correspondências das cinco fases. Esta tabela mostra algumas correspondências das fases com o mundo, com o governo e com a cultura, mas não demonstra as relações com o organismo. Esse gráfico mais histórico mostra como as cinco fases agrupam fenômenos ou conceitos. Além disso, essas correspondências podem ser usadas para representar o corpo como um conjunto de sistemas inter-relacionados ao meio ambiente. Esses elos serão explicados mais claramente no Capítulo 2.

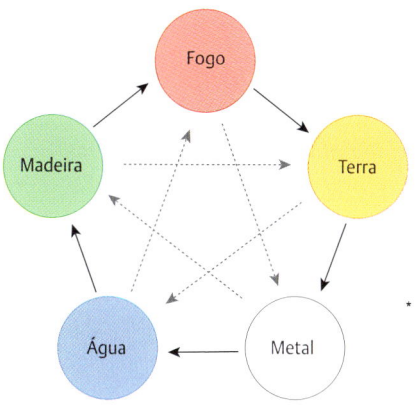

(B) Os ciclos de geração e restrição das cinco fases.

* N. de T.: A China localiza-se no Hemisfério Norte, tendo, ao sul, seu território mais quente. O verão prolongado, ou tardio, também conhecido como canícula, corresponde à estação úmida das chuvas.

Esses relacionamentos explicitamente definidos de geração e restrição são facilmente incorporados ao sistema confucionista de manutenção da ordem. Essencialmente, a ordem moral confucionista, a teoria *yin* e *yang* e a ordem das cinco fases implicam o fato de que tanto os elementos tangíveis quanto os intangíveis da vida sejam mutuamente dependentes de linhas de correspondência, por meio da manutenção dos relacionamentos apropriados e por meio da coexistência adequada.

Dessas teorias, que foram respostas filosóficas a disputas políticas, surgiram muitas das ideias da medicina chinesa praticada atualmente. É importante lembrar, entretanto, que essas ideias não surgiram como teorias da medicina, mas como pensamentos que poderiam ser aplicados ao caos político existente na China de forma a unificar a nação. As cinco fases têm amplas aplicações. É possível encontrá-las na escala musical de cinco notas da China, em calendários tradicionais que associam uma fase para cada ano e, até mesmo, na regulação estatal da água, do fogo, da madeira e do solo, que deve ser cumprida de forma harmônica (Unschuld, 1985, p. 60).

Qi

O caractere clássico para *qi* (**A**) incorpora aquilo que cria e nutre o corpo: o ar e a comida. A parte superior do caractere representa a ascensão de vapores ou respiração, enquanto a parte inferior do caractere representa o arroz cozido, ambos sendo essenciais para a continuidade da sobrevivência do corpo humano. O caractere, assim, representa "vapores ascendendo da comida" (Unschuld, 1985, p. 72). Durante o período dos Estados Beligerantes, o *qi* parece ter adquirido significado de vapor, aleito, e até mesmo de vida, assim como aquilo que forma toda a matéria tangível. Desse modo, *qi* era tanto aquilo do qual o corpo era formado quanto aquilo que nos mantinha vivos. Com o decorrer do tempo, a ideia de *qi* tornou-se extremamente ampla, circunscrevendo quase todos os fenômenos naturais (**B**, **C**). Durante o período dos Estados Beligerantes, entretanto, o *qi* tornou-se importante, pois era relacionado tanto às influências do ambiente no corpo, quanto à vacuidade ou repleção do *qi* no organismo causando doenças.

Na dinastia Han (206 a.C. a 220 d.C., ver também p. 50), as ideias filosóficas, *yin* e *yang*, as cinco fases e a moralidade confucionista juntaram-se às ideias sobre o relacionamento entre o corpo e o ambiente, ideias como a de invasão de espíritos perniciosos e a noção de *qi* como a essência da vida, para formar a Medicina das Correspondências Sistemáticas, uma medicina que incorporou a linguagem do governo e da política e a sobrepôs ao organismo.

(A) O caractere clássico para *qi*.

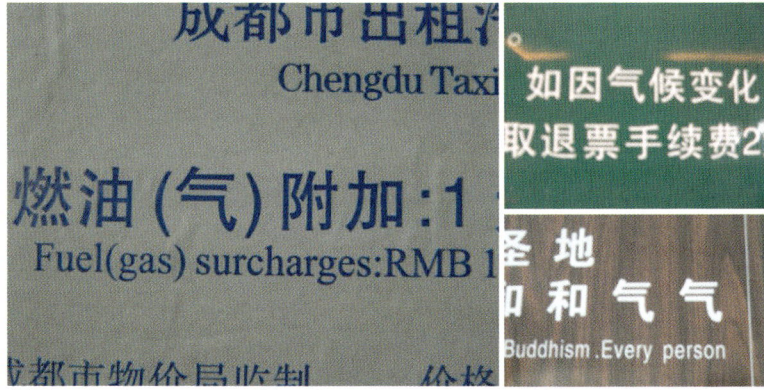

(B) **Fotos do *qi* em cartazes na China.** O complexo caractere para *qi* é composto pelo radical (raiz) para vapores ascendentes acima com o caractere para arroz cozido embaixo, representando "vapores erguendo-se da comida" ou vida. Os caracteres aqui grafados estão na forma simplificada, na qual o caractere para arroz foi suprimido.

毒氣	*du qi*	gás venenoso
氣泵	*qi beng*	bomba de ar
氣氛	*qi feng*	atmosfera
氣憤	*qi fen*	indignado, furioso
氣性	*qi xing*	temperamento, disposição

(C) Há uma vasta gama de usos para o caractere *qi*.

O taoísmo como uma resposta ao caos e sua influência na medicina

Lao Zi (**A**) e Chuang Zi, dois importantes personagens do movimento taoísta, provavelmente viveram quase ao mesmo tempo que Confúcio. O desenvolvimento das filosofias taoísta e confucionista (**B**) foi uma resposta ao caos do Zhou tardio, no início do período dos Estados Beligerantes. Semelhantemente a Confúcio (**C**), Lao Zi, Chuang Zi e os taoístas estavam explorando maneiras de criar um sistema político viável. Mesmo que em última análise os sistemas estivessem em desacordo, não era raro encontrar um acadêmico confucionista que, em seus últimos anos, retirava-se para uma busca individual pelo Tao (o caminho).

O taoísmo não é um sistema de pensamento homogêneo, foi influenciado por muitas pessoas durante centenas de anos. De fato, o termo taoísmo agrupa escolas intelectuais diferentes, algumas vezes opostas, que no máximo tiveram em comum o fato de serem baseadas no conceito do Tao.

Enquanto o pensamento confucionista ocupava-se em explicar como a humanidade deveria se comportar em sociedade, o taoísmo enfatizava o modo pelo qual humanos poderiam estar em conformidade com as leis da natureza. Depois do pensamento confucionista, o taoísmo foi provavelmente a filosofia nativa de maior influência. Antigos escritos taoístas referiam-se a um retorno a uma vida mais simples, na qual a humanidade estava em harmonia com a natureza e a morte era um evento natural. Entretanto, prevalecia a ideia de que os humanos eram mais longevos nos tempos "antigos", e que os humanos que viviam durante o período dos Estados Beligerantes não estavam aproveitando a vida na sua plenitude. À medida que o taoísmo se desenvolveu, tornou-se uma doutrina do indivíduo em unidade com a natureza. Para alguns taoístas, essa unificação com a natureza desdobrou-se em uma busca pela imortalidade, que levou ao seu envolvimento com a medicina e a terapêutica.

Os taoístas influenciaram o desenvolvimento da medicina herbal conforme procuravam por uma erva da imortalidade. É provável que Shen Nong tenha sido feito divindade pelos taoístas e que o livro *Matéria Médica do Fazendeiro Divinal* tenha sido organizado pelos taoístas. O livro foi dividido em três seções: ervas superiores, que podiam ser tomadas por longo tempo sem causar dano e tinham propriedades rejuvenescedoras; ervas médias, que tinham efeitos tônicos, mas poderiam ser tóxicas se tomadas por longo tempo; e ervas inferiores, usadas para curar doenças, mas consideradas venenosas e que não podiam ser tomadas por um período prolongado. A terapia com drogas também era do interesse dos taoístas, já que as ervas não eram controladas por nenhuma ordem social e funcionavam independentemente dos relacionamentos humanos. Por essa razão, a medicina herbal não despertou o interesse dos médicos acadêmicos confucionistas, em função de que essa medicina operava fora do contexto das relações sociais construídas (ver também p. 224).

Somando-se à terapêutica herbal, os taoístas desenvolveram muitos exercícios respiratórios com o intuito de manter a circulação do *qi* suave e enfatizaram a ideia da unidade da humanidade com a natureza, com o meio ambiente, com as estações do ano, etc. (ver também Caps. 2, 8 e 9).

(A) Estátua de Lao Zi. Lao Zi, frequentemente considerado o pai do taoísmo, é o suposto autor do *Dao De Jing/Tao Te Ching* ou *O Livro do Caminho e da Virtude* (entre muitas outras traduções do título). Em vários momentos da história chinesa, o taoísmo teve grande influência política, e sua influência na medicina chinesa é vista principalmente no desenvolvimento de várias matérias médicas.

Pensamento confucionista	Taoísmo
Suporta a carga de responsabilidades sociais	Foge das obrigações sociais convencionais
Relacionado às humanidades	Visões de "outro" mundo do espírito
Moralista/bom senso	Paradoxal, místico, poético
Acadêmico-cavalheiro, bom homem de família, bom burocrata, bom cidadão	Acadêmico-cavalheiro, recluso, interessado na beleza da natureza e no mundo do espírito

(B) Diferenças entre o acadêmico-cavalheiro confucionista e o acadêmico-cavalheiro taoísta. Nem sempre tão claramente demarcados, na realidade, os dois se confundiam frequentemente e não era raro que o estudioso confucionista fosse também taoísta. A propensão taoísta frequentemente vinha à tona quando o acadêmico-cavalheiro aposentava-se da vida pública.

(C) Estátua de Confúcio. Confúcio e Lao Zi viveram durante o período dos Estados Beligerantes. Confúcio (551-479 a.C.) era um acadêmico que desejava tornar-se um burocrata governamental; tornou-se, porém, professor e bibliotecário. Depois da sua morte, seus escritos foram compilados por seus estudantes e seu pensamento tornou-se a doutrina política dominante que iria influenciar a cultura chinesa durante os próximos 2 mil anos.

Embora nenhum dos textos que iria influenciar a medicina pelos próximos 2 mil anos tenha sido escrito no período dos Estados Beligerantes, as ideias principais que iriam ser os princípios formativos da medicina evoluíram durante esse período como resposta ao caos, à inquietação e à falta de ordem.

A reunificação da China e o surgimento da medicina tradicional da China

Por um curto período (221-206 a.C.), a China foi reunificada sob a dinastia Qin (ver p. 3 e 50). Os líderes Qin têm sido classificados como "legalistas", os quais eram especialmente interessados na lei e não na filosofia ou na medicina. Embora não tenha havido grandes avanços na medicina durante esse tempo, o imperador Qin Shi Huang Di criou o primeiro governo chinês verdadeiramente centralizado. Esse imperador fundou um sistema burocrático não feudal, não hereditário, com distritos administrativos e comarcas que eram responsáveis pelo governo central. Para funcionar, esse sistema necessitava de completa obediência ao governo central e, consequentemente, de um líder forte, até mesmo ditatorial. Qin Shi Huang Di, então, proibiu a discussão filosófica e vetou as críticas ao governo corrente e a glorificação de governos anteriores. Em 213 a.C., todos os escritos que não representassem documentos históricos oficiais Qin e tratados de adivinhação, agricultura ou medicina foram coletados e queimados. Cópias foram mantidas somente na biblioteca imperial. A adesão estrita à lei e ao governo central não durou muito, mas foi durante esse período que grandes projetos de unificação, tais como estradas conectando o império, hidrovias, sistemas de irrigação, canais e a Grande Muralha, foram iniciados com a ajuda de trabalhos forçados (**A**, **B**). A dinastia ruiu sob o governo do segundo imperador, filho de Qin Shi Huang Di, o qual era muito fraco para manter o governo central.

Em 206 a.C., a China foi unificada sob a dinastia Han (ver p. 3 e 50). Durante essa dinastia, uma ordem aristocrática estável foi estabelecida, e a China expandiu-se geográfica, econômica e politicamente, influenciando regiões que são hoje o Vietnã e a Coreia. Essa dinastia é considerada por muitos como o início da sociedade civil na China, tanto que, até hoje, os chineses chamam a si mesmos de *Han ren*, ou povo Han. A dinastia Han foi um período de grande avanço para a China. A doutrina confucionista foi profundamente integrada à vida política. Foi também durante esse período que a Medicina das Correspondências Sistemáticas, a medicina que se assemelha àquela com que estamos familiarizados hoje, estabeleceu-se completamente. Como foi descrito anteriormente, essa medicina desenvolveu-se a partir da inclusão de ideias de diversas escolas de pensamento. A Medicina das Correspondências Sistemáticas começou e continuou sendo um conjunto heterogêneo de teorias, e qualquer uma dessas teorias pode ser apropriada em qualquer circunstância, mas elas podem também apresentar contradições entre si.

A Reunificação da China e o Surgimento da Medicina Tradicional da China 27

(A) A Grande Muralha da China. Embora aparentemente um enorme projeto, a muralha foi, na verdade, feita em estágios. A grande realização de Qin Shi Huang Di foi conectar os muros que protegiam muitas das cidades setentrionais, iniciando a criação da Grande Muralha. Sua intenção era criar uma muralha que mantivesse os bárbaros do norte fora da China. Isso não ocorreu, e, mais tarde, os mongóis (1271, sob o comando de Kubla Khan) conseguiram tomar a China a partir do norte e estabelecer a dinastia Yuan. A construção da Grande Muralha somente foi possível com o recrutamento maciço de trabalhadores, uma proeza que foi concluída por causa do imenso controle exercido por Qin Shi Huang Di.

(B) Peças do Exército de Terracota. O Exército de Terracota do primeiro imperador Qin Shi Huang Di foi escavado em 1974, próximo a Xi'an, na Província de Shanxi. As figuras de tamanho real variam de altura conforme sua patente militar e incluem generais, guerreiros, cavalos, carruagens, etc. Embora não tenham sido totalmente desenterrados, estima-se que existam aproximadamente 7 mil soldados, 130 carruagens e quase 70 cavalos.

A base textual da medicina chinesa

Durante a dinastia Han, foram escritos ou compilados os textos mais importantes (**A**) para a formação do corpo teórico da medicina. Dois desses, *O Clássico de Medicina do Imperador Amarelo* e *Matéria Médica do Fazendeiro Divinal*, são tradicionalmente atribuídos aos imperadores lendários Huang Di e Shen Nong.

O Clássico de Medicina do Imperador Amarelo é o clássico médico mais conhecido e mais citado. Entretanto, não é um texto em que um sistema homogêneo de ideias possa ser identificado. Consiste em uma compilação de ensaios descrevendo as ideias e ensinamentos de várias escolas e professores. Inclui ideias popularizadas pela medicina dos demônios, discute o *qi*, a circulação do *qi* nos canais e aproximadamente 300 pontos de acupuntura. Há discussões sobre *yin* e *yang*, as cinco fases, as funções e relações dos órgãos e vísceras, acupuntura e moxabustão e diagnóstico. *O Clássico de Medicina do Imperador Amarelo* menciona algumas fórmulas herbais, contudo caracteriza-se como um texto filosófico e teórico que tenta ligar ideias variadas dentro de uma estrutura conceitual, em vez de ser um livro sobre tratamentos. Esse texto usa, como imagem, as funções do governo para descrever as do corpo. Assim como uma nação tem bom andamento se for bem manejada, porque os ministros necessários estão desempenhando suas funções como deveriam e as hidrovias e as passagens estão liberadas, ou como uma nação é destruída em razão de que as funções de certos oficiais burocráticos estão prejudicadas, causando uma estagnação ou quebra nas comunicações e movimentos, assim também os centros administrativos do corpo (os órgãos e as vísceras) afetam a sua função. Por fim, deve ser lembrado que *O Clássico de Medicina do Imperador Amarelo*, ao qual temos acesso hoje, é um texto que foi bastante alterado em relação ao texto escrito no ano 100 a.C. No decorrer do tempo, o texto foi adaptado, editado e comentado de forma que atualmente há várias versões baseadas em diferentes interpretações.

Para além de *O Clássico de Medicina do Imperador Amarelo* e do *Matéria Médica do Fazendeiro Divinal*, vários outros textos são importantes para o desenvolvimento da medicina chinesa. Embora não sejam muito conhecidos, textos médicos considerados mais antigos do que *O Clássico de Medicina do Imperador Amarelo* foram desenterrados de três tumbas na província de Hunan, chamadas tumbas Ma Wang. Eles discutem conceitos mágicos e demonológicos da medicina e algumas ideias desenvolvidas sobre a Medicina das Correspondências Sistemáticas. Os textos identificam 11 vasos (seis têm origem nos pés e cinco nas mãos) através dos quais o vapor (não é chamado de *qi* nesses textos) flui, e são descritos como vasos *yin* ou *yang*. Os textos de Ma Wang mencionam a moxabustão e o uso de pedras aquecidas, mas não a acupuntura ou pontos de acupuntura, uma omissão que levou à hipótese de que os canais do corpo foram descritos antes do reconhecimento dos pontos de acupuntura (ver também p. 222).

Texto	Provável data original e autoria	Significado na história da medicina chinesa
Vários textos das tumbas de Ma Wang	Aproximadamente 200 a.C. Autor desconhecido.	Enterrados em 168 a.C. e achados em 1973, são relacionados ao livro *O Clássico de Medicina do Imperador Amarelo*, mas são mais antigos. Eles fornecem as bases para as teorias da fisiologia e da patologia e os tratamentos por acupuntura achados no clássico.
Huang Di Nei Jing Su Wen e *Ling Shu* (*O Clássico de Medicina do Imperador Amarelo: Questões Simples e Pivô Espiritual*)	Aproximadamente 100 a.C.–100 d.C. Atribuído a Huang Di (o mítico Imperador Amarelo). Na realidade, escrito por vários autores desconhecidos e compiladores.	Talvez os textos mais importantes da história médica chinesa. As ideias e tratamentos achados nesses textos continuam até hoje sendo uma valorosa fonte de informação teórica e prática. Evidências indicam que esse textos eram uma série de ensaios que foram compilados, pela primeira vez, em 100 d.C.
Nan Jing (*O Clássico das Dificuldades*)	Aproximadamente 100 d.C. Atribuído a Bian Que, da dinastia Zhou. Autor real desconhecido.	Compilado durante o primeiro século, esse texto foi feito para ser um mero comentário ou explicação de *O Clássico de Medicina do Imperador Amarelo*, mas atualmente é considerado um texto separado, que faz as teorias do Clássico acessíveis ao praticante médico.
Shen Nong Ben Cao (*Matéria Médica do Fazendeiro Divinal*)	Aproximadamente 100–200 d.C. Atribuído a Shen Nong. Autor real desconhecido.	As substâncias foram divididas em três categorias: altas, médias e baixas. As substâncias altas são os soberanos, as substâncias médias são os ministros e as substâncias baixas são os assistentes e mensageiros. O texto explica os papéis de cada classe e como é possível combiná-las para criar um fórmula efetiva.
Shang Han Za Bing Lun (*Tratado do Frio Nocivo e Doenças Miscelâneas*)	Aproximadamente 150-219 d.C. Compilado por Wang Shu He (210-285 d.C.) a partir do texto não mais disponível escrito por Zhang Zhong Jing (*Zhang Ji*).	Esse é o primeiro texto conhecido que tenta aplicar a Medicina das Correspondências Sistemáticas, um sistema principalmente usado na prática da acupuntura, para a terapêutica farmacológica. Procura discutir as muitas manifestações das doenças contraídas do exterior, especialmente pelo frio. Ainda, refere-se à natureza do fator pernicioso invasor e à constituição do corpo, além de explicar como a constituição afeta o resultado da doença. Originalmente escrito como um texto único, Wang Shu He o dividiu em dois: *Shang Han Lun* (*Tratado do Frio Nocivo*) e *Jin Gui Yao Lue* (*Prescrições Essenciais do Cofre de Ouro*).

(A) Os mais importantes textos médicos da dinastia Han.

O *Nan Jing* (*O Clássico das Dificuldades*) (**A**), embora atribuído a um médico da dinastia Zhou, chamado Bian Que, foi provavelmente compilado em algum momento durante o primeiro ou segundo séculos da era cristã. É um livro extremamente sistemático, que cobre "todos os aspectos teóricos e práticos dos cuidados com a saúde perceptíveis dentro dos confins das doutrinas *yin* e *yang* e das cinco fases, conforme definido pela 'original' Medicina das Correspondências Sistemáticas" (Unschuld, 1986, p. 4). Essa obra é importante por estabelecer uma mudança no pensamento médico da teoria pura para a prática. É o primeiro texto a aplicar sistematicamente a teoria das doenças na prática da medicina conforme expressa em *O Clássico de Medicina do Imperador Amarelo*. Também é importante em virtude de ter descartado os aspectos mágicos e demonológicos da medicina, na sua maior parte, como não sistemáticos. O foco está nos conceitos das correspondências sistemáticas. O organismo é apresentado como um todo coerente, funcional, e a prática da acupuntura é diretamente discutida. Embora não seja tão importante culturalmente para a história da medicina tradicional da China quanto *O Clássico de Medicina do Imperador Amarelo*, *O Clássico das Dificuldades* é considerado por muitos seu texto mais completo, útil e maduro.

Por volta da mesma época, Zhang Zhong Jing (142-220 d.C.; também conhecido como Zhang Ji) (**B**) escreveu *Shang Han Za Bing Lun* (*Tratado do Frio Nocivo e Doenças Miscelâneas*), um texto de medicina herbal baseado nas experiências e observações clínicas de Zhang Zhong Jing (ver p. 226). Semelhante ao livro *O Clássico das Dificuldades*, esse também era um texto clínico. O mais importante é que esse é o texto mais antigo a enfatizar os sinais físicos e sintomas e o curso das doenças, assim como seu método de tratamento. Infelizmente, o trabalho de Zhang não foi bem recebido no tempo em que foi escrito e suas ideias não foram reconhecidas como clinicamente importantes durante muito tempo, mais precisamente até 960 d.C. Assim como *O Clássico de Medicina do Imperador Amarelo*, esse texto passou por inúmeras alterações com o decorrer do tempo e hoje aparece em dois volumes, *Shang Han Lun* (*Tratado do Frio Nocivo*) e o *Jin Gui Yao Lun* (*Prescrições Essenciais do Cofre de Ouro*) (ver também p. 226).

Hua Tuo (110-207 d.C.) (**C**), lendário herói cultural da medicina chinesa, também viveu durante a dinastia Han. Dizem que ele descobriu os primeiros anestésicos e os usou em práticas cirúrgicas. Supostamente tinha um pó secreto que produziria entorpecimento, permitindo assim que ele abrisse o abdome e retirasse quaisquer órgãos doentes. Hua Tuo era também acupunturista e herbalista e desenvolveu algumas das formas mais antigas de *qi gong* com base nas posturas dos animais (ver Cap. 8). Infelizmente, Hua Tuo parece ter falhado em passar seu conhecimento cirúrgico para quem quer que fosse, pois a arte da cirurgia na tradição chinesa permaneceu confinada a procedimentos menores (ver também p. 320 e 356).

A Reunificação da China e o Surgimento da Medicina Tradicional da China

> "A escritura diz: há quatro palácios (intestinos) e seis depósitos (vísceras). O que isso significa? É assim: [habitualmente se fala em] seis palácios, mas, na realidade, existem [apenas] cinco. Embora [comumente se fale de] cinco depósitos, há também [argumentos apontando a existência de] seis depósitos. Eles afirmam que os rins consistem em dois depósitos. O da esquerda é o rim; o da direita é o portão da vida. O portão da vida é o local onde a essência e o espírito são abrigados. Nos machos, é responsável por armazenar a essência; nas fêmeas, por segurar o útero. As influências do portão da vida são idênticas às influências dos rins. Por esse motivo, considera-se a existência de seis depósitos.
> Há cinco palácios. O que isso significa?
> É assim: cada um dos cinco depósitos do corpo tem um palácio associado. O Triplo Queimador é um palácio também, mesmo assim não é associado a nenhum dos cinco depósitos. Por isso, [alguns] falam da existência de [apenas] cinco palácios."
>
> (Citado em Unschuld, 1986, p. 399)

(A) Citação do *Nan Jing* (*O Clássico das Dificuldades*: a Dificuldade Trinta e Nove).

(B) Estátua de Zhang Zhong Jing. Zhang Zhong Jing é o autor do *Shang Han Za Bing Lun* (*Tratado do Frio Nocivo e Doenças Miscelâneas*). Atualmente sua imagem é encontrada no *campus* de quase todas as escolas ou hospitais de medicina chinesa na China.

(C) Hua Tuo. Hua Tuo era um famoso cirurgião, acupunturista e herbalista. Suas habilidades diagnósticas eram tão grandes que as pessoas acreditavam que esse médico era capaz de prever o desfecho de qualquer condição. A ele é atribuído o desenvolvimento do exercício de *qi gong* intitulado "O Folguedo dos Cinco Animais" (ver p. 322), que removeria doenças, fortificaria o corpo e asseguraria a saúde. Sua fama está associada à suposta descoberta de um medicamento anestésico que permitiria que se executassem cirurgias onde fosse necessário.

Outra influência na medicina durante a dinastia Han foi a introdução do budismo da Índia. O budismo foi introduzido na China em algum momento por volta de 100 d.C., por monges que viajavam pela Rota da Seda (**A**, **B**), uma importante rota comercial que ia da China até a Turquia dos dias modernos. Diferentemente do pensamento taoísta e confucionista, o budismo inicialmente não teve muitos seguidores na China, embora tenha feito algumas incursões na cultura popular chinesa por volta de 400 d.C.

Em relação à medicina, embora as teorias da medicina indiana ou budista nunca tenham se tornado importantes, alguns aspectos da farmacopeia indiana foram integradas à farmacopeia taoísta, especialmente no que se relaciona às buscas das ervas da imortalidade. Talvez o fato mais importante seja que os budistas introduziram na China o conceito de hospitais e cuidados médicos para a população camponesa. Monastérios budistas eram também hospitais, nos quais os monges tratavam de bom grado qualquer um que necessitasse de seus serviços. Para impedir que os budistas e o budismo se tornassem muito influentes, outros profissionais da medicina eventualmente tiveram de seguir esse caminho e tratar os camponeses assim como tratavam a elite.

A dinastia Han é o período de tempo ao qual a maioria das antigas tradições da medicina chinesa remontam. Durante esse período, o trabalho de base foi assentado para o resto do desenvolvimento da prática médica da China. Isso não significa que a medicina da China permaneceu estática desde 220 d.C. até o presente, mas que foi estabelecida a fundamentação para subsequentes exames e desenvolvimentos. A primeira menção da acupuntura como uma modalidade terapêutica e as primeiras prescrições foram escritas durante essa dinastia. Entretanto, a verdadeira prática da medicina chinesa estava limitada a poucos acadêmicos-oficiais que achavam o tópico interessante. Pelos próximos 1.800 anos, novas teorias continuariam a ser apresentadas, e as velhas ideias, reexaminadas. No entanto, os textos da dinastia Han, especialmente *O Clássico de Medicina do Imperador Amarelo*, *Matéria Médica do Fazendeiro Divinal*, *O Clássico das Dificuldades* e o *Tratado do Frio Nocivo e Doenças Miscelâneas* iriam continuar sendo os textos fundamentais da medicina tradicional da China.

É importante lembrar que a Medicina das Correspondências Sistemáticas era a medicina da elite, da alta sociedade, não a medicina da população em geral. Do total da população da China, 80% eram fazendeiros e camponeses vivendo em nível precário e dependentes do solo para viver. Essas pessoas desenvolveram suas próprias tradições, inicialmente baseadas em crenças religiosas ecléticas e conhecimentos populares de herbologia, contudo não participaram do desenvolvimento da medicina tradicional da China. A medicina da elite era uma tradição escrita que estava disponível somente para o segmento literato da sociedade.

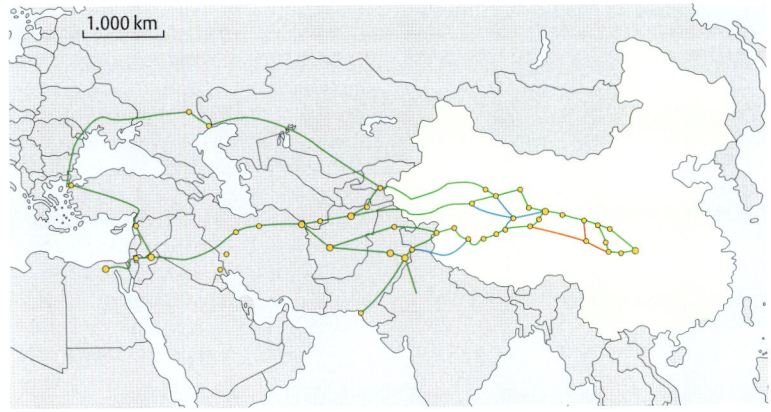

A Reunificação da China e o Surgimento da Medicina Tradicional da China

(A) A Rota da Seda. A Rota da Seda é uma série de rotas de comércio que, quando conectadas, atravessavam mais de 8 mil quilômetros de Chang'an (atual Xi'an) por todo o percurso até o que hoje é Istambul, na Turquia. Por essa rota, mercadorias e conhecimento entraram e saíram da China em direção a (ou vindo de) Índia, Grécia, Egito e Roma. Monges budistas entraram pela primeira vez na China por essa rota, trazendo com eles tanto uma nova religião quanto informações sobre saúde e doença.

(B) Grutas de Dunhuang na Província de Gansu na China ocidental. Consiste em uma área na rota da seda, e é um dos lugares onde muitos textos budistas foram encontrados. A primeira caverna foi feita por volta de 366 d.C. e, em determinado momento, havia mais de mil cavernas, das quais restaram aproximadamente 490. Entre as escrituras budistas aqui encontradas estão também diversos textos médicos que incluem informação quanto a diagnóstico, remédios médicos, acupuntura e moxabustão, além de matéria médica.

A maturação da medicina chinesa

Até aqui, temos explorado as raízes mais remotas da medicina chinesa e apontado teorias antigas que, de uma forma ou outra, continuam se desenvolvendo dentro das tradições. A dinastia Han terminou em 220 d.C. e foi seguida por outro período de lutas e inquietação. Durante esse tempo, a Medicina das Correspondências Sistemáticas continuou a se desenvolver, como é visto na publicação de *O Clássico Sistematizado de Acupuntura e Moxabustão* (*Zhen Jiu Jia Yi Jing*) de Huang Fu Mi (215-286 d.C.) e do *Clássico do Pulso* (*Mai Jing*), de Wang Shu He (210-285 d.C.). Em 581, a dinastia Sui (ver p. 3 e 50) reunificou a China e novamente começou a expansão do império. Nessa época, todos os elementos que iriam subsidiar o desenvolvimento da medicina na China até a introdução da medicina ocidental já tinham aparecido, inclusive os seguintes: pensamento confucionista, filosofia e exercícios taoístas, filosofia e exercícios budistas, além das teorias fundamentais, tais como o *yin* e *yang*, as cinco fases, o conceito de *qi* e a noção da unidade do corpo com o meio ambiente. Entretanto, a medicina chinesa não estagnou. Ao invés disso, o próximo estágio de desenvolvimento revolveu e reexaminou os clássicos para a criação de princípios de tratamento e estratégias com base em novas interpretações dos conceitos fundamentais que tinham evoluído durante a dinastia Han.

Em função de ter sido muito curta, na dinastia Sui não se viu uma larga contribuição para o desenvolvimento da medicina. Entretanto, há registros indicando o custeio governamental de fazendas para o cultivo de ervas.

Em 618, a dinastia Sui foi sucedida pela dinastia Tang (**A**, ver também p. 3 e 50), que continuou a espalhar a influência da China ao longo da Ásia Central e do Vietnã, da Coreia e do Japão. Durante esse período, considerado por alguns o ápice do desenvolvimento cultural da China, tanto o budismo quanto o taoísmo influenciaram fortemente o pensamento médico.

Vários passos importantes do desenvolvimento da medicina ocorreram durante a dinastia Tang, especialmente na área da educação. Pela primeira vez, foram desenvolvidas classificações educacionais para os médicos imperiais. Enquanto a maioria dos acadêmicos confucionistas, taoístas e budistas (**B**) tinham certo montante de conhecimento médico, no século VII foi fundada uma escola imperial de medicina e instituições médicas se desenvolveram, salientando a diferença entre a elite literata classicamente treinada e as tradições populares e os práticos regionais. A medicina clássica, que se tornara um passatempo para acadêmicos-oficiais, agora representava uma carreira em direção ao avanço na burocracia imperial. Os estudantes na escola imperial eram todos classicamente treinados na doutrina confucionista antes de entrar na academia médica, onde iriam estudar *O Clássico de Medicina do Imperador Amarelo*, *Matéria Médica do Divinal Fazendeiro*, *O Clássico do Pulso*, *O Clássico Sistematizado de Acupuntura e Moxabustão* e outros textos fundamentais. Finalizada essa etapa, tais estudantes poderiam se especializar em qualquer ramo de estudo.

A Maturação da Medicina Chinesa

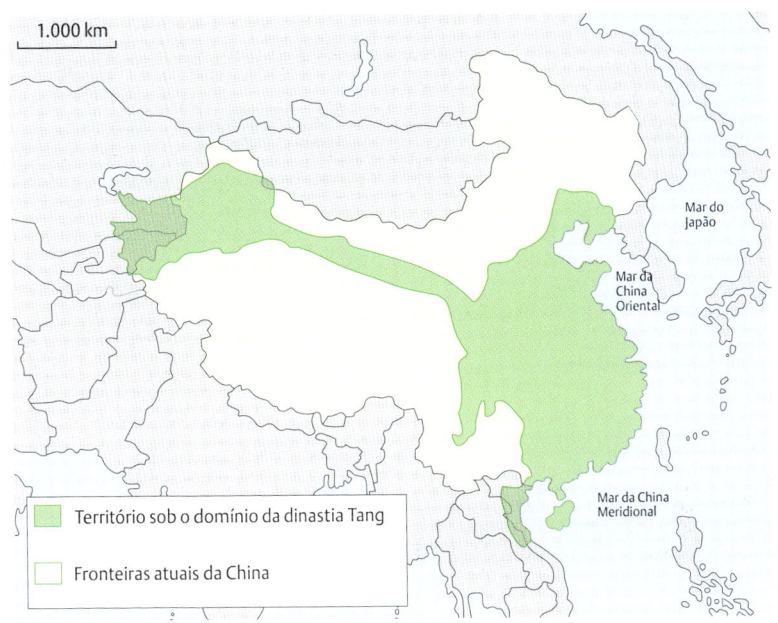

(A) Mapa da China da dinastia Tang (700 d.C.).

Território sob o domínio da dinastia Tang

Fronteiras atuais da China

(B) Xuan Zang. Xuan Zang (603-664 d.C.) era um monge budista da dinastia Tang que, frustrado com a falta de informações disponíveis em chinês, viajou para a Índia a fim de estudar o budismo. Aprendeu sânscrito e, mais tarde, retornou à China, trazendo consigo mais de 600 textos budistas. Ao retornar para a China, fundou um grande escritório de tradução em Chang'an e traduziu textos do sânscrito para o chinês, disponibilizando mais de mil fascículos de escrituras.

Ao longo da dinastia Tang, vários ramos da medicina foram reconhecidos, entre eles: medicina interna, pediatria, doenças dos olhos, ouvidos, boca e dentes, ventosas, massagens e exorcismo. Além disso, quatro tipos de praticantes foram diferenciados: médicos, acupunturistas (**A**), praticantes de terapia manual e exorcistas. Embora a profissão da medicina fosse considerada uma prática benevolente, os profissionais eram relegados a uma posição social inferior, sendo colocados na categoria dos artesãos, junto com videntes e astrólogos (Wong e Wu, 1985, p. 76). As escolas imperiais foram fundadas para treinar somente os médicos do imperador e sua corte. O estabelecimento de escolas para o treinamento de médicos para os cidadãos em geral não ocorreu antes da dinastia Song (960-1270 d.C.) (ver p. 3 e 50).

Outro importante desenvolvimento da dinastia Tang foi no campo da ética médica. Sun Si Miao (581-682 d.C.) era um famoso médico e acadêmico literato do período, bem versado nas práticas taoístas e budistas. Um de seus textos, *Prescrições dos Mil Ducados* (*Qian Jin Yao Fang*), contém uma seção intitulada "Sobre a Absoluta Sinceridade dos Médicos", que o estabeleceu como o primeiro deontologista da China (**B**). Seu ensaio deu início à discussão sobre o comportamento adequado dos médicos em relação aos pacientes e quais honorários poderiam aceitar. Também apontou a necessidade de estudo continuado entre os médicos, de compaixão e de padrões morais elevados. Mesmo com conquistas acadêmicas de homens como Sun Si Miao, aqueles que praticavam a medicina eram relegados à classe dos artesãos e das pessoas com talento desperdiçado.

A sistematização da medicina e a educação médica

Na dinastia Song, uma grande mudança ocorreu na burocracia da China. A aristocracia hereditária foi substituída por acadêmicos-oficiais cuja posição era baseada no mérito. Mais do que classe e posição, o mérito tornou-se o critério para o progresso, de modo que os servos civis tornaram-se a elite da China. Um efeito dessa mudança foi o retorno aos preceitos da moralidade confucionista como guia da força política, e a generalização do *status* do budismo e do taoísmo como religiões populares. Esse neoconfucionismo enfatizava a moralidade confucionista, os princípios de educação e a ordem apropriada dos relacionamentos. Os Song também tiveram um aumento na alfabetização devido à difusão da imprensa, o estabelecimento de instituições de educação sistemática e o uso de exames de serviço civil como método de entrada no sistema burocrático. O aumento da alfabetização acarretou a profusão de novos textos em todas as áreas, incluindo a medicina, além de inúmeros empreendimentos na reinterpretação dos clássicos.

Durante a dinastia Song, a medicina tornou-se muito especializada. Textos sobre doenças específicas e seus tratamentos foram publicados, e os primeiros manuais práticos de acupuntura e moxabustão foram compilados. Acima de tudo, o foco estava no tratamento das doenças, e a especialização provocou a uma discussão em profundidade das estratégias de tratamento.

A Sistematização da Medicina e a Educação Médica

(A) Um modelo de bronze para acupuntura. Em 1027 d.C., o imperador tinha duas figuras de bronze para ilustrar a localização de pontos de acupuntura. Os modelos tinham buracos furados na localização dos pontos. Para o estudo, seriam cobertos com cera e preenchidos com água. Quando um ponto fosse localizado corretamente, a água pingaria por esses buracos.

"Sempre que um médico trata doenças, precisa estar mentalmente calmo e manter sua disposição firme. Não deve dar espaço a anseios e desejos, mas deve desenvolver, antes de tudo, uma forte atitude de compaixão. Além disso, precisa se comprometer firmemente com a disposição de esforçar-se para salvar toda criatura viva.
Se alguém procura ajuda em virtude de doença ou de outra dificuldade, [um Grande Médico] não deve dar atenção a *status*, riqueza ou idade, nem deve questionar se a pessoa em particular é atraente ou não, se é um inimigo ou amigo, se é chinês ou estrangeiro, ou, finalmente, se é educado ou não. Deve atender a todos da mesma forma. Por fim, é inadequado enfatizar a sua própria reputação, depreciar os outros médicos e louvar somente as próprias virtudes. Porém, na vida real, alguém que tenha acidentalmente curado uma doença pavoneia-se com a cabeça erguida, mostra convencimento e anuncia que ninguém no mundo se compara a ele. No que diz respeito a isso, todos os médicos são evidentemente incuráveis."

(Unschuld, 1979. p. 30-31)

(B) Citação da seção Sobre a Absoluta Sinceridade dos Médicos, de *Prescrições dos Mil Ducados* (*Qian Jin Yao Fang*), de Sun Si Miao.

Um dos movimentos médicos mais importantes da dinastia Song foi a incorporação da terapia herbal na Medicina das Correspondências Sistemáticas. No início, a medicina herbal tinha permanecido um campo separado da medicina mais sistematizada da academia imperial, sendo geralmente praticada por taoístas, práticos de linhagens familiares e práticos populares. Durante os Song, entretanto, várias e extensas farmacopeias herbais foram publicadas sob decreto imperial, e a medicina herbal tornou-se parte do treinamento clássico de um médico. Por causa da ênfase nos relacionamentos confucionistas, havia também uma ênfase na validação e compilação das correspondências. Como resultado, a Medicina das Correspondências Sistemáticas foi estendida à farmacopeia herbal. Então, os sabores e temperaturas foram individualmente assinalados às ervas de acordo com sua natureza *yin* ou *yang* e funções específicas. A medicina herbal, que fora propriedade dos budistas e taoístas, foi integrada ao sistema confucionista. Essa foi a primeira tentativa de aplicar a teoria de um sistema à prática de outro sistema terapêutico, o que transformou a prática da medicina herbal em um sistema ordenado e hierárquico.

Como uma parte da revisão da medicina herbal, as teorias de Zhang Zhong Jing, autor do *Tratado do Frio Nocivo e Doenças Miscelâneas*, foram revividas (ver p. 226). Esse renascimento teve uma imensa influência na teoria da medicina herbal e várias centenas de anos depois iria precipitar a formação de uma nova escola teórica, a Escola das Doenças do Calor (*Wen Bing Xue*). Enquanto os alicerces da medicina chinesa foram assentados na dinastia Han, a forma como a reconhecemos hoje foi estabelecida na dinastia Song, com a sua ênfase na classificação e na ordem. Assim, as cinco fases foram bem desenvolvidas, assim como o foram também as funções dos órgãos. A ênfase nas correspondências sistemáticas se enraíza na dinastia Song, assim como todas as tentativas de reconciliação das teorias em oposição.

Durante a dinastia Song, os praticantes de medicina imperialmente treinados começaram a usar tanto acupuntura quanto terapias herbais para tratar os doentes. As terapias herbais foram incorporadas à Medicina das Correspondências Sistemáticas, e foram feitas tentativas de reconciliar as discrepâncias entre a teoria e a prática que iam surgindo com o tempo. Ainda assim, os bem treinados praticantes de medicina chinesa continuaram sendo primariamente acadêmicos. A prática da medicina chinesa era considerada uma ocupação secundária, não uma profissão principal.

Apesar dos avanços dos Song, também havia brigas, mais notadamente na área da educação. Um grande número de escolas de medicina foi aberto durante a dinastia Song. As questões mais discutidas eram: a quem seria permitido frequentar essas escolas, e se a frequência nessas escolas seria obrigatória para poder praticar a medicina.

As ilustrações **A**, **B** e **C** traçam o desenvolvimento de eventos médicos importantes, da burocracia médica e da educação médica durante as dinastias precedentes e que resultaram na sua sistematização durante a dinastia Song.

> **Uma de oito administrações sob a Corte de Sacrifícios Imperiais:**
> - 2 diretores (júnior e sênior)
> - 2 diretores delegados
> - 4 diretores médicos chefes
> - 8 diretores médicos assistentes (clínicos)
> - X médicos (clínicos)
> - X práticos (clínicos)
> - 8 farmacêuticos
> - 24 aprendizes de matéria médica
> - 2 tutores dos jardins medicinais
> - 8 aprendizes dos jardins medicinais

(A) Burocracia médica da dinastia Tang. Também nesse escritório havia quatro departamentos de professores, que consistiam nos departamentos e pessoal mostrados em **C** (adaptado de Wong e Wu, 1985).

491 d.C.	Estabelecidos os primeiros sanatórios permanentes com um dispensário (budistas)
493 d.C.	Primeiro aparecimento dos exames de qualificação para a prática e ensino da medicina
510 d.C.	Estabelecido o primeiro hospital de caridade governamental
620 d.C.	Estabelecidos hospital e clínica dentro do Centro Imperial
620-630 d.C.	Fundado o Colégio Médico Imperial
653 d.C.	Monges e monjas budistas e taoístas impedidos de praticar a medicina
734 d.C.	Governo mantém orfanatos e enfermarias para os pobres
845 d.C.	Hospitais budistas (Pastagens da Compaixão) transferidos para o controle laico e chamados de *Bing Fang* (Centros de Pacientes)

(B) Eventos médicos importantes das dinastias Sui e Tang.

Departamento	Faculdade, equipe e estudantes	Textos	Palestras/cursos
Medicina geral (médicos)	1 professor, 1 palestrante, 20 médicos, 100 praticantes, 40 estudantes, 2 farmacêuticos	Variadas matérias médicas *O Clássico do Pulso* (*Mai Jing*) *O Clássico de Medicina do Imperador Amarelo*	Medicina geral Inflamações e úlceras Pediatria Olhos, ouvidos, nariz e boca Ventosas
Acupuntura	1 professor, 1 palestrante, 10 médicos acupunturistas, 20 práticos em acupuntura, 20 estudantes	Especializado em esfigmologia e acupuntura, aprendizado do sistema de pontos na superfície do corpo onde o agulhamento deveria ser feito de acordo com os sinais indicados pelo pulso e outros auxílios diagnósticos.	
Massagem	1 professor, 4 médicos massagistas, 16 práticos em massagem, 15 estudantes	Exercícios médicos (p. ex., *qi gong*), massagem, traumas e posicionamento de ossos	
Exorcismos e encantamentos	1 professor, 2 médicos de exorcismos e encantamentos, 8 práticos de exorcismos e encantamentos, 10 estudantes	Exorcismos e encantamentos	

(C) Educação médica da dinastia Tang (adaptado de Needham, 1970, p. 387-388).

Muito do conflito sobre a educação está enraizado nas visões diferentes dos médicos imperialmente treinados e dos médicos independentes quanto à prática da medicina como um meio de subsistência ou como o resultado natural de uma busca acadêmica. Por volta do século XII, dada a ênfase no pensamento e na ordem neoconfucionistas e a crescente importância dos sistemas de exames para a entrada na classe oficial, os médicos imperialmente treinados ganharam a discussão. A frequência nas escolas médicas foi limitada a acadêmicos treinados no confucionismo, e a prática da medicina foi limitada àqueles treinados nas academias médicas. Isso limitou os recursos e habilidades dos médicos leigos e pôs em risco sua possibilidade de continuar praticando a medicina. Essa decisão também institucionalizou o desdém por qualquer um que escolhesse praticar a medicina como uma profissão em vez de um trabalho secundário. O resultado foi que monges budistas e taoístas continuaram a praticar a medicina para o povo e a incluir o uso de encantamentos e exorcismos na sua prática, enquanto os neoconfucionistas rejeitavam esses elementos e focavam nos aspectos físicos, mais do que nos espirituais ou psicológicos da medicina. É claro que a Medicina das Correspondências Sistemáticas continuou e continua a reconhecer a influência das emoções na saúde e no corpo, no entanto a influência dos aspectos ditos "espirituais" da medicina, tais como o papel dos espíritos na saúde e na doença, diminuiu. Assim, simplesmente não é verdade quando ouvimos que a medicina chinesa perdeu seu aspecto "espiritual" com o advento do Partido Comunista. De fato, uma clara separação entre a medicina naturalística e as práticas mágicas começou no 11º século, muito antes do comunismo.

A medicina no período imperial tardio: 1368-1911

A medicina acadêmica e a terapêutica sistematizada da dinastia Song continuaram durante as próximas duas dinastias, a Jin e a Yuan (ver p. 3 e 50), com acadêmicos, tais como Liu Wan Su, fundador da Escola do Frio; Zhang Zi He, fundador da Escola da Purgação; Li Dong Yuan, autor de *Discussão Sobre o Baço e Estômago* (*Pi Wei Lun*); e Zhu Dan Xi, fundador da Escola da Nutrição do *Yin*. Esses quatro são considerados os estudiosos clássicos do período Jin/Yuan, e suas teorias continuam a ser avaliadas, discutidas e usadas.

Durante a dinastia Ming, Li Shi Zhen (**A**) escreveu *Fundamentação Herbal Abrangente* (*Ben Cao Gang Mu*) (**B**), que incluía a discussão de 1.892 substâncias, incluindo o ginseng e a alga marrom (ver p. 226). Esse livro continuou a incorporação de drogas medicinais ao arcabouço das correspondências sistemáticas. Além da sua matéria médica, Li Shi Zhen foi autor do texto que iria se tornar a base para o diagnóstico pelo pulso na medicina chinesa moderna, o *Estudo do Pulso do Mestre do Lago* (*Bin Hu Mai Xue*).

(A) Li Shi Zhen. Li Shi Zhen foi o autor de dois grandes textos que permaneceram importantes para prática da medicina chinesa até os dias atuais: *Fundamentação Herbal Abrangente* (*Ben Cao Gang Mu*) e *Estudo do Pulso do Mestre do Lago* (*Bin Hu Mai Xue*).

(B) Página de *Fundamentação Herbal Abrangente* (*Ben Cao Gang Mu*).

O estudo das ligações entre as causas das doenças e a terapêutica continuou, e várias seitas médicas surgiram. Em resposta a uma epidemia em 1641, Wu You Ke (1592-1672) usou um método de tratamento que era baseado na ideia de "*qi* pestilento" causando epidemias e consistia no uso de substâncias frias. Seu texto, *Discussão sobre Epidemias do Calor* (*Wen Yi Lun*), explorava a base para esse tratamento. Essa discussão continuou durante a dinastia Qing conforme a Escola das Doenças do Calor se desenvolvia. O livro *Discussão sobre Doenças do Calor* (*Wen He Lun*), de Ye Tian Shi, complementou o método de diagnóstico e tratamento das doenças causadas pelo frio de Zhang Zhong Jing com um método igualmente sistemático de diagnóstico e tratamento daquelas doenças causadas pelo calor (ver também p. 226).

O acontecimento mais importante da dinastia Qing foi a introdução da influência, tecnologia e medicina ocidentais na China. Inicialmente a influência do Ocidente era limitada pelo imperador, mas, conforme os missionários foram se estabelecendo na China, trouxeram novas ideias médicas, incluindo hospitais missionários, e usavam a medicina para influenciar as conversões. Para muitos, as velhas teorias "não científicas" começaram a parecer inadequadas, e se estabeleceu a desarmonia na comunidade médica. Em 1822, o Colégio Médico do Imperador declarou que "a disciplina de acupuntura... vai de agora em diante ser descontinuada indefinidamente" (Taylor, 2005, p. 44). Com essa declaração, a acupuntura tornou-se a medicina das classes menos favorecidas.

A medicina na China moderna

Com o colapso dos Qing e a formação da República, o trabalho de base foi lançado para a eliminação da medicina chinesa. Sun Yat Sen (**A**), o fundador da República Chinesa, foi treinado em medicina ocidental no Japão, e uma série de desacordos quanto à regulamentação, ao estabelecimento ou à eliminação dos práticos de medicina chinesa ocorreu sob o governo nacionalista. Em uma tentativa de salvar sua profissão, praticantes de uma variedade de escolas se uniram e, apesar de suas diferenças, trabalharam para criar um sistema médico unificado, usando o termo "medicina chinesa", ou *zhong yi*. As teorias e práticas da medicina chinesa, que viajaram pela história para serem incorporadas na *zhong yi*, incluem as teorias *yin* e *yang* e as cinco fases, o conceito de *qi* como a base da vida, o entendimento da unidade do organismo com a natureza e do organismo como um microcosmo da natureza, e, embora um tanto obscuros, alguns dos conceitos demonológicos, como a ideia de fatores perniciosos, permaneceram no *corpus* da literatura.

Entretanto, os nacionalistas desdenharam dessa medicina por sua falta de comprovação científica, e os primeiros comunistas, sob o comando de Mao Zi Dong (**B**), a desdenharam em função de se referir retrospectivamente ao período feudal da China para embasar suas teorias. O período de 1911 a 1950 foi um tempo difícil para os praticantes de medicina chinesa, e a extinção parecia iminente, não importando que partido estivesse no poder.

A Medicina na China Moderna 43

(A) Selos mostrando a imagem de Sun Yat Sen, o fundador da República Chinesa.

(B) Mao Zi Dong na Praça Tiananmen, Beijing.

Depois da tomada de poder comunista, em 1949, Mao Zi Dong suavizou um pouco sua visão da medicina chinesa. Em 1954, um grupo de doutores mais velhos de Nanjing foi reunido para discutir o futuro dessa medicina. Desse encontro, surgiu a primeira tentativa moderna de criar escolas estatais de medicina chinesa. A primeira escola abriu em Nanjing, em 1954, e foi seguida, em 1956, pela abertura de quatro academias de medicina chinesa em Beijing, Shanghai, Guangzhou e Chengdu. Mao queria que os estudantes fossem médicos que escolhessem se especializar em medicina chinesa, no entanto as primeiras experiências não obtiveram sucesso, e então as escolas foram abertas para leigos, de forma a aumentar o número de médicos disponíveis na China. Essas escolas não tinham o mesmo nível das escolas médicas, mas estavam no mesmo patamar da maioria das faculdades, e a frequência dos alunos era patrocinada pelo Estado. Entre 1956 e 1959, o primeiro conjunto de livros-texto padronizados para um currículo de cinco anos foi criado por médicos das cinco academias. Esses livros-texto iriam continuar sendo revisados e atualizados pelos próximos 50 anos e estão atualmente na sua sétima edição.

Quando, em 1958, Mao declarou que a "medicina e farmacologia da China são uma grande casa do tesouro" (Taylor, 2005, p. 120), estava visualizando uma medicina única, na qual os médicos seriam treinados em biomedicina e também estudariam medicina tradicional chinesa. Em vez de uma medicina, no entanto, duas medicinas se desenvolveram, e hoje a medicina vendida pelos chineses aos Ocidentais como a medicina tradicional chinesa continua a ser ensinada e praticada por toda a China e o Ocidente.

Em geral, faculdades e universidades de medicina chinesa (veja **A** para um exemplo de currículo típico) na China, hoje em dia, são divididas em três grandes departamentos: o Departamento de Medicina Chinesa (focado na prática de ervas), o Departamento de Acupuntura e o Departamento de Farmácia (focado na colheita, preparação e dispensação de ervas). Essas instituições são frequentadas por alunos que completaram o ensino escolar, indicaram que estavam interessados em estudar medicina e passaram no exame admissional da faculdade. Muitos veem o estudo dessa medicina como um caminho para a prática de biomedicina. Outros escolheram-na porque seus pais eram médicos de medicina tradicional e ditaram a sua escolha, e uma pequena minoria escolhe essas faculdades por causa de um desejo de estudar medicina tradicional (Ergil, 1994).

Após a graduação, a maioria dos praticantes trabalha em um dos grandes hospitais de medicina tradicional encontrados por toda a China. Esses hospitais, muitos dos quais são também equipados com ferramentas biomédicas diagnósticas de alta tecnologia, como aparelhos de tomografia computadorizada e de imagem por ressonância magnética, têm tanto alas de internação quanto de ambulatório, onde o tratamento primário é a medicina tradicional. Outras rotas de emprego incluem abrir um consultório privativo (um empenho um tanto complexo na China moderna) ou, para um pequeno número, continuar com sua educação e completar um mestrado ou doutorado em medicina tradicional. As pós-graduações são normalmente focadas na pesquisa com animais ou na pesquisa dos clássicos. Além disso, muita ênfase é colocada na integração das medicinas chinesa e ocidental.

A Medicina na China Moderna

		Curso	Horas	Créditos
Primeiro ano	Primeiro semestre	Língua estrangeira	72	2,5
		Educação física	54	2
		Chinês médico clássico	72	3
		Teoria fundamental da medicina chinesa	90	5
		Anatomia humana	108	5
		Biologia médica	36	2
		História da medicina chinesa	36	2
	Segundo semestre	Língua estrangeira	72	2,5
		Educação física	54	2
		Chinês médico clássico	72	3
		Matéria médica	90	5
		Diagnóstico da medicina chinesa	108	5
		Embriologia	54	2
Segundo ano	Primeiro semestre	Língua estrangeira	72	2,5
		Educação física	36	2
		Matéria médica	72	3
		Fórmulas	108	5
		Medicina chinesa medicina interna I	90	5
		Bioquímica	72	4
	Segundo semestre	Língua estrangeira	72	2,5
		Educação física	36	2
		Biologia	90	5
		Medicina chinesa medicina interna II	90	5
		Shang Han Lun (sobre as doenças do frio)	90	5
		Saúde pública e medicina de urgência	72	3
Terceiro ano	Primeiro semestre	Língua estrangeira	72	2,5
		Educação física tradicional para a proteção à saúde	36	1
		Patologia	90	4
		Medicina chinesa ginecologia	72	4
		Teoria das doenças do calor	72	4
		Acupuntura	108	5
		Medicina chinesa oftalmologia	40	2
	Segundo semestre	Medicina chinesa pediatria	70	4
		Farmacologia	50	3
		Língua estrangeira	40	1,5
		Medicina chinesa ouvidos, nariz e garganta	40	2
Quarto ano	Primeiro semestre	Educação física tradicional para a proteção à saúde	36	1
		Fundamentos de diagnóstico ocidental	108	5
		Jin Gui Yao Lue (Prescrições Essenciais do Cofre de Ouro)	90	4
		O Clássico de Medicina do Imperador Amarelo I	90	4
		Medicina chinesa traumatologia	72	4
		Medicina externa ocidental	54	3
	Segundo semestre	Educação física tradicional para a proteção à saúde	36	1
		Escolas heterodoxas de medicina chinesa	90	5
		O Clássico de Medicina do Imperador Amarelo II	36	2
		Medicina ocidental medicina interna	72	4
		Computadores e medicina	90	3
		Medicina chinesa medicina externa	72	4
		Cuidados de emergência	54	2
Quinto ano	Primeiro e segundo semestres	Prática de graduação		

(A) Currículo do Departamento de Medicina Chinesa de uma faculdade moderna de medicina chinesa na China.

À medida que essa medicina, que tem suas raízes na China, espalhou-se pelo mundo, foi evoluindo e adaptando-se às culturas que a adotaram. A medicina praticada no Japão, por exemplo, continua a procurar nos clássicos as suas raízes, porém privilegia textos diferentes ou diferentes paradigmas teóricos. Como resultado, há muitas e extremamente variadas escolas de pensamento médico no Japão, indo de praticantes que se assemelham muito aos da China àqueles que nem ao menos inserem uma agulha. Na Coreia e no Vietnã, desenvolveram-se distintos sistemas e teorias que se baseiam nas teorias básicas da medicina chinesa. Muitos estudiosos desses países também escolhem estudar na China para ter melhor entendimento, pesquisando diretamente na fonte. Em alguns países asiáticos, a prática de medicina chinesa é limitada aos médicos treinados na biomedicina. No Japão, uma pessoa pode ser treinada para praticar acupuntura ou moxabustão, mas somente os médicos têm permissão para praticar a herbologia tradicional, *kampo* (que significa método chinês).

As ideias da medicina chinesa foram introduzidas no Ocidente por intermédio de diferentes personalidades. Na França, homens como George Soulié de Morant tiveram muita influência, ao passo que, na Inglaterra, indivíduos como Royston Low e Jack Worsley desempenharam importantes papéis. Os estilos de acupuntura que foram desenvolvidos por esses indivíduos em alguns aspectos são muito divergentes da medicina atualmente praticada na China, mesmo sendo todos baseados nas mesmas teorias fundamentais.

Quando as ideias da medicina chinesa foram eventualmente introduzidas no Ocidente, foram a teoria dos canais de acupuntura e as técnicas terapêuticas de acupuntura correspondentes que primeiro se popularizaram e foram ensinadas. A prática da terapêutica herbal, apesar de ser a medicina interna principal na China, levou muito mais tempo para ganhar impulso.

Embora a prática de medicina chinesa tenha chegado aos Estados Unidos primeiramente com imigrantes chineses, era restrita aos habitantes de Chinatown (**A**) e não ganhou nenhuma popularidade na sociedade em geral. Nos Estados Unidos, a acupuntura ganhou visibilidade depois que James Reston, um repórter do *New York Times*, durante viagem à China, pouco antes da visita de Richard Nixon, desenvolveu apendicite. Após ter seu apêndice removido cirurgicamente, com procedimentos cirúrgicos padrões, o repórter recebeu acupuntura para o tratamento de dor pós-operatória. O artigo sobre a sua experiência apareceu na capa do *New York Times* e despertou o interesse de muitos cidadãos americanos (**B**). Atualmente, na Europa, Japão e América do Norte, a maioria dos praticantes de medicina chinesa tem permissão para praticar acupuntura, e muitos também praticam medicina herbal. As leis e padrões educacionais variam muito de um país a outro e inclusive dentro de um mesmo país, como os Estados Unidos e o Canadá, onde cada estado ou província tem sua própria regulamentação*.

---

* N. de T.: O Brasil carece de uma regulamentação do exercício profissional da acupuntura; os fármacos tradicionais chineses não são oficialmente reconhecidos.

A Medicina na China Moderna

(A) Clínica chinesa em Chinatown, São Francisco.

> "Agora, deixe-me contar sobre minha apendicectomia em Pequim.
> Em um breve resumo, os fatos são que, com a assistência de 11 dos especialistas médicos principais de Pequim que foram chamados pelo Premier Chou En-lai a colaborar com a causa, o professor Wu Wei-jan, da equipe cirúrgica do Hospital Anti-Imperialista, removeu meu apêndice em 17 de julho, após uma injeção normal de xilocaína e benzocaína, que anestesiou metade do meu corpo.
> Não houve complicações, náuseas ou vômitos. Eu permaneci consciente todo o tempo e, durante a cirurgia, segui as instruções do professor Wu conforme traduzidas para mim por Ma Yu-chen, do Ministério do Exterior. Depois de duas horas e meia, estava de volta ao quarto do hospital.
> Entretanto, tive considerável desconforto, senão dor, durante a segunda noite após a operação, tanto que Li Chang-yuan, doutor em acupuntura no hospital, com minha permissão, inseriu três longas agulhas finas na parte externa do meu cotovelo direito e abaixo dos meus joelhos e as manipulou de forma a estimular o intestino e aliviar a pressão e distensão no estômago.
> Isso causou ondas de dor que correram pelos meus membros e, pelo menos, teve o efeito de desviar minha atenção do mal-estar no estômago. Nesse momento, doutor Li acendeu dois pedaços de uma erva chamado *ai*, que pareciam tocos quebrados de um cigarro barato em brasa, e os segurou próximos do meu abdome enquanto ocasionalmente girava as agulhas para que agissem."
>
> (Reston, 1971)

(B) Citação de James Reston (*New York Times*, segunda-feira, 26 de julho de 1971).

Tradução e terminologia

Um dos aspectos mais desafiantes do engajamento ocidental na medicina chinesa diz respeito ao fato de os livros estarem disponíveis somente em línguas asiáticas, linguagens que eram tipicamente inacessíveis aos ocidentais. As traduções mais antigas dos textos se ajustam a uma dessas três categorias:

1. Traduções, feitas por chineses, de textos de acupuntura muito simplificados, que eram traduzidos para a terminologia biomédica. Essas eram frequentemente traduções muito pobres, e o uso de terminologia biomédica causou grande confusão e perda de conceitos importantes.
2. Traduções feitas por falantes nativos do inglês, que deram uma grande contribuição para o campo, mas negligenciaram algumas das regras básicas de tradução, como a criação de um glossário que permita que os leitores possam entender os termos do texto original. Esses textos também sofreram por serem muito simplificados para o leitor do inglês.
3. Livros originais do próprio autor baseados no estudo de medicina chinesa, embora úteis, eram coloridos pela interpretação do autor.

Conforme as escolas de medicina chinesa foram se desenvolvendo fora da China, a demanda por livros-texto aumentava junto com o reconhecimento da necessidade de traduções de qualidade que fossem fiéis às ideias chinesas, que não confundissem termos médicos chineses com termos biomédicos e que fornecessem um glossário, permitindo que o leitor facilmente tivesse acesso aos termos ou caracteres do original (Ergil e Ergil, 2008) (veja **A**, **B** e **C** para exemplos de questões de tradução).

Desde a publicação do livro *Fundamentals of Chinese Medicine* (Wiseman, e Ellis, 1985) e a subsequente publicação do *Glossary of Chinese Medicine Terms* (Wiseman 1989), o debate sobre traduções foi centrado no uso de uma terminologia padronizada, comentada, com um dicionário que embasasse seu uso e uma terminologia não padronizada que dependia da interpretação de uso feita pelo tradutor. O debate focado na questão de traduções orientadas para a fonte *versus* orientada, para a meta (Wiseman, 2007) continuou por muitos anos sem uma resolução clara. Todavia, conforme mais praticantes estudavam chinês e a quantidade de material traduzido aumentava, a terminologia padronizada e as traduções orientadas para a fonte passaram a ser mais utilizadas.

Os editores acreditam que a terminologia padronizada livra a tradução de desnecessária interpretação e permite que o leitor interprete exatamente o que o autor do texto original quis escrever. Além disso, permite que o leitor para o qual o inglês não seja a língua-mãe e que esteja familiarizado com os caracteres chineses remeta-se ao texto original e saiba que a terminologia será consistente no decurso de todo o texto. Embora este texto não seja uma tradução do chinês, a terminologia usada adere tanto quanto for possível à terminologia de Wiseman e Ye e à abordagem orientada para a fonte, conforme publicada no *Practical Dictionary of Chinese Medicine* (Wiseman e Ye, 1998). A questão da linguagem na medicina chinesa é somente mais um aspecto da história do movimento e da evolução da medicina chinesa.

Chinês	Tradução orientada para a fonte	Tradução biomédica / orientada para o alvo
风火眼 *feng huo yan*	Vento fogo olho	Conjuntivite aguda
痹 *bi*	Obstrução	Artralgia

(A) Exemplos de problemas na tradução dos termos. Na linha superior, o termo *vento fogo olho*, como um conceito da medicina chinesa, tem um significado muito mais amplo do que conjuntivite aguda. Conjuntivite aguda não tem relação direta com vento ou fogo, nem era um conceito que os personagens históricos entendessem quando viam um olho vermelho e lacrimejante. Na linha inferior, o termo obstrução refere-se a condições de dor musculoesquelética por causa de vento-frio-umidade ou outras combinações de fatores perniciosos e não ocorrem somente nas articulações (adaptado de Wiseman, 2007).

Chinês	Tradução orientada para a fonte	Tradução biomédica / orientada para o alvo
痿 *wei*	Definhamento	Síndrome de flacidez
痰核 *tan he*	Nódulo de flegma	Nódulo subcutâneo
喉蛾 *hou e*	Garganta mariposa	Amigdalite
疝 *shan*	Monte	Hérnia

(B) Mais exemplos de uso de termos biomédicos (adaptado de Wiseman, 2007).

Chinês	Tradução orientada para a fonte	Tradução biomédica / orientada para o alvo
活血 *huo xue*	Acelerar o sangue	Promover a circulação do sangue
神 *shen*	Espírito	Consciência
邪 *xie*	Pernicioso	Fator patogênico
泻 *xie*	Drenar	Sedar

(C) Simplificações do significado ou uso de um termo com uma definição já compreendida (conotativa) que obscurece o significado original, mas é "mais fácil de ser entendido".

Chinês	Tradução orientada para a fonte	Tradução biomédica / orientada para o alvo
哮 *xiao*	Sibilação (som frequentemente acompanhado por ofegar)	Asma
喘 *chuan*	Ofegar (dificuldade respiratória severa, com descontinuidade da respiração)	Asma
哮喘 *xiao chuan*	Sibilar e ofegar	Asma
心悸 *xin ji*	Palpitações cardíacas	Palpitações
惊悸 *jing ji*	Palpitações por susto	Palpitações
怔忡 *zheng chong*	Pulsações amedrontadoras	Palpitações

(D) Usar um só termo para traduzir diferentes termos da medicina chinesa confunde as ideias, pode causar confusão clínica e erros, além de resultar na perda de significados e conceitos.

Tabela de dinastias

Dinastia	Período	Eventos médicos principais
Xia	Aproximadamente 2100-1600 a.C.	Não há evidências arqueológicas de sua existência.
Shang	Aproximadamente 1600-1100 a.C.	Consistentes evidências arqueológicas de sua existência. Culto aos ancestrais e adivinhação por ossos de oráculo pelo rei são as principais formas de medicina. A doença é equiparada a uma maldição por um antepassado. Ossos de oráculo são interpretados pelo rei e pelo *wu* (xamã).
Zhou Zhou Ocidental Zhou Oriental, incluindo o período Primavera e Outono	Aproximadamente 1100-771 a.C. 770-475 a.C.	Culto aos ancestrais continua; os *wu* são mais prevalentes e começam a curar indivíduos doentes e não só o rei. Conforme a dinastia declina, há um tempo de caos e inquietação que resulta na terapia demonológica, correspondências mágicas e culto aos ancestrais. Doenças passam a poder ser causadas por demônios ou por feitiços, não somente pelos ancestrais. Confúcio viveu (551-479 a.C.).
Estados Beligerantes	475-221 a.C.	O caos e a inquietação continuados permitiram o sucesso da terapia demonológica. Um tempo de grande pensamento filosófico: • Desenvolvimento da escola *yin* e *yang*; • Desenvolvimento da escola das cinco fases; • Confúcio morre (479 a.C.), e seus alunos desenvolvem a escola confucionista. Lao Zi e Zhuang Zi viveram nessa época • Desenvolvimento do taoísmo.
Qin	221-206 a.C.	Reunificação da China sob um regime legalista que requer obediência estrita ao imperador. Grandes obras, como a Muralha da China, são completadas. A filosofia é banida, e todos os livros não favoráveis ao governo são queimados.
Han	206 a.C.-220	A China é reunificada após a queda dos Qin. A doutrina confucionista instala-se como a escola de pensamento político que iria continuar a influenciar a China pelos próximos 2 mil anos. Escolas *yin* e *yang* e das cinco fases são integradas à doutrina confucionista. Desenvolve-se a Medicina das Correspondências Sistemáticas, baseada nos pensamentos confucionistas. Os principais clássicos são escritos ou compilados, incluindo *O Clássico de Medicina do Imperador Amarelo*, *O Clássico das Dificuldades*, *O Tratado do Frio Nocivo* e *A Matéria Médica do Divinal Fazendeiro*. O budismo vai da Índia para a China.
Três Reinos	220-265	
Jin Oriental e Ocidental	265-420	
Dinastias Norte e Sul	420-581	
Sui	581-618	Foco na unificação da China. O governo estabelece fazendas para o cultivo de ervas. Todos os elementos que fazem parte do desenvolvimento da medicina na China estão presentes: o pensamento confucionista, a filosofia taoísta, a busca da imortalidade, os exercícios budistas, o tratamento das massas, o *qi*, a Medicina das Correspondências Sistemáticas, etc. Desse ponto em diante, modificações na medicina chinesa foram variações sobre o mesmo tema.

Tabela de Dinastias

Dinastia	Período	Eventos médicos principais
Tang	618-907	Cultura chinesa e filosofia budista estreitamente enlaçadas. Na medicina, há interesse em examinar o que já existe, não avançando o pensamento filosófico. Classificações educacionais são estabelecidas para os médicos imperiais. Fundada a escola imperial de medicina. A medicina é separada em quatro especialidades: acupuntura, massagem, medicina interna, encantamentos.
Cinco Dinastias	907-960	
Song do Norte e do Sul	960-1270	Os acadêmicos-oficiais substituem a aristocracia como a classe dominante. A medicina torna-se mais especializada. 1027: bonecos de bronze foram criados para o ensino da acupuntura na Academia Imperial. Sistemas de correspondências são expandidos para incluir ervas. Revividas as teorias de Zhang Zhong Jing (*Shang Han Lun*). Luta quanto à educação dos médicos: imperial *versus* independente. Tentativas de esclarecer as contradições da medicina e um distanciamento dos aspectos espirituais da medicina.
Jin e Yuan	1115-1234 1271-1368	Quatro mestres: Liu Wan Su (Escola do Frio), Zhang Zi He (Escola da Purgação), Li Dong Yuan (Escola do Baço e Estômago) e Zhu Dan Xi (Escola da Nutrição do *Yin*). Dinastia estrangeira (mongol); China completamente tomada pelos mongóis.
Ming	1368-1644	Considerada o ponto alto da era imperial tardia. Drogas medicinais totalmente integradas à Medicina das Correspondências Sistemáticas. Li Shi Zhen vive (1518-1593). Desenvolvimento da teoria *Wen Bing* (Doenças do Calor). Interesse em evidências empíricas (a que atualmente existe).
Qing	1644-1911	Dinastia estrangeira (manchu) e a última dinastia imperial. Qing inicial: estabilidade econômica, política e cultural. Influxo de ocidentais na China. Retorno aos clássicos como proteção contra os estrangeiros. Inquietação médica: insatisfação com as velhas teorias. Introdução da medicina ocidental teve enorme influência: modernização *versus* tradição.
República da China Continente Taiwan	1912-1949 1949 ao presente	Encorajado o movimento para a modernização. Modernização = cientificismo. A medicina tradicional quase perdida. Salva pela criação da *zhong yi* (medicina chinesa).
República Popular da China	1949 ao presente	Medicina tradicional chinesa usada na Longa Marcha. Estabelecida escola com textos e currículo padronizados (1954-1959). Movimento para a integração das medicinas ocidental e chinesa.

(A) Quadro das dinastias chinesas com os eventos médicos principais.

2

Teorias fundamentais da medicina chinesa

Kevin V. Ergil

Introdução **54**	**Órgãos e vísceras** **72**
Yin e yang..........................**56**	O coração e o pericárdio............... 74
Yin e yang na medicina 58	O pulmão............................ 76
As cinco fases **60**	O baço, o estômago e o intestinos 78
Os quatros ciclos das cinco fases........ 62	O fígado e a vesícula biliar 80
Qi, sangue, fluidos, essência	O rim e a bexiga 82
e espírito **64**	O triplo queimador 84
Qi.................................... 64	Os órgãos extraordinários 84
Sangue e fluidos...................... 66	Desenvolvimento, reprodução e
Essência e espírito 66	envelhecimento...................... 86
A patologia do qi, do sangue e dos	**As três causas de doenças** **88**
fluidos corporais...................... 68	Causas externas: os seis perniciosos..... 88
Os canais **70**	Causas internas: as sete emoções....... 90
Os oito canais extraordinários 70	Causas nem internas nem externas 92
	O corpo sadio como uma paisagem
	ordenada...........................**94**

Introdução

Quando os estudantes iniciam seus cursos nas faculdades de medicina chinesa, uma das primeiras matérias estudadas é a chamada "Teorias Fundamentais" (中医基础). Essa matéria apresenta o modelo teórico que forma o núcleo do que está por trás de cada aspecto da prática da medicina chinesa. É importante ressaltar que, embora esses cursos sejam ministrados em salas de aula modernas para estudantes que irão estudar e praticar a profissão em ambientes hospitalares equipados com recursos biomédicos convencionais de diagnóstico e tratamento, todos os elementos do curso derivam diretamente da prática e academicismo médicos chineses dos 2 mil anos que atecederam a era moderna.

A reorganização do ensino médico tradicional pelos marxistas maoístas da década de 1950 tornou possível educar sistematicamente milhares de homens e mulheres jovens como médicos de MTC*. Entretanto, o que serve de base para esse programa educacional são os textos clássicos da medicina chinesa, como *O Clássico de Medicina do Imperador Amarelo, Tratado do Frio Nocivo*, entre outros.

Este capítulo apresenta as ideias centrais da medicina chinesa: *yin* e *yang*, as cinco fases, as substâncias corporais (*qi*, sangue, essência e fluidos), o espírito, os canais, os órgãos e as vísceras, os órgãos extraordinários, o triplo queimador e as causas das doenças. O entendimento do conceito de mente corporificada da medicina chinesa também é discutido. Essas ideias são essenciais para o entendimento de todos os aspectos diagnósticos e terapêuticos de tal medicina. Em alguns casos, essas ideias parecerão simples de compreender já no primeiro contato; em outros, elas serão melhor explicadas em capítulos posteriores.

Essas teorias, nesse sentido, representam exatamente isso: teorias fundamentais (veja **A** para um esboço). Conforme iniciamos a discussão de *yin* e *yang*, e à medida que as ideias se apresentam para nós ao mesmo tempo simples e profundas, podemos estranhar a facilidade com que as entendemos com maestria. Muitas vezes, participei de palestras apresentadas por mestres seniores da medicina chinesa que, ao ensinar seus colegas, iniciam com uma recapitulação dessas ideias tão fundamentais: *yin* e *yang*, o ritmo natural do sol e da sombra, do calor e do frio. Os membros chineses da audiência escutam atentamente; outros frequentemente estão desatentos, tentando imaginar por que ideias tão básicas estão sendo revisadas para uma plateia que supostamente já as conhece bem. O que os estudiosos e clínicos mais velhos sabem, e os neófitos não, é que as verdades mais profundas dos conceitos nucleares da medicina chinesa somente se revelam após anos de aplicação e experiência.

Certa vez, um estudante me disse, enquanto sentávamos em um banco de praça e admirávamos os ares da primavera: "Quando iniciei meus estudos, *yin* e *yang* eram apenas palavras a serem entendidas; agora eu vejo a interação do *yin* e do *yang* em todas as direções que olho, e as cinco fases circundam-me por todos os lados".

---
* N. de T.: Medicina Tradicional Chinesa.

Teoria fundamental	Tópicos discutidos
Yin e *Yang*	• *Yin* e *Yang* na medicina
As cinco fases	• Os quatro ciclos das cinco fases
Qi, sangue, fluidos, essência e espírito	• *Qi* • Sangue e fluidos • Essência e espírito • A patologia do *qi*, do sangue e dos fluidos
Os canais	• Os oito vasos extraordinários
Órgãos e vísceras	• O coração e o pericárdio • O pulmão • O baço, o estômago e os intestinos • O fígado e a vesícula biliar • Os rins e a bexiga • O triplo queimador • Os órgãos extraordinários • Desenvolvimento, reprodução e envelhecimento
As três causas de doenças	• Causas externas: os seis fatores perniciosos • Causas internas: as sete emoções • Causas nem internas nem externas
O corpo sadio como uma paisagem ordenada	

(A) Esboço das Teorias Fundamentais: tópicos discutidos neste capítulo.

Yin e *Yang*

Yin e *yang* expressam a ideia de que todo o fenômeno pode ser entendido como existindo em equilíbrio com um dado fenômeno complementar. Esses fenômenos, portanto, existem em um estado de equilíbrio dinâmico, sendo que diferentes problemas surgem exatamente das alterações nesse equilíbrio. Conforme foi discutido no Capítulo 1, a ideia de *yin* e *yang* foi inicialmente expressa pela imagem dos climas contrastantes dos lados ensolarado e sombreado da colina. Imagine, por um momento, os diferentes ambientes que existem em cada lado daquela colina: no lado claro, ensolarado, as plantas e os animais que gostam de sol são mais comuns, o ar é mais seco e as pedras são aquecidas; no lado escuro, sombreado, o ar é úmido e frio, e os animais refugiam-se do calor do dia. *Yin* e *yang* existem um em relação ao outro (**A**, ver também p. 20).

Fenômenos *yin* são caracterizados como úmidos, frios, passivos, nutritivos, interiores, escuros e profundos, enquanto fenômenos *yang* são quentes, ativos, consumptivos, exteriores, leves e superficiais. *Yin* e *yang* são usados para descrever o ciclo das estações do ano, o ciclo do dia (mostrando o movimento da aurora para o crepúsculo e de novo para a aurora), os órgãos e as vísceras e os canais de acupuntura.

Esse tipo de análise depende da natureza infinitamente divisível do *yin* e do *yang*. O ciclo das estações do ano pode ser analisado dessa forma (**B**). Verão é *yang* dentro do *yang*, outono é *yin* dentro do *yang*, inverno é *yin* dentro do *yin* e primavera é *yang* dentro do *yin*. Dessa forma, o período mais frio, escuro e mais *yin* é *yin* dentro do *yin*, enquanto a primavera, quando o *yang* começa a emergir do *yin*, é *yang* dentro do *yin*.

O mundo visto pelas lentes do *yin* e *yang* adquire uma perspectiva ecológica: cada fenômeno é visto em relação ao seu entorno e se espera que cada fenômeno influencie e seja influenciado pelo seu entorno de modo a ser entendido em termos de *yin* e *yang*. "A linguagem da medicina chinesa, assim como a da ecologia, é a linguagem de inter-relação e interdependência. Entende-se a paisagem externa, ou ambiente humano, em uma relação profunda e dinâmica com a paisagem interna, ou organismo humano" (Ergil, 2006, p. 384).

Os seres humanos têm natureza e estrutura inseparáveis do *yin* e *yang*, assim como são inseparáveis do mundo à sua volta. Cada aspecto da vida mantém relação com os aspectos *yin* e *yang*. Entender esse fato e viver de acordo com o *yin* e *yang* dá sustento à própria vida. De acordo com os antigos sábios-médicos, "seguir (as leis do) *yin* e *yang* significa vida; agir contrariamente (às leis do *yin* e *yang*) significa morte" (*Huang Di Nei Jing Su Wen*, Capítulo 2, em Unschuld, 1988, p. 13).

Yang	Yin
Lado sul de uma colina	Lado norte de uma colina
Lado norte de um rio	Lado sul de um rio
3, 7, 9	2, 6, 8
Claro	Escuro
Céu	Terra
Sol	Lua
Dia	Noite
Primavera	Outono
Verão	Inverno
Quente	Frio
Ensolarado	Nublado
Seco	Úmido
Masculino	Feminino
Rápido	Lento
Movimento	Estase
Leve	Pesado
Frente	Costas
Acima	Abaixo
Externo	Interno
Fogo	Água
Madeira	Metal
Lado esquerdo	Lado direito

(A) Correspondências *yin* e *yang*.

(B) *Tai ji di tu* com estações. O familiar "símbolo *yin* e *yang*" é o *tai ji di tu* ou mapa do supremo último que transmite a ideia do profundo significado implicado nessa imagem simbólica. Aqui ele vem cercado por áreas sombreadas, indicando a divisão da dualidade primária do *yin* e *yang* nas quatro estações do ano.

Meio-dia
Sul

Yang no *yang* (Verão)

Yin no *yang* (Outono)

Nascente
Leste

Poente
Oeste

Yang no *yin* (Primavera)

Yin no *yin* (Inverno)

Meia-noite
Norte

Yin e yang *na medicina*

Embora provavelmente seja mais fácil pensar em *yin* e *yang* como termos que descrevem qualidades e que ajudam os médicos chineses a organizar as informações, não se pode esquecer que (especialmente na farmacêutica tradicional) os constituintes *yin* e *yang* do corpo são coisas reais que podem ser reforçadas por substâncias ou ações específicas.

Esse relacionamento entre *yin* e *yang* é frequentemente representado por uma vela acesa. Se considerarmos a cera da vela como seu aspecto *yin* e a chama como seu aspecto *yang*, entederemos que o *yin* nutre e mantém o *yang* da mesma forma que o *yang* consome o *yin* e assim produz o brilho da queima. No momento em que termina a cera, também acabará a chama. *Yin* e *yang* existem em mútua dependência.

A fisiologia dinâmica do *yin* e *yang* é um tema recorrente no estudo de conceitos mais estritos, como o *qi* e o sangue ou os órgãos e as vísceras. Movimentos internos do corpo podem ser analisados em termos de *yin* e *yang*. As substâncias leves e móveis, e portanto *yang*, movem-se para cima e para fora, enquanto as substâncias *yin*, densas e viscosas, movem-se para baixo e para dentro, produzindo uma dinâmica interna fundamental para a fisiologia da medicina chinesa.

A descreve os cinco conjuntos de relações entre *yin* e *yang* que se obtêm quando eles são vistos como qualidades ou substâncias ativamente contrabalançadas; a análise é a mesma em cada contexto. Essa abordagem é usada para o entendimento de processos patológicos, sendo sintetizada no seguinte princípio fundamental: "quando *yin* prevalece, há frio; quando *yang* prevalece, há calor. Quando *yang* está vazio há frio, quando *yin* está vazio há calor"[1].

Por exemplo, a exposição repetida ao frio combinada com dieta repleta de alimentos frios, vegetais crus e bebidas frias produz repleção do *yin*, que vem a dominar os fatores *yang* do corpo, produzindo sinais de frio. Esse é o significado de *yin* prevalecendo. É muito comum encontrarmos indivíduos nos quais as substâncias *yin* foram depletadas. Isso pode acontecer em casos de doenças, esgotamento por sobrecarga ou uso crônico de algumas drogas. Também pode acontecer ao longo do processo de envelhecimento (uma forma de esgotamento por sobrecarga), frequentemente visto em mulheres perimenopáusicas, nas quais sintomas como suores noturnos, ruborização, fogachos, etc. são sinais de *yin* insuficiente. Nesse caso, "quando *yin* está vazio, há calor".

Mesmo sendo simples, esses conceitos são fundamentais para a organização dos conceitos da fisiologia, patologia, diagnóstico e tratamento. Por isso, as seções deste texto frequentemente retomarão tais conceitos.

---

[1] Afirmações como essa são aforismos clássicos, axiomas nucleares do raciocínio da medicina chinesa. Este texto refere-se a tais colocações como "princípios críticos", que aparecem na forma de citações. Embora essas expressões possam ser encontradas em muitos textos, a maior parte das que aqui são citadas encontra-se em Wiseman (1996 e 1998).

Yin e *Yang* equilibrados

Yin   Yang

O equilíbrio entre *yin* e *yang* é considerado fisiologicamente normal

Repleção do *yin*

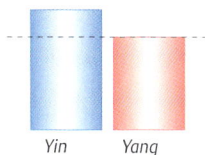

Yin   Yang

Abundância anormal de *yin*; presentes sinais de frio e excesso de *yin*.

Vazio do *yin*

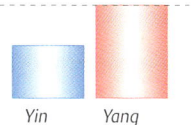

Yin   Yang

Yang normal não contido; presentes sinais de calor e hiperatividade do *yang*.

Repleção do *yang*

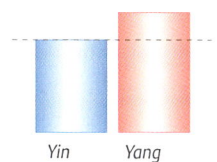

Yin   Yang

Abundância anormal de *yang*; presentes sinais de calor e hiperatividade do *yang*.

Vazio do *yang*

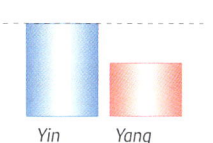

Yin   Yang

Yin normal não aquecido e equilibrado quando *yang* é insuficiente; presentes sinais de frio e excesso de *yin*.

(A) Equilíbrio entre *yin* e *yang*.

As cinco fases

As cinco fases são terra, metal, água, madeira e fogo. Em chinês, *wu* (五) significa "cinco" e *xing* (行) expressa a ideia de movimento, de "ir". Algumas vezes, a expressão *wu xing* é traduzida como "os cinco elementos", no entanto essa tradução falha em transmitir o dinamismo do conceito chinês, ao se focar na aparente similaridade entre os *wu xing* e os elementos da antiga e medieval medicina greco-romana. Enquanto *wu xing* historicamente implica elementos materiais, as cinco fases são usadas para descrever um conjunto de relações dinâmicas que ocorrem entre fenômenos (ver também p. 20).

Os relacionamentos (descritos detalhadamente mais adiante nesse texto) são baseados na ideia de que todo fenômeno tem qualidades ou características em comum com uma das cinco fases. Assim, a madeira, com sua qualidade de flexibilidade e crescimento vigoroso, é relacionada à estação da primavera, ao vento e à raiva, os quais se relacionam ao que é repentino e vigoroso. O coração, o verão, o calor do meio-dia, a língua, a alegria desenfreada, a ondulação do pulso que se eleva com força para a superfície, todos evocam a vermelhidão, o movimento centrífugo e o calor do fogo. Essas associações podem ser vistas em **A** e contêm significado diagnóstico e terapêutico em si mesmas. Um paciente com uma tristeza não resolvida pode apresentar um histórico de problemas pulmonares. Um paciente com predileção por comidas doces e úmidas pode sobrecarregar o baço, que responde com a produção de carne supérflua.

As cinco fases têm várias funções na medicina chinesa. Suas correspondências e relacionamentos são usados para entender os papéis e as relações dos órgãos e das vísceras. Experiências emocionais, comidas, estações do ano e sons podem ser relacionados às atividades dos órgãos, às suas funções e expressões físicas. Qualquer teoria que se refira aos órgãos e vísceras é profundamente influenciada pela ideia das cinco fases, as quais também são aplicadas em tradições de diagnóstico e tratamento que empregam construções muito específicas do pensamento clássico. Isso pode ser visto em sistemas de terapia por acupuntura baseados nas tradições de *O Clássico das Dificuldades* (*Nan Jing*). Tais sistemas usam extensivamente a teoria das cinco fases para integrar ideias quanto a funções dos órgãos, sinais do pulso e seleção de pontos de acupuntura (isso será discutido mais detalhadamente nos Capítulos 3 e 4).

As correspondências das cinco fases esboçadas em **A** dão uma clara noção de como devemos pensar as cinco fases. Risadas são o som do coração, e vermelho é a sua cor. Risadas incontidas, uma face vermelha, um pulso que é sentido mais forte na posição do coração sugerem um distúrbio no coração. **B** e **C** mostram as associações direcionais das cinco fases e as relações entre as cinco fases e *yin* e *yang* respectivamente.

Categoria	▽ Madeira	△ Fogo	□ Terra	◇ Metal	○ Água
Estação do ano	Primavera	Verão	Verão tardio*	Outono	Inverno
Hora do dia	Antes da aurora	Manhã	Tarde	Final da tarde	Meia-noite
Clima	Vento	Calor	Umidade	Secura	Frio
Direção	Leste	Sul*	Centro	Oeste	Norte*
Desenvolvimento	Nascimento	Crescimento	Maturidade	Recolhimento	Dormência
Cor	Ciano	Vermelho	Amarelo	Branco	Preto
Gosto	Azedo	Amargo	Doce	Acre	Salgado
Órgão	Fígado	Coração	Baço	Pulmões	Rins
Víscera	Vesícula biliar	Intestino delgado	Estômago	Intestino grosso	Bexiga
Órgão dos sentidos	Olhos	Língua	Boca	Nariz	Ouvidos
Tecido	Tendões	Vasos	Carne	Pele/pelos do corpo	Ossos
Aspecto mental	Raivoso	Alegre	Pensativo	Triste	Amedrontado
Odor	Hircino	Tostado	Fragrante	Peixe cru	Pútrido
Vocalização	Grito	Riso	Canto	Choro	Suspiro
Espíritos	Alma etérea	Espírito	Reflexão	Alma corpórea	Força de vontade
Fluido do corpo	Lágrimas	Suor	Saliva	Muco	Urina
Área de manifestação	Unhas	Compleição	Lábios	Pelos do corpo	Cabelos

(A) Correspondências das cinco fases. [*ver N. de T. na p. 21]

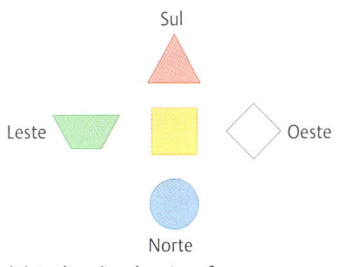

(B) As direções das cinco fases.

Fase	Relacionamentos yin-yang	
▽ Madeira	Yang no yin	Shao yang
△ Fogo	Yang no yang	Tai yang
□ Terra	Yin e yang equilibrados	
◇ Metal	Yin no yang	Shao yin
○ Água	Yin no yin	Tai yin

(C) Cinco fases e yin e yang.

Os quatros ciclos das cinco fases

Os quatro ciclos retratam as relações dinâmicas entre as fases. Os primeiros dois ciclos são "fisiológicos" e indicam relações normais entre os órgãos e as vísceras do corpo, homeostase ou equilíbrio no sistema (**A**).

O ciclo de geração é um ciclo de crescimento e desenvolvimento. Ele expressa a relação entre mãe e filho, na qual a mãe encaminha seu *qi* ou substância vital para o filho no momento em que o está gerando. Esse é o ciclo das mudanças sazonais, no qual a primavera (madeira) produz o verão (fogo). Este produz o verão prolongado (terra) (meados de julho a meados de agosto) e então o outono (metal), que é seguido pelo inverno (água), e assim por diante, com o retorno da primavera.

A madeira é a imagem do crescimento vigoroso e cheio de força, como o brotar de uma arvorezinha na primavera. A madeira dá combustível ao fogo, e o calor do verão é capturado na imagem do fogo. Da mesma forma que o fogo consome a madeira reduzindo-a a cinzas semelhantes à terra, também os cereais maduros do verão prolongado emergem do fogo do verão. Os metais são derivados de óxidos metálicos presentes na terra, e isso também ocorre com os filhos da terra. A essência da terra – frutas, nozes e grãos – é coletada durante a colheita do outono, assim como as plantas são cortadas com ferramentas metálicas. O outono dá lugar ao inverno do mesmo modo que o metal produz a água. O ar úmido exalado dos pulmões e a condensação em espelhos metálicos para coletar a água da atmosfera em regiões áridas são a base para essa analogia.

O ciclo restritivo* esboça o controle sadio de uma fase por outra. O ciclo de geração é um sistema de *feedback* positivo, que, sem restrição, tornar-se-ia desequilibrado. O ciclo restritivo mostra a fase "avó" controlando seu "neto". O fogo, a mãe da terra, é a avó do metal e controla seu neto. A madeira controla a terra assim como as pás de madeira e as cercas foram usadas para dar forma e controlar a terra. Em troca, os diques e os canais de terra guiam e restringem a água para propósitos produtivos. A água pode abrandar o ardor do fogo, e esse pode ser usado para moldar o metal.

O *feedback* negativo do ciclo restritivo equilibra o *feedback* positivo do ciclo de geração.

Os próximos dois ciclos são "patológicos", manifestam-se em um organismo fora de equilíbrio (**B**) e ocorrem quando uma fase torna-se fraca ou exuberante. O ciclo de subjugação** ocorre quando um uma fase torna-se fraca ou exuberante e perturba o ciclo restritivo. Se o baço (terra), associado à digestão normal, fica enfraquecido, então o fígado (madeira) o subjuga, causado distúrbios digestivos. Isso também pode ocorrer no momento em que o fígado (madeira) torna-se repleto e restringe em demasia o baço (terra).

O ciclo de rebelião*** ocorre quando a fase neto torna-se exuberante ou a fase avó enfraquece e o ciclo restritivo tem seu sentido invertido. O coração (fogo), em vez de ser restringido pelo rim (água), rebela-se, e o fogo do coração arde por causa do vazio do *yin*.

---

* N. de T.: Mais conhecido como ciclo de dominação, a opção pelo uso de restritivo (do original *restraining*) é devido à propriedade desse ciclo de restringir, diminuir a força, atuar contrariamente, conotação ligeiramente diferente do ato de dominar.

** N. de T.: Mais conhecido como ciclo de superdominação, tem o sentido de restrição em excesso.

*** N. de T.: Mais conhecido como ciclo de contradominação, no qual a restrição ocorre no sentido contrário ao fisiológico.

As Cinco Fases **63**

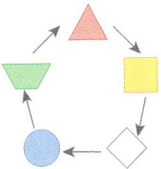

O ciclo de geração (*xiang sheng*).
Geração: cada fase relaciona-se com a próxima da mesma forma que a mãe com o filho.
A terra gera o metal.

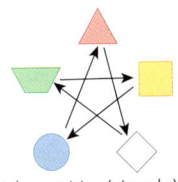

O ciclo restritivo (*xiang ke*).
Restrição: a avó restringe o neto. A Terra restringe a água.

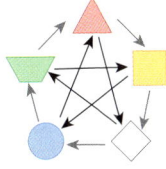

Ciclos de geração e restrição mostrados juntos.

(A) Os dois "ciclos fisiológicos".

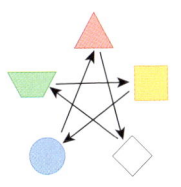

O ciclo de subjugação (*xiang cheng*) reflete uma situação patológica, na qual o ciclo restritivo está exacerbado, e a fase que restringe esmaga a fase restringida. A terra subjuga a água.

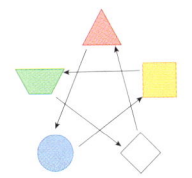

O ciclo de rebelião (*xiang wu*) é uma situação patológica que ocorre quando a fase restringida rebela-se contra a fase que restringe. A água rebela-se contra a terra.

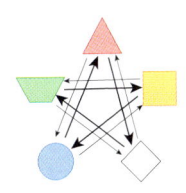

A subjugação e a rebelião mostradas juntas.

(B) Os dois "ciclos patológicos".

Qi, sangue, fluidos, essência e espírito

Qi

Depois do *yin* e *yang*, nenhum conceito é mais importante para a medicina chinesa do que o *qi*, a ideia de que o corpo é perpassado por uma influência material sutil e móvel que produz as funções fisiológicas e mantém a saúde e a vitalidade do organismo. O *qi* e o sangue são estreitamente ligados, de fato são virtualmente inseparáveis, visto que fluem conjuntamente pelos canais nutrindo os órgãos. O sangue e o *qi* têm uma relação *yin* e *yang*: o *qi* é a substância ativa (*yang*), que aquece e dá vitalidade ao corpo; o sangue é a substância *yin*, umedecendo e nutrindo os órgãos. A estreita relação entre o *qi* e o sangue é expressa pelo princípio crítico que diz: "O *qi* é o comandante do sangue, e o sangue é a mãe do *qi*". Isso expressa o aspecto *yang* do *qi* e seu papel de conduzir ativamente o sangue pelo corpo, e o papel *yin* do sangue, que nutre o *qi* e suaviza seu caminho pelo corpo.

Algumas vezes, *qi* é traduzido como *energia*, mas isso oculta seus atributos claramente materiais e sua relação com os aspectos tangíveis e substanciais da nossa experiência de corporeidade. Embora o *qi* tenha um caráter energético (no sentido de que a energia é definida como a capacidade de um sistema de produzir trabalho), é importante lembrar sua materialidade. A analogia do vento enfunando as velas de um barco é usada para transmitir a ideia do *qi* cheio de força e movimentando-se pelo corpo (ver também p. 22 e 324).

O Imperador Amarelo sugere que o *qi*, o sangue, os fluidos (líquidos e humores), a essência e os vasos são diferentes formas de *qi*. Há vários tipos diferentes de *qi* no corpo, e cada tipo é distinguido por sua fonte, localização e função. Assim, o *qi* que faz os pulmões respirarem e se manterem límpidos é o *qi* pulmonar. O *qi* que defende o corpo do calor, do frio e de infecções é o *qi* defensivo e assim por diante. De forma geral, todo o *qi* do corpo é caracterizado como *qi* adquirido ou *qi* original, sendo produzido pela combinação do "grande *qi*" (ou o ar que nós respiramos), da "essência dos grãos e da água" (ou a comida que comemos), e do "*qi* essencial do rim" (ou fatores metabólicos e capacidades do organismo). Quando o *qi* original está ativamente engajado em manter a saúde do organismo e em contrapor-se a processos de doenças, é chamado *qi* "direito" ou "correto" (*zheng*). Aqui a ideia de *qi* correto ou fisiológico e saudável é oposta à ideia de fatores patogênicos. **A** esboça a produção do *qi*.

Uma vez que o *qi* original, o *qi* indiferenciado do corpo, é produzido, ele é armazenado e distribuído. Considera-se que o *qi* adquirido tenha cinco divisões maiores. Todo *qi*, independentemente de sua localização, tem cinco funções: ativação, aquecimento, defesa, transformação e consolidação, e uma dinâmica distinta: mover-se para dentro ou para fora, para cima ou para baixo conforme se move pelos canais, pelos órgãos e pelo corpo (**B**, **C**, **D**).

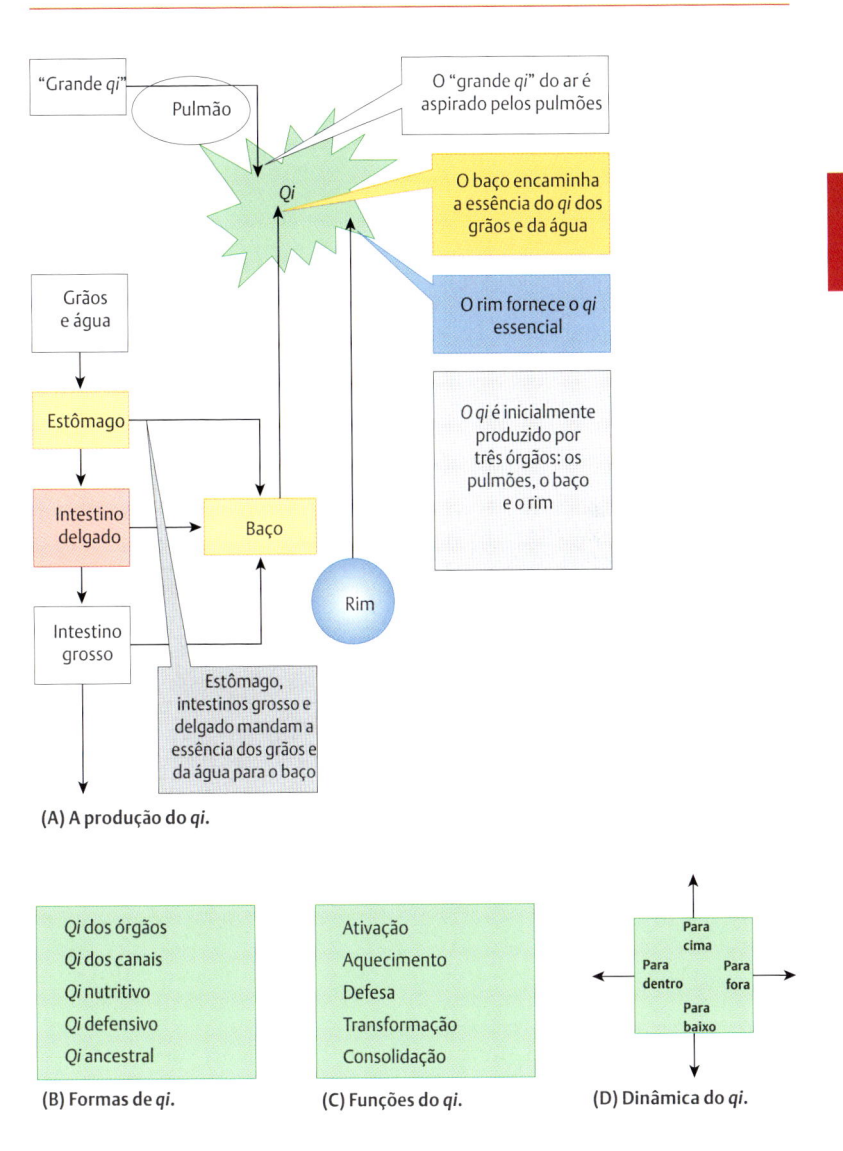

Qi, Sangue, Fluidos, Essência e Espírito

"Grande qi" — Pulmão — Qi

O "grande qi" do ar é aspirado pelos pulmões

O baço encaminha a essência do qi dos grãos e da água

O rim fornece o qi essencial

O qi é inicialmente produzido por três órgãos: os pulmões, o baço e o rim

Grãos e água → Estômago → Intestino delgado → Intestino grosso

Baço

Rim

Estômago, intestinos grosso e delgado mandam a essência dos grãos e da água para o baço

(A) A produção do qi.

- Qi dos órgãos
- Qi dos canais
- Qi nutritivo
- Qi defensivo
- Qi ancestral

(B) Formas de qi.

- Ativação
- Aquecimento
- Defesa
- Transformação
- Consolidação

(C) Funções do qi.

Para cima / Para dentro / Para fora / Para baixo

(D) Dinâmica do qi.

Sangue e fluidos

Em relação ao *qi*, o sangue e os fluidos constituem os aspectos *yin* do corpo. O sangue é produzido quando a essência da comida e da água é elevada pelo baço para os pulmões (**A**). O sangue e o *qi* nutritivo são estreitamente ligados e viajam juntos pelos vasos. O sangue nutre o corpo.

Fluido é um termo genérico para substâncias pouco densas (líquidos, *jin* 津) e viscosas (humores, *ye* 液) que umedecem e lubrificam o corpo. Assim como o *qi* e o sangue, os fluidos são produzidos a partir da comida e da bebida por meio do processo transformativo do corpo. Os humores são espessos, pertencem aos órgãos e lubrificam as juntas. Os líquidos são ralos e responsáveis por umedecer a pele, os olhos e a boca.

Essência e espírito

Qi, essência e espírito são os chamados "três tesouros" (*san bao* 三 包). A essência é dada pelos pais, e o espírito, pelo céu. A essência é uma substância relacionada ao rim, e o espírito habita o coração.

Essência é "o que é essencial para a vida", o suporte fundamental dos processos fisiológicos que devem ser reabastecidos pela comida e pelo descanso. Ela também é reconhecida, de um ponto de vista mais específico, como a "essência reprodutiva" – as substâncias reprodutivas (esperma e óvulo). A essência tem algumas subdivisões: a "pré-celestial" (congênita, "pré-natal"), que é a herança genética combinada com a nutrição recebida durante a gestação. No momento da primeira respiração, a produção da "pré-celestial" cessa e inicia a produção da "pós-celestial" (adquirida, "pós-natal"), que é formada usando a essência congênita para transformar a essência dos grãos e da água. Tanto a congênita quanto a adquirida são armazenadas nos rins e dão suporte ao desenvolvimento e funcionamento do corpo.

A insuficiência da essência pode se manifestar em desordens do desenvolvimento no início da vida e causar problemas em relação ao crescimento e ao amadurecimento. Mais adiante na vida, danos à essência podem precipitar o processo de envelhecimento ou reduzir a habilidade que o corpo tem de defender-se das doenças e de curar-se rapidamente. Normalmente, considera-se que a essência congênita é um recurso finito, cuja perda é inevitável e que leva ao declínio e à morte. A taxa de declínio e a qualidade da vida são controladas de acordo com a velocidade com que a essência congênita é perdida e conforme efetivamente a essência adquirida é desenvolvida. O manejo e a preservação da essência é o objeto de práticas específicas do *qi gong*, do *tai ji quan*, da dietética e da medicina herbal.

O espírito (*shen* 神) é o amálgama da vitalidade e da consciência sugerido pelas funções mentais e fisiológicas sadias e representa o engajamento alerta e apropriado do ser humano com o mundo à sua volta. Podemos perceber a condição saudável do espírito no brilho dos olhos e no lustro da face das pessoas sadias, assim como na sua habilidade de pensar e dar respostas ao mundo em que vive.

Qi, Sangue, Fluidos, Essência e Espírito

Queimador superior

- Grãos e água
- "Grande qi" → Pulmão
- O pulmão recebe a essência dos grãos e da água elevada pelo baço e a transforma em sangue
- O coração governa o sangue e os vasos, movendo o sangue pelo corpo
- Pericárdio / Coração
- O qi e o yang do baço elevam a essência dos grãos e da água para os pulmões. O baço gerencia o sangue, produzindo e mantendo-o dentro dos vasos

Queimador médio

- Estômago → Baço
- O queimador médio absorve o qi (dos grãos e da água), extrai sua essência, que entra nos vasos como qi nutritivo e é carreado para os pulmões onde se torna vermelho

Queimador inferior

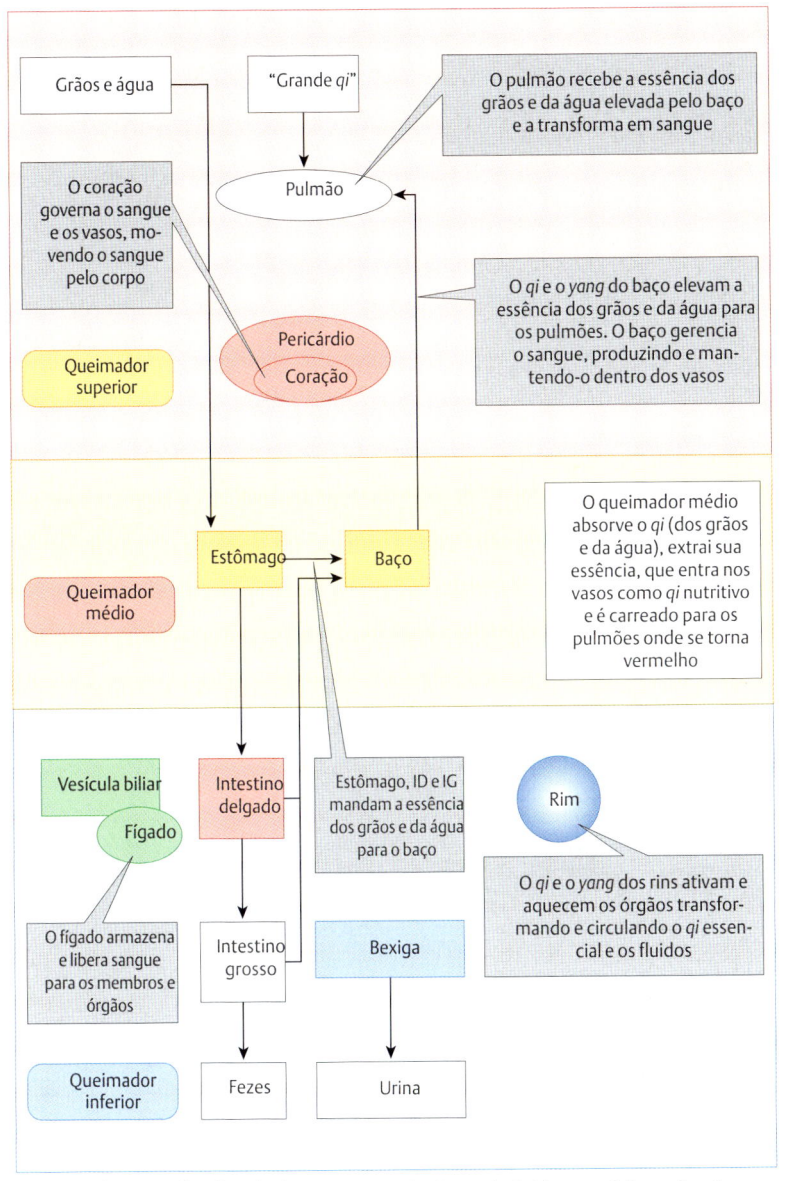

- Vesícula biliar / Fígado
- O fígado armazena e libera sangue para os membros e órgãos
- Intestino delgado
- Estômago, ID e IG mandam a essência dos grãos e da água para o baço
- Rim
- O qi e o yang dos rins ativam e aquecem os órgãos transformando e circulando o qi essencial e os fluidos
- Intestino grosso
- Bexiga
- Fezes
- Urina

(A) A produção e a distribuição do sangue em relação ao qi e fluidos e o triplo queimador.

A patologia do qi, do sangue e dos fluidos corporais

Os processos patológicos associados ao *qi*, ao sangue e aos fluidos corporais ilustram ideias fundamentais a respeito dessas três substâncias estreitamente relacionadas (**A**). Todos os três dependem da nutrição e do movimento. As substâncias vitais são mais sadias quando produzidas de forma abundante e se deslocam livremente através de suas respectivas vias. A nutrição pobre, a doença, o uso excessivo e o envelhecimento podem depletar o *qi*, o sangue e os fluidos. O *qi* e o sangue podem se tornar estagnados, e os fluidos, congestos em virtude do mau funcionamento de órgãos que impedem o seu movimento ou por causa de canais bloqueados por doença ou trauma.

O *qi*, o sangue e os fluidos são produzidos pelo *qi* dos grãos e da água. Se os órgãos que os produzem e os distribuem falham em funcionar apropriadamente, essas substâncias podem se tornar insuficientes. As doenças crônicas podem danificar os órgãos impedindo a produção de *qi*, e o envelhecimento, o uso excessivo ou a imposição sobre o organismo de demandas além da sua capacidade normal podem levar à fadiga por sobrecarga. Em todos esses casos, o vazio de *qi* pode ocorrer, de modo que a insuficiência do *qi* original leva à fadiga generalizada e tipicamente a vazio de *qi* associado a órgãos específicos. Por exemplo, o vazio de *qi* do baço pode causar indisposição digestiva, acúmulo de gases, fadiga após comer e fezes moles. A submersão do *qi* é um caso especial de vazio do *qi* no qual a função de consolidação do baço é enfraquecida e ocorre prolapso uterino ou retal.

O vazio de sangue surge com a perda em sangramentos profusos ou pequenas perdas crônicas. A falência do baço em produzir o sangue, ou do fígado em estocar, podem levar a sinais gerais de vazio de sangue.

Os danos aos líquidos e o extravasamento dos humores ocorrem nas perdas substanciais de fluidos devido a diarreia, sudorese e vômitos. Tanto o sangue quanto os fluidos são substâncias *yin* e podem ser lesadas pela febre.

O *qi* torna-se estagnado nos canais ou órgãos quando seu movimento normal é impedido. Isso pode ocorrer logo no início das doenças, nos desgostos emocionais ou em caso de trauma. Embora qualquer obstrução do *qi* possa causar dor, na estagnação do *qi* a dor é difusa, pois o seu movimento não foi completamente bloqueado. A inversão de fluxo é um caso especial de estagnação do *qi*; aqui a obstrução causa reversão do seu movimento normal. Tosse causada por obstrução dos pulmões caracteriza uma inversão do fluxo do *qi* dos pulmões.

A estase de sangue é causada por muitos fatores. É uma consequência frequente de trauma, incluindo entorses e distensões. Normalmente acontece em condições ginecológicas, nas quais a estase prolongada do *qi* ou vazio de sangue dá origem à estagnação do sangue, levando à dor menstrual. A dor aguda em pontadas está frequentemente associada à estase de sangue.

O edema e o acúmulo de flegma-reuma ocorrem quando a capacidade do *qi* visceral de transportar e transformar os fluidos é enfraquecida.

Como veremos adiante neste capítulo, a estase de sangue e o acúmulo de flegma-reuma podem se comportar como agentes patogênicos por si mesmos (ver p. 93).

Qi, Sangue, Fluidos, Essência e Espírito

Patologia	Possíveis causas	Sinais e sintomas
Vazio de *qi*	Doença crônica, constituição frágil, envelhecimento, fadiga por sobrecarga, dieta pobre	Fraco e facilmente fatigável Vazio do *qi* dos pulmões: falta de ar, voz baixa Vazio do *qi* do baço: apetite reduzido, indigestão, fezes moles Vazio de *qi* do rim: desejo de urinar com frequência, dor lombar
Estagnação de *qi*	A dinâmica do *qi* é perturbada em um canal ou órgão por distúrbios emocionais, dieta pobre, doença ou trauma	Frequentemente vistos nos estágios iniciais de muitas doenças. Dor localizada, distensão, sensações de dores que não são fixas
Rebelião de *qi*	A dinâmica do *qi* é perturbada em um canal ou órgão por disfunção ou doença e o *qi* se move de forma anormal	A tosse é um exemplo de rebelião do *qi* do pulmão As náuseas, vômitos e soluços são exemplos de rebelião do *qi* do estômago
Submersão do *qi*	A dinâmica do *qi* é perturbada tipicamente por insuficiência do *qi* do baço, e o *qi* falha em consolidar e dar suporte	Diarreia, prolapso uterino, prolapso retal
Vazio de sangue	Perda de sangue, sobrecarga, dieta pobre ou falha do baço em produzir sangue	Tonturas, compleição pálida, palpitações, lábios pálidos, insônia, pele seca
Estase de sangue	A estagnação do *qi*, vazio de *qi*, vazio de sangue, calor, frio e trauma interrompem a habilidade do sangue de mover-se livremente nos vasos	Compleição escura ou opaca, lábios cianóticos e estase local produzem dor fixa em pontadas; sangramento pode ocorrer em distúrbios ginecológicos
Calor no sangue	Produzido por calor tóxico invadindo o sangue, tipicamente em doenças febris	Tossir ou vomitar sangue vermelho vivo, máculas ou pápulas vermelhas; se severo, delírio e coma
Estagnação do *qi* e estase do sangue	Quando o *qi* e o sangue são simultaneamente obstruídos, tipicamente após trauma ou seguindo estagnação do *qi*	Dor fixa em pontadas e áreas de dor em distensão. Tipicamente tem apresentações ginecológicas, trauma e lesões aos órgãos, tais como nefrite ou úlceras
Vazio de *qi* e sangue	A produção do *qi* e a do sangue são estreitamente ligadas, falência do *qi* em conter o sangue pode levar a sangramento crônico e anemia	Compleição pálida, falta de ar, fadiga, tonturas, palpitações
Danos aos líquidos e extravasamento dos humores	Febre, sudorese, urina profusa, vômitos, diarreia, ambientes quentes, falta de fluidos	Sede, garganta e boca seca, pele seca, fezes secas e duras, urina escassa e concentrada
Edema e acúmulo de flegma-reuma	Doenças ou insuficiência causam enfraquecimento da função transformativa do *qi* dos pulmões, baço ou rim, levando à diminuição dos movimentos e à transformação dos fluidos corporais	Vários sinais de acúmulo de fluidos, incluindo edema, retenção da urina, plenitude abdominal, tosse com expectoração de flegma e edema pulmonar com insuficiência cardíaca

(A) Patologia do *qi*, do sangue e dos fluidos corporais.

Os canais

Um manequim típico de acupuntura (**A**) sugere a complexidade dos canais e pontos de acupuntura. A imagem de uma figura humana atravessada por linhas pontuadas representa, no entanto, somente a estrutura mais básica do trajeto superficial dos 12 canais principais e de dois dos canais extraordinários. A arquitetura dos canais e colaterais consiste em uma complexa forma de anatomia que se estrutura a partir das relações internas entre órgãos e vísceras e da comunicação da superfície do corpo com o interior. No Capítulo 4, esse tópico é extensivamente discutido. Para nossos propósitos, é importante entender os canais e colaterais como um sistema de comunicação entre todas as áreas do corpo, de forma que os movimentos observados do *qi*, do sangue, dos fluidos e da essência, assim como os efeitos da acupuntura, possam ser entendidos.

Há dois grupos maiores de canais. O primeiro é formado pelos 12 canais principais (*shi er jing luo* 十二经络). Esses canais têm vários canais subsidiários associados: os 12 canais tendinomusculares, as 12 regiões cutâneas e os 12 canais divergentes (ver Cap. 4 e **A**).

Os canais principais são divididos em seis canais *yang* e seis canais *yin* distribuídos bilateralmente no corpo. Os canais *yin* passam ao longo da superfície interna dos membros (três nos braços e três nas pernas) e através do peito e abdome (**B**). Cada canal *yin* é associado a um órgão maciço. Os canais *yang* passam ao longo da superfície externa dos membros (três nos braços e três nas pernas) e ao longo das nádegas, flancos e costas (com exceção do canal do estômago, que atravessa o abdome). Cada canal *yang* é associado a uma víscera oca.

Cada um dos canais *yin* faz par com um canal *yang*, em uma relação interior-exterior, o que expressa uma conexão fisiológica importante entre os órgãos e as vísceras.

Os oito canais extraordinários

O segundo maior grupo de canais é composto por oito vasos extraordinários, assim denominados por duas razões: primeiro, por não possuírem um padrão de circulação contínuo, interligado. Embora façam conexões uns com os outros e com os 12 canais regulares, não se ligam de forma sequencial, como o fazem os 12 canais regulares. Em segundo lugar, os oito vasos extraordinários não estão associados aos sistemas orgânicos específicos. Em vez disso, funcionam como reservatórios de *qi* e sangue e implementam conexões entre diferentes órgãos e canais. Esses vasos enchem-se e esvaziam-se conforme requerido pela variação fisiológica dos canais regulares e órgãos. O *qi* ou o sangue excedente dos canais regulares podem ser armazenados nos oito vasos extraordinários e liberados quando requerido. Os oito vasos extraordinários são estreitamente relacionados às funções do fígado e dos rins e também ao funcionamento do útero e do cérebro.

Os Canais   71

(A) Os trajetos superficiais dos canais e os pontos de acupuntura são mostrados nesse modelo.

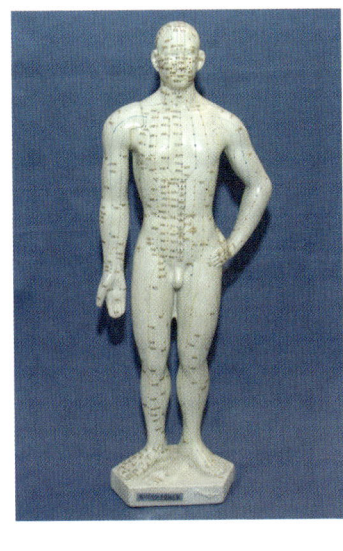

- Pulmão
- Pericárdio
- Coração
- Baço
- Fígado
- Rim

Tai yin (pulmão + baço)
Jue yin (pericárdio + fígado)
Shao yin (coração + rim)

(B) Pares de canais: os três grandes canais *yin*. Ver p. 167 para todos os 12 canais regulares.

Órgãos e vísceras (*zang* e *fu* 脏 腑)

Durante o século XVI, a visão chinesa das estruturas anatômicas era semelhante à de seus contemporâneos europeus. A dissecção humana ocorreu na China, porém nunca alcançou o nível de organização da exploração extensiva das estruturas do corpo que ocorreu na Europa naquela época. Em vez disso, a medicina chinesa, embora enraizada no entendimento de estruturas anatômicas familiares, produziu um sistema no qual os órgãos servem como marcos de associações de funções fisiológicas bastante amplas, mais do que coleções bem descritas de tecidos cujas funções permanecem restritas à sua localização e histologia.

Existem 12 órgãos, divididos em "órgãos", os quais são chamados seis *zang* ou órgãos sólidos, e "vísceras", que são chamadas seis *fu* ou vísceras ocas. Esses órgãos são compreendidos como as estruturas físicas que conhecemos na anatomia convencional (com uma exceção: o triplo queimador). Os seis órgãos *yin* são: o coração, pulmões, fígado, baço, rins e pericárdio. As seis vísceras *yang* são: intestino delgado, intestino grosso, vesícula biliar, estômago, bexiga e o triplo queimador (*san jiao* 三 焦). Esses órgãos são ligados a funções fisiológicas semelhantes àquelas a eles associados pela biomedicina, mas também a outras que podem ser bastante diferentes. Diz-se que o fígado armazena o sangue e o distribui para as extremidades conforme a necessidade, e o baço é considerado um órgão da digestão. Os chineses entendem a estrutura física e a localização dos órgãos, mas como dissecções sistemáticas não foram feitas, a observação das funções fisiológicas acabou formando a base do pensamento médico.

A circulação e a eliminação dos fluidos foi observada e atribuída a um órgão que era conhecido por ter um nome, mesmo sem ter forma: o "triplo queimador". Esse órgão (ver p. 85) passou a ser considerado como a combinação da atividade de outros órgãos (pulmões, baço e rins) no metabolismo dos fluidos, ilustrando a importância que a função fisiológica, mais do que a estrutura e a histologia, representa no papel de um órgão na medicina chinesa.

Os órgãos e as vísceras são acoplados em uma relação *yin* e *yang*, ou interior-exterior. O coração é ligado ao intestino delgado, o baço ao estômago, e assim por diante. Cada órgão e cada víscera tem um canal, ao qual estão associados, e esse canal passa pelo órgão, pelo órgão acoplado, por dentro do corpo e através da superfície corporal, e então se conecta ao canal do órgão acoplado. As complexas ramificações dos canais descrevem as conexões que permitem ao órgãos que interajam e se influenciem mutuamente. Antigos entendimentos da fisiologia descreviam os órgãos como um time de oficiais imperiais harmoniosamente funcionando, servindo lealmente ao monarca (coração) e realizando os anseios da consciência corporificada (espírito). A cada oficial é dado um título que reflete o seu papel (**A**).

As seções seguintes apresentam os órgãos com suas vísceras acopladas e suas funções por meio dos "princípios críticos", ou aforismos tradicionais, que funcionam como axiomas da fisiologia da medicina chinesa (**A**).

Órgãos e Vísceras (Zang e Fu 脏 腑)

> "O coração abriga o gabinete do monarca."
>
> "O pericárdio abriga o gabinete do mensageiro."
>
> "Os pulmões abrigam o gabinete do ministro."
>
> "O baço e o estômago são os oficiais dos celeiros."
>
> "O intestino delgado é o oficial de recebimento de doações."
>
> "O intestino grosso é o oficial dos transportes."
>
> "O fígado abriga o gabinete do general de onde as estratégias emanam."
>
> "A vesícula biliar é o oficial da justiça."
>
> "O rim é o oficial do trabalho de quem a agilidade emana."
>
> "A bexiga é o oficial da hidráulica municipal."
>
> "O triplo queimador é o oficial que controla a irrigação."

(A) Princípios críticos: os órgãos e as vísceras como oficiais imperiais (adaptada do *Huang Di Nei Jing Su Wen*).

O coração e o pericárdio

O coração e o pericárdio (**A**) são dois órgãos distintos, porém estreitamente relacionados. O coração é o imperador, governa o movimento do sangue e a conduta dos órgãos e abriga a consciência ou espírito. O pericárdio é o intermediário do coração, atua como um portal, utilizado pelo espírito para se relacionar com o mundo.

Dois princípios críticos enunciados em *O Clássico de Medicina do Imperador Amarelo* apresentam o papel fundamental do coração: "O coração é o grande governador dos cinco órgãos e seis vísceras e é a base material do espírito" e "O coração governa o sangue e os vasos do corpo". O coração assegura que o corpo seja nutrido e que todos os órgãos sejam supridos de sangue.

Cumprindo seu papel de abrigar o espírito, o coração é o berço da consciência, visto que "governa a luz do espírito" e representa o local em que a consciência encontra o mundo. O termo espírito refere-se à clareza da consciência e à força das faculdades mentais. O papel do pericárdio é o de um ministro ou mensageiro que permite a transmissão de informações entre o coração/espírito e o mundo à sua volta. "O pericárdio abriga o gabinete do ministro e mensageiro; dele a alegria e o prazer emanam". O pericárdio passa a ser objeto de interesse clínico direto apenas se houver alterações severas da consciência produzidas por uma obstrução do pericárdio. Clinicamente, essas condições podem envolver padrões como flegma obstruindo o pericárdio ou calor invadindo o pericárdio. Os trajetos dos canais e pontos de acupuntura associados ao pericárdio são frequentemente usados no tratamento de uma variedade de condições.

A função do coração é dependente das substâncias vitais do organismo. *Qi* e sangue abundantes asseguram que as batidas do coração sejam regulares e o pulso moderado e forte. A insuficiência de *qi* e sangue do coração pode produzir um pulso irregular, compleição sem brilho, palpitações e, até mesmo, sinais clínicos de estase do sangue, tais como compleição verde-azulada, especialmente quando o *yang* do coração é insuficiente. Quando o sangue ou o *yin* do coração tornam-se insuficientes, a habilidade de o coração abrigar apropriadamente o espírito pode ser afetada, produzindo insônia e sono perturbado pelos sonhos.

O coração, que é *yin*, é acoplado a uma víscera *yang*, o intestino delgado. Essa relação é relevante do ponto de vista diagnóstico e da terapêutica, uma vez que estreitas relações entre os canais permitem que o calor saia do coração via intestino delgado.

A língua é o broto do coração e, embora os sinais clínicos do estado do coração sejam encontrados na ponta da língua, a cor e a qualidade da língua e sua habilidade de falar claramente demonstram o estado de saúde do coração. Como o coração governa os outros órgãos e se manifesta na língua, a língua pode ser usada para investigar o estado de todos os órgãos.

Órgãos e Vísceras (Zang e Fu 脏 腑)

Órgão *yin*:	coração
Víscera *yang*:	intestino delgado
Órgão *yin*:	pericárdio
Víscera *yang*:	triplo queimador

Princípios críticos:

"O coração governa o sangue e os vasos do corpo."

"Todo o sangue é subordinado ao coração."

"O coração abriga o espírito."

"O coração governa a luz do espírito."

"A língua é o broto do coração."

"A face é a eflorescência do coração."

"O coração governa o discurso."

(A) O coração e o pericárdio.

Correspondências da fase fogo	
Estação do ano	Verão
Clima	Calor
Direção	Sul
Desenvolvimento	Crescimento
Cor	Vermelho
Gosto	Amargo
Órgão	Coração
Víscera	Intestino delgado
Órgão dos sentidos	Língua
Tecido	Vasos
Emoção	Alegria
Odor	Chamuscado
Vocalização	Risada
Fluido corporal	Suor
Área de manifestação	Compleição

O pulmão

Enquanto o coração encaminha o sangue aos órgãos, o pulmão (**A**) absorve o "grande *qi*", criando e reabastecendo o *qi* adquirido em conjunto com o baço e os rins. Assim, o pulmão "governa o *qi*". "O pulmão abriga o gabinete do assistente, de onde o gerenciamento e a regulação emanam". Somando-se à sua função de regular a via das águas, o pulmão funciona como um assistente do coração, implementando o *qi* que o auxilia a propelir o sangue pelo corpo. O pulmão também é crucial na transformação final da essência dos grãos e da água em sangue.

O *qi* do pulmão "protege os cem canais, governa a regulação da via das águas, encaminha a essência para a pele e pelos e governa a defesa do exterior de todo o corpo". O pulmão controla o *qi* e os fluidos, dá suporte ao movimento do *qi* e do sangue e à habilidade da pele e dos interstícios de repelir os agentes perniciosos. Isso depende da difusão do pulmão e da depuração descendente. A difusão refere-se ao movimento do *qi* e dos fluidos para a superfície do corpo, promovendo assim a sua defesa e assegurando que a pele e os pelos sejam umedecidos e nutridos. A depuração descendente é: o livre fluxo de ar para dentro e para fora dos pulmões; a transmissão do *qi* inalado para os rins; e o descenso da água para os rins e para a bexiga na excreção. O importante papel do pulmão no movimento das águas é expresso no princípio "o pulmão é a fonte superior da água", visto que o pulmão é responsável pelo movimento suave da água para fora (para a superfície do corpo) e para baixo (para os rins).

O pulmão é descrito como uma cobertura suave e úmida que protege e recobre os outros órgãos e, quando saudável, infunde-lhes *qi* e umidade. Como os espelhos de metal condensadores de água da China antiga, o pulmão concentra e distribui a umidade do corpo. Se o *qi* do pulmão é obstruído ou insuficiente, o fluxo livre do *qi* e dos fluidos fica impedido, causando condições como a não difusão do *qi* do pulmão ou a congestão com flegma devido à falha na depuração descendente. O pulmão é facilmente suscetível a danos por agentes perniciosos externos, além de ser o responsável pela primeira linha de proteção do corpo, pela força do *qi* defensivo. Assim, ele é crucial para a saúde geral do organismo.

O pulmão é relacionado ao intestino grosso por intermédio dos canais e de uma afinidade particular devido à sua relação compartilhada com os fluidos. Enquanto "o pulmão governa a regulação da via das águas", "o intestino grosso governa os líquidos". Ambos têm papéis fundamentais na distribuição e excreção da água. Quando são lesados pela doença, é frequentemente possível usar a relação entre esses dois órgãos para o seu benefício mútuo.

Órgãos e Vísceras (Zang e Fu 脏 腑)   77

| Órgão *yin*: | pulmão |
| Víscera *yang*: | intestino grosso |

Princípios críticos:

"O pulmão é o órgão sensível."

"O pulmão é avesso ao frio."

"O pulmão é a cobertura das vísceras."

"O pulmão governa o *qi*."

"O pulmão regula a via das águas."

"O pulmão governa a difusão e a depuração descendente."

"O pulmão governa a pele e os pelos."

"O pulmão governa o exterior do corpo."

"O pulmão abre-se no nariz."

"Quando os pulmões estão harmoniosos, o nariz é apto para distinguir os odores."

(A) O pulmão.

Correspondências da fase metal	
Estação do ano	Outono
Clima	Secura
Direção	Oeste
Desenvolvimento	Recolhimento
Cor	Branco
Gosto	Acre
Órgão	Pulmões
Víscera	Intestino grosso
Órgão dos sentidos	Nariz
Tecido	Pele e pelos
Emoção	Tristeza
Odor	Peixe cru
Vocalização	Choro
Fluido corporal	Muco
Área de manifestação	Cabelos

O baço, o estômago e os intestinos

O baço e o estômago (**A**) são os oficiais dos celeiros: transformam e distribuem a essência dos grãos e da água e são a raiz da essência adquirida. Embora o intestino delgado seja a víscera do coração e o intestino grosso a do pulmão, ambos são importantes na digestão. *O Clássico de Medicina do Imperador Amarelo* afirma: "O baço, o estômago e os intestinos delgado e grosso... manejam os celeiros e são a sede das construções; são chamados receptáculos, tendo a habilidade de transformar os cinco sabores que entram e os dejetos que deixam o corpo".

O baço e o estômago formam um par *yin-yang*, e seus papéis na digestão refletem essa relação. O estômago *yang* "governa a ingestão e decomposição dos grãos e da água", encaminhando a comida para o intestino delgado e, assim, "governando o descenso do túrbido". O intestino delgado é o oficial de recebimento de doações e governa os humores, "governa a separação do límpido do túrbido". O túrbido são os dejetos, e o límpido é a essência, e isso se refere à extração da porção mais espessa dos aspectos nutritivos dos fluidos, os humores, do quilo. O intestino grosso é o oficial de transporte, governa os líquidos e a transformação e condução dos dejetos. Os intestinos delgado e grosso separam os fluidos e nutrientes dos dejetos, reencaminhando-os ao baço para redistribuição. O baço *yin*, por sua vez, "governa o movimento e a transformação dos grãos e da água e a distribuição da sua essência". Depois que a comida é digerida sob a influência do baço, que é responsável pela transformação e pelo transporte de sua essência, ora aos pulmões para a formação de sangue, ora como *qi* para todo o organismo. O *qi* do baço move a essência para cima, assim "o baço governa a ascensão".

A frase "o baço controla o sangue" refere-se tanto ao papel que o baço desempenha na produção do sangue quanto ao seu papel de contê-lo nos vasos. Isso é uma extensão do papel de consolidação ligado ao *qi* visto anteriormente. O *qi* do baço é essencial para a contenção do sangue.

"O baço governa as carnes e os membros, e se abre na boca". Uma forma saudável que se opõe ao edema e à fraqueza ou à obesidade e ao desânimo constitucional é o produto de um baço bem regulado. A habilidade de distinguir gostos e saboreá-los está sob a influência do baço.

Os aspectos clínicos do baço envolvem digestão, problemas de peso, anemia, problemas de sangramento e acúmulo de umidade e flegma. A insuficiência do *qi* ascendente do baço pode ter como consequência a submersão do *qi* central, causando prolapsos orgânicos ou hemorroidas. Em contraste, distúrbios do *qi* normalmente descendente do estômago podem levar à ascensão em contrafluxo do *qi* do estômago com vômitos. Os intestinos delgado e grosso são suscetíveis ao calor e à secura. Sangue ou fluidos insuficientes afetam o intestino grosso e podem causar secura e constipação.

Órgão *yin*: baço
Víscera *yang*: estômago

Princípios críticos:

"O baço governa o movimento e a transformação dos grãos e da água e a distribuição de suas essências."

"O baço governa a ascensão."

"O baço odeia a umidade e gosta da secura."

"O baço controla o sangue."

"O baço abriga a reflexão."

"O baço governa as carnes e os membros, e se abre na boca."

"Se o baço estiver funcionando harmoniosamente, então a boca poderá sentir os cinco sabores."

"O estômago governa a ingestão, e o baço governa a moagem."

"O estômago governa a ingestão e decomposição dos grãos e da água."

"O estômago governa a descendência do impuro."

"O estômago é o mar da água e dos grãos."

"O estômago odeia a secura e gosta da água."

Órgão *yin*: coração
Víscera *yang*: intestino delgado

"O intestino delgado governa a separação entre o límpido e o túrbido."

"O intestino delgado governa os humores."

Órgão *yin*: pulmão
Víscera *yang*: intestino grosso

"O intestino governa a transformação e a condução dos dejetos."

"O intestino grosso governa os líquidos."

(A) O baço, o estômago e os intestinos.

Correspondências da fase terra	
Estação do ano	Verão tardio
Clima	Umidade
Direção	Centro
Desenvolvimento	Maturidade
Cor	Amarelo
Gosto	Doce
Órgão	Baço
Víscera	Estômago
Órgão dos sentidos	Boca
Tecido	Carnes
Emoção	Pensamento
Odor	Fragrante
Vocalização	Canto
Fluido corporal	Saliva
Área de manifestação	Lábios

O fígado e a vesícula biliar

O fígado (**A**) é crucial para a distribuição ordenada do *qi* e do sangue pelo corpo e, depois do coração, é o órgão mais estreitamente relacionado às emoções e aos julgamentos. Enquanto o coração governa o sangue e os pulmões governam o *qi*, o fígado governa o "livre curso", que se refere ao seu papel de manter uma dinâmica ordenada do *qi*. Considera-se que "o fígado governa a ascensão, e o pulmão governa o descenso", descrevendo a direção predominante de cada um na dinâmica do *qi*. Ao mesmo tempo, o "fígado armazena o sangue", o que descreve seu papel de estocar e liberar sangue conforme o necessário. Assim, o fígado harmoniza o movimento do *qi* e do sangue, facilitando o livre movimento do *qi* pelos órgãos e canais e lançando sangue aos membros conforme requerido para as atividades. Em virtude do importante papel do fígado na nutrição dos membros e no suporte à atividade muscular, considera-se que "o fígado governa os tendões".

O papel do fígado de facilitar o livre fluxo do *qi* e de liberar sangue reflete seu desejo por ações desimpedidas. O fígado é comparado a um general a cargo das estratégias e táticas, exercendo o julgamento e tomando decisões. O fígado, tal como um broto na primavera, impele-se firmemente pelo seu caminho determinado e reage fortemente a confinamentos e obstruções. Conhecido como o "órgão indócil", por preferir ter seu domínio "ordenadamente desobstruído", o fígado reage fortemente aos impedimentos do fluxo suave. Desse modo, distúrbios do livre fluxo do fígado podem se manifestar como dor ao longo do trajeto de seu canal, especialmente nos lados da caixa torácica, cefaleia pela obstrução do movimento ascendente do *qi* e raiva.

O trajeto do canal do fígado é importante para entender o papel desse órgão. O canal estende-se do topo da cabeça até os pés, alcançando os olhos e se conectando estreitamente com os genitais. Enquanto o rim é considerado o governador primário da reprodução, o fígado tem um importante papel na sexualidade, e seu sangue dá suporte à capacidade reprodutiva feminina. O rim estoca a essência, o fígado estoca o sangue; o sangue do fígado e a essência do rim são mutuamente dependentes e, assim, considerados "da mesma fonte". A acuidade visual depende do sangue do fígado, de modo que "o fígado se abre nos olhos".

O fígado tem relações *yin* e *yang* com a vesícula biliar. O excedente do *qi* do fígado é encaminhado para dentro da vesícula biliar, na qual se acumula para formar a bile, que é controlada pela vesícula biliar. Considerada "responsável pelo que é justo e exato", a vesícula biliar é particularmente associada às tomadas de decisão. A estagnação ou a repleção do *qi* do fígado ou da vesícula biliar podem produzir raiva ou decisões mal tomadas, o medo sugere insuficiência do *qi* do fígado, e a indecisão e a timidez significam *qi* insuficiente da vesícula biliar.

Órgão yin: fígado

Víscera yang: vesícula biliar

Princípios críticos:

"O fígado é o yang dentro do yin."

"O fígado governa o fluxo livre."

"O fígado armazena o sangue."

"O qi e o yang do fígado tendem à superabundância, enquanto o sangue e o yin do fígado tendem à insuficiência."

"O fígado governa o medo."

"O fígado governa os tendões, sua eflorescência são as unhas."

"O fígado se abre nos olhos."

(A) O fígado e a vesícula biliar.

Correspondências da fase madeira	
Estação do ano	Primavera
Clima	Vento
Direção	Leste
Desenvolvimento	Nascimento
Cor	Ciano
Gosto	Azedo
Órgão	Fígado
Víscera	Vesícula biliar
Órgão dos sentidos	Olhos
Tecido	Tendões
Emoção	Raiva
Odor	Hircino
Vocalização	Grito
Fluido corporal	Lágrimas
Área de manifestação	Unhas

O rim e a bexiga

A frase "o rim está à esquerda e o portão da vida está à direita" expressa o que é conhecido como a "natureza dupla" dos rins e o motivo de os chineses cuidadosamente colocarem o termo no plural. Tradicionalmente, o rim esquerdo tem as funções *yin* do rim, enquanto o direito tem as funções *yang*, que são atribuídas ao *ming men huo*, ou "fogo do portão da vida". Essa localização anatômica, que se torna bastante relevante no diagnóstico pelo pulso, torna evidente que os rins têm atributos tanto *yin* quanto *yang*. Visto que cada um dos órgãos do corpo depende do suporte dos rins para funcionar, considera-se que "O *yin* e *yang* do rim são a raiz do *yin* e do *yang* de todos os órgãos" (**A**).

Percebe-se, assim, que o rim é fundamental para a produção do *qi* e serve de reservatório da essência adquirida e congênita. Além disso, tem responsabilidades específicas quanto ao crescimento e desenvolvimento humano, bem como em relação à capacidade reprodutiva, todas estreitamente relacionadas à essência do rim.

Essência, nesses termos, é tudo aquilo que é essencial para a vida. O rim armazena o "pré-celestial", ou essência congênita, a herança genética dos pais desenvolvida pelos eventos nutricionais da gestação. Esse "pré-celestial" fornece o sustento para um desenvolvimento saudável, particularmente em relação a ossos, dentes, medula, tecidos nervosos, cérebro, cabelos e órgãos e organismo em geral. O crescimento é impulsionado pelo ímpeto da essência congênita, a puberdade chega sob sua influência, e a concepção depende dessa essência (ver citação na p. 83). A essência congênita pode ser suplementada, mas não reabastecida durante a vida. Mantê-la cuidadosamente poupada, juntamente a um estilo de vida equilibrado e uma dieta que produza *qi* adquirido essencial, permite que os rins armazenem e distribuam a essência de uma maneira equilibrada ao longo de toda a vida. Juntas, as essências congênita e adquirida, ou "*qi* da essência" (ou "*qi* essencial"), constituem a base para o *yin* e o *yang* do rim.

A expressão "o rim governa a absorção do *qi*" refere-se ao papel fundamental do rim de dar suporte às funções respiratórias do pulmão; a insuficiência do *qi* essencial do rim pode levar a problemas respiratórios, tais como falta de ar ou exaustão aos exercícios.

A frase "os rins governam a água" reflete o papel do rim no metabolismo da água. Conforme os fluidos são distribuídos e enviados descendentemente pelos pulmões e separados dos dejetos pelo estômago e intestinos delgado e grosso, os rins controlam a eliminação desses fluidos pela bexiga, sua contraparte *yang*.

Clinicamente, os rins manifestam sua insuficiência em áreas como: funções reprodutivas, fadiga crônica, enurese, perda de cabelos, desordens auditivas, problemas dentários, dor lombar, dor nos joelhos, osteoporose, estenose do canal medular e problemas respiratórios crônicos, como a asma. Sintomas como tonturas, retardo mental, pouca memória e cura lenta de fraturas podem estar relacionados com a insuficiência do *qi* essencial do rim.

Órgão *yin*: rim

Víscera *yang*: bexiga

Princípios críticos:

"O rim armazena o *qi* essencial e é responsável pelo crescimento, desenvolvimento e reprodução."

"Os rins governam a água."

"Os rins se abrem nos ouvidos, e os dois *yin* e sua eflorescência estão nos cabelos."

"Os rins governam o céu anterior."

"Os rins governam a reprodução."

"Os rins governam a absorção do *qi*."

"Os rins governam os ossos e geram as medulas."

"Os dentes são o excedente dos ossos."

"O cérebro é o mar das medulas."

"O *yin* e o *yang* dos rins são a raiz do *yin* e *yang* de todos os órgãos."

Correspondências da fase água	
Estação do ano	Inverno
Clima	Frio
Direção	Norte
Desenvolvimento	Dormência
Cor	Preto
Gosto	Salgado
Órgão	Rim
Víscera	Bexiga
Órgão dos sentidos	Ouvidos
Tecido	Ossos
Emoção	Medo
Odor	Pútrido
Vocalização	Suspiro
Fluido corporal	Urina
Área de manifestação	Cabelos da cabeça

"Os dois rins não são ambos realmente rins."

"O conceito de portão da vida apareceu pela primeira vez no Nan Jing, no qual a dificuldade trinta e seis afirma: cada um dos depósitos é uma entidade única, exceto pelos rins, que representam uma entidade gêmea. Por que é assim?

Resposta: os dois rins não são ambos rins. O que está à esquerda é o rim; o que está à direita é o portão da vida. O portão da vida é o local onde a essência do espírito se aloja e as influências originais são amarradas. Por isso, nos homens ela armazena a essência, nas mulheres ela sustenta o útero. Dessa forma, entende-se que há somente um rim."

(Unschuld, 1986, p. 382)

(A) O rim e a bexiga.

O triplo queimador*

O triplo queimador (**A**) é simultaneamente uma víscera e uma ideia. Como uma víscera *yang*, é acoplado ao órgão *yin* pericárdio, e ambos têm seus próprios trajetos de canais. As pessoas do ocidente reagem com incredulidade ao triplo queimador, por não conhecerem tal estrutura anatômica. Similarmente, sua ontologia foi debatida nos textos clássicos chineses, nos quais foi descrito como um órgão "com nome, mas sem forma". O triplo queimador representa as divisões estruturais do corpo e de seus órgãos, e as relações funcionais entre o pulmão, o baço e os rins engajam-se na produção do *qi* a partir dos grãos e da água, e na distribuição e excreção dos fluidos.

Privado de forma, o triplo queimador tem uma configuração definida. O queimador superior é a parte do corpo (incluindo a cabeça e o tórax) acima do diafragma e contém o pulmão e o coração. Como a morada do *qi* torácico, o queimador superior é conhecido como o "mar do *qi*" e "como uma névoa", sendo compreendido por intermédio das ações do pulmão de difusão e depuração descendente do *qi* e dos fluidos. O queimador médio fica entre o diafragma e o umbigo; contém o baço e o estômago, sendo conhecido como "o mar da comida e dos grãos". O queimador médio é comparado a uma espuma, carreando adiante grãos e água misturados e parcialmente digeridos. O queimador inferior fica abaixo do umbigo; contém o fígado, intestinos delgado e grosso, os rins e a bexiga. Embora a localização física do fígado seja no queimador médio, sua funcionalidade, o trajeto do seu canal e sua relação especial com os rins ("o fígado e os rins são da mesma fonte") caracterizam-no como queimador inferior. "O queimador inferior é como um dreno", age no escoamento das fezes e urina do corpo.

O termo "queimador" está relacionado à ideia das atividades transformativas dos órgãos em cada um dos seus três níveis conforme esses órgãos desempenham suas funções de transformar e distribuir os grãos e a água, o *qi* e os fluidos.

Os órgãos extraordinários

Os seis órgãos extraordinários (*qi heng zhi fu*) são o cérebro, as medulas, os ossos, o útero, os vasos sanguíneos e a vesícula biliar. Esses órgãos compõem uma classe distinta e são estudados em separado dos órgãos e vísceras discutidos anteriormente, pois não decompõem a comida nem lidam com dejetos como os intestinos, nem produzem e armazenam as essências como os órgãos maciços. A vesícula biliar é aqui incluída por estar envolvida tanto no processo digestivo (como uma víscera oca) quanto por produzir um fluido límpido, a bile, como um órgão extraordinário.

---

* N. de T.: A opção pela tradução de *triple burner* como triplo queimador, e não como o mais usado triplo aquecedor, tem sido usada na tradução de outros livros, como a brasileira do *Nan Jing*, de Paul Unschuld. Queimador tem significado mais próximo tanto do original em inglês quanto da ideia inicial chinesa.

Órgãos e Vísceras (Zang e Fu 脏 腑)   85

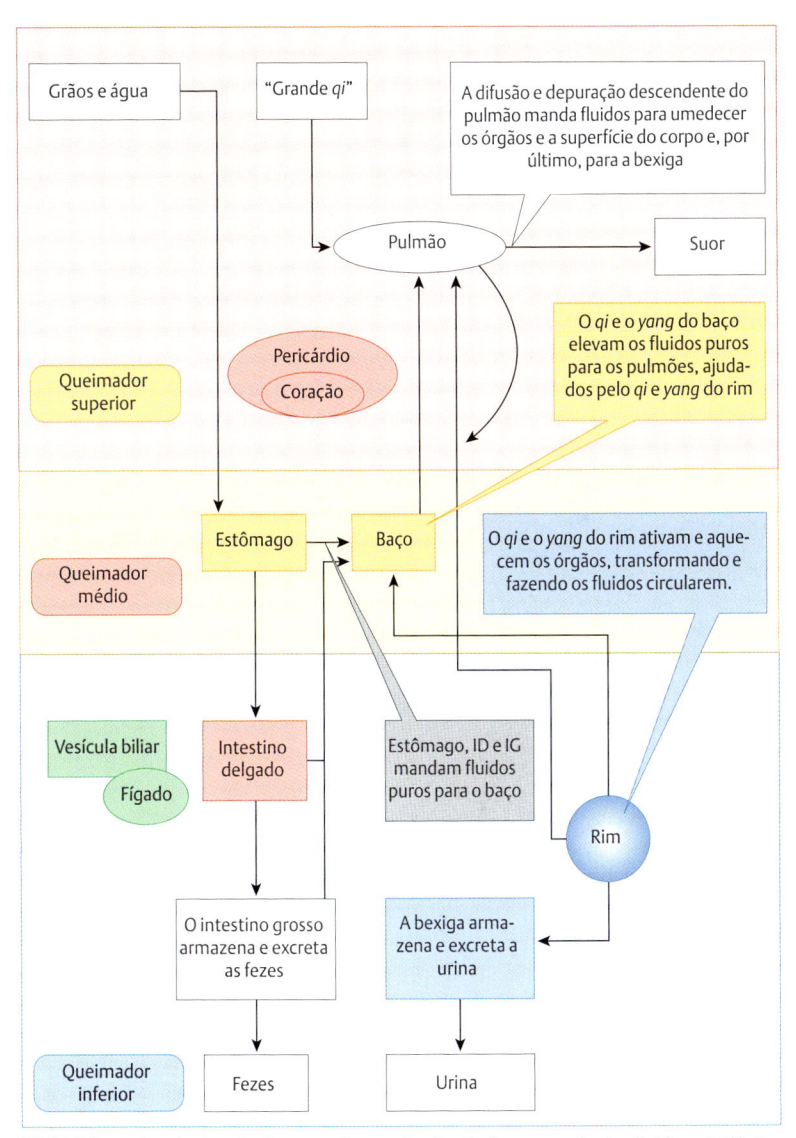

```
[Grãos e água]     ["Grande qi"]     [A difusão e depuração descendente do
                                      pulmão manda fluidos para umedecer
                                      os órgãos e a superfície do corpo e, por
                                      último, para a bexiga]
                          │
                       (Pulmão) ──────────────────► [Suor]

                       (Pericárdio
                        Coração)            [O qi e o yang do baço
Queimador                                    elevam os fluidos puros
superior                                     para os pulmões, ajuda-
                                             dos pelo qi e yang do rim]

[Estômago] ──► [Baço]
Queimador                               [O qi e o yang do rim ativam e aque-
médio                                    cem os órgãos, transformando e
                                         fazendo os fluidos circularem.]

[Vesícula biliar]  [Intestino
                    delgado]    [Estômago, ID e IG
 (Fígado)                        mandam fluidos
                                 puros para o baço]
                                                        (Rim)

             [O intestino grosso    [A bexiga arma-
              armazena e excreta     zena e excreta a
              as fezes]              urina]
Queimador
inferior     [Fezes]                 [Urina]
```

(A) O triplo queimador (*san jiao*) e a transformação, circulação e excreção dos fluidos. O *Clássico de Medicina do Imperador Amarelo* descreve o *san jiao* como "as vias para a entrada e saída dos grãos e da água".

Desenvolvimento, reprodução e envelhecimento

O processo de crescimento, desenvolvimento, maturação, reprodução, envelhecimento e morte ocorre no decurso das idas e vindas da influência do *yin* e do *yang* dos rins e da essência. Embora a essência seja fundamental, o desenvolvimento do corpo depende do florescimento do *qi* e do sangue para sua completa expressão. **A** e **B** sintetizam os ensinamentos fornecidos pelo ministro Qi Bo ao Imperador Amarelo em relação aos estágios do desenvolvimento e declínio dos homens e mulheres.

No momento da concepção, quando as essências reprodutivas masculina e feminina se juntam, o feto desenvolve-se na dependência do *qi* e do sangue da mãe. Essa nutrição materna do feto produz o *qi* congênito, a herança genética e gestacional da criança. Assumindo que essa herança seja normal e que haja alimentos, exercícios e descanso adequados, os estágios do desenvolvimento apontados por Qi Bo serão típicos. Deve-se notar no quadro **A** o reflexo da importância colocada na capacidade reprodutiva pela sociedade chinesa. Os ciclos de sete setes para as mulheres e oito oitos para os homens acabam com a cessação da capacidade reprodutiva, não com a morte.

Os ossos e as medulas formam-se sob a influência da essência do rim, e os dentes são o excedente dos ossos. Dentes e cabelos fortes e saudáveis sugerem um *qi* do rim robusto. A menarca ocorre quando dois dos vasos extraordinários, o controlador e o penetrante, ficam cheios de excedente do sangue e do *qi* produzidos por um organismo em desenvolvimento. Os vasos extraordinários dependem da maturidade para seu total funcionamento. O papel do baço na produção de sangue é vital para esse processo, assim como o do fígado em liberar suavemente o sangue a cada mês.

À medida que o processo de envelhecimento avança, o primeiro sinal é o esvaziamento dos canais *yang ming* (estômago e intestino grosso), que são repletos de qi e sangue ao longo do período de crescimento e maturidade. Conforme o envelhecimento se instala, o *qi* e o sangue nesses canais diminuem, levando à perda do excedente de *qi* e sangue que preenche e dá suporte às funções dos vasos controlador e penetrante. Quando esse excedente míngua completamente, os vasos esvaziam-se e a menstruação acaba. Alguns dos problemas experimentados na menopausa – fogachos, mudanças de humor, secura, etc. – são atribuídos ao declínio de sangue, essência e *yin* do rim, produzindo calor vazio e rompimento do fluxo do *qi*.

O desenvolvimento e o declínio dos homens dependem de fatores similares. Os vasos controlador e penetrante dão suporte à produção abundante de essência reprodutiva, e, conforme esses vasos declinam, por consequência, o mesmo acontece com a capacidade reprodutiva masculina.

Em ambos os gêneros, a redução da densidade óssea, o afinamento e branqueamento dos cabelos e o enfraquecimento das carnes e dos tendões, são todos sinais da redução da essência congênita e de insuficiência de *qi* e sangue.

Idade	Homens	Idade	Mulheres
8	O *qi* do rim aumenta, o cabelo cresce, os dentes são renovados.	7	O *qi* do rim aumenta, o cabelo cresce, os dentes são renovados.
16	O *qi* do rim é exuberante, a função reprodutiva amadurece, o *qi* essencial flui, *yin* e *yang* estão em harmonia e é possível procriar.	14	A fertilidade chega, o vaso controlador flui, o vaso penetrante enche, a menstruação flui e é possível gerar filhos.
24	O *qi* do rim é uniforme, os músculos e os ossos são fortes e firmes, os dentes do juízo crescem vigorosamente.	21	O *qi* do rim é uniforme, os dentes do juízo crescem vigorosamente.
32	Os músculos e os ossos são muito fortes, as carnes estão repletas e firmes.	28	Os músculos e os ossos são firmes, o cabelo atinge o maior comprimento, o corpo é poderoso e forte.
40	O *qi* do rim declina, os cabelos caem, os dentes secam.	35	Os vasos do *yang ming* (canais do estômago e intestino grosso) declinam, a face começa a criar rugas, o cabelo começa a cair.
48	O *yang qi* declina e há secura no alto, a face torna-se enrugada, os cabelos e as costeletas ficam parcialmente brancas.	42	Os três vasos *yang* começam a declinar, a face enruga-se, os cabelos começam a branquear.
56	O *qi* do fígado declina, os músculos não podem mais se mover.	49	O vaso controlador esvazia-se, o vaso penetrante enfraquece, a fertilidade seca, as passagens da terra são cortadas, o corpo definha, e não se pode mais ter filhos.
64	A fertilidade seca, o esperma torna-se escasso, o estoque do rim declina, o corpo está beirando seu fim e os dentes e cabelos caem.		

(A) *Qi* **essencial do rim e o desenvolvimento dos homens e mulheres** (adaptado do *Huang Di Nei Jing Su Wen*).

"No *Clássico de Medicina do Imperador Amarelo Questões Elementares*, Capítulo 1, 'Os Homens Autênticos da Alta Antiguidade', O Imperador Amarelo questiona seu ministro Qi Bo quanto às capacidades reprodutivas dos homens e das mulheres. A resposta de Qi Bo delineia os fluxos e refluxos do *qi* essencial do rim. Os períodos de aumento e declínio são dados em intervalos *yang* para as mulheres (7 é um número *yang*) e em intervalos *yin* para os homens (8 é um número *yin*). É interessante notar que, em relação às mulheres, os intervalos mais curtos do desenvolvimento representam exatamente a maturação mais precoce."

(de Larre, 1994, p. 65-84, com pequenas adaptações na tradução)

(B) **Citação do *Huang Di Nei Jing Su Wen*.**

As três causas de doenças

No século XII, Chen Yan organizou as causas de doenças em três grandes categorias (*san yin*): causas externas, causas internas e causas nem externas nem internas (**A**). Fundamentalmente todas as doenças ocorrem pela ruptura do fluxo suave, harmonioso e suficiente do *qi*, sendo importante manter isso em mente à medida que exploramos as ideias de etiologia.

Causas externas: os seis perniciosos

Os seis fatores perniciosos são o vento, o frio, o calor ou fogo, a umidade, o calor de verão e a secura (**A, B**). Quando o organismo é exposto, um fator pernicioso pode penetrar na superfície do corpo se o *qi* defensivo não for suficiente, se o *qi* correto não for forte ou se o fator pernicioso for poderoso, e, a menos que seja repelido pelo *qi* correto, tal fator prosseguirá da superfície para o interior do corpo.

Cada fator pernicioso afeta o *qi* do organismo de um modo semelhante às características ambientais. O vento ataca repentinamente a parte superior do corpo da mesma forma que balança a copa das árvores. O frio torna lento e congela; o calor apressa e queima; a umidade umedece e gruda, retardando o movimento suave de *qi* e sangue pelo corpo; a secura desidrata, privando o corpo de umidade. O calor de verão é um evento sazonal associado a condições como insolações e doenças infecciosas intestinais, características dos climas tropicais.

Os fatores perniciosos podem se combinar, vento e frio podem frequentemente produzir sintomas relacionados com resfriado comum: dor de cabeça, aversão ao frio, dor nos músculos e ossos, febre e tosse. O vento está expresso no início súbito dos sintomas e no seu efeito na parte alta do corpo; o frio, demonstrado pela dor nos músculos e ossos, impede o movimento livre do *qi*, causando dor. O fato de o paciente ter ou não ficado exposto ao vento frio pouco antes do início dos sintomas não é necessariamente relevante. É a apresentação dos sintomas do paciente que determina a natureza do fator pernicioso. Um paciente pode ter estado na rua durante um dia gélido e ventoso antes do início de um resfriado, mas tal exposição poderia ser seguida de sinais de "vento-calor", com dor de garganta, boca seca e um pulso rápido.

Os seis perniciosos não são detectáveis em laboratório, mas reconhecidos por meio de sinais e sintomas específicos. Essas ideias desenvolveram-se em um cultura onde não se conheciam as bactérias e os vírus como causas de doenças. O processo de observação cuidadosa da resposta do organismo às doenças fornece as informações necessárias para o tratamento.

Os seis fatores perniciosos também podem ser produzidos pelo desequilíbrio do ambiente interno e se manifestar na paisagem interna sem uma causa externa direta (ver também p. 240). No século XVI, Wu You Ke postulou o conceito de *qi* pestilento, que sugere que certas doenças que agora sabemos serem causadas por vírus e bactérias são provocadas por *qi* "pestilento", o qual produz os mesmos efeitos em diferentes indivíduos. Tal contexto expressou essa ideia como "uma doença, um *qi*" (Wiseman, 1995, p. 78).

As Três Causas de Doenças

Nem internas nem externas	Internas:	Externas: os seis fatores perniciosos
Irregularidades dietéticas	emoções (lesivas)	Vento
Intemperança sexual	Alegria	Frio
Fadiga por sobrecarga	Raiva	Calor/fogo
Traumas externos	Ansiedade	Umidade
Parasitas	Pensamento	Secura
Flegma	Tristeza	Calor de verão
Sangue estagnado	Pavor	
	Medo	

(A) Causas das doenças e os seis fatores perniciosos.

	Características gerais	Invasão externa	Desenvolvimento interno
Vento	Sintomas móveis, rápidos, de mudanças súbitas. Tipicamente vistos em conjunção com calor ou frio.	Paralisia facial, tonturas, tremores, coceiras, dores que mudam de lugar.	Associado a perturbações do *qi* do fígado, produzindo vento interno; pode se apresentar como tremores, tonturas, convulsões.
	Vento-frio.	Temor ao frio, cefaleia, dores musculares, ausência de suor, ausência de sede.	Não há.
	Vento-calor.	Aversão moderada ao vento e ao frio, dor de garganta, boca seca, língua vermelha.	Não há.
Frio	Calafrios, movimento do *qi* lento ou estagnado.	Aversão ao frio, desejo de aquecer-se, excretas e secreções claras e diluídas.	Associado a insuficiência do *yang* do rim, dor fria no abdome, extremidades frias.
Calor	Calor, vermelhidão, agitação, ressecamento dos fluidos.	Febre, rubor facial, delírio, vômitos ou tosse com sangue, pulso rápido, língua vermelha com saburra amarela.	Dano ou insuficiência do *yin* podem produzir sinais de calor ou fogo.
Umidade	Viscosa, úmida e persistente.	Umidade, frio e vento podem invadir os canais, causando obstrução e levando a dores articulares; umidade e calor podem atacar o fígado ou entrar nos intestinos.	O consumo excessivo de alimentos frios e gordurosos pode sobrecarregar o baço e causar a produção de umidade e flegma.
Secura	Ausência de umedecimento, causando lesão ao organismo.	Tosse seca, narinas secas, tendência a sangramentos nasais, expectoração escassa ou sanguinolenta.	Danos aos líquidos ou insuficiência do *yin* podem produzir secura.
Calor de verão	Doenças sazonais com sinais de calor ou calor e umidade.	Insolação, febre de início súbito, sede, ausência de suor, agitação.	Não há.

(B) Sinais e sintomas e conceitos-chave.

Causas internas: as sete emoções

A noção de dano interno causado pelas sete emoções (**A**) carrega consigo a ideia de uma ligação inseparável entre o corpo e a mente. As sete emoções expandem a ideia dos cinco aspectos mentais (**B**), que são associados às fases e aos órgãos (ver também **C**). Uma breve exposição ao vento e ao frio não pode causar dano ao movimento do *qi* no corpo; assim também momentos de raiva, alegria e medo não são necessariamente danosos, mas estimulam o *qi* e os órgãos. Uma exposição prolongada ou severa a essas emoções pode lesar o *qi* dos canais e órgãos. Assim como a exposição ao vento e ao frio pode congestionar o *qi* dos canais da superfície do corpo, dar vazão a um temperamento violento rompe o fluxo suave do *qi* do fígado, forçando-o a mover-se para cima de forma equivocada, produzindo dores de cabeça.

A mente corporificada na medicina chinesa

A "mente", no sentido de aspectos da consciência, não existe apartada do corpo. A noção cristã de uma alma unitária separada da carne, que emergiu com o legado do pensamento cartesiano e deu ao Ocidente sua predileção cultural por separar a mente e o corpo, não existe na medicina chinesa. Até mesmo as almas dos antigos chineses são múltiplas e prosaicamente alojadas no fígado e no pulmão.

A consciência (espírito) é tradicionalmente associada ao coração. Entretanto, o que caracterizaríamos como aspectos da mente e localizaríamos no cérebro é distribuído e regulado pelos órgãos internos. Cada órgão pode influenciar e ser influenciado pelos processos psíquicos aos quais está relacionado. Órgãos específicos dão suporte à decisão (vesícula biliar), ao pensamento reflexivo (baço) e à intenção (rim). O planejamento, muitas funções do sistema nervoso e a capacidade de ter raiva são fatores ligados ao fígado. O cérebro não é negligenciado; é "o mar das medulas" sustentado pelo rim. Os médicos, na China do século XVI, sabiam que o fígado era o "assento do espírito original" e que estava estreitamente relacionado ao movimento e às funções físicas.

Os médicos chineses de MTC algumas vezes demonstram uma desconcertante falta de interesse pela psicoterapia contemporânea ou pelas preocupações de seus pacientes. Entretanto, esses mesmos médicos são rápidos em ligar as atividades mentais e estados emocionais aos processos fisiológicos, de uma maneira que poderia intrigar um psicobiologista. Psique e soma são inextricavelmente ligados aos processos "físicos", afetando os estados "mentais" e vice-versa. Isso pode ser desafiador para o estudante ocidental que, condicionado pelo legado intelectual e cultural do pensamento ocidental, procura uma psicologia explícita e acha somente uma fisiologia da psique ou uma mente corporificada.

A função sadia e equilibrada de cada um dos órgãos tem um papel fundamental na função mental normal e no equilíbrio emocional. As práticas do *qi gong* e da preservação da saúde encorajam o desenvolvimento da tranquilidade e flexibilidade mental.

As Três Causas de Doenças 91

Emoção	Princípio crítico	Discussão
Raiva	A raiva faz o *qi* subir.	Raiva excessiva ou outras emoções fortes podem superestimular a ascensão e os movimentos do *qi* do fígado, causando cefaleia, tonturas e dor no canal do fígado.
Alegria	A alegria faz o *qi* indolente.	A alegria excessiva pode produzir dano à essência-espírito e pode enfraquecer o *qi* do coração, causando palpitações, insônia e doenças mentais.
Ansiedade	A ansiedade lesa o pulmão e o baço.	A ansiedade pode perturbar a dinâmica do *qi* do pulmão e do baço, produzindo afeto deprimido, tosse, redução do apetite e falta de força.
Pensamento	O pensamento amarra o *qi*.	As preocupações e os pensamentos obsessivos podem causar danos ao coração e ao baço, com redução do apetite, palpitações, insônia e esquecimentos.
Tristeza	A tristeza faz o *qi* dispersar.	A tristeza pode produzir choro, agitação, compleição pálida, falta de energia. A tristeza pode causar depressão do *qi* do pulmão, produzindo calor no pulmão, que pode danificar o rim e causar incontinência e diarreia.
Medo	O medo faz o *qi* precipitar.	O medo tem impacto direto sobre o rim, levando à lesão do *yin* e do *yang* do rim.
Pavor	O pavor causa desarranjo do *qi*.	O pavor perturba a dinâmica do *qi*, perturba o movimento do *qi* e do sangue e pode perturbar o espírito do coração, o fígado e o rim.

(A) As sete emoções.

Cinco aspectos mentais	Órgão associado
△ Raiva	Fígado
▽ Alegria	Coração
◇ Pensamento	Baço
☐ Tristeza	Pulmão
◯ Medo	Rim

(B) Relacionamentos das cinco fases. Tradicionalmente, os relacionamentos das cinco fases ligam cada órgão a uma atividade mental específica. Cada um dos órgãos está relacionado a um dos aspectos mentais que expressam os processos mentais essenciais e estados emocionais. O excesso de qualquer um desses aspectos mentais pode produzir calor, devido à perturbação do *qi*, ou lesionar o *yin*, produzindo um espectro de sinais e sintomas clínicos, incluindo irritabilidade, insônia e tonturas.

"O fígado armazena a alma etérea."	Se o sangue do fígado é insuficiente ou perturbado, a habilidade de ele armazenar a alma etérea pode ser perturbada. Podem ocorrer sonhos excessivos, espírito inquieto, despertares noturnos e fala durante o sono.
"O coração armazena o espírito."	O sangue e o *qi* do coração dão suporte à sua habilidade de abrigar o espírito e permitem responder clara e encadeadamente ao ambiente.
"O baço armazena a reflexão."	A habilidade de pensar depende do baço, e o pensamento obsessivo pode produzir danos ao baço.
"O pulmão armazena a alma corpórea."	A alma corpórea existe no corpo desde o nascimento e acaba no momento da morte. Está estreitamente relacionada à essência e dá suporte aos movimentos e à sensação de dor e coceira.
"O rim armazena a vontade."	O rim está associado à força de vontade e à memória de propósitos.

(C) Os princípios críticos – a mente corporificada.

Causas nem internas nem externas

Essas causas de doenças não resultam diretamente de influências ambientais ou de estados mentais. Todas têm o efeito de depletar o *qi* ou de obstruir os seus movimentos. As "irregularidades dietéticas" dizem respeito à desnutrição ou a dietas contendo excessos de alimentos que desequilibram a paisagem interna. Comidas temperadas, moluscos e álcool podem levar à congestão interna de calor. Na estagnação de alimentos, a obstrução do trato gastrintestinal devida à alimentação em excesso ou à comida mal preparada ou estragada a comida age fisicamente obstruindo o fluxo normal do *qi* (ver Cap. 7).

"Atividade sexual excessiva" é o uso em excesso da capacidade reprodutiva, o que resulta em danos à essência. Frequentes emissões de sêmen podem depletar a essência do rim, que é vital para o funcionamento do corpo. As mulheres podem lesar a essência ao engravidar muito frequentemente ou em caso de gravidez quando têm pouca ou muita idade.

"Fadiga por sobrecarga" (veja **A** para as cinco sobrecargas) expressa os perigos de envolver-se em atividades repetitivas ou desgastantes por períodos prolongados. Estão compreendidos aqui tanto o excesso de exercícios quanto a inatividade como possíveis causas de doenças. A fadiga por sobrecarga reflete a máxima de que a moderação é a chave para a saúde. Permanecer acamado por períodos prolongados danifica o *qi*, e ficar em pé por muito tempo danifica os ossos. Tanto o sedentário de sofá quanto o corredor de maratona, embora pratiquem níveis de atividade muito diferentes, estão sujeitos à fadiga por sobrecarga (ver p. 250).

O trauma tem impacto direto no movimento do *qi* e do sangue, seja ele um simples golpe ou queda causando uma equimose (estase de sangue) ou entorses, ossos quebrados e lacerações. Em todos os casos, o processo de cura deve ser cuidadosamente manejado para evitar a ocorrência de obstruções prolongadas do movimento do *qi* e do sangue (ver p. 248).

O acúmulo de vermes nos intestinos pode agir no organismo de inúmeras formas. A primeira é que os vermes concorrem com o hospedeiro pela nutrição, diminuindo a produção de *qi* e levando à má nutrição. A segunda é que os vermes podem formar uma massa obstrutiva, bloqueando e interferindo no fluxo do *qi* do trato digestivo (ver p. 258).

Quando os órgãos não estão funcionando adequadamente, o organismo pode formar produtos patológicos: flegma-reuma (**B**) e sangue estagnado (**C**, ver também p. 246 e 248). Assim como a estagnação de alimentos ou os vermes, a flegma ou o sangue estagnado produzem uma obstrução direta ao movimento de *qi* e sangue no corpo. Dependendo da sua localização, esses produtos podem obstruir a função de órgãos. Ambos podem ser causados pelos seis perniciosos, e qualquer condição que produza estagnação do *qi* também pode gerar esses produtos. A flegma é frequentemente vista nos quadros de vento-frio invadindo o pulmão, entretanto pode ser produzida quando um baço sobrecarregado falha em transformar os líquidos, levando à umidade e, consequentemente, à formação de flegma. O sangue estagnado é produzido por trauma, sendo frequentemente observado em condições ginecológicas, nas quais o sangue falha em fluir suavemente por causa de obstrução do *qi* do fígado, vazio de sangue ou frio.

- Forçar a visão prolongadamente danifica o sangue.
- Deitar prolongadamente danifica o *qi*.
- Sentar prolongadamente danifica a carne.
- Ficar em pé prolongadamente danifica os ossos.
- Caminhar prolongadamente danifica os tendões.

(A) Danos pelas cinco sobrecargas.

Padrão	Sintomas
Flegma congestionando o pulmão	Tosse com escarro abundante
Flegma alojando-se no estômago	Náusea e vômitos
Flegma confundindo os orifícios do coração	Delírio, distúrbios da mente-espírito, inconsciência
Flegma alojando-se nos canais	Nódulos de flegma (lipomas)

(B) Possíveis apresentações da flegma. Flegma é um muco viscoso produzido pelo trato respiratório e um produto patológico que pode ocorrer em qualquer lugar do corpo. Ocorre quando o movimento e a transformação dos fluidos pelo pulmão, baço ou rim são impedidos ou quando o calor interno cozinha os fluidos.

- A estase de sangue ocorre quando o seu fluxo suave é impedido, criando estagnação de sangue.

- A estase de sangue pode ser causada por calor no sangue, frio no sangue, vazio do sangue, vazio do *qi* ou estagnação do *qi*.

- A estase do sangue apresenta-se como dor fixa em pontadas. Massas e inchaços são sinais comuns.

- Hemorragias podem ocorrer quando a estase de sangue obstrui os vasos. Dependendo da severidade da apresentação, o pulso é fino ou áspero, a língua é vermelho-púrpura com manchas de estase, a pele pode ser seca ou marcada com máculas de estase.

(C) Estase de sangue.

O corpo sadio como uma paisagem ordenada

Na medicina chinesa, o corpo sadio é uma paisagem ordenada, um terreno harmoniosamente adaptado ao dormir e ao acordar, ao comer e ao beber, aos ritmos e às influências das estações do ano, ao desenvolvimento e ao declínio do organismo humano. Conforme exposto anteriormente, as metáforas sociais disponíveis aos antigos chineses, de uma economia agrária, e uma sociedade organizada em torno de um imperador, conformaram a visão de organismo da medicina chinesa.

O organismo na medicina chinesa é uma economia de substâncias transacionadas entre órgãos. O *qi*, a substância vital que permeia o corpo e que é criada da transformação dos grãos e da água, é quase inseparável do sangue. Fluem juntos através dos canais, nutrindo os órgãos e dando suporte às funções corporais. Cada um dos órgãos tem funções específicas na medicina chinesa, e essas funções expressam a fisiologia fundamental que, em muitos aspectos, é peculiar dessa medicina.

Os antigos acadêmicos da China nunca investigaram a anatomia humana com a mesma energia sistemática da Renascença e do Iluminismo. Em vez disso, as estruturas anatômicas foram compreendidas em termos gerais, mas cuidadosas observações dos sistemas vivos foram feitas e levaram à atribuição de funções fisiológicas às estruturas anatômicas. Por essa razão, o baço é um órgão fundamental para a digestão, com funções que se relacionam com uma ampla variedade de estruturas anatômicas, incluindo o pâncreas. O coração é claramente implicado na circulação, além de servir como um órgão da consciência. Os rins são associados à produção de urina, mas também a uma gama de funções endócrinas. É importante entender que a fisiologia da medicina chinesa não é nem metafísica, tampouco um erro. Consiste em uma coleção de observações concernentes à anatomia organizadas de maneira a exibir uma genial visão geral de sistemas complexos usando uma linguagem cuidadosamente estruturada.

Não há fronteira entre psique e soma na medicina chinesa. Conceitos chineses clássicos concernentes à mente são excepcionalmente sofisticados (de uma perspectiva psicobiológica) e não recaem no erro cartesiano, não há um "fantasma na máquina". A psique é corporificada e reflete os processos fisiológicos.

O corpo na medicina chinesa é tanto um microcosmo em si quanto um habitante suscetível ao seu meio ambiente. O organismo pode ficar doente por influência de vários tipos de *qi* perniciosos que atacam e penetram suas defesas. No entanto, fadiga, estagnação de substâncias vitais ou falta de nutrição apropriada podem causar rupturas da paisagem interna e produzir doenças. Por último, a terapêutica na medicina chinesa está voltada ao restabelecimento do equilíbrio entre o interior e o exterior por intermédio da dissipação das substâncias patogênicas (fatores perniciosos) e do restabelecimento das funções normais dos canais e órgãos. A saúde e a longevidade são encontradas em estilos de vida moderados e obedientes às leis do *yin* e *yang*. Qi Bo explica isso em **A**.

"Nos tempos antigos, as pessoas guiavam-se pelo *yin* e *yang*: o Imperador Amarelo pede a Qi Bo que explique a relação entre a observação das leis da natureza e o declínio da duração da vida. O Imperador comenta:
'Eu ouvi falar que, nos tempos antigos, as pessoas viviam para além dos cem anos e permaneciam ativas e não ficavam decrépitas nas suas atividades'. Qi Bo explica: 'Nos tempos antigos, aquelas pessoas que entendiam o Tao guiavam-se pelo *yin* e *yang* e viviam em harmonia com as artes da adivinhação. Eram moderados ao comer e beber. Seus horários para acordar e dormir eram regulares e não desordenados e desenfreados. Por esses meios, os antigos mantinham seus corpos unidos às suas almas, de forma a viver suas parcelas de vida completamente, contando até os cem anos antes que fizessem sua passagem.
'Hoje em dia, as pessoas não são assim; usam vinho como bebida e adotam a imprudência como comportamento habitual. Vão para seus quartos conjugais intoxicados, suas paixões exaurem seu *qi*; suas ânsias dissipam suas essências; não sabem como achar o contentamento dentro deles mesmos; nem são hábeis no controle de seus espíritos. Devotam toda sua atenção para o divertimento de suas mentes, assim sendo apartados da alegria de uma vida longa'."

(Adaptado de Veith, 1972, p. 98)

(A) Citação do *Huang Di Nei Jing Su Wen*.

3

Diagnóstico na medicina chinesa

Kevin V. Ergil

**Sinais de uma paisagem
desordenada** 98

**Coletando e organizando
informações** 100

Os quatro exames 100
Inspeção (*Wang Zhen* 望诊) 102
Escutar e cheirar (*Wen Zhen* 闻诊) 108
Questionando (*Wen Zhen* 问诊) 110
Exame palpatório (*Qie Zhen* 切诊) 116

Diagnóstico de padrões 122
Identificação de padrões de causas
de doenças – seis excessos. 126

Padrões de doenças dos seis
canais e dos quatro aspectos 128
Padrões de órgãos 134

**Padrões e doenças: entendendo
e integrando padrões de
diagnóstico da MTC**. 146

Princípios e métodos de tratamento. .148

Estudo de caso João. 150

Estudo de caso Alice 152

Estudo de caso Jeremias. 154

Sinais de uma paisagem desordenada

Se o organismo sadio é uma paisagem harmoniosa, então o organismo doente é uma paisagem desordenada. O objetivo do clínico é entender a natureza da ruptura da harmonia e conceber um plano para o seu restabelecimento. Os passos desse processo são o exame do paciente, a organização da informação coletada no decurso do exame em um contexto que faça sentido para a(s) queixa(s) do paciente e o desenvolvimento de um plano geral de ação com base em princípios estabelecidos. De certa forma, a prática da medicina chinesa é como a prática de qualquer medicina clínica: os sinais e sintomas são avaliados de modo que o clínico possa entender a natureza do problema do paciente e, então, tentar corrigi-lo. Entretanto, a prática da medicina chinesa depende tanto do reconhecimento da doença quanto da identificação do padrão de sinais e sintomas; essa identificação revela de que forma a paisagem de substâncias e órgãos corporais foi desordenada. Esse padrão de sinais é conhecido como padrão de doença (*bing zheng* 病症) ou padrão (*zheng* 证 ou *zheng hou* 证候). A organização desses sinais é o processo de identificação de padrões ou padrões de fatores perniciosos de doença.

É esse processo que dá à medicina chinesa seu caráter único. A premissa dessa abordagem é que organismos respondem de diferentes formas a processos de adoecimento e que, conforme a doença progride, a força do *qi* correto, a exuberância do fator pernicioso e outros fatores, tais como a constituição do paciente ou doenças preexistentes, farão com que diferentes organismos reajam de maneira distinta. Assim, um paciente cuja dificuldade para dormir seja produzida por insuficiência de sangue do coração irá apresentar certos sinais e sintomas e receberá tratamento diferente daquele cuja insônia tem suas raízes no resplandecimento do fogo por vazio de *yin*. Em ambos os casos, a doença "insônia" é a mesma, porém o diagnóstico do padrão e o tratamento serão diferentes. Essa situação dá origem ao famoso ditado "uma doença, muitos tratamentos; muitas doenças, um tratamento". Esse é o motivo de o resplandecimento do fogo por vazio de *yin* (uma condição na qual o calor se eleva, particularmente à noite, devido ao vazio do *yin* do rim) também poder produzir problemas de audição, suores noturnos, sintomas de menopausa, etc., que serão tratados de maneira semelhante em virtude da similaridade do padrão de doença subjacente. Um paciente com insônia por vazio do sangue do coração pode apresentar palidez, palpitações, visão borrada, entre outros sintomas, todos se enraizando na insuficiência de sangue.

Este capítulo traz uma revisão sistemática dos elementos fundamentais do processo de diagnóstico: os quatro exames e os padrões de doenças. E, por meio de estudos de casos, dá exemplos acerca do modo como o clínico raciocina a partir da teoria fundamental ao examinar os sinais, perceber os padrões e selecionar um método de tratamento (**A**).

Esboço do diagnóstico	Tópicos discutidos
Os quatro exames	Inspeção • Corpo e cor • Língua Escutar e cheirar Questionamento Palpação • Pulso • Áreas corporais
Diagnóstico dos padrões	Oito princípios Seis excessos Padrões dos seis canais e dos quatro aspectos • Lesão por frio • Doença do calor *Qi*, sangue e fluidos corporais Padrões dos órgãos • Coração e pericárdio • Pulmão • Baço, estômago e intestinos • Fígado e vesícula biliar • Rim e bexiga
Padrões e doenças	
Princípios e métodos de tratamento	
Análise de estudo de casos	Vazio do *yang* do rim Estase de *qi* e sangue no fígado e na vesícula biliar Vento-calor

(A) Esboço do diagnóstico: tópicos discutidos neste capítulo.

Coletando e organizando informações

A formulação de um diagnóstico e de um plano de tratamento dependem da coleta e da organização de informações. Dependendo da experiência do médico e da situação do paciente, o processo é comparativamente sistemático. Entretanto, esse processo também é dirigido conforme a apresentação feita pelo paciente, a sua queixa principal e as informações fornecidas por ele. Embora certos aspectos do processo diagnóstico sejam comuns a todas as consultas, nem todos os aspectos de todos os exames são usados em todos os pacientes. A habilidade de selecionar e usar aspectos apropriados do processo de exame é resultado da experiência clínica.

Uma das diferenças-chave entre os casos reais e a explanação ordenada e linear apresentada neste e em outros textos é que a grande quantidade de informações obscurece as particularidades, que são os casos apresentados nas consultas por pacientes individuais. Com o intuito de ajudar a ilustrar os diferentes aspectos do processo diagnóstico, usaremos como exemplo três pacientes da prática clínica, que vão aparecer nos momentos em que os sinais e sintomas puderem contribuir para elucidar o processo diagnóstico. No final do capítulo, examinaremos detalhadamente tais exemplos, a fim de verificar de que forma a apresentação dos seus sintomas nos guiam para o diagnóstico de um padrão. Nos capítulos sobre Acupuntura e Farmacoterapia Tradicional Chinesa, novamente os casos de João, Alice e Jeremias estarão ilustrando o modo como os tratamentos emergem de um diagnóstico (**A**).

Os quatro exames

Os quatro exames (inspecionar, escutar e cheirar, questionar e palpar) são as ferramentas usadas para coletar informações, tradicionalmente organizadas de acordo com a progressiva intimidade dos encontros com o paciente: primeiro o médico olha o paciente, escuta o som de sua voz, faz questionamentos e finalmente toca o seu corpo. O encontro clínico real pode desviar-se desse roteiro dependendo das circunstâncias.

Inspeção (*wang* 望) refere-se à avaliação visual do paciente, incluindo o espírito, a forma e o gestual e a língua. O segundo aspecto do diagnóstico, **escutar e cheirar** (*wen* 闻), refere-se a escutar a qualidade do discurso, a respiração e outros sons, assim como a ficar atento ao odor da respiração e do corpo. O terceiro aspecto do diagnóstico, **questionar** (*wen* 问), é o processo de colher uma história médica abrangente. **Palpação** (*qie* 切) inclui a palpação dos canais, dos pontos, das áreas do corpo e do pulso.

Os quatro métodos diagnósticos devem ser utilizados de forma a levar a um diagnóstico completo e correto. Ainda que, algumas vezes, o pulso ou a língua sejam considerados mais importantes, sua utilidade acontece somente no contexto dos demais métodos. Nenhum dos métodos é isoladamente suficiente para se chegar a um diagnóstico.

→ Estudos de caso

João

João é um homem branco, de 69 anos, com 1,76 m de altura e pesa em torno de 113,4 quilos. Apresenta dor lombar e nos joelhos há 12 anos. Sua face é pálida, com bolsas grandes, inchadas, brancas e levemente edematosas sob os olhos. As dores lombar e nos joelhos desenvolveram-se gradualmente sem lesão inicial. A dor é constante, de baixa intensidade, fixa, piorando com os esforços e a fadiga e melhorando com o calor e o repouso. Essa dor inicia na segunda vértebra lombar e se espalha pelo lado esquerdo do dorso. João está com sobrepeso e, como teve diagnóstico de diabete, precisa usar insulina e tem dificuldade de controlar seus níveis de glicose. Em virtude do diabete, sente dormência nos dedos dos pés e frequentemente apresenta nos pés bolhas que demoram meses para curar; recentemente, um corte não curado no seu pé direito levou à amputação de um dedo.

Alice

Alice é uma mulher branca, de 23 anos, que tem dismenorreia há 8 anos. Tem 1,67 m de altura e pesa 56,7 quilos. Seu corpo é compacto e rijo. Sua compleição geral é levemente escura. Começou a menstruar aos 13 anos e seus ciclos são bem consistentes – menstrua por cinco dias a cada 29 dias. O sangramento é vermelho-escuro com grandes coágulos vermelho-púrpura bastante intenso nos três primeiros dias. Todos os meses, por volta do dia 27, Alice tem uma forte dor de cabeça, localizada nas têmporas, que dura quatro dias. Os dois primeiros dias de sua menstruação são extremamente dolorosos, de modo que, embora tome analgésicos, ainda assim sente dores. Por volta de uma semana antes da menstruação, apresenta sensibilidade nas mamas, uma sensação de aperto no peito e labilidade emocional extrema.

Jeremias

Jeremias é um homem de 45 anos, magro, com 1,78 m de altura e 63,3 quilos. Faz acupuntura para o tratamento de fadiga por excesso de trabalho. Na última visita, apresentava um resfriado agudo. Seus sintomas incluíam dor de garganta e uma sensação de calor que facilmente se transformava em frio após ter episódios de suor. Seu nariz estava obstruído, mas era difícil de expelir qualquer secreção. Quando havia secreções visíveis, eram levemente amareladas. Seu corpo estava dolorido, seus olhos, vermelhos, e ele estava visivelmente fatigado.

(A) Três pacientes da prática clínica.

Inspeção (Wang Zhen 望诊)

O primeiro dos quatro métodos diagnósticos, a inspeção, refere-se à avaliação visual do paciente, particularmente do espírito, da forma e do gestual, da cabeça e da face e das substâncias excretadas pelo organismo. A cor, a forma, as marcas e o revestimento da língua também são inspecionados. A inspeção usa um corpo estabelecido de informações empíricas e de perspectivas teóricas.

Observando o espírito

A observação do espírito, considerada muito importante para avaliar o prognóstico, concentra-se na observação da aparência geral do paciente, especialmente dos olhos, da compleição, do afeto e da qualidade de sua voz. Um bom espírito, mesmo na presença de doenças sérias, indica um melhor prognóstico.

Forma e gestual

A inspeção da forma é o exame do *yin*, ou dos aspectos substanciais do corpo, no qual o seu tamanho e sua forma são examinados. O emagrecimento sugere vazio do *yin*. A corpulência sugere o comer em excesso e a quebra da capacidade do baço de transportar e transformar. O gestual, ou porte, refere-se ao aspecto *yang* dos movimentos corporais. Tremores sugerem vento. Sonolência e postura encurvada sugerem frio por vazio do *yang*.

Inspecionando a cor da face e do corpo

Embora o exame da cor do corpo (**A**) seja principalmente aplicado à face, seus princípios podem ser usados na inspeção de qualquer área. A inspeção da cor não é a mesma coisa que observar a pigmentação da pele. Na verdade, o clínico está avaliando a tonalidade e o brilho da pele produzido pela circulação de sangue e umidade relativa e a saúde da pele e dos tecidos subjacentes. O clínico analisa a cor em comparação com a considerada normal para o paciente. O paciente que apresenta uma cor saudável retrata uma boa constituição e um brilho saudável, o que denota uma pele apropriadamente umedecida e lustrosa.

As cores que enxergamos são produzidas tanto por mudanças sutis quanto dramáticas na circulação e umedecimento. Cores como o preto e o azul-esverdeado refletem as mudanças na circulação produzidas pela estase de sangue. O vermelho é produzido por aumento do sangue circulante na superfície do corpo, frequentemente simbolizando um sinal de aumento da temperatura corporal.

Cor e brilho da face são as manifestações externas do *qi* e do sangue dos órgãos e vísceras. Observar a cor e o brilho da face revela a saúde do *qi* e do sangue e indica se a progressão da doença está em uma direção positiva ou negativa.

A cor tem valor prognóstico. Se a cor e o brilho estão adequados e as mudanças na cor associadas à doença não forem substanciais, a doença é considerada mais leve, e o prognóstico, bom. Se a cor e o brilho forem enegrecidos e opacos e a cor normal do paciente ficar difícil de ser vista, a doença é considerada séria, e o prognóstico, ruim.

- O azul-esverdeado governa o frio, a estase do sangue ou a dor:
  - Azul-esverdeado pálido = frio
  - Azul crepúsculo escuro = vazio do *yang qi*
  - Lábios verde-azulados ou púrpura, compleição verde-azulada cinzenta = estase do sangue do coração

- O vermelho governa o calor:
  - Toda a face vermelha = calor por repleção
  - Bochechas vermelho-escuras com compleição pálida ou leve rubor malar = calor vazio

- O branco governa o vazio ou o frio:
  - Branco pálido, branco sem brilho ou esmaecido = *qi* ou sangue não florescendo
  - Perdas de *qi* e sangue
  - Branco brilhante com edema = frio por vazio de *yang*
  - Súbita perda de grandes quantidades de sangue e *qi* com membros frios, suor frio, pulso fraco = colapso do *yang qi*

- O amarelo governa o baço e o estômago ou a umidade:
  - Amarelo ressecado = *qi* do estômago debilitado
  - Ausência de amarelo na face = ausência de *qi* do estômago. Provavelmente significa a morte
  - Corpo amarelo, face amarela, olhos amarelos = umidade
  - Em paciente obeso = umidade flegma no baço/estômago
  - Em corpo murcho, ressecado = fogo do estômago com calor lesando os fluidos
  - Amarelo brilhante alaranjado = icterícia *yang*
  - Amarelo-escuro, queimado = icterícia *yin*

- O preto governa o rim, a dor ou o acúmulo de água:
  - Preto-escuro crepuscular, inchaço e distensão da pele e músculos, possivelmente lábios púrpura escuros = frio por vazio do *yang* do rim
  - Preto-escuro, lábios cianóticos = estase de sangue
  - Ponta do nariz preta, compleição preta, leve inchaço abaixo das pálpebras = água-reuma (*shui yin*)

(A) Inspeção da cor.

Inspecionando a língua

A língua é uma rica fonte de informações relacionadas ao *qi* e ao sangue dos órgãos, à extensão do calor e do frio no organismo, ao progresso da doença e ao quão profundamente essa doença penetrou. A língua é o broto do coração e a manifestação externa do baço, por onde passam muitos canais. Considera-se que o estômago manifesta sua atividade por meio da qualidade e da cor da saburra lingual.

O exame da língua é uma parte rotineira da avaliação do paciente. É preciso ter cuidado com a qualidade da luz durante o exame, pois as variações na luz ambiente podem causar erros na avaliação da cor da língua (**A**). Também é importante estarmos atentos à dieta e aos hábitos de higiene, visto que café preto, cenouras, balas coloridas ou raspagem e escovação rotineiras da língua podem mudar sua cor ou a qualidade da saburra lingual (**B**).

Os achados no exame da língua são sempre considerados em relação a todas as informações compiladas a partir do exame do paciente. Isso é especialmente importante em função de que, em alguns casos, os achados do exame da língua podem não refletir precisamente a condição do paciente.

A forma da língua é avaliada em termos do seu tamanho e de outras mudanças específicas de sua aparência (**C**). Uma língua com aumento de volume e impressão dos dentes em suas margens pode ser um sinal de vazio do *qi* ou de acúmulo de umidade no organismo. Uma língua delgada ou com volume reduzido pode indicar lesão do *yin* do organismo. As fissuras na língua podem ser consideradas sinais de lesão dos líquidos *yin* ou da presença de calor no organismo.

O exame do movimento da língua envolve procurar por sinais de movimentos anormais: rigidez, flacidez, tremores, desvios, contrações e movimentos repetitivos. Esses movimentos anormais são frequentemente sinais de doenças sérias e podem indicar vento, obstrução por fleuma ou dano por calor. O vento pernicioso, em virtude de seus efeitos súbitos, é frequentemente implicado nos distúrbios com tremores ou convulsões, casos em que a língua torna-se rígida ou desviada.

É normal que a língua apresente um tom vermelho-claro e que tenha uma tonalidade normalmente equilibrada. As mudanças na cor normal da língua podem ser uniformemente distribuídas pelo seu corpo, mas frequentemente são localizadas, o que pode ampliar seu significado no diagnóstico. Mudanças que indiquem palidez sugerem insuficiência de sangue e *qi*. Uma língua pálida pode também ser um sinal de frio. Uma língua avermelhada sugere calor e pode ser vista tanto em padrões de calor vazio quanto de repleção. Quando a cor vermelha é mais escura, a língua é chamada de carmim e sugere tanto extremo calor quanto calor em níveis mais profundos do organismo.

Língua normal	Uma língua normal é descrita como vermelha-clara.
Língua pálida	Mais pálida do que o vermelho-claro normal. Indica vazio de *qi* ou sangue. Pálida e aumentada de volume, acompanhada de sinais de frio, indica vazio de *yang*.
Língua vermelha	Vermelho mais escuro do que a língua normal. Vermelho indica calor. Visto em condições de calor vazio ou por repleção.
Língua carmim	Uma língua carmim é mais escura do que a vermelha. Indica calor no aspecto nutritivo ou sangue dos quatro aspectos.
Língua púrpura	Uma língua púrpura ou com máculas púrpuras indica estase de sangue. Máculas indicam uma condição menos severa. Cor púrpura generalizada corresponde a estase severa de sangue.

(A) Cores da língua.

Saburra normal	Saburra lingual normal é fina e branca e apropriadamente umedecida.
Saburra branca	Língua branca lustrosa ou excessivamente úmida indica frio. Saburra lingual branca e seca indica frio transformando-se em calor ou insuficiência de fluidos. Saburra branca espessa e viscosa indica umidade e fleugma.
Saburra amarela	Saburra amarela indica calor. Saburra amarela fina e seca indica lesão aos fluidos pelo calor. Saburra amarela e viscosa indica umidade-calor. Saburra de cores branca e amarela misturadas indica presença de fator pernicioso frio transformando-se em calor. Saburra amarela e espessa indica calor por repleção.
Saburra fina	Indica um fator pernicioso fraco. Se uma saburra espessa afina-se, a condição está melhorando.
Saburra espessa	Indica um fator pernicioso forte. Se uma saburra fina torna-se mais espessa, o fator pernicioso está avançando.
Saburra descascada	Indica insuficiência do *yin* e do *qi* do estômago. Se toda a língua estiver sem saburra, o vazio do *yin* é severo; descrita como língua em espelho.
Saburra úmida	Indica umidade e fleugma ou frio-umidade.
Saburra seca	Indica calor ou dano aos fluidos, ou pouca circulação de fluidos.

(B) Saburra lingual.

Aumento de volume	Indica vazio de *qi* ou umidade.
Diminuição de volume	Indica insuficiência dos fluidos, do *yin* ou do sangue.
Com fissuras	Indica vazio de fluidos.
Chanfrada (com marcas de dentes)	As impressões dos dentes nas laterais da língua indicam vazio de *qi*.
Com pontos vermelhos	Na ponta ou nas margens indica calor por repleção.

(C) Forma da língua.

A matiz púrpura sugere estase de sangue, impedimento do fluxo de *qi* e sangue. Púrpura tendendo ao vermelho sugere estase e calor. Púrpura azulado sugere estase de sangue por frio, resultando de falha do *yang qi* em movimentar o sangue.

A saburra lingual também é observada atentamente. Uma saburra normal é fina, levemente umedecida e branca, produzida pelos vapores ascendentes do *qi* do estômago e consiste em uma manifestação de sua função saudável. O espessamento da saburra lingual sugere um fator pernicioso penetrando no organismo. A saburra escassa ou ausente pode sugerir dano aos fluidos *yin*, deixando umidade insuficiente para que os vapores do estômago se formem. A saburra amarela indica calor; a saburra gordurosa, viscosa pode sugerir umidade e fleugma; uma camada de fluidos cobrindo a língua inteira indica umidade ou umidade-frio.

As mudanças na cor da língua, assim como certas anormalidades na sua forma, tais como fissuras, máculas de estase ou manchas de calor, são interpretadas de acordo com a sua localização, usando-se um mapa genérico da superfície da língua em relação aos órgãos (**A**). O modelo usa a organização em três queimadores, ou andares, do corpo na língua: a ponta e o terço anterior representam o queimador superior, o coração e os pulmões; o centro simboliza o queimador médio, baço e estômago; e a parte de trás o queimador inferior, representa o rim e a bexiga. O fígado e a vesícula biliar são observados ao longo das laterais da língua, o que indica a distribuição de seus canais e suas localizações nos andares corporais. Esse modelo é considerado heurístico, não sendo aplicado de uma maneira rígida (**B**).

João, nosso paciente de 69 anos com dor lombar, apresenta uma língua pálida e inchada com marcas de dentes e saburra espessa e branca. A palidez aqui é um sinal de frio. A língua com aumento de volume e com marcas de dentes mostra falha na transformação dos fluidos, normalmente atribuída ao mau funcionamento do baço. Nesse caso, é um sinal de umidade, assim como a saburra espessa e branca indica umidade acumulando-se no interior.

Alice, nossa paciente de 23 anos com dismenorreia, apresenta uma língua levemente púrpura com máculas de estase nas laterais e saburra normal branca e fina. Nesse caso a cor da língua levemente púrpura sugere estase de sangue, e a localização das máculas de estase na região do fígado e da vesícula biliar indica estase de sangue nesses órgãos e canais, produzindo irregularidade menstrual e angústia. A saburra lingual normal significa que não há fator pernicioso penetrando ou desenvolvendo-se internamente.

Jeremias, nosso paciente de 45 anos, com resfriado agudo, apresenta uma língua pálida, inchada e com marcas de dentes. Essa língua está de acordo com o seu diagnóstico original de fadiga causada por vazio de *qi* do baço. No presente estágio da progressão do resfriado agudo, não se espera que a língua mostre mudanças significativas, pois o fator pernicioso não se internalizou.

Os Quatro Exames **107**

(A) Correlação entre a língua, os três queimadores e os órgãos.

- Rins, bexiga, intestinos
- Queimador inferior
- Fígado, vesícula biliar
- Queimador médio
- Baço, estômago
- Pulmão
- Queimador superior
- Coração, pericárdio

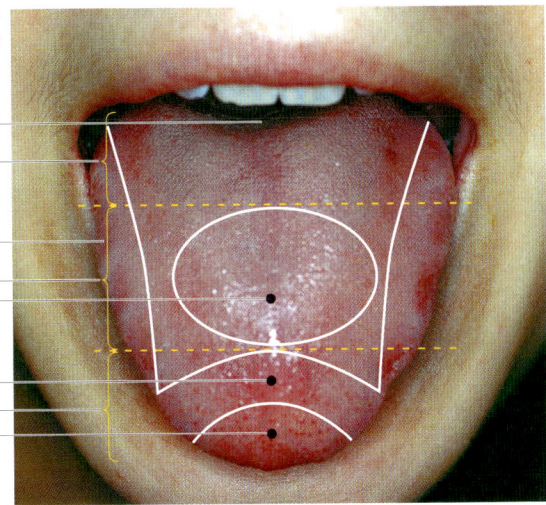

(B) A inspeção da língua é usada com frequência na medicina chinesa para avaliar a condição do *qi*, do sangue e dos fluidos do paciente, o estado dos seus órgãos e a progressão e a severidade das doenças. (© Marnae Ergil)

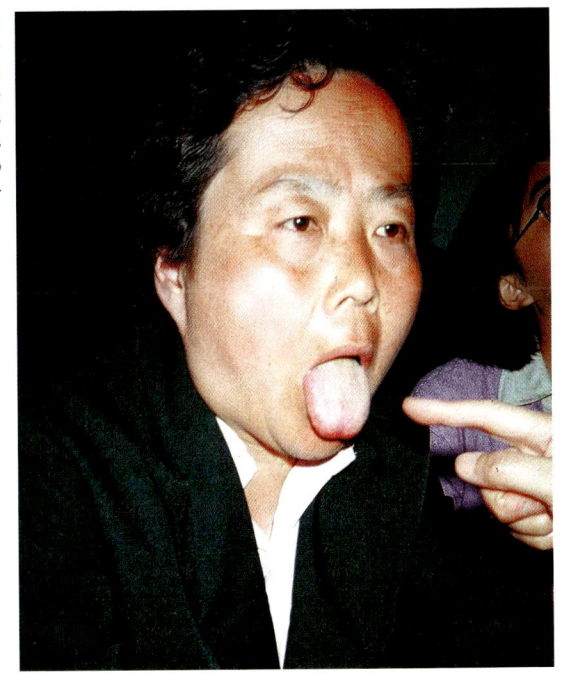

*Escutar e cheirar (*Wen Zhen 闻诊*)*

O segundo exame (escutar e cheirar) refere-se a escutar a qualidade do som da fala, a respiração e outros ruídos que o paciente possa fazer, e cheirar os odores da respiração, do corpo e das excretas. O clássico que diz "O sábio é aquele que sabe por escutar e cheirar" (Deng, 1999, p. 62) aponta para o valor potencial dessas formas de exame. Esses exames podem ser bastante importantes dependendo das circunstâncias clínicas e dos critérios aplicados ao examinar. Tradicionalmente, a força dos sons e dos odores serve como um guia geral para a classificação em *yin* ou *yang*. A teoria das cinco fases também pode ser incorporada a essa avaliação da condição do paciente (**A**, **B**, **C**). Como foi discutido no capítulo anterior, cada fase e sua víscera correspondem a uma vocalização e a um odor.

A avaliação dos sons e dos odores de maneira alguma é limitada por um grupo de critérios restritos. Em vez disso, a experiência clínica preenche o vazio da teoria estática e associa sons e odores específicos a questões clínicas específicas. O simples ato de escutar a voz do paciente dá ao clínico uma ideia da qualidade do *qi* do pulmão do paciente e, por extensão, da situação geral do *qi* adquirido. Se a voz é baixa e difícil de ser escutada, o *qi* pode estar insuficiente. O "falar aos gritos" de um paciente cujo *qi* do fígado esteja agitado e ascendente é fato corriqueiro na rotina clínica, assim como a conversa incessante de um paciente que manifesta sinais de fogo do coração. A estagnação do *qi* do fígado é tradicionalmente conhecida por manifestar-se por suspiros longos ou curtos, sendo frequentemente associada à depressão das emoções.

O lugar do exame dos odores no diagnóstico é determinado em parte pela apresentação do paciente e pelos objetivos do médico. As práticas atuais de banhar-se e de usar desodorantes em larga escala reduziram os cheiros característicos produzidos pelas bactérias que vivem na pele humana. Entretanto, os odores que circundam o paciente no hospital ou em uma enfermaria, os cheiros distintivos de cada indivíduo e os odores das pessoas severamente doentes dão sentido a esse procedimento diagnóstico. Em ambiente ambulatorial, os pacientes relatam o cheiro de suas excretas quando isso for relevante.

O cheiro de amônia no hálito de um paciente reflete as mudanças metabólicas associadas aos estágios finais de uma insuficiência renal crônica. Na medicina chinesa, isso é caracterizado como a derrocada e a debilitação dos órgãos e vísceras. Cetose, o odor adocicado de acetona apresentado pelo paciente com diabete descontrolado, é descrito como o cheiro de frutas podres e associado a padrões de definhamento e sede na medicina chinesa.

Sons	
Tipos de sons: choro, gemido, fala, respiração, ofegar, sibilar, falta de ar, tosse, vômito, soluço, eructação e espirro	
Yin	Sons fracos, baixos e expressos sem força são sinais de insuficiência de *qi* correto
Yang	Sons rudes, forçados, cheios ou altos sugerem fator pernicioso exuberante

(A) Sons na perspectiva *yin-yang*.

Odores	
Tipos de odores: respiração, suor, escarro, secreção nasal, urina, fezes, menstruação e secreção vaginal	
Yin	Cheiros de peixe sugerem frio e insuficiência do *qi* correto
Yang	Cheiros fétidos, podres e fortes sugerem calor e calor pernicioso exuberante

(B) Odores na perspectiva *yin-yang*.

Categoria	Madeira ▽	Fogo △	Terra □	Metal ◇	Água ○
Víscera	Fígado	Coração	Baço	Pulmão	Rim
Odor	Hircino	Tostado	Fragrante	Peixe cru	Pútrido
Vocalização	Gritar	Rir	Cantar	Chorar	Suspirar

(C) Sons e odores na perspectiva das cinco fases.

Questionar (Wen Zhen 问诊)

O terceiro exame diagnóstico (o questionamento) é o processo de tomada de uma história médica abrangente (**A**). Esse processo é frequentemente chamado de "as 10 questões", com base na fórmula de 10 quesitos clínicos para questionamento, apresentados na dinastia Ming, por Zhang Jie Bin, que afirmava que a história médica é o aspecto mais crítico da prática clínica (Wiseman e Ellis, 1996, p. 104). Com base no modelo de Zhang, os quesitos clássicos para questionamento são: 1) frio e calor, 2) suor, 3) cabeça e corpo, 4) fezes e urina, 5) comida e bebida, 6) peito, 7) surdez, 8) sede, 9) doenças antigas, 10) as causas da doença atual (**B**). Ao longo dos anos, muitas variações menores das "10 questões" foram descritas.

O uso da expressão "10 questões" algumas vezes levou à crença equivocada de que somente 10 questões são feitas no diagnóstico médico chinês, ou que as "10 questões" representam um limite de questionamentos para o diagnóstico. Nenhuma dessas ideias é real. De fato, as áreas especificadas nas "10 questões" destinam-se a ser um artifício mnemônico abrangente das áreas de funções orgânicas que podem ser afetadas pelos seis excessos, as sete emoções e por processos patológicos que afetem os órgãos e as vísceras. O esboço apresentado anteriormente do trabalho do altamente considerado diagnosticador contemporâneo Tie Tao Deng ilustra a extensão das questões para o diagnóstico (**C**).

O questionamento é considerado crucial para se fazer um diagnóstico completo e apurado. Os achados da inspeção, de escutar e cheirar, e da palpação vão para os seus lugares de acordo com os resultados do questionamento clínico. A anamnese inicia pelo levantamento da natureza da queixa atual, sua história e sua causa. A partir disso, são feitas as questões específicas em relação aos processos orgânicos e às regiões corporais para determinar a natureza e as características do processo patológico.

Frio e calor

A experiência do paciente com sensações de frio e calor são importantes para o entendimento da progressão e da natureza do processo patológico em termos de *yin* e *yang*. Um fator pernicioso que invade a superfície do corpo pode produzir sensações de febre e calafrios; frequentemente o paciente terá aversão a correntes de ar frio e ao frio em geral. Esses sintomas indicam o combate entre o fator pernicioso e o *qi* correto na superfície do corpo.

O vazio do *yang* pode produzir uma sensação de frio por parte do paciente e o desejo por roupas quentes. O frio pernicioso apresenta-se com sinais semelhantes. Calor pernicioso pode produzir a sensação subjetiva de calor ou febre real. Um calor repleto apresenta-se com febre alta, sem temor ao frio, sudorese e sede. Quando o calor é produzido pelo vazio do *yin* e é a manifestação do calor natural do *yang* sem oposição, haverá somente febre baixa ou o que se denomina febre vespertina, já que aparece somente no final da tarde.

> "Se, ao conduzir o exame, o médico nem pergunta como e quando a situação surgiu, nem questiona sobre a natureza da queixa do paciente, sobre irregularidades dietéticas, excessos de sono e vigília, e envenenamentos, mas, em vez disso, procede imediatamente à tomada de pulso, esse médico não terá sucesso na identificação da doença."
>
> (Do *Huang Di Nei Jing Su Wen*, em Wiseman, 1995, p. 107)

(A) Citação do *Huang Di Nei Jing Su Wen*.

> "Primeiro, pergunte sobre frio e calor; segundo, pergunte sobre suor; terceiro, pergunte sobre cabeça e corpo; quarto, pergunte sobre fezes e urina; quinto, pergunte sobre comida e bebida; sexto, pergunte sobre o peito; sétimo, pergunte sobre a audição; oitavo, pergunte sobre sede; nono, pergunte sobre doenças antigas; décimo, pergunte sobre a causa."
>
> (*Zhang Jing Yue*, em Deng, p. 64)

(B) "Canção das dez questões" ("*Shi Wen Pian*" 十问篇).

- Coletar informações sobre idade, sexo, estado marital, grupo étnico, profissão, local de nascimento e residência do paciente.
- Tomar a história da doença atual, questionar as causas da queixa assim como sobre tratamentos prévios e mudanças por eles produzidas.
- Inquirir sobre áreas específicas:
  - Frio e calor
  - Sudorese
  - Cabeça e corpo
  - Fezes e urina
  - Bebida, comida e paladar
  - Peito, flancos, conduto gástrico e abdome
  - Ouvidos e olhos
  - Sede e ingestão de líquidos
  - Sono
  - Questões pertinentes a mulheres e crianças
- História médica pregressa
- Circunstâncias de vida
- História médica familiar

(C) Organização contemporânea de uma história médica chinesa.

Suor

O suor é uma manifestação direta do *yang qi* difundindo os fluidos para a superfície. A defesa e o umedecimento saudáveis da superfície do corpo dependem da relação bem regulada entre o *qi* nutritivo (*ying qi*) e o *qi* defensivo (*wei qi*). Todas as anormalidades da sudorese refletem distúrbios dessa relação. O frio pernicioso externo frequentemente se manifesta pela ausência de suor, refletindo uma obstrução do *qi* defensivo, ou pela sudorese sem alívio dos sintomas, indicando que o *qi* defensivo está vazio. O calor pernicioso exterior apresenta-se com sudorese, que alivia temporariamente os sintomas.

Cabeça e corpo

Essa questão ampla levanta achados específicos relacionados a tonturas e cefaleias e à natureza e à localização da dor e da dormência (**A**, **B**). Esses achados podem ser muito úteis para a compreensão da natureza da doença e dos canais afetados.

Bebidas, comidas e gosto

Hábitos, preferências e experiências dietéticos do paciente dão uma clara noção do estado do baço e do estômago, das características *yin* e *yang* da doença e, por meio das associações das cinco fases, do estado de outros órgãos. Em muitas situações, o tratamento começa pela modificação da dieta.

Peito, flancos, ducto do estômago* e abdome

Essa ampla área de questionamento serve para eliciar informações quanto a sensações de opressão ou dor no peito, sensações de distensão ou plenitude no epigástrio, nos hipocôndrios ou flancos (ao longo do canal da vesícula biliar), e quanto à presença de massas abdominais. Uma ampla gama de padrões clínicos pode ser verificada na pesquisa cuidadosa desses tipos de sintomas e de suas apresentações.

Ouvidos e olhos

Os ouvidos são o broto do rim, e problemas de audição são frequentemente associados à insuficiência do *yin* ou do *yang* do rim. Condições de repleção, tais como umidade-calor no fígado e na vesícula biliar, também podem causar distúrbios da audição em função de dois fatores: a tendência do fogo em elevar-se e o trajeto do canal da vesícula biliar em torno do ouvido. Os olhos são o broto do fígado, e o sangue do fígado, assim como o sangue em geral, é muito importante para a nutrição e para a função saudável dos olhos. A perda da acuidade visual ou a secura dos olhos são frequentemente atribuídas a vazio do sangue do fígado, ao passo que a vermelhidão dos olhos pode indicar calor no fígado.

---

* N. de T.: O termo ducto do estômago (do chinês *wan*) tem um significado amplo, compreendendo o epigástrio, a cárdia, o corpo do estômago e o piloro, assim como as porções adjacentes do esôfago e do duodeno.

Canal	Parte da cabeça afetada
Cefaleia *yang* maior Bexiga/intestino delgado	Dor irradiada para nuca e dorso
Cefaleia *yang* brilhante Estômago/intestino grosso	Dor na fronte, nas sobrancelhas e nos seios maxilares
Cefaleia *yang* menor Vesícula biliar/triplo queimador	Dor nas têmporas e nos lados da cabeça
Cefaleia *yin* maior Baço/pulmão	Dor e peso na cabeça com plenitude abdominal
Cefaleia *yin* menor Rim/coração	Dor irradiada para dentro da cabeça e para os dentes
Cefaleia *yin* terminal Fígado/pericárdio	A dor é sentida no vértex e pode se movimentar para as têmporas; náuseas podem estar presentes

(A) Cefaleia, dores nos seios da face e outras apresentações de dor na cabeça e pescoço são consideradas em relação à distribuição dos trajetos dos canais. Essas informações são úteis no diagnóstico e no planejamento de um tratamento por acupuntura.

Apresentação da dor na cabeça ou no corpo	Implicação diagnóstica
Cefaleia e dor no corpo sem uma localização fixa, ou dor irradiando para nuca e dorso, acompanhada de febre e calafrios, aversão ao frio e sensação de garganta arranhada.	Fator pernicioso externo
Sensação de peso e dormência da região lombar e membros.	Umidade perniciosa
Dor em pontada com localização fixa onde haja massa palpável que resista à pressão.	Estase de sangue
Padrões de obstrução tipo *bi* envolvem dor em qualquer lugar do corpo, principalmente nas articulações e na região lombar. Essa apresentação é genericamente chamada de obstrução por vento-umidade-frio, mas é frequentemente diferenciada com mais precisão:	
Dor que se move de um lugar para outro, e diferentes articulações doem em diferentes momentos.	Bloqueio migratório com o vento como fator pernicioso primário
Dor de localização fixa, há sensação de peso no corpo, e o paciente é fatigado.	Bloqueio fixo com a umidade como fator pernicioso primário
Dor aguda e persistente que é levemente diminuída pelo aquecimento.	Bloqueio doloroso com o frio como fator pernicioso primário
Dor articular com febre, rubor da área afetada, a dor que é discretamente diminuída pelo frio.	Bloqueio febril

(B) Dores na cabeça e no corpo são categorizadas de acordo com suas manifestações distintivas.

Fezes e urina

Como todas as atividades do baço, estômago, intestinos, rim, bexiga e fígado estão envolvidas no processo ordenado da digestão e excreção, as informações relacionadas à aparência e à frequência das fezes e da urina do paciente são consideradas fundamentais em qualquer entrevista (**A**).

Sede e ingestão de líquidos

Questões referentes à sede e ao desejo de líquidos podem dizer muito a respeito do estado dos líquidos corporais e da natureza do processo patológico. Condições de calor produzem um desejo por bebidas frias, o frio diminui a sede, que consistirá, na maioria das vezes, em um desejo por bebidas quentes. A umidade, por ser associada à falência da transformação dos fluidos e ao acúmulo dos fluidos, é caracterizada por sede sem desejo de beber, causada pela falha da perfusão dos líquidos pelo organismo, e ausência do desejo de beber devido à congestão de fluidos.

Sono

Os ciclos normais de sono são produzidos por um equilíbrio sadio entre os elementos *yin* e *yang* do organismo, especialmente o sangue *yin* e o *qi* adquirido. Sempre que houver insuficiência do *yin* ou do *qi* do organismo, o *yang qi* não poderá entrar no *yin* para repousar e, dessa forma, ocorrerá insônia. A tristeza e a ansiedade podem danificar o sangue do coração e a habilidade do *qi* do baço de produzir sangue, resultando em insônia e sonhos vívidos. O vazio do *qi* pode produzir dificuldade em conciliar o sono ou despertares precoces. O calor, tanto por repleção quanto por vazio, pode ascender pelo corpo e perturbar o coração, causando distúrbios do espírito e inquietação noturna.

Mulheres e crianças

A anamnese deve considerar as situações especiais nas pacientes do sexo feminino, nas crianças, assim como nos idosos e em outras populações especiais. As mulheres são sempre questionadas quanto à sua idade na menarca, à natureza dos seus ciclos menstruais, à sua história reprodutiva, à menopausa, etc. pois esses processos dizem muito a respeito do movimento do *qi* e do sangue e sobre o estado do fígado e do rim. Conforme o processo de desenvolvimento discutido no capítulo anterior vai ocorrendo, o ir e vir das menstruações fica estreitamente relacionado a outras funções orgânicas, de modo que se torna crucial para o entendimento da constituição de uma paciente do sexo feminino.

Para as crianças, questões pertinentes a sua gestação, desenvolvimento, doenças infantis, vacinações e hábitos dietéticos ao longo do tempo são inquiridas, além daquelas anteriormente discutidas. A constituição e o desenvolvimento de uma criança refletem a condição da essência congênita e a saúde da mãe durante a gestação. Durante os primeiros anos, o desenvolvimento é rápido e dinâmico. As reações do organismo à doença e ao tratamento frequentemente ocorrem de maneira rápida e fácil.

Em resumo

Embora não exista uma regra estabelecida quanto à ordem dos quatro exames, é geralmente entendido que o questionamento precede a palpação, visto que a informação obtida na anamnese ajuda o médico a focar sua atenção em certas áreas no momento da palpação, a entender o que deve ser excluído e a formar uma ideia básica do diagnóstico. Subsequentemente ou durante a palpação, questionamentos adicionais podem ser feitos no sentido de clarear o caso para o médico.

Apresentação	Padrão associado
Constipação	
Constipação com plenitude abdominal exacerbada pela pressão, acompanhada de febre e sede; a saburra lingual é amarela.	Calor por repleção com presença de calor pernicioso exuberante e obstrução do *qi* dos intestinos.
Constipação com plenitude abdominal exacerbada pela pressão, aversão ao frio, membros frios e outros sinais de frio.	Frio por repleção em que o frio pernicioso obstrui o *yang qi* e o *qi* dos intestinos está estagnado.
Constipação com fezes secas e em címbalos e defecação difícil.	Vazio de sangue e fluidos, e de *qi* e *yin*, em que umedecimento e o *qi* são insuficientes e o movimento livre do *qi* não ocorre.
Diarreia	
Diarreia que inicia repentinamente, de grande volume, odor fétido e acompanhada de dor abdominal, borborigmos e queimação no ânus.	Umidade-calor.
Diarreia aquosa com pouca massa fecal amarela pálida e com odor fétido. Febre e dor abdominal estão presentes.	Umidade-frio.
Diarreia com vômitos. A diarreia e os vômitos têm odor fétido. Febre e dor abdominal estão presentes.	Estagnação de alimentos causados por excessos ou irregularidades alimentares, ou comida inapropriada ou contaminada.
Diarreia com fezes aquosas ou pastosas ou com alimentos não digeridos visíveis. A diarreia persiste por vários dias.	Vazio do *yang* do baço.
Diarreia que ocorre na alvorada de cada dia.	Vazio do *yang* do rim.

(A) Padrões associados a trânsito intestinal irregular.

Exame palpatório (Qie Zhen 切诊)

Embora o diagnóstico pelo pulso seja considerado o aspecto mais bem conhecido da palpação, todas as áreas do corpo podem ser palpadas para assistir ao médico na formação de um diagnóstico e de um planejamento de um tratamento. Os canais e os colaterais e os pontos específicos são pressionados diagnosticamente, e qualquer região pode ser palpada para se verificar se está quente ou fria, seca ou úmida, dura ou mole ou se massas ou dor estão presentes. Certas regiões são particularmente importantes para a palpação: os antebraços, o abdome, as mãos e os pés, os pontos de transporte e as regiões reflexas da orelha.

Exame do pulso

O exame do pulso tem uma longa história e apresenta diversas abordagens. Pulsos arteriais podem ser detectados e facilmente palpados em diversas partes espalhadas pelo corpo. O *Clássico de Medicina do Imperador Amarelo* (*Huang Di Nei Jing*) descreve nove locais específicos de acesso ao pulso pelo corpo que podem ser palpados para verificação do progresso da doença e da saúde do paciente.

Hoje em dia, apesar de a palpação de pulsos regionais ainda ser usada em algumas circunstâncias, o método mais comum de diagnóstico pelo pulso é a palpação da artéria radial em ambos os punhos. O paciente pode estar sentado ou deitado e deve estar calmo e relaxado. O examinador também deve estar relaxado e mentalmente focado. A quantidade de informações fornecidas por esse método diagnóstico depende do grau de sofisticação do modelo diagnóstico usado, da experiência do examinador e do tempo gasto na palpação do pulso do paciente.

O método mais simples é o de verificar a frequência e a qualidade geral das pulsações. O quadro a seguir mostra 13 dos 28 padrões de pulso descritivos de variações patológicas típicas quanto a nível, frequência, força, ritmo e forma do pulso (**A**). Essas qualidades ajudam o examinador a organizar as sensações obtidas sob seus dedos, caracterizando, dessa forma, a condição do *qi* e do sangue do organismo.

Diz-se que um pulso normal tem espírito, *qi* do estômago e raiz. Isso significa que esse pulso tem um fluxo suave, um ritmo regular e uma frequência que, para um adulto, varia entre 60 e 80 batimentos por minuto. O *qi* do estômago significa um preenchimento sadio dos vasos e deve ser detectado como uma característica levemente deslizante do pulso. Raiz significa que o pulso tem força e resiliência sob os dedos. Os 28 pulsos refletem o impacto do processo patológico no pulso normal.

Embora os pulsos qualitativos definam patologias, alguns podem estar presentes em pessoas sadias. O pulso lento de atletas treinados ou o pulso escorregadio ocasionado por *qi* e sangue exuberantes podem ambos significar uma saúde vigorosa.

Nome	Imagem do pulso	Implicações clínicas
Nível: superficial		
Flutuante	Claramente sentido com leve pressão, mais fraco quando pressionado com mais pressão.	Fator pernicioso externo.
Nível: profundo		
Profundo	Com pressão leve não é claramente sentido, mais evidente quando pressionado profundamente.	Fator pernicioso interno, depressão do *qi*; edema aquoso.
Frequência: lento		
Lento	Menos do que 60 batimentos por minuto.	Frio.
Áspero	Chega rude, lenta e hesitantemente, como uma faca raspando bambu.	Dano à essência; depleção de sangue; estagnação de *qi*; estase de sangue.
Frequência: rápido		
Rápido	Mais do que 80 batimentos por minuto.	Padrão de calor (pulsos acelerados correspondem a calor extremo; exaustão do *yin*; *yang* flutuante).
Escorregadio	Chega macio, os dedos o sentem redondo e deslizante.	Flegma; acúmulo de alimentos; calor cheio.
Força: fraco		
Vazio	Carece de força e não resiste à pressão.	Vazio duplo de *qi* e sangue.
Fraco	Profundo, fino, sem força.	*Qi* e sangue insuficientes.
Força: forte		
Cheio	Forte quando pressionado.	Padrão de repleção; padrão de calor.
Tenso	Sentido tenso e forte sob os dedos, como uma corda torcida.	Frio; dor; acúmulo de alimentos.
Ritmo anormal		
Irregular	Rápido, com falhas irregulares de batimentos.	Calor por repleção com *yang* florescente; flegma florescente; estagnação de alimentos.
Forma anormal		
Filiforme	Diâmetro estreito como uma linha e claramente sentido.	Vazio devido à exaustão por sobrecarga com predominância de vazio do *yin*; corresponde à umidade.
Em corda	Reto e longo, sensação de pressionar a corda de um instrumento musical.	Doenças do fígado e da vesícula biliar; padrão de dor; flegma-reuma.

(A) Pulsos qualitativos. Treze de 28 tipos de pulsos qualitativamente anormais divididos de acordo com nível, frequência, força, ritmo e forma. Essas cinco divisões caracterizam as diferenças mais importantes na qualidade tátil dos pulsos.

O **nível** do pulso denota a profundidade na qual o movimento do *qi* e do sangue ocorrem no interior ou no exterior do organismo. Um pulso superficial é facilmente perceptível na superfície da pele e pode ser um sinal da invasão de um fator pernicioso externo. Um pulso sentido somente em nível profundo por causa da pressão dos dedos pode ser um sinal de um fator pernicioso internalizado.

A **frequência** de um pulso é considerada normal se estiver entre 60 e 80 batimentos por minuto. Uma frequência de pulso abaixo do normal pode indicar frio ou insuficiência de *qi*. Uma frequência de 80 batimentos ou mais é um indicativo frequente de calor.

A **força da pulsação** indica o vigor do *qi* do paciente ou a exuberância do fator pernicioso. Pulsos fortes ou repletos indicam que o fator pernicioso é forte; pulsos fracos ou vazios aparecem quando o *qi* correto é insuficiente.

Alterações do **ritmo** podem revelar anormalidades na função do coração e distúrbios emocionais.

A **forma** do pulso fala da condição geral do *qi* e de sua resposta ao processo patológico. Um pulso grande, percebido largo e amplo sob os dedos, pode ser um sinal de *qi* e sangue saudáveis. Na patologia, o pulso forte será associado à interiorização da doença. Se for fraco, significará lesão ao *yin* e ao sangue. Um pulso "pequeno" ou filiforme sugere insuficiência de *qi* e sangue ou umidade impedindo o *qi* e o sangue de chegarem às extremidades.

A verificação precisa do estado do *qi* e do sangue em regiões específicas do corpo pode ser feita pela palpação da artéria radial em áreas associadas a órgãos ou a regiões corporais específicas. A artéria é dividida em três regiões: a média, adjacente ao processo estilide do rádio, é a posição "barreira"; a "polegada" é distal a ela; e o "pé" é proximal. Cada posição é sentida por um dedo da mão do examinador (**A**). As posições barreira, polegada e pé indicam os queimadores superior, médio e inferior respectivamente e são associadas a órgãos específicos. Em **B**, aparecem as relações típicas usadas na China hoje em dia.

Em **C**, estão descritas as designações do pulso feitas pelo *Nan Jing* (*O Clássico das Dificuldades*), o primeiro texto a descrever a divisão da artéria radial em três áreas (ver p. 30). Esse esquema ainda é usado em alguns contextos clínicos, sobretudo fora da China. Esse padrão de associações do pulso é bastante útil quando se refere a modelos de diagnóstico e tratamento pelas cinco fases.

(A) Palpando as áreas da artéria radial.

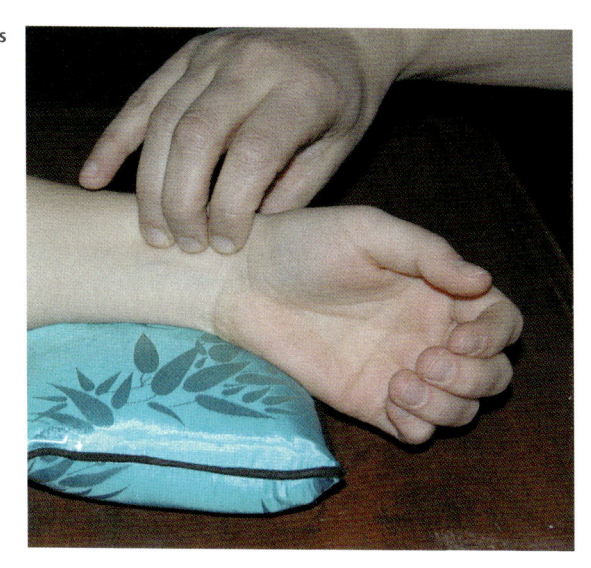

	Esquerdo		Direito	
Cun (polegada)	Coração		Pulmão	
Guan (barreira)	Fígado	Vesícula biliar	Baço	Estômago
Chi (pé)	Rim (yin)	Bexiga, intestinos, (órgãos reprodutivos)	Rim (yang)	Bexiga, intestinos, (órgãos reprodutivos)

(B) Correspondência dos órgãos e posições na artéria radial de acordo com os diagnósticos clássico e contemporâneo do pulso.

	Esquerdo		Direito	
Posição	Profundo	Superficial	Profundo	Superficial
Cun (polegada)	Coração	Intestino delgado	Pulmão	Intestino grosso
Guan (barreira)	Fígado	Vesícula biliar	Baço	Estômago
Chi (pé)	Rim	Bexiga	Pericárdio	Triplo queimador

(C) Pulso segundo o *Nan Jing*.

Canais, abdome e outras regiões

Os canais e os colaterais são pressionados diagnosticamente, e qualquer região pode ser palpada para a verificação da presença de calor ou frio, secura ou umidade, consistência dura ou mole, e para verificação da presença de massas ou dolorimento. Certas regiões são mais importantes para o exame palpatório: os antebraços, o abdome, as mãos e os pés, os pontos de transporte e as regiões reflexas da orelha.

Como exemplo, os pontos de alarme (*mu*) são um grupo de pontos localizados no aspecto ventral do tronco, cada um associado a um órgão ou víscera (**A**, ver também p. 188). Esses pontos são usados para ajudar no diagnóstico, sendo pressionados para a determinação da localização da doença. Além disso, são usados na confecção de um dos vários mapas de diagnóstico abdominal. Em algumas tradições fora da China, o diagnóstico abdominal desenvolveu-se em nível muito mais sofisticado.

A palpação e a observação dos canais também são muito importantes. O vazio e a repleção dos canais podem ser verificados pela palpação, assim como a localização da dor no canal. O exame de um paciente pela palpação requer que o examinador esteja atento às reações do paciente. Reações sutis que o paciente de fato não verbaliza podem ser vistas na sua face. Além do mais, as mãos do examinador precisam ser capazes de perceber diferenças na textura, na tensão e na temperatura.

Exame palpatório nos casos clínicos

João, que nos procurou com dor crônica lombar e nos joelhos, demonstra várias alterações importantes no exame palpatório. Seus joelhos são frios ao toque, sugerindo frio ou vazio de *yang*; as regiões sensíveis nas suas costas sugerem obstrução do movimento do *qi* no trajeto do canal da bexiga. A frequência do seu pulso (62 bpm) é sugestiva de frio, ele é profundo, o que indica uma doença internalizada, e o fato de ser escorregadio, nesse caso, sugere umidade.

Alice, que se apresenta com dismenorreia severa, tem uma frequência de pulso bem dentro da faixa normal. O fato de ser em corda sugere dor e estagnação do *qi*, o fato de ser áspero é fortemente sugestivo de estase de sangue, e a força sentida na palpação indica que o *qi* e o sangue estão significativamente obstruídos. No caso de *Alice*, pode-se também palpar o abdome em busca de áreas de sensibilidade ou massa fibroides.

O pulso de *Jeremias* é ligeiramente rápido, sugerindo que o calor é parte do seu quadro clínico. O fato de ser flutuante é tipicamente um sinal de invasão de um fator pernicioso externo, e um pulso flutuante na posição do pulmão, especialmente na presença de sinais de uma leve infecção das vias aéreas e de um pulso ligeiramente rápido, sugerem vento-calor.

Em todos os três casos, a palpação é importante para o planejamento e para a confirmação prévia ao tratamento da seleção de pontos de acupuntura específicos.

Os Quatro Exames 121

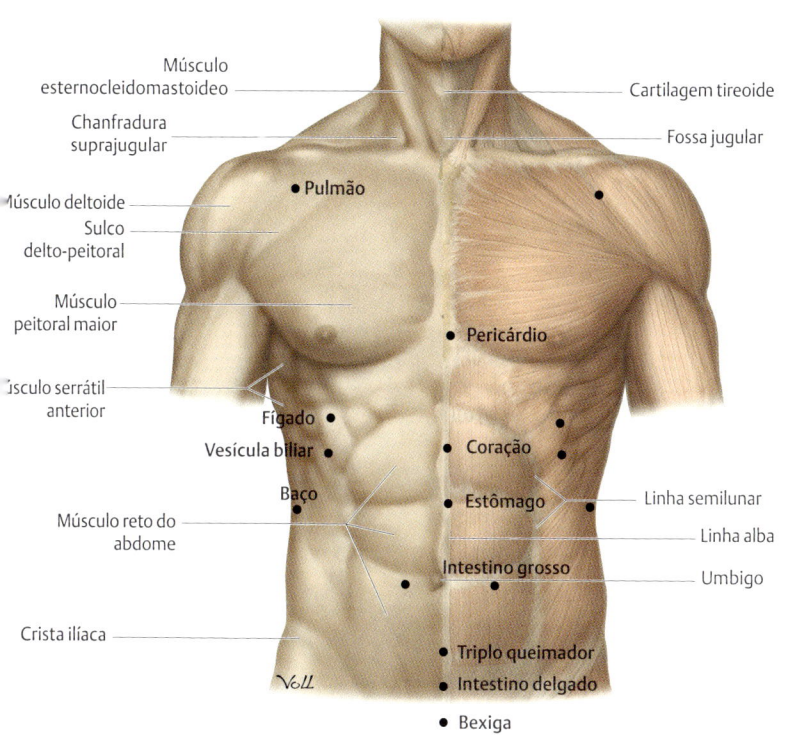

(A) Pontos *mu* frontais no peito e no abdome. São mostrados aqui todos os pontos de acupuntura, exceto um, que funcionam como pontos de alarme. Esses pontos estão localizados no peito e no abdome, próximos aos órgãos aos quais são associados, embora não necessariamente no canal relacionado a esse órgão. Os pontos podem ser palpados de forma a avaliar a condição do *qi* e do sangue dos órgãos associados e/ou agulhados para tratá-los. Os pontos e seus órgãos são: pulmão (P1); intestino grosso (E25); estômago (Ren12); baço (F13); coração (Ren14); intestino delgado (Ren4); bexiga (Ren3); rim (não mostrado pois é localizado posteriormente) (VB25); pericárdio (Ren17); triplo queimador (Ren5); vesícula biliar (VB24); fígado (F14). (Do Atlas of Anatomy, (c) Thieme 2008, Ilustração por Marcus Voll).

Diagnóstico de padrões

Na apresentação formal do processo diagnóstico, os padrões (*zheng* 证 ou *zheng hou* 证侯) são explorados após os quatro exames, pois a realização dos quatro exames produz as informações, os sinais e os sintomas* (*zheng* 症 ou *zheng zhuang* 症状) requeridos pelo clínico para dar forma ao diagnóstico de um padrão. Na prática clínica, esses processos dos quatro exames e da identificação de padrões são inextricavelmente ligados e contínuos desde o momento em que o médico encontra o paciente. Linhas de investigação e exame serão seguidas e descartadas à medida que o encontro clínico revelar mais informações a respeito do paciente e de sua condição. O objetivo do clínico é estabelecer uma visão completa da situação do paciente e permanecer focado na coleta de informações relevantes e assegurando-se de que nenhuma informação importante seja ignorada. Essa é uma habilidade complexa e desenvolvida no decurso do treinamento e da prática clínicos.

O conceito de diferenciação de padrões é um aspecto peculiar da medicina chinesa, uma vez que estrutura a apresentação dos processos patológicos dentro de um entendimento integrado da constituição do paciente e pode resultar em diagnósticos altamente individualizados. Um padrão diagnóstico manifesta a qualidade de uma doença, traz consigo a sua natureza, localização e causa (Huang, 1987). O padrão é constituído por uma expressiva constelação de sinais e sintomas que retratam o processo patológico e sugere um método de tratamento (**A**).

Algumas vezes, entende-se que a medicina chinesa não diagnostica uma doença, mas um "padrão de desarmonia". Na realidade, o conceito de desarmonia (*bu he* 不和) na medicina chinesa refere-se ao distúrbio funcional de qualquer órgão, víscera ou substâncias vitais. De fato, a medicina chinesa faz uso extensivo do conceito de doença (*bing* 病) como uma coleção de tipos específicos de aflições caracterizadas por sinais e sintomas típicos. Resfriado comum, menstruação dolorosa, doença da sede e do definhamento, varíola, bócio, etc., são todos exemplos de nomes de doenças. Esse tópico é discutido em maiores detalhes na conclusão deste capítulo.

Por essa razão, a identificação de padrões normalmente diz respeito à determinação do padrão da doença (*bing zheng* 病证), que descreve a forma como a doença está se manifestando. Conforme discutido no início do capítulo, uma doença específica, como insônia ou menstruação dolorosa, pode surgir de vários padrões, de modo que uma mesma doença pode suscitar vários métodos de tratamentos diferentes, dependendo do padrão apresentado.

---

* A diferenciação entre sintomas (subjetivos) e sinais (objetivos) é uma distinção comparativamente recente do Ocidente e não é formalmente feita pela MTC, na qual tanto os achados objetivos quanto os subjetivos são altamente valorizados.

Diagnóstico de Padrões

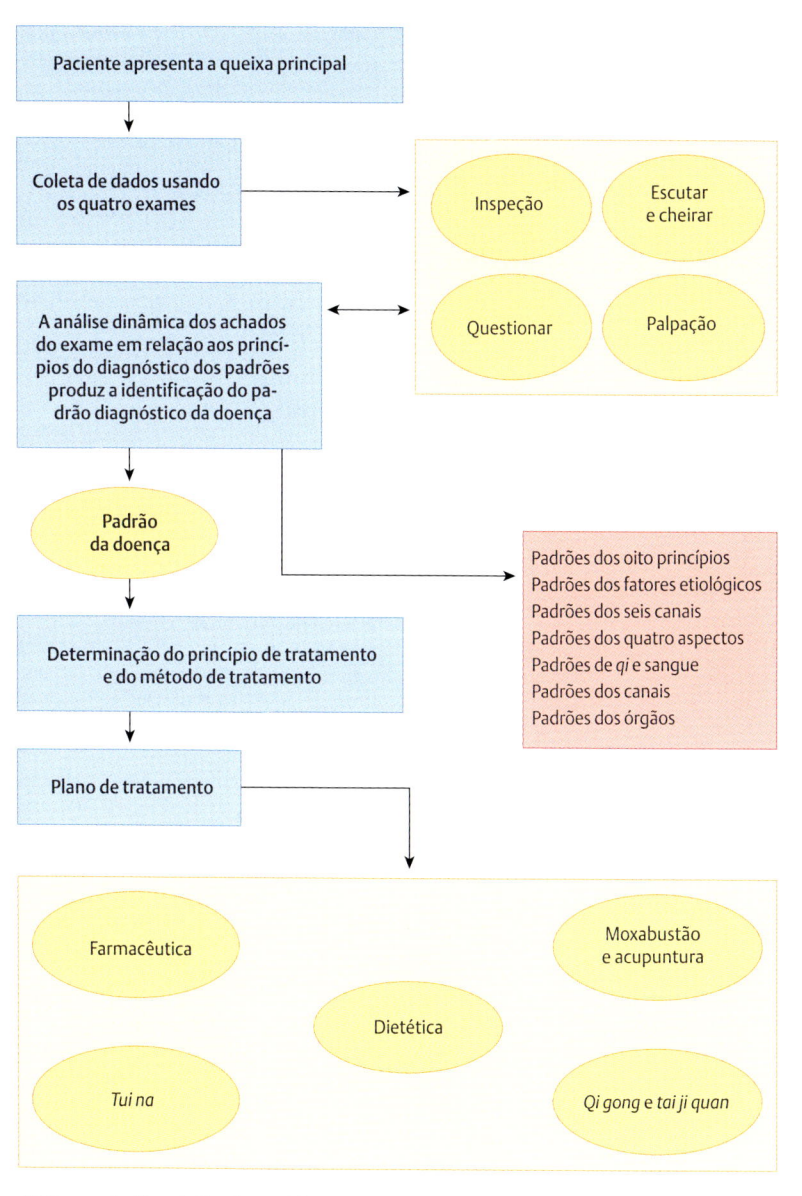

```
Paciente apresenta a queixa principal
            ↓
Coleta de dados usando os quatro exames  →  Inspeção | Escutar e cheirar | Questionar | Palpação
            ↓
A análise dinâmica dos achados do exame em relação aos princípios do diagnóstico dos padrões produz a identificação do padrão diagnóstico da doença
            ↓
Padrão da doença  →  Padrões dos oito princípios
                     Padrões dos fatores etiológicos
                     Padrões dos seis canais
                     Padrões dos quatro aspectos
                     Padrões de qi e sangue
                     Padrões dos canais
                     Padrões dos órgãos
            ↓
Determinação do princípio de tratamento e do método de tratamento
            ↓
Plano de tratamento  →  Farmacêutica | Moxabustão e acupuntura | Dietética | Tui na | Qi gong e tai ji quan
```

(A) Passos do diagnóstico dos padrões.

Diagnóstico de padrões de acordo com os oito princípios

O primeiro passo na identificação dos padrões é a avaliação dos processos das doenças em termos de *yin* e *yang*, usando os oito princípios ou "*ba gang*" (八纲). A base para essa abordagem da organização de um diagnóstico é achada nos textos mais antigos, como o *Shang Han Lun* (*Tratado do Frio Nocivo*). A ideia, continuamente desenvolvida, foi explicitamente citada na dinastia Ming por Wang Zhi Zhong, que escreveu: "Na presença da doença, existem oito palavras: vazio, repleção, *yin*, *yang*, exterior, interior, frio, calor. Se o médico não se desviar dessas oito palavras, então as pessoas não serão mortas" (Deng, 1999, p. 165). A afirmação de Wang expressa a importância fundamental do entendimento e a aplicação do diagnóstico dos oito princípios de forma a evitar sérios enganos.

Os oito princípios raramente apresentam um diagnóstico final, visto que simbolizam um portal para um diagnóstico mais detalhado usando outros padrões de identificação, tais como os padrões diagnósticos dos seis excessos ou dos órgãos e vísceras. Os oito princípios não organizam a informação com especificidade suficiente para guiar totalmente um tratamento. Em vez disso, eles previnem erros clínicos, estabelecem a natureza e a localização e caracterizam a força relativa tanto do fator pernicioso quanto do *qi* correto.

Jeremias, que recentemente ficou resfriado, manifesta um padrão clínico combinado. Seu resfriado é uma condição exterior, calor, repleção e *yang*. É denominada condição de exterior porque há somente sinais de envolvimento do exterior, principalmente febre, pulso flutuante e dores pelo corpo. A condição mostra sinais de calor, como dor de garganta, olhos vermelhos, pulso rápido e escarro amarelo. No que se refere a vazio e repleção, o resfriado de *Jeremias* é uma condição de repleção, pois há sinais de calor exuberante, e sua resposta orgânica, sudorese, é forte o bastante para diminuir a sensação de calor e o fator pernicioso é exuberante por si mesmo. Entretanto, a apresentação clínica de *Jeremias* é complexa em virtude de sua fadiga por sobrecarga de trabalho (previamente diagnosticada como vazio do baço), sugerindo um padrão subjacente de vazio no interior.

João, com dor crônica lombar e nos joelhos, além de diabete, também é um caso complexo, embora sem complicações em termos da análise dos oito princípios. A apresentação de seus sintomas é de interior, frio, vazio; portanto, é um padrão *yin*. João não tem sinais de envolvimento do exterior. Todas as suas manifestações clínicas falam de processos patológicos internos. Seu corpo mostra sinais de frio, e sua dor é aliviada pelo calor. Por fim, a natureza crônica da doença, a fadiga e a lentidão da cicatrização dos ferimentos indicam que o *qi* correto está vazio.

Dependendo da apresentação do paciente e da progressão da doença, o uso dos termos dos oito princípios pode ser complexo, dando margem a padrões mistos e à presença simultânea de calor e frio ou vazio e repleção. Os quadros a seguir ilustram as aplicações básicas das ideias dos oito princípios (**A, B**).

Princípio	Características fundamentais
Calor	Sinais de calor, língua vermelha, pulso rápido.
Frio	Sinais de frio, língua pálida, secreções claras e copiosas, pulso lento.
Exterior	Sinais de envolvimento da superfície, indicando a luta entre o *qi* defensivo e o fator pernicioso; alterações do suor podem ser vistas, pulso flutuante.
Interior	Sinais de que o fator pernicioso internalizou-se, saburra lingual torna-se espessada ou alterada, pulso profundo.
Repleção	Sinais de que o fator pernicioso é exuberante e/ou de que o *qi* correto é forte o bastante para o enfrentar, pulso forte, cheio.
Vazio	Sinais de que o *qi* correto é insuficiente e não pode combater o fator pernicioso com sucesso, pulso vazio, sem força.
Yang *Yin*	Os termos *yin* e *yang* normalmente são vistos de uma forma pouco precisa, a menos que os fatores *yin* de frio e vazio ou *yang* de calor e repleção estejam presentes em conjunto. Um padrão de vazio do *yang*, no qual o aquecimento *yang* do organismo é insuficiente, é tanto frio quanto vazio, ao passo que, em um padrão no qual o calor pernicioso exuberante invadiu o corpo e esteja sendo fortemente contraposto pelo *qi* correto, é quente e de repleção e, portanto, é um fator *yang*.

(A) Sinais clínicos fundamentais dos oito princípios.

Exemplos dos oito princípios em combinação	
Exterior repleção-frio	Frio pernicioso exuberante lutando contra o *qi* correto na superfície do corpo: aversão ao frio, calafrios febris, saburra lingual branca lustrosa, pulso flutuante e tenso, ausência de suor.
Exterior vazio-frio	O *qi* correto vazio não é capaz de expelir o frio pernicioso da superfície do corpo: aversão ao frio, pulso flutuante e moderado, sudorese sem resolução dos sintomas.
Exterior repleção-calor	Calor pernicioso exuberante lutando contra o *qi* correto na superfície do corpo: aversão ao frio, febre e calafrios, sudorese com sensação de frio subsequente, dor de garganta, corpo da língua vermelho, pulso flutuante e rápido.
Exterior vazio-calor	O *qi* correto vazio não é capaz de expelir o calor pernicioso da superfície do corpo: aversão ao frio, febre e calafrios.
Interior repleção-frio	Frio pernicioso exuberante internalizado: aversão ao frio, membros frios, dor abdominal, saburra lingual viscosa e branca, pulso profundo e tenso.
Interior vazio-frio	*Yang qi* insuficiente para aquecer o interior: aversão ao frio, membros frios, compleição pálida, fadiga, urina clara e copiosa, diarreia aquosa, pulso fraco, lento e filiforme.
Interior repleção-calor	Calor pernicioso exuberante internalizado: febre, sede, plenitude abdominal, língua vermelha com saburra amarela, pulso rápido, escorregadio e cheio.
Interior vazio-calor	*Yin* insuficiente para conter o *yang*: febre episódica, sudorese noturna, língua vermelha com pouca saburra, pulso rápido e filiforme.

(B) Os oito princípios em combinação.

Identificação de padrões de causas de doenças – seis excessos

A identificação dos padrões de causas de doenças usa padrões associados a causas externas, internas e nem internas nem externas de doenças para formar um diagnóstico. A identificação dos padrões segundo os seis excessos é a mais comumente usada, visto que organiza os sinais e sintomas dentro de um padrão baseando-se nas manifestações da influência de um fator pernicioso particular ou de uma combinação desses fatores. Os excessos são externos na sua origem e progressivamente penetram no organismo, movendo-se da superfície para o interior, dependendo da capacidade do *qi* correto de repeli-los. À medida que se movem do exterior para o interior, a análise segundo os oito princípios determina a observação dos sinais que indicam se o fator pernicioso se mantém na superfície ou se ele interiorizou-se. Uma vez no interior, os fatores perniciosos podem se transformar. Assim, o vento-frio, movendo-se para o interior do corpo, pode se transformar em calor. Ou a Umidade perniciosa, viscosa e obstrutiva pode produzir calor.

Embora esse método de diagnóstico dos padrões seja focado nas doenças de origem externa, é preciso lembrar que, com exceção do calor de verão, todos os fatores perniciosos podem ser produzidos internamente, decorrentes de desequilíbrios da paisagem interna, causados por processos patológicos, de modo que esse método também pode ser aplicado a uma vasta gama de doenças internas.

Os seis excessos podem aparecer sozinhos ou em combinação (**A**) e refletem as influências das estações do ano e do clima predominante. As suas manifestações precisas dependem do fato de eles ficarem no exterior ou se moverem para dentro, e do estado do *qi* correto do paciente.

Considera-se que o vento é o senhor das 100 doenças, porque ataca repentinamente e pode enviar outros fatores perniciosos, como calor, frio, umidade e secura, para dentro do corpo. Assim, o vento é o fator fundamental no entendimento das doenças externas.

Jeremias, que apresenta um resfriado agudo, tem muitos dos sinais clínicos de vento-calor. A apresentação aguda do seu quadro sugere um fator pernicioso que se instalou subitamente como o vento, tal como o desconforto na sua garganta. As dores pelo corpo indicam vento pernicioso atacando a superfície e congestionando os canais. A dor de garganta, os olhos vermelhos e a produção de muco escasso, mas amarelo, indicam calor. O padrão de diagnóstico da doença seria de vento e calor exteriores.

Em contraste, um paciente com vento-frio apresentaria aversão à exposição ao frio, cefaleia, dores no corpo, ausência de sede, uma língua úmida com uma fina cobertura branca e um pulso flutuante e tenso. A obstrução por vento-frio-umidade possibilita que esses fatores perniciosos entrem nos canais e se movam pelos membros e articulações, produzindo as dores e alterações degenerativas associadas à osteoartrite. Os sinais clínicos vão variar ligeiramente, dependendo de qual dos três fatores perniciosos predomina (ver também p. 240 e 268).

Fator pernicioso ou combinações	Sinais e sintomas
Vento	• Febre • Aversão ao frio • Sudorese • Tonturas • Cefaleia • Congestão nasal • Coceira na garganta • Tosse • Pulso flutuante
Vento-frio	• Marcada aversão ao frio • Cefaleia • Dor nos ossos • Ausência de sede • Língua úmida • Saburra lingual branca
Vento-calor	• Ligeira aversão ao frio • Dor de garganta • Boca seca • Língua vermelha
Obstrução por vento-frio-umidade	Dor nas articulações ou músculos, que pode ser fixa, aguda ou móvel, sendo aliviada pelo aquecimento
Umidade-calor	• Febre, dor e distensão no peito e nos flancos • Plenitude abdominal • Náuseas e vômitos • Anorexia • Sede sem grande desejo de beber • Constipação ou diarreia • Pulso rápido e escorregadio • Saburra lingual espessa, amarela e viscosa
Secura	• Aversão ao frio • Febre • Ausência de sudorese • Cefaleia • Boca, garganta, lábios e nariz secos • Tosse seca • Escarro pegajoso • Sangramento nasal • Pele seca • Fezes secas e duras
Fogo-calor	• Febre alta • Aversão ao calor • Irritação • Urina concentrada e avermelhada • Face ruborizada • Olhos vermelhos • Língua vermelha • Saburra lingual amarela • Pulso rápido

(A) Padrões de doenças comuns segundo os seis fatores perniciosos.

Padrões de doenças dos seis canais e quatro aspectos

Lesão por frio

O trabalho de Zhang Ji (Zhang Zhong Jing), em 220 d.C., produziu um importante texto, o *Shang Han Lun* (*Tratado do Frio Nocivo*), descreve de que maneira o frio invade o corpo, movendo-se do exterior para o interior e dos órgãos para as vísceras, produzindo diferentes sinais clínicos conforme a penetração ocorre (ver também p. 30 e 226).

Os seis canais referem-se à nomenclatura *yin* e *yang* aplicada aos canais em *O Clássico de Medicina do Imperador Amarelo* (*Huang Di Nei Jing*). Cada um desses canais é usado para descrever a combinação de um dos seis canais que trafegam pelos braços e mãos com um dos seis que trafegam pelas pernas e pés. Assim, os canais do estômago e do intestino grosso são ambos canais do *yang* brilhante do pé e da mão respectivamente. Esses termos foram usados por Zhang Ji para descrever estágios da progressão da doença, não para discutir a teoria dos canais.

As observações clínicas e estratégias desenvolvidas por Zhang Ji dão forma a muitos sistemas contemporâneos de diagnóstico de padrões, principalmente à identificação de padrões dos seis excessos e à identificação de padrões dos órgãos e vísceras. O modelo dos seis canais também é um sistema de identificação de padrões por si só (**A**). Esse modelo é considerado particularmente importante no manejo das doenças infecciosas e como um recurso para situações clinicamente desafiantes. A estreita ligação entre as estratégias terapêuticas desenvolvidas por Zhang Ji e suas descobertas diagnósticas tornam o seu sistema bastante importante, sobretudo na medicina herbal.

Como o vento e o frio atacam o exterior do corpo e atingem o canal do *yang* maior (*tai yang*) no pescoço, onde está exposto, o primeiro estágio da entrada do frio pernicioso é o *yang* maior. Os sinais clínicos do estágio *yang* maior são exatamente aqueles do vento-frio exterior discutidos anteriormente. Se o frio pernicioso não for resolvido no estágio *yang* maior, poderá deslocar-se para outro canal, como o *yang* menor (*shao yang*). O *yang* menor caracteriza-se como nem exterior nem interior, de modo que os sinais clínicos manifestam-se por meio da alternância entre febre e calafrios, e por plenitude e congestão ao longo do trajeto do canal *yang* menor, gosto amargo na boca, náuseas e vômitos. Clinicamente, doenças como a malária ou estágios tardios de um resfriado podem se manifestar por intermédio desse padrão.

Embora o modelo de Zhang Ji consista na progressão a partir do exterior para os órgãos *yin* mais profundos, considera-se que isso não é obrigatório. Dessa forma, o padrão diagnóstico de cada "canal" no processo patológico pode ser considerado por si só. Os fatores perniciosos no *yang* maior podem também progredir para o *yang* brilhante (*yang ming*) em vez do *yang* menor. Padrões do *yang* brilhante são caracterizados pela transformação do frio pernicioso em calor conforme ele penetra e interage com o *qi* e o sangue abundantes do canal *yang* brilhante.

Canal	Processo patológico	Sinais e sintomas
Yang maior Tai yang	O frio pernicioso invade o exterior, obstruindo o canal yang maior. O fator pernicioso congestiona o canal, sendo combatido pelo *qi* correto.	Febre, leve aversão ao vento ou ao frio, dor de cabeça, boca seca, coceira na garganta, tosse, língua vermelha, pulso rápido e flutuante.
Yang menor Shao yang	O fator pernicioso invade a vesícula biliar e o triplo queimador, interferindo no livre movimento do *qi* nesses canais. Caracterizado como "nem interno nem externo", o fator pernicioso fica preso entre o exterior e o interior do corpo.	Febre e calafrios alternados, gosto amargo na boca, distensão dolorosa do peito e flancos, irritação, vômitos e um pulso em corda.
Yang brilhante Yang ming	O fator pernicioso invade os canais do estômago e do intestino grosso que são repletos de *qi* e sangue. Aqui o fator pernicioso transforma-se em secura e calor que queimam o interior, produzindo sinais de calor.	Febre, aversão ao calor, sede, gosto amargo na boca, urina concentrada e possivelmente avermelhada, pulso rápido, saburra lingual espessa amarela ou branca. Quando o fator pernicioso invade o canal, pode haver sinais clínicos dos "quatro grandes": grande febre, grande sede, grande sudorese e pulso grande.
Yin maior Tai yin	Tanto o frio lesivo progride e o *yang* transforma-se em *yin* conforme o fator pernicioso lesa o *qi* correto, quanto o frio ataca diretamente o baço, lesando seu *yang qi* e produzindo frio e umidade interiores.	Plenitude abdominal, vômitos, inabilidade de deglutir a comida, diarreia, dor abdominal, saburra lingual branca e um pulso lento e fraco.
Yin menor Shao yin	O frio pernicioso progride ou invade diretamente o *yin* terminal e lesa o coração ou o rim, causando diferentes sinais clínicos, de acordo com as condições preexistentes. Padrões de frio devido a lesão ao *yang* do coração ou do rim são típicos, mas padrões de calor também podem ocorrer.	Aversão ao frio, membros frios, diarreia límpida, desejo por líquidos quentes, uma língua pálida com saburra lustrosa e um pulso profundo e lento.
Yin terminal Jue yin	A doença invade o fígado, causando distúrbio do *yang* (fogo ministro) do órgão e produzindo tanto sinais de calor quanto de frio conforme o fator pernicioso e o *qi* correto se enfrentam.	Calor no queimador superior e frio no queimador inferior manifestam-se principalmente como sensações tanto de frio que sobe pelos membros (frio reverso) quanto de calor. A severidade e prognóstico da doença são determinados pelo grau de calor ou frio.

(A) Os seis canais – níveis e sintomas (baseado no *Shang Han Lun*).

Um padrão *yang* brilhante pode variar na sua apresentação dependendo do local onde o fator pernicioso estiver alojado no canal *yang* brilhante. Nesse nível, o calor manifesta-se como um padrão de repleção do interior ou calor com os "quatro grandes": grande febre, grande sudorese, grande sede e grande pulso. Se o fator pernicioso progredir para as vísceras *yang* brilhante (estômago e intestino grosso), haverá sinais de repleção e secura com plenitude abdominal, dor e constipação somando-se a outros sinais de calor.

Os próximos três canais da teoria dos seis canais envolvem os estágios tardios de doenças, nos quais o fator pernicioso não controlado ou tratado sem sucesso passa a lesar o *qi* correto. Nesse ponto, a doença progride para os órgãos *yin*, nos quais o impacto do fator pernicioso manifesta-se principalmente por meio de sinais de vazio e frio ou apresentações mistas de calor e frio conforme o frio pernicioso e o *yang qi* do organismo se enfrentam.

Doença do calor

Os teóricos da doença do calor ofereceram um modelo de progressão das doenças, de diagnóstico e terapia que surgiu entre os séculos XI e XVI como uma resposta ao modelo expresso pela teoria dos seis canais (ver também p. 42, 226 e 270). Esse modelo considera a progressão do calor pernicioso ao longo do corpo e descreve quatro estágios ou "aspectos" dessa progressão. Esses quatro aspectos usam os conceitos de *qi* defensivo (*wei qi*), *qi*, *qi* nutritivo (*ying qi*) e sangue para descrever o processo de penetração e as patologias nas quais o calor se move do aspecto mais externo e *yang* do corpo (o *qi* defensivo) para o mais interno e *yin* (o sangue) (**A**). Clinicamente, a teoria das doenças do calor tem sido muito importante no manejo de doenças infecciosas e epidêmicas e como um recurso para o desenvolvimento de abordagens clínicas de processos patológicos novos. A teoria das doenças do calor teve um papel importante na criação de modelos de tratamento nos Estados Unidos e na África, quando praticantes da medicina tradicional chinesa encontraram e trataram um grande número de pacientes com HIV e AIDS durante os anos de 1980 e 1990.

O aspecto defensivo representa um padrão de vento-calor exterior. *Jeremias* teria apresentado aspecto de *qi* defensivo, no qual esse *qi* está ativamente combatendo o fator pernicioso na superfície do corpo. Um padrão do aspecto *qi* é estreitamente comparável ao padrão do canal *yang* brilhante da teoria dos seis canais e se manifesta pelo calor exuberante e pelos quatro grandes. Entretanto, a teoria das doenças do calor elabora vários padrões relativos a esse estágio de progressão da doença. Os próximos dois aspectos retratam a penetração do calor pernicioso mais profundamente no organismo. Conforme o calor for progredindo para o estágio do *qi* nutritivo, haverá sinais, como língua púrpura, distúrbios do espírito e problemas de pele. Por fim, quando o calor entrar no aspecto sangue, teremos sinais de lesão do sangue, do *yin* e dos fluidos corporais e, possivelmente, sangramentos.

Aspecto	Processo patológico	Sinais e sintomas
Defesivo *wei fen* 卫分	O calor pernicioso invade o exterior ou o aspecto defensivo. O fator pernicioso congestiona os canais, sendo combatido pelo *qi* correto.	Febre, aversão leve ao vento ou ao frio, cefaleia, boca seca, dor de garganta, tosse, língua vermelha, pulso rápido e flutuante.
Qi *qi fen* 气分	Calor pernicioso exuberante no aspecto *qi*. O calor pernicioso penetrou o interior e vai se manifestar de diferentes formas dependendo do órgão afetado. Calor exuberante do pulmão e do estômago, grande calor do aspecto *qi* e grande obstrução do estômago e dos intestinos estão entre os padrões que podem ocorrer.	Febre alta, sudorese profusa, sede, face ruborizada, irritação, uma língua vermelha com saburra amarela e um pulso grande e rápido. Grande calor no aspecto *qi*, semelhante ao padrão do canal *yang* brilhante, produz os sinais dos "quatro grandes": grande febre, grande sede, grande sudorese e um pulso grande.
Nutritivo *ying fen* 营分	O calor pernicioso penetrou o aspecto nutritivo e começa a lesar os aspectos *yin* do organismo. Em casos severos, o calor pode invadir o pericárdio e causar obscurecimento do espírito e delírio.	Febre alta à noite, mal-estar no peito, insônia, delírio, ausência de sede (devido à evaporação do *yin*), uma língua púrpura e pulso rápido.
Sangue *xue fen* 血分	Quando o calor aprofunda-se a partir do aspecto nutritivo ou emerge diretamente no aspecto sangue, o coração e o fígado são afetados. Essa é a apresentação de uma doença séria, e os sinais podem variar dependendo do grau de vazio ou repleção presentes.	Padrões de repleção apresentam-se com febre, agitação, obscurecimento do espírito e delírio. Padrões de vazio apresentam-se com boca seca, língua seca e púrpura, palmas das mãos e plantas dos pés quentes.

(A) Sintomatologia dos quatro aspectos.

Padrões do *qi*, do sangue e dos líquidos corporais

Os padrões diagnósticos do *qi*, sangue e líquidos orgânicos sobrepõem-se substancialmente a outros modelos de diagnóstico de padrões. Assim como os padrões dos oito princípios descrevem aspectos fundamentais do processo patológico, também esses padrões descrevem a lesão e os distúrbios da circulação das substâncias vitais do organismo. As consequências do vazio de *qi*, sangue ou fluidos corporais podem ser compreendidas de maneira geral (ver p. 68 e 69, no Cap. 2) e serão examinadas mais adiante neste capítulo, onde será descrito o impacto nas funções dos órgãos associados (ver p. 134).

A estagnação do *qi* é uma ideia muito importante, pois o bloqueio ou impedimento do fluxo do *qi* é fundamental em qualquer processo patológico (ver também p. 248). Acredita-se que, se o *qi* flui suavemente, não há dor e, quando ele for obstruído, haverá dor. Um efeito, por exemplo, de um fator pernicioso externo é o de obstruir o fluxo do *qi* dentro dos canais e na superfície do corpo causando dores. Todas as dores e disfunções associadas a doenças são, em última análise, o resultado da obstrução do movimento do *qi*. Embora fundamental, essa ideia é tão genérica que oferece pouco auxílio ao diagnóstico.

Há duas ideias muito importantes que surgem dos padrões de diagnóstico segundo os fatores causadores de doença (seis excessos) e de acordo com o *qi*, sangue e líquidos orgânicos: a ideia de sangue estagnado e flegma como produtos patológicos (**A**, **B**).

Tanto o sangue quanto os fluidos são partes essenciais da economia interior dos órgãos e do triplo queimador. Todavia, quando obstruídos ou congelados por fatores perniciosos ou pelo vazio, eles podem formar barreiras para o movimento do *qi* e do sangue e para o funcionamento normal dos órgãos, criando doenças por si mesmos.

O sangue estagnado pode ser produzido de muitas maneiras. Trauma, com o consequente hematoma, é o mais óbvio e visível exemplo de estase de sangue; entretanto, quaisquer processos que impeçam o livre fluxo do *qi* e sangue, como o frio que congela, o calor que cozinha, a estagnação do *qi* que bloqueia, podem produzir sangue estagnado. A estase de sangue produz dor aguda em pontadas, como é visto no caso da dismenorreia de *Alice*. A estase de sangue interrompe o livre fluxo de *qi* e sangue e impede a nutrição dos tecidos. Uma ampla gama de condições relacionadas ao envelhecimento, incluindo senescência prematura, é atribuída à estase de sangue (ver também p. 248).

Os fluidos congestos ocorrem quando a função transformativa do *qi* for diminuída. Isso pode acontecer devido a vazio ou quando os órgãos forem perturbados pelo frio ou umidade perniciosos. A progressiva congestão de fluidos e o acúmulo de umidade eventualmente produzem flegma, que, por sua vez, pode ter muitas manifestações. A flegma é claramente vista na expectoração associada aos pulmões e também ocorre em doenças intratáveis, e a presença de flegma é inferida nas situações em que há obstrução dos órgãos e das aberturas (ver também p. 246).

Diagnóstico de Padrões 133

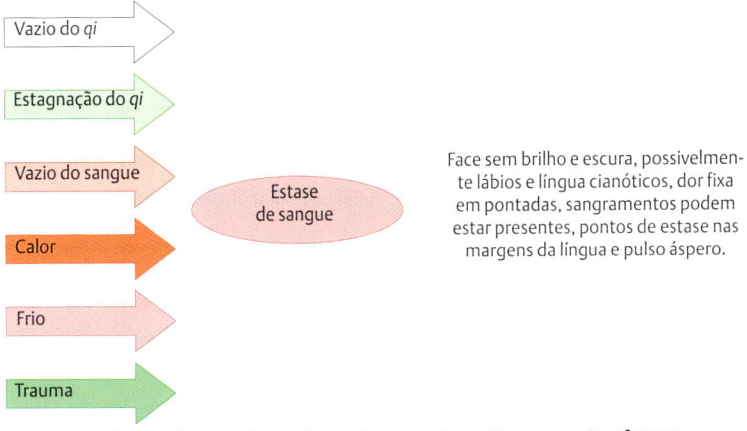

Vazio do *qi*		
Estagnação do *qi*		
Vazio do sangue	**Estase de sangue**	Face sem brilho e escura, possivelmente lábios e língua cianóticos, dor fixa em pontadas, sangramentos podem estar presentes, pontos de estase nas margens da língua e pulso áspero.
Calor		
Frio		
Trauma		

(A) Sangue não patológico pode ser obstruído e tornado estático por muitos fatores.

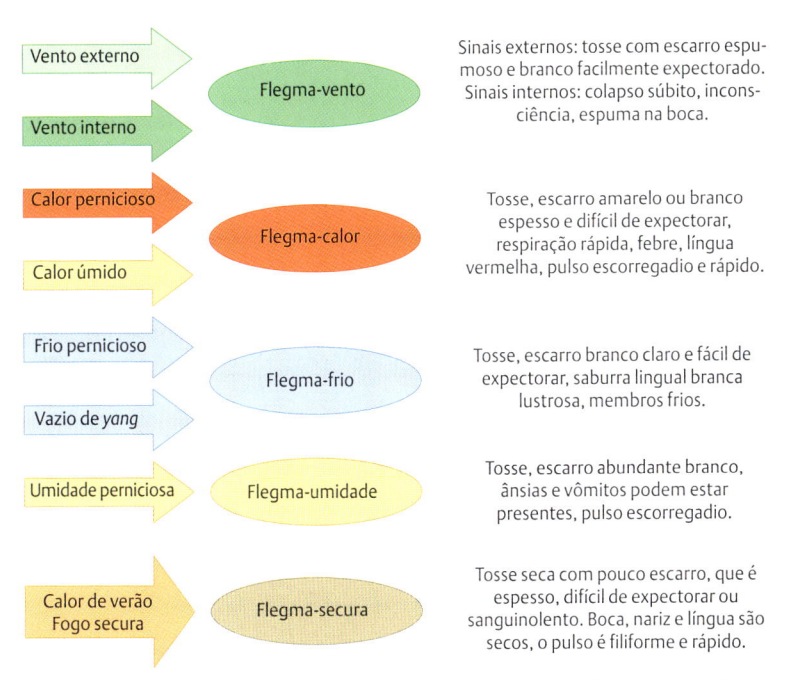

Vento externo / Vento interno	**Flegma-vento**	Sinais externos: tosse com escarro espumoso e branco facilmente expectorado. Sinais internos: colapso súbito, inconsciência, espuma na boca.
Calor pernicioso / Calor úmido	**Flegma-calor**	Tosse, escarro amarelo ou branco espesso e difícil de expectorar, respiração rápida, febre, língua vermelha, pulso escorregadio e rápido.
Frio pernicioso / Vazio de *yang*	**Flegma-frio**	Tosse, escarro branco claro e fácil de expectorar, saburra lingual branca lustrosa, membros frios.
Umidade perniciosa	**Flegma-umidade**	Tosse, escarro abundante branco, ânsias e vômitos podem estar presentes, pulso escorregadio.
Calor de verão / Fogo secura	**Flegma-secura**	Tosse seca com pouco escarro, que é espesso, difícil de expectorar ou sanguinolento. Boca, nariz e língua são secos, o pulso é filiforme e rápido.

(B) Os fluidos não patológicos podem se tornar congestos e congelados por muitos fatores, produzindo as "cinco flegmas".

Padrões de órgãos

Padrões de doença do coração e do pericárdio

O coração tem o cargo do soberano. Governa o sangue e os vasos e abriga o espírito. O coração manifesta-se na face e na língua. Embora esteja no controle das funções vitais do organismo e abrigue os aspectos mais importantes da consciência, o coração depende de todos os outros órgãos, especialmente do baço e do rim, os quais fornecem as substâncias vitais que sustentam suas funções: *qi*, *yang*, *yin* e sangue. Quando as patologias afetam o coração ou perturbam os órgãos dos quais o coração depende, suas funções são interrompidas produzindo sinais como batimentos irregulares, dor torácica, distúrbios do espírito e alterações da consciência.

O coração é suscetível a lesões causadas por emoções diretamente a seu *yin*, ou sangue, e também pelo calor, que perturba o espírito, calor produzido quando as emoções perturbam o livre fluxo do fígado. As funções do coração são frequentemente perturbadas por padrões de insuficiência, mas o calor produzido por doenças febris, padrões de calor repleto de outros órgãos e condições de calor vazio, podem ascender e perturbar o coração e o espírito que o coração abriga (**A**).

O coração tem relações estreitas com o pericárdio (literalmente *xin bao*, envoltório do coração), que é considerado o protetor do coração e seu intermediário ou enviado. Também importante para a compreensão das patologias do coração é o conceito de orifícios. Nesse contexto, os orifícios referem-se aos portais utilizados pelo espírito contido no coração para interagir com o mundo. O conceito de orifícios, pericárdio e coração são estreitamente ligados no que se refere à experiência consciente do mundo. Quando o calor ascende e perturba o espírito, produzindo irritabilidade, aborrecimento ou, em casos extremos, mania, simboliza um padrão de calor que danifica o coração ou calor que invade o pericárdio. Quando a flegma é conduzida para cima pelo vento ou pelo fogo e obstrui os orifícios produzindo alterações de consciência, representa um padrão de flegma que confunde os orifícios do coração, flegma turva que nubla o pericárdio ou flegma que enevoa os orifícios. Essas expressões mostram o caráter semelhante do coração e do pericárdio no papel de mediar a consciência.

Embora as funções digestivas do intestino delgado estejam tradicionalmente incluídas nos papéis do baço e do estômago, sendo a víscera *yang* do coração, o intestino delgado tem um papel especial em relação ao coração. Devido à sua fase em comum (fase fogo) e sua relação de canais, o calor do coração pode facilmente se deslocar para o intestino delgado, impedindo sua capacidade de separar o claro do túrbido e produzindo diferentes padrões de dor ao urinar, apresentando urina vermelha (infecções do trato urinário), acompanhada por sinais de calor no coração.

Padrão	Etiologia	Sinais clínicos podem incluir
Vazio do *qi* do coração	Doenças crônicas, insuficiência do baço ou do rim com perda de *qi* associada, lesão por emoções em virtude de distúrbio emocional.	Palpitações, dificuldade de conciliar o sono, esquecimento, ficar assustado, sudorese espontânea, fadiga, compleição branca, língua branca pálida e pulso sem força.
Vazio do *yang* do coração	Vazio do *yang* do coração e do rim, frequentemente após vazio do *qi* do coração, pode ser produzido por choque, perda severa de fluidos ou perda de sangue levando à deserção do *yang*.	Palpitações, dificuldade de conciliar o sono, esquecimento, ficar assustado, sudorese espontânea, fadiga, medo do frio, membros frios, compleição branca e pálida, língua pálida e úmida também podem estar presentes sudorese copiosa e membros frios, pulso fraco e lento.
Vazio do *yin* do coração	Desgosto emocional, pensamento forçado e ansiedade, e padrões de calor e secura, vazio do *yin* de qualquer órgão associado.	Palpitações, irritação, insônia, febre baixa, calor dos cinco centros, sudorese noturna, lábios secos, garganta seca, língua vermelha, pulso rápido e filiforme.
Vazio do sangue do coração	Perda de sangue, lesão do sangue por fatores perniciosos externos ou por calor interno, distúrbio emocional, fígado falhando em armazenar o sangue ou baço falhando em gerenciar o sangue.	Palpitações, irritação, insônia, sonhos vívidos, esquecimento, tonturas, face branca sem lustro, lábios pálidos, unhas pálidas, pulso filiforme.
Fogo do coração flamejando de forma ascendente	Sequela de doenças do calor, comer alimentos quentes ou muito temperados, álcool, transformação das sete emoções em fogo.	Irritação, face vermelha, lábios vermelhos, sede, ponta da língua ulcerada e dolorosa, língua vermelha com saburra amarela, pulso rápido.
Obstrução torácica	Lesão ao *qi*, frio ou outras causas de estase do sangue, flegma produzida por dieta pobre ou depressão do *qi*.	Compleição sem brilho, escura ou cianótica, palpitações, fôlego curto, sensação de sufocação e opressão no peito, dor no centro do peito e no ombro, sudorese, língua vermelha, pulso filiforme, áspero ou irregular.
Flegma obstruindo os orifícios do coração (flegma turva obscurecendo o pericárdio)	Estagnação do *qi* produzida por lesão pelas emoções ou lesão aos fluidos por calor, gerando flegma, raiva se transformando em fogo.	Coma, delírio, saburra lingual espessa, viscosa, vômitos de saliva, borbulhar de secreção na garganta, pulso escorregadio ou em corda.

(A) Padrões de doenças do coração.

Padrões de doença do pulmão

O pulmão, que habita o mar do *qi* (o peito), governa o *qi*, a depuração descendente e a difusão do *qi* e dos fluidos; além disso, se manifesta na pele e nos pelos do corpo. A função do pulmão é vital para a produção do *qi*, para a proteção do organismo e para a distribuição ordenada dos fluidos. O pulmão depende do *qi* do baço e do *yin* e do *qi* do rim para manter suas funções.

O pulmão é um órgão sensível, com grande suscetibilidade à lesão por invasões externas, especialmente por calor, frio e secura. Esses fatores perniciosos podem deprimir o *qi* do pulmão e interferir na sua capacidade de descenso e difusão. O vento-calor vai direto ao pulmão e queima o seu *yin*. O vento-frio pode entrar nos pulmões e inibir a difusão ou se transformar em calor, causando lesões adicionais.

O pulmão acumula flegma. Se a sua difusão e descenso forem inibidos por calor ou frio, os fluidos podem se congestionar e gerar flegma, produzindo padrões de flegma calor ou frio.

A secura e o calor podem lesar o *yin* do pulmão. Nas doenças febris, o calor repleto de um padrão *yang* brilhante ou do aspecto *qi* pode queimar o *yin* e debilitar o *qi*, produzindo padrões de vazio do *qi* ou do *yin* do pulmão. Todos esses ataques podem inibir a difusão causando tosse. Na perspectiva biomédica, o pulmão sofre sob o impacto de doenças como bronquite, pneumonia e tuberculose, patologias que podem causar danos duradouros ao *qi* e ao *yin* do pulmão.

O vazio do *qi* e do *yin* do pulmão podem ter a mesma causa, tanto a fraqueza física quanto o dano à difusão e à depuração de seu *qi*. Como o pulmão gosta da umidade e fica danificado com a secura e como a sua função é crítica para o movimento ordenado do *qi* e dos fluidos, danos ao *yin* do pulmão podem prejudicar o seu *qi* e vice-versa. Esse quadro clínico é conhecido como duplo vazio do *qi* e do *yin* e se apresenta com fadiga, tosse, falta de ar, perspiração, rubor malar, língua vermelha e pulso sem força e rápido.

As patologias do pulmão podem perturbar outros órgãos. O *yin* e o *yang* do rim são a raiz do *yin* e do *yang* de todo o organismo. A insuficiência do *yin* do pulmão pode sobrecarregar e produzir sinais clínicos de vazio no *yin* do rim. Tosse e dispneia crônicas podem danificar o *qi* e o *yin* de todo o organismo, lesando rim, baço, fígado e coração.

As patologias dos outros órgãos podem causar problemas no pulmão. O pulmão é o receptáculo mais alto da flegma, facilmente absorve a umidade quando a fonte mais baixa da flegma (o baço) falha em transformar e transportar efetivamente os fluidos. Danos ao *yin* ou ao *qi* dos rins podem causar secura ou respiração ofegante ou sibilância (**A**).

Padrão	Etiologia	Sinais clínicos podem incluir
Não difusão do *qi* do pulmão	Vento-calor ou vento-frio invadindo o pulmão ou obstruindo o exterior, calor pernicioso obstruindo o pulmão e flegma-reuma.	Tosse, tosse produtiva com quantidades variáveis de escarro, perda da voz e coceira na garganta; se associada ao calor, haverá febre alta, queimação nas narinas, respiração ofegante e rude e escarro pegajoso e amarelo. Se associada ao frio, o escarro é branco e espumoso e a língua terá saburra branca lustrosa.
Impedimento da depuração descendente do *qi* do pulmão	Calor da transformação de fatores perniciosos externos (secura, calor, frio), flegma-umidade	Tosse, se associada ao calor e à umidade: tosse seca, garganta seca ou voz rouca ou perda da voz; se associada à flegma-umidade: tosse produtiva, escarro espesso, viscoso e opressão no peito.
Vazio do *qi* do *qi* do pulmão	Tosse crônica ou asma, vazio do *qi* do baço.	Fôlego curto, voz fraca, fadiga, fraqueza, sudorese espontânea, escarro fino e hialino, facilidade de ser atacado por fatores perniciosos externos, língua pálida e pulso fraco.
Vazio do *yin* do pulmão	Calor pernicioso lesando o pulmão, tosse crônica lesando o *yin* do pulmão e o *yin* de outros órgãos.	Emagrecimento, tosse seca, garganta e boca secas, voz baixa, respiração rápida.

(A) Padrões de doenças do pulmão.

Padrões de doença do baço, do estômago e dos intestinos

O baço e o estômago (sinônimos de queimador médio) são considerados a raiz da essência adquirida. Junto com o estômago e os intestinos, o baço inicia o processo de transformação dos alimentos e bebidas em *qi* e sangue. Conforme o baço encaminha a essência pura dos grãos e da água para cima, o estômago encaminha para baixo a porção impura dos alimentos digeridos, continuando o processo transformativo, que acaba na excreção.

O baço governa a ascendência e fica prejudicado com a umidade, enquanto o estômago governa a descendência e prejudica-se com a secura. Padrões de doenças do baço e do estômago frequentemente apresentam sinais e sintomas que denotam a ruptura dessas tendências. Os dois órgãos são diretamente ligados e funcionam como um par, e muitos dos processos patológicos referentes a um desses órgãos afetam o outro órgão. Entretanto, é conveniente considerarmos primeiro os padrões de doença que afetam principalmente o baço e depois aqueles que afetam especialmente o estômago e os intestinos.

Padrões de doença relacionados principalmente ao baço

O vazio do *qi* do baço pode ser causado por dieta irregular, distúrbios mentais e emocionais, especialmente em função de esforço mental prolongado, pela fraqueza que se segue a doenças, pela fadiga por sobrecarga, por perdas sanguíneas enfraquecendo o *qi*, por lesão ao baço em virtude de náuseas e vômitos e por disfunções do fígado. Os sinais fundamentais de vazio do *qi* são fadiga, fraqueza, palidez, dor abdominal e fezes moles.

Os padrões de vazio do *qi* do baço podem se manifestar por meio de sinais de bloqueio da sua função de ascender (desmoronamento do *qi* mediano). A falha do *qi* do baço em dar suporte à sua função de ascender é vista em situações em que os órgãos "caem": distensão descendente do estômago e prolapso da bexiga, útero e reto. Como o baço gerencia o sangue e é responsável por contê-lo nos vasos, problemas como sangue nas fezes ou na urina, púrpuras e sangramentos uterinos anormais podem ser produzidos por vazio do *qi* do baço.

Por ser fundamental para a produção de *qi* adquirido e sangue, um vazio do *qi* do baço pode direta ou indiretamente afetar o *qi* e o sangue dos outros órgãos. O vazio do *qi* do pulmão, vazio do *qi* do coração e vazio do sangue do fígado são todos tratados reforçando as funções do baço. O vazio prolongado do *qi* do baço pode enfraquecer os rins também, visto que o baço é, ao mesmo tempo, sustentado e sustentador do *yang* do rim.

Os sinais de umidade aparecem quando a habilidade do baço de transformar os fluidos é impedida por vazio ou por fatores perniciosos. O vazio do *qi* do baço, frio-umidade que prejudica o baço e umidade-calor do baço e do estômago mostram sinais de desconforto abdominal e problemas digestivos por causa da umidade. A maioria dos padrões de doença do baço envolve apresentações de vazio. No entanto, alguns, tais como frio-umidade, que causa danos ao baço, e umidade-calor do baço e do estômago, são produzidos por fatores perniciosos repletos (umidade, frio e calor) (**A**).

Padrão	Etiologia	Sinais clínicos podem incluir
Vazio do *qi* do baço	Dieta irregular, distúrbios mentais e emocionais, fraqueza após doenças e fadiga por sobrecarga.	Desconforto ou dor abdominais, fezes moles, diarreia, desconforto após comer, borborigmos gástricos, compleição facial sem brilho ou sem lustro, fadiga, fraqueza, língua pálida com saburra branca e um pulso sem força, escorregadio.
Vazio do *yang* do baço	Vazio importante do *qi* do baço, vazio subjacente do *yang* do rim ou comer alimentos frios ou crus.	Compleição branca, brilhosa, membros e corpo frios, gosto insípido na boca, ausência de sede e de apetite, urina clara, fezes pastosas, secreção vaginal clara e líquida, língua pálida com saburra viscosa branca e pulso fraco e lento.
Desmoronamento do *qi* mediano	Vazio do *qi* do baço em virtude de fadiga por sobrecarga, doença prolongada ou outras causas.	Sensação de distensão descendente do ducto do estômago, distensão após comer, diarreia, prolapso retal, prolapso uterino.
Baço falhando em controlar o sangue	Vazio do *qi* do baço em virtude de fadiga por sobrecarga, doença prolongada ou outras causas.	Sangue nas fezes, sangramento menstrual e uterino abundantes, facilidade de ter equimoses, compleição branca e sem brilho, fadiga, tonturas, palpitações, língua pálida, e pulso filiforme, escorregadio.
Frio-umidade que prejudica o baço	Frio e umidade perniciosos invadindo o interior, comer alimentos frios ou crus ou umidade interna sobrepujando o *yang* do baço.	Cabeça pesada, gosto insípido e viscoso na boca, opressão epigástrica, distensão abdominal, desejo por calor, membros e corpo pesados, fezes moles, saburra lingual branca, viscosa e pulso lento, moderado ou escorregadio.
Umidade-calor do baço e do estômago	Umidade-calor externa ou umidade-calor interna produzida por comida gordurosa ou álcool, ou umidade túrbida produzida por falha da transformação esplênica.	Corpo e olhos amarelo-brilhantes, gosto amargo na boca, dor nos flancos, plenitude abdominal, náuseas e vômitos, diarreia, falta de apetite, saburra lingual amarela viscosa e pulso rápido.

(A) Padrões de doenças do baço.

Padrões de doenças do estômago e dos intestinos

O estômago e os intestinos são vísceras, de modo que devem descarregar, e não armazenar, seus conteúdos. É de sua natureza que sejam preenchidos, mas não fiquem repletos. O estômago e os intestinos geralmente funcionam bem quando não são sobrecarregados com quantidades excessivas de alimentos e bebidas e quando não são consumidas quantidades exageradas de comidas frias, cruas ou temperadas e quentes. Alimentos estragados também são lesivos. Situações como a estagnação de alimentos ocorrem quando desafiamos o trato digestivo com tipos ou quantidades inadequadas de alimentos. Comidas frias, doces ou gordurosas podem causar frio no estômago. Comidas quentes, apimentadas ou álcool consumido em excesso podem engendrar calor no estômago, secando-o e causando doenças. A consequência de o calor pernicioso invadir o organismo e causar doenças febris refere-se ao fato de prejudicar o *yin* do estômago (sua umidade natural), deixando-o seco. Todos esses processos podem atuar no estômago e interferir no movimento descendente normal do seu *qi*.

Soluços, eructações, náuseas e vômitos são movimentos do *qi* que vão "contra" o fluxo normal do *qi* do estômago, e pertencem a um padrão que é frequentemente visto em muitos problemas do estômago, o "contrafluxo ascendente do *qi* do estômago" (*wei qi ni*). Isso pode ocorrer quando um fator pernicioso (calor ou frio, consumo de tipos ou quantidades inadequadas de alimentos) prejudica a dinâmica do *qi* do estômago, fazendo o *qi* mover-se em contrafluxo.

Do mesmo modo que os padrões do baço apresentam-se com sinais de umidade e ascendência bloqueada, produzidos pelos efeitos do vazio do *qi* ou pela lesão causada por um fator pernicioso prejudicial às tendências naturais do baço, também os padrões do estômago podem apresentar sinais de condições que se contrapõem ao seu papel descendente ou à sua aversão à secura.

O intestino grosso é adversamente impactado por calor e dieta imprópria. A depleção dos humores intestinais (*chang ye kui hao*) ocorre após doenças febris ou, no caso dos idosos, quando a falta de umedecimento causada por sangue e fluidos insuficientes leva a fezes secas e duras. O vazio dos intestinos com deserção dos efluxos (*hua tuo*) é um quadro de diarreia duradoura que debilita o *qi* do baço, interferindo na sua habilidade de elevar o *qi*. O abscesso supurativo dos intestinos (*chang yong*), conhecido na biomedicina como apendicite, é tradicionalmente resultante de umidade-calor produzida por comida estagnante.

Umidade–frio e umidade-calor do intestino grosso podem ser consequência de ingestão de alimentos contaminados, causando diarreia aguda. Umidade-frio no intestino grosso também pode ser uma consequência de frio interno devido a vazio do *yang* do baço ou do rim. Umidade-calor no intestino grosso também pode ocorrer como resultado de umidade-calor de verão (**A**).

Padrão	Etiologia	Sinais clínicos podem incluir
Estagnação de alimentos no ducto do estômago	Ingestão alimentos estragados ou consumo excessivo de alimentos frios, doces ou gordurosos.	Aversão a alimentos, vômitos azedos, eructações, dor e distensão abdominais, diarreia com restos alimentares, saburra lingual amarela ou branca viscosa, pulso escorregadio.
Vazio do *qi* e frio no estômago	Consumo excessivo de alimentos frios, doces ou gordurosos ou distúrbios emocionais, levando o fígado a sobrepujar o baço.	Dor epigástrica aliviada pela alimentação e pelo calor, compleição facial sem lustro, aversão ao frio, extremidades frias, língua pálida e alargada, pulso escorregadio.
Calor no estômago	Calor pernicioso exterior, comer quantidades excessivas de alimentos muito ricos ou quentes e apimentados ou fogo do fígado invadindo o estômago.	Digestão rápida, fome constante, dor no estômago, vômitos, fezes duras, doenças gengivais, halitose, língua vermelha com saburra seca e amarela e pulso escorregadio.
Vazio do *yin* do estômago	Calor queimando os fluidos *yin* ou vazio do *yin* por outras causas.	Boca e língua secas, sede, ausência de apetite ou voracidade, dor abdominal, ânsias secas, língua em espelho, pulso rápido e filiforme.
Contrafluxo do *qi* do estômago	Frio, calor, flegma, turbidez fétida, estagnação de alimentos, estagnação do *qi*.	Náuseas, vômitos, eructações, soluços, sinais indicando frio, calor, flegma ou estagnação de alimentos ou *qi*.
Depleção dos humores intestinais	Fluidos e sangue insuficientes, devido a vazio do sangue pós-parto, envelhecimento, sobrecarga ou lesão aos fluidos por doença.	Fezes duras, secas, evacuação difícil, fadiga e pulso fraco.
Vazio dos intestinos com deserção dos efluxos (*hua tuo*)	A diarreia duradoura reduz a habilidade do *yang qi* do baço de ascender.	Diarreia crônica, tanto com incontinência quanto com prolapso retal durante a defecação; dor abdominal, fadiga, debilidade, aversão ao frio, desejo de calor e pulso sem força e frio.
Umidade-frio no intestino grosso	Frio pernicioso, alimentos frios ou estragados, vazio do *yang* do baço ou do rim.	Borborigmos intestinais, dor abdominal, diarreia líquida e clara, saburra lingual branca lustrosa e pulso moderado.
Umidade-calor no intestino grosso	Umidade-calor de verão, alimentos estragados ou gordurosos, doces, frios ou crus.	Dor abdominal, diarreia com pus e sangue, urgência evacuatória, queimação anal, fezes fétidas, língua vermelha, pulso rápido e escorregadio.

(A) Padrões de doenças do estômago e dos intestinos.

Padrões de doenças do fígado e da vesícula biliar

Padrões de doenças associados ao fígado e à vesícula biliar surgem quando o sangue ou o *yin* tornam-se insuficientes, ou quando o fluxo livre do *qi* do fígado é bloqueado.

O vazio do sangue do fígado pode ocorrer devido a problemas de sangramento crônico ou a doenças que lesam a capacidade do baço e do pulmão de produzir sangue. A falta de sangue do fígado afeta os olhos, os tendões e o sistema reprodutivo, deixando-os sem nutrição e perturbando as suas funções.

Esses padrões exemplificam as relações do *yin* e *yang* de uma forma bastante distinta. O *qi* do fígado flui suavemente quando desobstruído e quando o seu sangue *yin* é suficiente para equilibrar o seu *yang qi*. Por ser a única víscera que produz excesso de *qi* (que é armazenado na vesícula biliar como bile), suas patologias frequentemente envolvem distúrbios do seu *yang qi*, que o levam a mover-se de forma inadequada. Isso pode ocorrer quando o sangue *yin* falha em equilibrar o *yang qi* do fígado, ou quando o *qi* fica deprimido (preso ou obstruído) ou estagnado. Esses distúrbios podem resultar em movimentos erráticos do *qi* do fígado, frequentemente ascendentes.

A estagnação do *qi* do fígado ocorre quando o fluxo suave do *qi* do fígado for prejudicado por emoções fortes, pela falta do sangue *yin*, necessário para manter esse fluxo suave, ou por um fator pernicioso, como umidade-calor. A estagnação do *qi* do fígado é comumente encontrada na prática clínica e pode levar a uma ampla variedade de sintomas. Se não houver correção, pode causar a ascensão do fogo do fígado. Aqui é possível imaginar o calor da brasa do *qi* estagnado pegando fogo, com suas chamas elevando-se para perturbar a parte superior do corpo.

O canal do fígado vai até o topo da cabeça e conecta-se aos olhos, e o canal da vesícula biliar corre ao longo dos flancos e pelos olhos e orelhas. Quando prejudicado, o *yang qi* do fígado ascende, causando cefaleia, distúrbios visuais, tonturas, zumbidos e outros sintomas da parte alta do corpo. Em casos severos, o *yang qi* do fígado perturbado pode causar "vento interno", que produz tremores, alterações da consciência, convulsões e outros sintomas semelhantes ao vento. O *qi* estagnado ou deprimido do fígado movimenta-se em "contrafluxo cruzado", atacando o baço, o que causa diarreia e outros problemas digestivos associados a padrões como o fígado subjugando o baço. Por causa da estreita relação do sangue do fígado e do canal do fígado com os genitais e com o sistema reprodutivo, tanto a deficiência do sangue do fígado quanto a depressão do seu *qi* podem produzir alterações do ciclo menstrual e de outros aspectos da função reprodutiva. Em relação às doenças biomédicas, os padrões do fígado estão frequentemente presentes em desordens depressivas, hipertensão, epilepsia, síndrome do intestino irritável, acidente vascular cerebral, amenorreia, dismenorreia e zumbidos (**A**).

Padrão	Etiologia	Sinais clínicos podem incluir
Vazio do sangue do fígado	Doença prolongada, sangramentos crônicos, incluindo menstruação profusa	Tonturas, insônia, visão borrada, sonho frequentes, fraqueza muscular, menstruação escassa, irregular, língua pálida e pulso filiforme e sem força
Estagnação do *qi* do fígado	Distúrbios mentais ou emocionais, insuficiência do *yin* ou do sangue ou umidade-calor	Depressão, labilidade emocional, impaciência, dor nos flancos e hipocôndrios, opressão no peito e pulso em corda
Umidade-calor no fígado e na vesícula biliar	Umidade-calor externa ou umidade-calor interna produzida por alimentos frios ou gordurosos ou álcool	Icterícia, dor nos hipocôndrios, plenitude abdominal, náuseas e vômitos, constipação e diarreia, falta de apetite, saburra lingual amarela e viscosa e pulso rápido
Ascensão do fogo do fígado	Depressão do *qi* do fígado transformando-se em fogo, distúrbios emocionais severos ou umidade-calor perniciosa	Irritação, impaciência, dor de cabeça severa, face vermelha, olhos vermelhos, problemas auditivos súbitos, sangramento nasal, menstruação intensa, vômitos, fezes secas, língua vermelha com saburra amarela e pulso rápido, forte, em corda ou escorregadio
Hiperatividade ascendente do *yang* do fígado	Desequilíbrio do *yin* e do *yang* do fígado produzindo movimento ascendente do *yang* do fígado	Excitação, irritabilidade, tonturas, cefaleia, visão borrada, olhos vermelhos, zumbidos, insônia, língua vermelha e pulso filiforme em corda
Agitação interna do vento do fígado	*Yin* do fígado e rim insuficientes para balancear o *yang qi* do fígado produzindo vento interno	Tonturas e cefaleia severas, rigidez de nuca, dormência dos membros, tremores e espasmos, afasia, convulsões, língua vermelha com saburra seca e pulso filiforme em corda

(A) Padrões de doenças do fígado e da vesícula biliar.

Padrões de doença do rim e da bexiga

O rim localiza-se na região lombar, sendo o principal órgão do queimador inferior. O rim sustenta todas as funções reprodutivas, sendo o órgão fundamental do crescimento e do desenvolvimento do corpo e a base para o funcionamento dos órgãos e vísceras. Além de armazenar a essência, governar os ossos, produzir as medulas, governar a água e absorver o *qi*, o rim é conectado ao cérebro, manifesta-se nos cabelos e se abre nos ouvidos.

Uma vez que o organismo depende diretamente do rim para produzir o *qi* e indiretamente para dar suporte à função de todos os órgãos, ele é constantemente sobrecarregado. Os padrões do rim envolvem o vazio do *qi*, do *yin* e do *yang* ou da essência. Doenças relacionadas ao rim incluem insuficiência da essência/medulas, função reprodutiva insuficiente e distúrbios do metabolismo dos líquidos. Como os outros órgãos dependem do rim para o sustento de suas funções, padrões duais envolvendo o rim e o órgão sustentado são comuns. O vazio do *yang* do baço e do rim, a não interação do coração e do rim, o vazio do *yin* do pulmão e do rim e o vazio do *yin* do fígado e do rim são padrões em que o vazio do rim afeta um órgão dele dependente ou este órgão usa em excesso os recursos do rim.

O *yin* do rim tem papel crítico em contrabalançar o *yang* do rim. O *yin* do rim pode se tornar insuficiente em virtude de lesão dos fluidos por doença crônica ou lesão do *yin* e dos fluidos por envelhecimento, estresse emocional ou estilo de vida em que excessos são cometidos. Quando isso ocorre, o *yang* do rim (fogo do portal da vida) não tem substância para se ancorar e seu calor eleva-se. O calor do *yang* em elevação pode produzir febre baixa, zumbidos, sudorese noturna e outros sinais de calor por vazio do *yin*.

Os padrões de vazio do *yang* do rim podem ser resultado de retenção de edema-umidade por longo período, causando lesão do *yang*, de doença crônica, de atividade sexual excessiva, de fraqueza constitucional, etc. Esse padrão manifesta-se por dor lombar, fraqueza dos joelhos (as áreas do corpo especificamente relacionadas ao rim) e no trajeto do canal associado à bexiga. Zumbido nos ouvidos, tonturas e uma cor branca brilhante na face são sinais de *yang* ausente ou insuficiente para nutrir e dar suporte às áreas mais altas do corpo. Outros sinais acarretam ausência do *yang* que aquece e incluem frialdade do corpo e membros e distúrbios da função do *yang* do rim de controlar as fezes e a urina.

O *yang* do rim é muito importante para a função do baço de transformar e transportar os grãos e a água. Diarreia com alimentos não digeridos é um sinal patognomônico de insuficiência combinada do *yang* do baço e do rim.

O rim não é tipicamente associado a padrões de repleção, mas possui um órgão acoplado, a bexiga, que se associa a tais padrões. A bexiga urinária é frequentemente sujeita a padrões de repleção, tais como umidade-calor ou umidade turva, incluindo padrões de estrangúria. Embora a estrangúria possa se apresentar de diferentes formas, a dor ao urinar é sempre o sinal principal (**A**).

Padrão	Etiologia	Sinais clínicos podem incluir
Vazio do yin do rim	Doenças crônicas lesando os fluidos, envelhecimento, lesão dos fluidos por doenças febris, lesão pelas emoções, atividade sexual sem moderação.	Região lombar e joelhos doloridos e fracos, tonturas, zumbidos, corpo emagrecido, emissão seminal, calor dos cinco centros, febre baixa, sudorese noturna, rubor malar, boca seca, garganta seca, língua vermelha com saburra escassa, pulso filiforme e rápido.
Vazio do yin do pulmão e do rim	Doenças crônicas lesando os fluidos, lesão ao pulmão e fluidos por doenças febris, lesão pelas emoções, atividade sexual sem moderação.	Sinais de vazio do yin (como visto anteriormente) com voz rouca e tosse seca com pouco ou nenhum escarro ou escarro hemático.
Vazio do yang do rim	Doenças crônicas, fraqueza constitucional, atividade sexual sem moderação, água-umidade retida lesando o yang, consumo de alimentos crus e frios.	Região lombar e joelhos doloridos e fracos, tonturas, zumbidos, face branca brilhante, fadiga e fraqueza, sonolência, membros e corpo frios, impotência, urina clara, fezes aquosas, língua pálida, grande, com saburra úmida e branca, pulso lento e fraco.
Insuficiência da essência do rim	Visto em crianças ou adultos nos quais a essência congênita é insuficiente ou uma doença crônica lesou a essência.	Nas crianças: desenvolvimento retardado, diminuição da inteligência, ossos fracos ou mal desenvolvidos; nos adultos: senescência prematura, branqueamento ou queda dos cabelos, região lombar e joelhos doloridos e fracos, tonturas, zumbidos.
Qi do rim sem firmeza	Insuficiência do qi do rim devido à insuficiência constitucional, debilitação por envelhecimento, má nutrição, doença crônica ou atividade sexual sem moderação.	Região lombar e joelhos doloridos e fracos, tonturas, zumbidos, emissão seminal, ejaculação precoce, urina frequente, clara e abundante com gotejamento, língua pálida com saburra branca, pulso profundo e filiforme, sangramentos uterinos na gravidez e ameaças de abortos.
Rim e coração não interagindo	Vazio do yin do rim levando à insuficiência do yin do coração e hiperatividade do fogo do coração.	Região lombar e joelhos doloridos e fracos, tonturas, zumbidos, emissão seminal, emagrecimento, calor dos cinco centros, palpitações, insônia, febre baixa, sudorese noturna, irritação, rubor malar, língua vermelha, saburra amarela, pulso filiforme e rápido.

(A) Padrões de doenças do rim e da bexiga.

Padrões e doenças: entendendo e integrando padrões de diagnóstico da MTC

Conforme discutido anteriormente, a ideia de "doença" é importante na medicina chinesa (**A**). Doenças tradicionalmente identificadas pela medicina chinesa incluem uma ampla gama de entidades, como resfriado comum, difteria, caxumba, malária, varíola, eczema e asma, claramente reconhecíveis entre as tradições médicas. Infestações parasitárias, como por enteróbios, tênias e áscaris, também são mutuamente reconhecíveis. Há também um grupo distinto de conceitos de doenças, tais como estrangúria, obstrução torácica, flegma suspensa, sobrecarga pulmonar e vento da palma da mão anserina. Muitas dessas doenças englobam entidades patológicas biomédicas ou se interseccionam com elas. "Caos súbito" pode se referir especificamente ao cólera. "*Jiao qi*" pode expressar a ideia de beribéri, deficiência de vitamina B_{12}. Por fim, há também as doenças que, do ponto de vista da biomedicina, seriam consideradas tecnicamente como sintomas, tais como tosse, cefaleia, dor lombar, dor menstrual, constipação e diarreia. Na realidade, uma lista de doenças chinesas aparentemente seria, pelo menos em parte, uma lista de queixas ou sintomas.

Como já foi dito, uma característica própria da medicina chinesa é que todas essas doenças (*bing* 病) podem ser avaliadas e manejadas por meio das lentes dos "padrões de doenças" (*bing zheng* 病证) (**B**). Chama atenção o fato de que esse aspecto permite que medicina chinesa seja útil em situações nas quais o comanejo clínico ou a medicina integrativa sejam um objetivo. Assim como entidades patológicas tradicionalmente identificadas da medicina chinesa são avaliadas e manejadas pelas lentes da identificação de padrões, também o são as doenças definidas pela biomedicina (**C**).

Desde 1950, a MTC tem funcionado na China como um modelo médico paralelo, aceito, custeado e sustentado pelo estado nos seus esforços de pesquisa, prática clínica e educação. Parte desse apoio incluiu iniciativas como a de pesquisa chamada Integração da Medicina Chinesa e Ocidental (*Zhong Xi Yi Jie He*), que busca desenvolver abordagens para integrar as medicinas chinesa e ocidental. Além disso, os médicos da MTC têm tratado os pacientes com doenças claramente identificadas pelo modelo biomédico e acreditam que a aplicação da identificação dos padrões usando as lentes da MTC é inteiramente adequada para o manejo dessas condições. Ao longo dos anos, os trabalhos desses médicos geraram substancial volume de literatura sobre a identificação de padrões em relação às entidades patológicas biomédicas.

Dessa perspectiva, o diagnóstico de padrões é essencial para o sucesso da integração da medicina chinesa em ambientes biomédicos, pois o paradigma da identificação dos padrões avalia a patofisiologia de forma individualizada, independentemente do nome que se dá à doença. O desafio está sendo focado no modelo de abordagem das doenças comparativamente reducionista da biomedicina, a qual tipicamente supõe um só modelo de etiologia, já que esse modelo confronta a noção gerada pelo diagnóstico de padrões de que uma doença tem muitos tratamentos e um tratamento tem muitas doenças.

(A) Seleção de termos usados pela MTC.

Dor abdominal	Obstrução dolorosa
Amenorreia	Impotência
Asma	Insônia
Resfriado comum	Icterícia
Constipação	Dor na lateral das costelas
Tosse	Dor lombar
Diarreia	Menstruação dolorosa
Tonturas e vertigens	Palpitações
Retenção urinária gotejante	Escrófula
Distensão timpânica	Entorses
Disenteria	Dor no estômago
Eczema	Estrangúria
Edema	Sangramento uterino
Epilepsia	Vômitos
Bócio	Sede e definhamento
Cefaleia	Coqueluche
Soluços	Golpe de vento

Menstruação dolorosa
Coagulação por frio e umidade
Estagnação do *qi* do fígado
Descendência de umidade-calor
Frio interno por vazio do *yang*
Vazio de rim e fígado
Vazio de *qi* e sangue

Estrangúria
Estrangúria por cálculo
Estrangúria por *qi*
Estrangúria por sangue
Estrangúria por umidade
Estrangúria por sobrecarga

Anemia aplásica
Vazio de *qi* e sangue
Insuficiência do baço e do rim
Vazio do sangue do fígado e do coração

Doença coronariana cardíaca
Estagnação do *qi* e estase do sangue do coração
Vazio do *qi* e do *yin*
Vazio do *yang qi*
Colapso do *yang qi*
Obstrução dolorosa torácica

Gripe
Vento-frio
Vento-calor
Umidade-calor de verão
Calor por repleção do pulmão
Umidade-calor obstruindo o *jiao* médio

(B) Exemplos de doenças e padrões associados da MTC.

(C) Exemplos de doenças da biomedicina e padrões da MTC associados.

Princípios e métodos de tratamento

Nos próximos capítulos, serão discutidas as diferentes técnicas de tratamento de forma detalhada. A ligação entre o diagnóstico e as abordagens de tratamento baseia-se nos conceitos dos princípios e métodos de tratamento. O processo de diagnóstico leva à determinação do padrão da doença, o que serve de base para a identificação do princípio e do método corretos de tratamento. Um princípio de tratamento expressa em amplo senso o contexto terapêutico para o tratamento, uma filosofia de tratamento desenhada para satisfazer as necessidades do paciente específico. Devemos estar atentos aos problemas fundamentais relacionados à estrutura do paciente e que são a causa daquele padrão de doença? Se fizermos isso, estaremos tratando a "raiz" da doença. Entretanto, nem todos os pacientes gostam que seus sofrimentos permaneçam sem tratamento enquanto nos ocupamos em corrigir a raiz. Talvez precisemos então tratar os sintomas apresentados, as "manifestações", e reduzir o desconforto do paciente.

É melhor expelir os fatores perniciosos rapidamente ou precisamos antes fortalecer o *qi* correto do paciente? Devemos fazer ambos simultaneamente de acordo com o princípio de "dispersar o pernicioso e sustentar o correto"? Embora estejam além do escopo deste capítulo, essas considerações referem-se ao estado do *qi* correto *versus* estado do fator pernicioso. Afinal, se o paciente tem umidade no baço e no queimador inferior, seria bom dispersar essa unidade, mas a falha no metabolismo dos fluidos que produziu o acúmulo de umidade pode ter resultado em algum dano ao *yin* de vários órgãos.

Os métodos de tratamento referem-se a uma coleção de métodos usados para tratar um padrão de doença, como dispersar os fatores perniciosos: remover o calor ou umedecer a secura; dispersar o acúmulo de produtos patológicos: transformar a flegma ou mover o sangue para dissipar a estase; suplementar o vazio: tonificar o *qi* e nutrir o *yin* (**A**, **B**). No seu âmago, a medicina chinesa é um sistema alopático de medicina, no qual são usados métodos de tratamento que se contrapõem e detêm a patologia. O calor é removido com agentes frios, o vazio é tonificado, o que foi acumulado é dispersado, etc.

A determinação do método de tratamento é fundamental para o estabelecimento de um plano de tratamento. Todo diagnóstico supõe que um determinado processo patológico seja corrigido por determinado método de tratamento. O conceito de método de tratamento é aplicado a todas as modalidades da medicina chinesa. Nos capítulos sobre Acupuntura e Farmacoterapia Tradicional Chinesa, veremos como isso se aplica aos casos de *João*, *Alice* e *Jeremias*. A progressão formal do diagnóstico para o padrão de doença, para o princípio de tratamento e para o método de tratamento fica frequentemente implícita nas escolhas terapêuticas feitas pelo clínico. "Distinguir padrões de desarmonia (padrões de doença) leva o médico para bem perto de uma desarmonia em particular; o intento é completado no tratamento – nas combinações particulares de ervas e/ou nos pontos de acupuntura. De fato, poderíamos dizer que qualquer padrão de desarmonia (padrão de doença) é, na realidade, definido pelo tratamento prescrito para o seu reequilíbrio" (Kaptchuk, 2000, p. 253).

(A) Oito métodos de tratamento. Os oito métodos de tratamento originalmente propostos por *Cheng Zhong Ling* eram bastante concisos.

> Sudorificação
>
> Remoção
>
> Purgação
>
> Precipitação
>
> Harmonização
>
> Aquecimento
>
> Tonificação
>
> Dispersão

Método	Propósito
Liberar o exterior	Eliminar um fator pernicioso da superfície do corpo
Remover	Remover o calor
Purgar	Induzir o vômito para precipitar alimentos ou flegma congestos
Precipitar	Liberar as fezes
Harmonizar	Restaurar o equilíbrio entre órgãos, substâncias e áreas do corpo
Aquecer	Tratar o frio pelo aquecimento
Tonificar	Nutrir e revigorar o *qi*, o sangue, o *yin* e o *yang*
Dispersão sequestrante e transformação do acúmulo	Remoção gradual de acúmulos e substâncias patológicas
Expelir vermes	Matar e eliminar vermes
Dispersar umidade	Remover a umidade perniciosa do organismo
Umedecer a secura	Restaurar a umidade fisiológica
Retificar o *qi*	Corrigir o movimento anormal do *qi* (estagnação e contrafluxo)
Retificar o sangue	Corrigir o movimento anormal do sangue (estase e sangramento)
Dispersar a flegma	Remover a flegma
Aquietar o espírito	Acalmar a mente
Dispersar o vento	Eliminar o vento interno ou externo
Abrir os orifícios	Restaurar a consciência normal
Estancar	Prevenir o vazamento de substâncias vitais

(B) Métodos de tratamento contemporâneos. O esboço dos métodos de tratamento mostrado aqui não é completo e não abrange as subcategorias.

→ *Estudo de caso João: sexo masculino, 69 anos, com lombalgia crônica e dor nos joelhos há 12 anos*

João apresenta, na região lombar e nos joelhos, uma dor crônica que se desenvolveu gradualmente sem traumatismo inicial, sendo constante, de baixa intensidade e fixa, piora com o esforço e a fadiga e melhora com o aquecimento e o descanso. Essa dor começa na segunda vértebra lombar e se espalha pelo lado esquerdo do dorso. Há um local lateral à coluna ao nível de L4, a aproximadamente 10 cm da linha média, que é particularmente sensível à palpação. A dor nos joelhos está localizada na parte anterior e medial de ambos joelhos. Os joelhos são frios à palpação. *João* tem sobrepeso, foi diagnosticado com diabete (para a qual usa insulina) e tem dificuldade em controlar seus níveis de glicose. Devido ao diabete, há dormência nos dedos dos pés e bolhas nesses dedos que demoram meses para curar. A face de *João* é pálida e apresenta bolsas grandes, inchadas e brancas sob os olhos. Seu pulso é de 62 bpm, profundo e escorregadio. A língua é inchada e pálida com marcas de dentes e com saburra espessa e branca.

João teve diagnóstico de vazio do *yang* do rim e umidade, causando dor lombar e nos joelhos. Os rins são a raiz do *yin* e do *yang* no corpo e localizam-se na região lombar, de modo que uma desarmonia dos rins comumente se manifesta como dor na lombar. O fato de não haver história de trauma ou de nenhuma causa direta de dor nas costas ajuda a compreender essa dor como sendo o resultado do desgaste normal dos rins que ocorre conforme envelhecemos. Sabemos que há vazio do *yang* por causa dos sinais de frio e de uma repleção relativa do *yin*. Esses sinais incluem dor que melhora com o aquecimento e joelhos frios ao toque. As bolsas inchadas sob os olhos, a face pálida, a língua inchada com saburra branca espessa também apontam para o rim, para o frio e para a umidade. Como o *yang* está depletado, o rim e o baço ficam inaptos a aquecer os fluidos e separar o puro do impuro, tanto que a umidade acumula-se e faz com que *João* tenha sobrepeso, o que aumenta sua dor nas costas. Endentações na língua sempre se relacionam com vazio do *qi* ou do *yang* do baço. O pulso profundo é indicativo de uma condição interna mais profunda, e a qualidade escorregadia é indicativa de umidade.

Com base no diagnóstico (**A**), nosso método de tratamento é aquecer e revigorar o *yang* do rim, transformar a umidade e cessar a dor. Poderemos ver a aplicação desses métodos de tratamento quando analisarmos esse caso novamente nos capítulos de Acupuntura e Farmacoterapia Tradicional Chinesa.

Estudo de caso

Diagnóstico pelos oito princípios: interior, frio, misto de vazio e repleção

Interior/Exterior	Calor/Frio	Vazio/Repleção
Interno	Frio	Misto/Vazio primário
Condição crônica (12 anos) Sem história de trauma ou invasão externa Lombar e joelhos são a morada do rim Bolsas grandes, inchadas e brancas sob os olhos Pulso profundo	A dor melhora com o aquecimento Joelhos frios ao toque Face pálida Bolsas grandes, inchadas e brancas sob os olhos Língua pálida	Vazio: Dor piora com o esforço e a fadiga, melhora com o repouso Dor dolente, não aguda Ferimentos crônicos que não cicatrizam Face pálida Pulso profundo Língua pálida com marca de dentes Repleção = presença de umidade: Sobrepeso Dormência dos membros Bolsas grandes, inchadas e brancas sob os olhos Pulso escorregadio Saburra lingual espessa e branca

Diagnóstico segundo o *qi*, o sangue e os fluidos corporais: estagnação do *qi*, estase do sangue e umidade
Embora não incluída no diagnóstico inicial de João, a presença de dor indica que o fluxo do *qi* e/ou do sangue está perturbado, resultando em estagnação

Estagnação do *qi*:	Dor constante, leve
Estase de sangue (estase de sangue é, em parte, resultado do frio):	Localização fixa, em ponto específico na lateral da coluna
Perturbação dos fluidos corporais/umidade:	Sobrepeso, dormência dos membros, bolsas grandes, inchadas e brancas sob os olhos, pulso escorregadio, saburra lingual espessa e branca
Vazio do *qi*:	Dor piora com esforço e fadiga, melhora com repouso; face pálida, língua pálida

Diagnóstico segundo os órgãos e as vísceras (*Zang Fu*): Vazio do *yang* do baço e do rim

Rim: dor lombar e nos joelhos sem história de trauma; início insidioso, bolsas grandes, inchadas e brancas sob os olhos; pulso profundo

Baço: língua com marca de dentes, face e língua pálidas, língua inchada, a presença de umidade é associada ao vazio do *qi* do baço.

(A) Análise dos sinais e sintomas do estudo de caso *João*.

→ Estudo de caso Alice: sexo feminino, 23 anos, com dismenorreia severa há oito anos

Alice começou a menstruar aos 13 anos de idade e seus ciclos são bastante consistentes. Sua menstruação ocorre a cada 29 dias e dura cinco dias. O sangue é vermelho-escuro com coágulos grandes vermelho-púrpura. O sangramento é intenso durante os três primeiros dias. A cada mês, por volta do dia 27, ela tem uma dor de cabeça muito desagradável, localizada nas têmporas, que dura por quatro dias. Os primeiros dois dias da menstruação são extremamente dolorosos. Mesmo usando analgésicos, sente muita dor. Aproximadamente uma semana antes da menstruação, apresenta sensibilidade nas mamas, uma sensação de opressão no peito e extrema labilidade emocional. Seu intestino e urina são normais e não há reclamação referente a outras dores. A língua é levemente púrpura e tem máculas de estase nas laterais com saburra normal, fina e branca. O pulso é de 72 bpm, em corda, áspero e forte.

Com base na sua apresentação, *Alice* tem diagnóstico de estagnação de *qi* e sangue nos canais do fígado e da vesícula biliar, que causa dor menstrual (**A**). O livre fluxo de *qi* e sangue depende do curso suave do fígado. Quando uma mulher passa por seu ciclo mensal, há duas ocasiões em que seu *qi* está mais propenso a estagnar: na ovulação e antes ou durante a menstruação. A estagnação do *qi* na ovulação pode se apresentar com dor no baixo ventre e irritabilidade. Essa estagnação do *qi* antes da menstruação apresentará como sensibilidade mamária, opressão no peito e alterações emocionais, típicos sinais pré-menstruais. Se somente o *qi* estiver deprimido, então em geral a mulher se sentirá melhor quando a menstruação chegar, embora possa ter cólicas leves. Se o sangue também estiver estagnante, então haverá cólicas severas, sangue menstrual escuro, coagulado e comumente dores de cabeça. Por causa da localização da dor nos lados da cabeça, percebe-se que o canal da vesícula biliar também está envolvido nesse caso.

Esse é um diagnóstico muito comum para mulheres sofrendo de dor menstrual. Uma das coisas que devemos considerar ao tratar pacientes como *Alice* é que o tratamento muda dependendo do ponto do ciclo menstrual em que ela estiver. O foco continua sendo mover o *qi* e sangue para cessar a dor, mas isso varia se ela estiver quase iniciando a menstruação ou recém acabando de menstruar. Depois da menstruação, o princípio do tratamento é criar sangue e gentilmente mover o *qi*. Após a ovulação, mas antes do início dos sintomas, o tratamento estará focado mais em mover o *qi* e o sangue. Logo antes da menstruação, o foco principal é mover o sangue.

→ Estudo de caso

Diagnóstico pelos oito princípios: interior, nem frio nem calor, repleção

Interior/Exterior	Calor/Frio	Vazio/Repleção
Interior	Nenhum	Repleção
Condição crônica (8 anos de duração) Sem sinais exteriores	Alice não apresenta nenhum sinal claro de calor ou frio; seu diagnóstico mostra mais tendência ao calor	Dor aguda Língua púrpura com máculas de estase Intestinos e urina normais Pulso áspero, em corda e forte Ausência de sinais de vazio

Diagnóstico segundo o *qi*, o sangue e os fluidos corporais: estagnação do *qi*, estase do sangue

Estagnação do *qi*: sensibilidade das mamas, opressão no peito, labilidade emocional, pulso em corda

Estase de sangue: dor severa, menstruação com sangue vermelho-escuro e coágulos grandes, sangramento intenso, pulso áspero, língua levemente púrpura com máculas de estase

Diagnóstico segundo os órgãos e as vísceras (*Zang Fu*): Estagnação do *qi* do fígado e estase do sangue

Fígado: dor associada à menstruação (o fígado é responsável pelo fluxo livre da menstruação), sensibilidade das mamas, opressão no peito, labilidade emocional, intestinos e urina normais, saburra lingual normal, pulso em corda

Vesícula biliar: órgão acoplado interna/externamente ao fígado; cefaleia nas laterais da cabeça/têmporas

(A) Análise dos sinais e sintomas do estudo de caso *Alice*.

→ **Estudo de caso Jeremias: sexo masculino, 45 anos com resfriado agudo**

Jeremias tem feito acupuntura para o tratamento de fadiga devido ao excesso de trabalho. Na última visita, chegou com resfriado agudo. Seus sintomas incluíam dor de garganta e uma sensação de calor que facilmente se transformava em frio após ter episódios de suor. Seu nariz estava obstruído, mas era difícil expelir qualquer secreção. Quando havia secreções visíveis, eram levemente amareladas. Seu corpo estava dolorido, seu olhos vermelhos e Jeremias estava fatigado. Sua língua não havia mudado em relação à apresentação prévia, que era levemente pálida, inchada e com marcas de dentes, no entanto seu pulso era levemente rápido (82 bpm) e flutuante na posição do pulmão.

O diagnóstico original de *Jeremias* era vazio do *qi* causando fadiga. Indivíduos com vazio do *qi* são comumente propensos a resfriados. Infelizmente, quando isso ocorre, a luta entre o correto e o pernicioso pode exacerbar o vazio de *qi* preexistente, sendo importante dar ao paciente tratamento imediato e correto de forma a expelir o fator pernicioso e tonificar o correto. Se o fator pernicioso não for expelido, os sinais agudos de resfriado comum podem se resolver, mas é possível que haja tosse prolongada ou o paciente pode ficar novamente doente em pouco tempo, indicando que o fator pernicioso original estava alojado no corpo. Ao longo do tempo, o fator pernicioso pode causar outros problemas, ou pode eventualmente surgir como uma situação muito mais séria.

Quando um paciente que já está em tratamento apresenta uma condição aguda, o diagnóstico pode ser temporariamente mudado para ocupar-se da situação que se apresenta. Entretanto, o diagnóstico inicial não deve ser ignorado ou esquecido no momento do tratamento, visto que ele pode ser afetado pela nova condição. Nessa circunstância, mudamos o nosso diagnóstico para o de uma invasão externa de vento-calor causando resfriado comum. Considera-se que essa seja uma condição externa por causa da natureza aguda acompanhada de pulso flutuante, de ausência de alterações na imagem da língua e de sensação de calor alternado com frio, indicando a presença de batalha entre o correto e o pernicioso. A diferença entre vento-calor e vento-frio fica clara pela presença de dor de garganta, olhos vermelhos, escarro amarelo difícil de ser expelido e pulso rápido. A presença de suor, embora comumente vista como um sinal importante para diferenciar entre o vento-calor e o vento-frio, de fato não é suficiente. Há momentos em que, durante invasão externa de vento-frio, um paciente pode se apresentar com sudorese. No caso de *Jeremias*, os outros sinais de calor acompanhados do suor são suficientes para diagnosticar vento-calor em vez de vento-frio (**A**). Nessa visita, devemos liberar o exterior promovendo a sudorese e expelindo o vento-calor do exterior. Como nosso paciente tem um vazio de *qi* preexistente, é preciso impulsionar ligeiramente o qi para ajudar o *qi* correto a expelir o fator pernicioso.

Estudo de caso

Diagnóstico pelos oito princípios: Exterior e interior, calor, misto de repleção e vazio

Interior/Exterior	Calor/Frio	Vazio/Repleção
Exterior (com condição interior preexistente)	Calor	Repleção (com vazio preexistente)
Início súbito Sensações de frio e calor Sem alterações da língua Pulso flutuante	Dor de garanta Secreções amarelas Olhos vermelhos Pulso levemente rápido	A presença de um fator pernicioso externo é inerente a uma condição de repleção; o fator pernicioso é repleto, mas o organismo está vazio

Diagnóstico segundo os seis excessos: vento-calor

Vento:	Início súbito, nariz congesto, pulso flutuante, frio e calor alternados
Calor:	Dor de garganta, secreções amarelas, olhos vermelhos, pulso rápido

Diagnóstico segundo os quatro aspectos: aspecto defensivo (wei)
Nesse caso, o uso do diagnóstico segundo os quatro aspectos é mais apropriado do que conforme os seis canais, visto que houve invasão pelo calor

Aspecto defensivo:	Início agudo, sensações de calor e frio, pulso flutuante, levemente rápido, dor de garganta, secreções amarelas, olhos vermelhos

(A) Análise dos sinais e sintomas do estudo de caso *Jeremias*; nesse caso, a análise é somente da condição aguda.

4

Acupuntura

Marnae C. Ergil

Introdução **158**
Acupuntura 158

Teoria dos canais e colaterais **164**
Os canais 166
Os vasos de conexão 182

Estratégias de seleção de pontos **186**
Princípios gerais para a criação
de uma seleção de pontos 186
Seleção de pontos 186

Microssistemas da acupuntura........**194**
Acupuntura escalpeana 194
Acupuntura do pé e da mão........... 194
Acupuntura auricular................. 196

Estudo de caso João **198**
Descrição........................... 198
Diagnóstico......................... 198
Princípios e métodos de tratamento ... 198
Prescrição 198

Estudo de caso Alice **200**
Diagnóstico......................... 200
Princípios e métodos de tratamento ... 200
Envolvimento de canais 200
Prescrição 200

Estudo de caso Jeremias **202**
Diagnóstico......................... 202
Princípios e métodos de tratamento ... 202
Envolvimento de canais 202
Prescrição 202

Introdução

A acupuntura e a moxabustão podem ser usadas em conjunto ou independentemente e são tão estreitamente associadas que o termo para essa forma de tratamento é *zhen jiu* 针灸, que significa "agulhas e moxabustão". De fato, ao que tudo indica, a moxabustão foi a primeira forma usada nos canais para tratar problemas orgânicos. Ambas as técnicas estimulam os pontos que ficam ao longo de trajetos de canais ou outros locais adequados.

Acupuntura 针法

O objetivo terapêutico da acupuntura é regular o *qi*, sendo que *qi* e sangue fluem pelo corpo, por seus órgãos e pelo trajeto dos canais. Quando fluem livremente, o corpo é saudável. Quando alguma causa, como um fator pernicioso, uma emoção, um trauma, rompe o fluxo do *qi*, doenças ou dor podem ocorrer. A acupuntura pode ser usada para ajudar o corpo a remover o fator pernicioso, a levar o *qi* para os locais em que esteja insuficiente, a remover as obstruções e permitir que o *qi* flua ou a fortalecer a função dos órgãos para produzir mais *qi* e sangue.

O *Pivô Espiritual* (*Ling Shu*), parte do livro *O Clássico de Medicina do Imperador Amarelo* (*Huang Di Nei Jing*), descreve nove agulhas para o uso em acupuntura (**A**). Com exceção de uma, que aparentemente teve aplicação especificamente cirúrgica, as agulhas ainda estão em uso, tanto no seu formato original quanto adaptadas.

Atualmente, a acupuntura é feita utilizando-se uma ampla variedade de ferramentas e métodos, mas as agulhas filiformes são as mais comuns e podem variar significativamente em termos de estrutura, diâmetro e comprimento (**B**).

As agulhas têm, em média, 30 a 50 mm de comprimento e 0,20 a 0,30 mm de diâmetro, com um cabo de aproximadamente 30 mm. A parte mais característica da agulha é a sua ponta, que é cônica e moderadamente afiada, muito parecida com a de um alfinete. A agulha de acupuntura é sólida e suavemente afinada, não tem a luz aberta ou a borda cortante de uma agulha hipodérmica. Seu diâmetro varia de 0,18 a 0,38 mm; a mais típica tem 0,25 mm.

O objetivo do acupunturista é obter o *qi* (*de qi* 得气) no local da inserção. O médico procura sinais tanto objetivos quanto subjetivos de que o *qi* chegou. A chegada do *qi* pode ser sentida pelo médico como sensações táteis conforme a agulha é manipulada ou pela observação de mudanças de cor ou de aparência da pele no local da inserção. A sensação da chegada do *qi* é frequentemente percebida pelo médico como se a agulha ficasse levemente presa no local, como uma linha de pescaria que foi subitamente puxada por um peixe. O paciente sente a chegada do *qi* como uma coceira, dormência, dolorimento ou uma sensação de inchaço. Além disso, poderá sentir mudanças de temperatura no local ou ter uma sensação "elétrica".

(A) As nove agulhas do *Nei Jing*. *O Clássico de Medicina do Imperador Amarelo* descreveu nove agulhas. Da esquerda para a direita: a cabeça de flecha, usada para punção cutânea superficial e sangria; as agulhas redondas e rombas eram usadas para pressionar e estimular os canais e tendões sem puncionar a pele; a agulha com borda afiada era usada para sangria e para lancetar bolhas; a agulha espada era usada para abrir abscessos. As próximas quatro agulhas variam em espessura e comprimento: a agulha redonda e afiada, a agulha filiforme, a agulha longa e a agulha grande. As agulhas mais longas são usadas para inserções mais profundas, as mais grossas, para técnicas mais fortes ou em técnicas em que a agulha é aquecida.

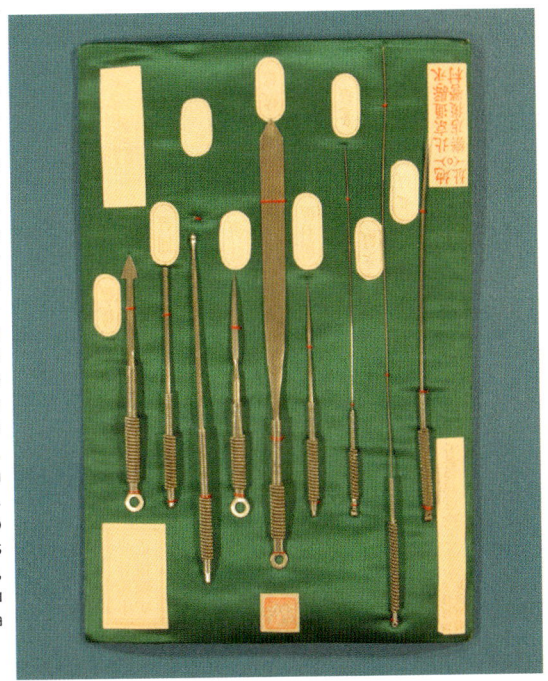

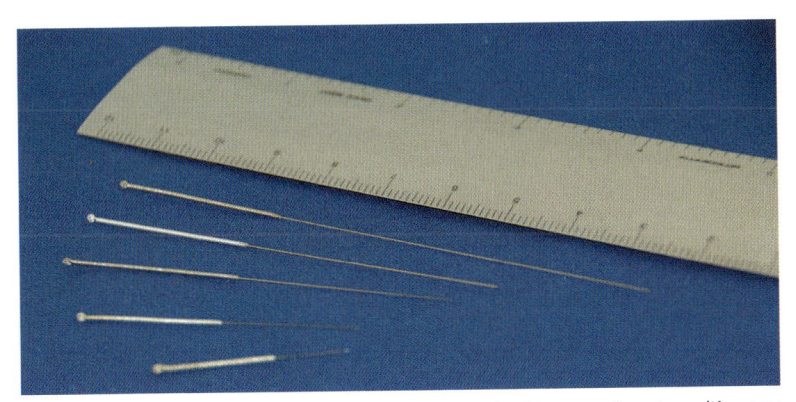

(B) Imagens de agulhas modernas. Atualmente, agulhas de vários comprimentos e diâmetros são usadas. O tamanho médio das agulhas é de 30 a 50 mm de comprimento e 0,20 a 0,30 mm de diâmetro. As agulhas mais longas são usadas em áreas em que há mais carne (p. ex., o quadril) ou para conectar dois pontos por transfixação.

Depois de determinar o local para a punção, a agulha é rapidamente inserida e, então, ajustada a uma profundidade adequada. Muitas situações diferentes vão fazer com que se altere o ângulo e a profundidade de inserção, os métodos de manipulação e o período de retenção. Um texto do século XII, *Ode às Sutilezas do Fluxo*, afirma: "Insira a agulha com nobre velocidade e, então, proceda (ao ponto) lentamente, retire a agulha com nobre vagar, pois pressa pode causar dano" (Shanghai College of Traditional Chinese Medicine, 1981).

Neste texto, os locais de inserção de agulhas serão referidos como "pontos", entretanto é importante compreender que, de fato, essa não é a melhor tradução do termo chinês. O termo chinês, *xue* 穴, é literalmente traduzido como buraco ou caverna, assim refletindo a ideia de que esses locais se encontram em depressões ou buracos localizados entre os ossos, tendões, etc. Esse conceito de buraco onde o dedo vai naturalmente cair quando se estiver palpando o corpo não é expresso pelo termo ponto, que significa um lugar imaginário no espaço, mais do que um local tangível.

Uma vez que o local tenha sido agulhado e o *qi* obtido, o médico pode manipular a agulha para produzir um efeito terapêutico específico. Os métodos de manipulação variam de simplesmente inserir a agulha e deixá-la a técnicas que envolvem inserção rápida ou lenta, profunda ou superficial. A agulha pode ser retirada imediatamente após a chegada do *qi*, pode ser retida por 20 a 30 minutos ou mais, ou, no caso de uma agulha muito curta e fina conhecida como intradérmica, é possível que permaneça por vários dias. Em todos os casos, o objetivo do clínico é influenciar o fluxo do *qi* (**A**, **B**, **C**).

Os acupunturistas usam diferentes métodos para selecionar os pontos de acupuntura para um paciente ou condição particulares. Esses pontos podem ser escolhidos com base na trajetória do canal em que estejam localizados, em virtude de integrar uma determinada categoria de pontos ou por conhecimento empírico de qual ponto funciona melhor para uma dada situação, com base na experiência de gerações de acupunturistas. Os pontos também podem ser selecionados com base na sensibilidade do paciente à palpação (graduada como dor, sensibilidade ou conforto) ou por mudanças de textura que são percebidas ao exame. Cada um desses métodos dá ao acupunturista informações acerca de um ponto em particular e deve ser considerado no momento da criação de um plano de tratamento.

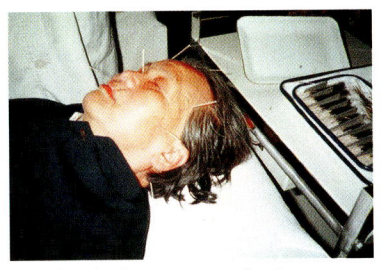

(A) Aplicação de acupuntura. Essa imagem mostra a acupuntura sendo praticada em um grande hospital na China. O paciente está sendo tratado em virtude de dor facial (© Marnae Ergil).

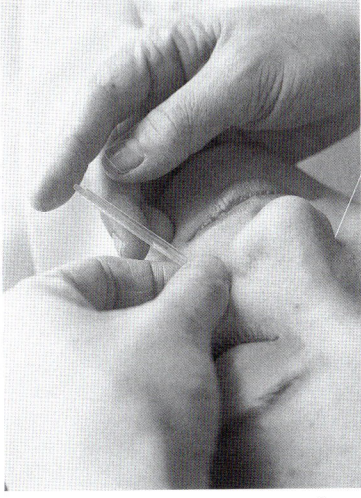

(B) Embora não seja tipicamente usada na China, a guia tubular foi desenvolvida no Japão e se tornou popular no Ocidente.

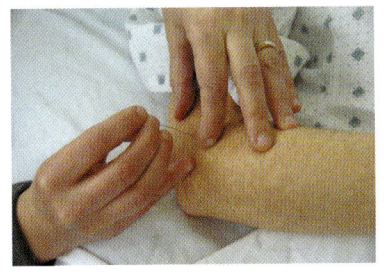

(C) Um exemplo de agulhamento à mão livre: um dos métodos chineses típicos de inserção.

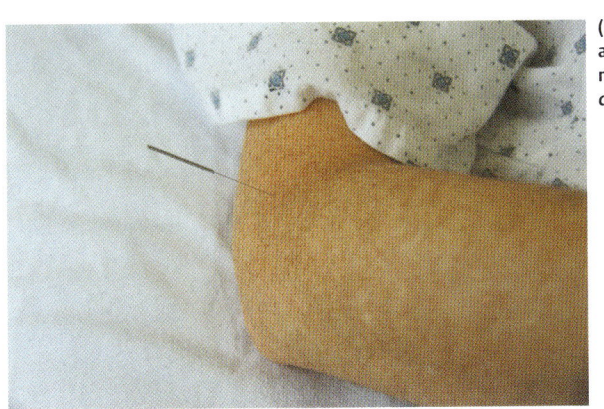

(D) Uma agulha de acupuntura inserida no ponto IG11, *qu chi*, Poça na Curva.

Moxabustão (*jiu fa* 灸法)

A moxabustão (*jiu fa* 灸法) (**A**) refere-se à queima de folhas secas e esfareladas de *ai ye* (*Artemisia vulgaris*/artemísia, erva-de-são-joão) perto ou diretamente sobre a pele, para afetar o fluxo do *qi* no canal. A artemísia é acre e amarga e aquece e penetra nos canais. Referências à moxa aparecem em materiais muito antigos, incluindo os textos das tumbas de Ma Wang (Unschuld, 1985).

A moxabustão pode ser aplicada no corpo de muitas formas. A moxa direta, por exemplo, envolve queimar uma pequena quantidade de moxa (do tamanho de um grão de arroz) diretamente sobre a pele; pode ser deixada queimando sobre a pele, causando uma bolha ou escara, ou ser retirada antes de ter queimado a pele. A moxabustão indireta envolve colocar alguma substância entre a moxa e a pele do paciente (**A**). Isso dá ao acupunturista grande controle sobre a quantidade de calor e ajuda a proteger o paciente de bolhas. Substâncias popularmente usadas incluem fatias de gengibre, fatias de alho ou sal.

Na moxa com bastão (**A**, imagem menor), um cilindro de moxa enrolado em papel no formato de um cigarro é usado para aquecer suavemente uma área sem tocar a pele. Esse é um método de moxa muito seguro, que pode ser ensinado aos pacientes para autoaplicação. O método das agulhas aquecidas é executado inserindo-se uma agulha de acupuntura e, então, fixando-se uma moxa no seu cabo. Acende-se a moxa, que queima devagar e proporciona uma suave sensação de aquecimento ao ponto ou canal de acupuntura.

Qualquer uma dessas técnicas pode ser usada para estimular os pontos de acupuntura, especialmente quando o aquecimento é apropriado. Por exemplo, se um paciente sofre de dores nas articulações e essa dor aumenta quando o tempo está frio e úmido, deve-se aplicar moxa tanto direta quanto indiretamente sobre as áreas afetadas para ajudar a aliviar a dor pelo aquecimento da área, o que faz o *qi* voltar a circular suavemente.

Ventosas e sangrias

As ventosas e a sangria consistem em dois métodos adicionais muito importantes para a prática da medicina chinesa utilizados pela maioria dos acupunturistas.

As ventosas (**B**) envolvem induzir vácuo em um pequeno copo de vidro ou bambu e aplicar na pele. As ventosas são frequentemente usadas para drenar ou remover frio ou umidade perniciosos do corpo e para ajudar na circulação do sangue. Por exemplo, se um paciente chega com um quadro de resfriado comum acompanhado de tosse e dor nos músculos da parte alta das costas, pode-se aplicar as ventosas na parte alta das costas para mover o *qi* e dispersar o fator pernicioso.

A sangria é feita para drenar um canal ou remover o calor do organismo. Esse método retira pequenas quantidades de sangue, desde uma gota até poucos mililitros. A sangria é comumente usada em pontos que ficam localizados nas pontas dos dedos da mão ou do pé. No exemplo anterior, se o resfriado fosse acompanhado de dor de garganta severa, seria possível sangrar um ponto localizado no polegar e associado ao pulmão, para a remoção do calor do pulmão e benefício da garganta.

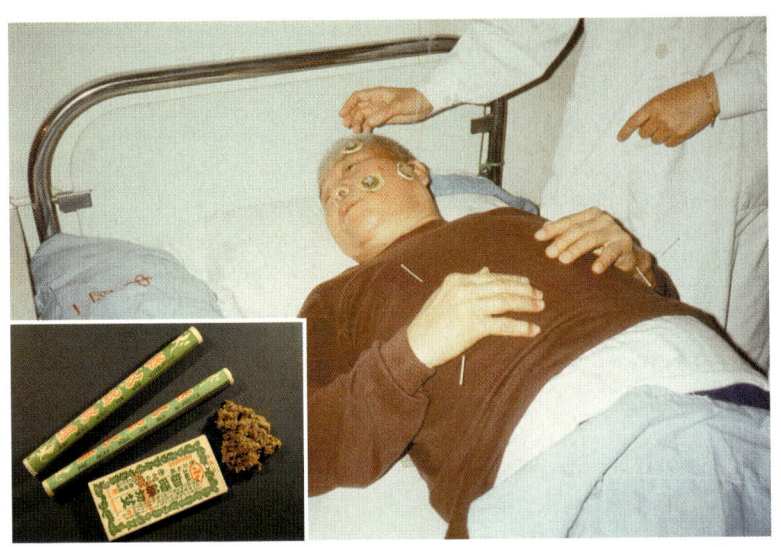

(A) Moxabustão. Esta imagem mostra um paciente em tratamento contra a paralisia de Bell, usando moxa indireta e agulhas. A imagem menor mostra diferentes tipos de moxa (© Marnae Ergil).

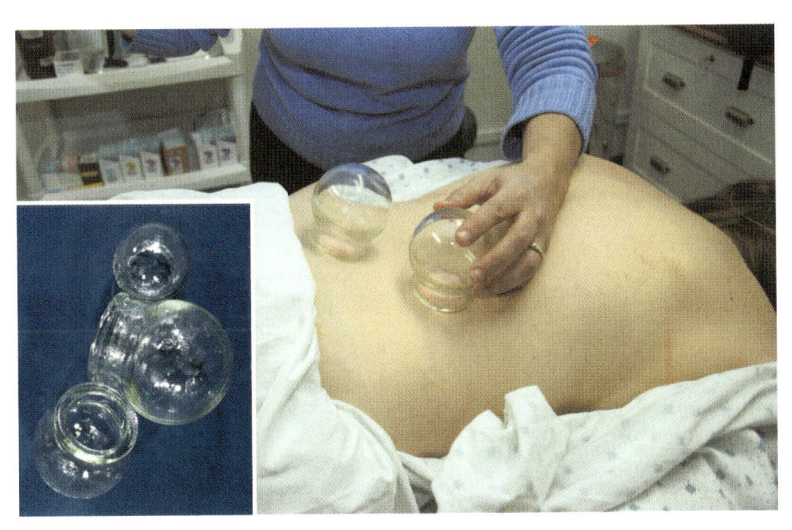

(B) Ventosas. Esta imagem mostra um paciente recebendo ventosas nas costas. A imagem menor mostra um conjunto de três copos de diferentes tamanhos.

Teoria dos canais e colaterais (jing luo xue 经络学)

Embora muita ênfase seja colocada nos pontos de acupuntura e nas suas funções na prática moderna da acupuntura, historicamente os canais e seus usos com propósitos terapêuticos antecederam o desenvolvimento de locais específicos nos seus trajetos. *O Clássico de Medicina do Imperador Amarelo* e *O Clássico das Dificuldades* são bastante específicos quanto aos pontos, sua localização e até mesmo algumas de suas categorias, ao passo que textos mais antigos, em particular aqueles retirados das tumbas de Ma Wang, discutem somente os canais e o uso de moxa e pedras aquecidas nos canais, sem fazer referência aos pontos.

É somente pelo entendimento minucioso de todos os tipos de canais, suas funções e interconexões que o acupunturista pode entender como selecionar os pontos corretos para o tratamento. Muitas das ações individuais dos pontos são determinadas pelas intrincadas conexões entre os canais e seus trajetos. Se essas conexões não forem compreendidas, as ações dos pontos tornam-se afirmativas que não mais estão conectadas às suas bases teóricas, mas que devem simplesmente ser aceitas. Compreender os canais, suas funções e seus trajetos permite ao praticante entender a seleção de pontos e as estratégias de tratamento.

A teoria dos canais e colaterais é o princípio que guia a prática da acupuntura. As cinco maiores funções do sistema de canais são transporte, regulação, proteção e diagnóstico, além da terapêutica e integração (**A**). Os canais e os colaterais (*jing luo* 经络) são trajetos por onde o *qi* (气), o sangue (*xue* 血) e líquidos corporais (*jin ye* 津液) são distribuídos por todo o corpo e representam caminhos de comunicação entre todas as partes do corpo. Quando o *qi* e o sangue fluem suavemente pelos canais, o corpo é adequadamente nutrido e sadio. Os órgãos (*zang fu* 脏腑), a pele e os pelos (*pi mao* 皮毛), os tendões (*jin* 筋) e a carne (*rou* 肉), os ossos (*gu* 骨) e todos os outros tecidos dependem do livre fluxo do *qi* e do sangue pelos canais. Em última análise, são os canais e os colaterais que criam um organismo unificado, no qual todas as partes interagem e são interdependentes.

Há dois tipos mais importantes de trajetos pelo corpo: os canais (*jing* 经) e os colaterais de conexão (*luo* 络). Os canais são, em sua maior parte, bilaterais e simétricos, percorrem verticalmente o corpo e são relativamente profundos. Os colaterais conectam os órgãos relacionados interior/exteriormente e interconectam os canais. Apesar de serem simétricos e bilaterais, vão em todas as direções e são relativamente superficiais. Uma discussão mais detalhada desses trajetos é encontrada adiante neste capítulo, começando pelos vários tipos de trajetos de canais e seguindo para os trajetos dos colaterais de conexão.

Teoria dos Canais e Colaterais (Jing Luo Xue 经络学)

Funções	Ações clínicas
Transporte	Fornecem trajetos para a circulação de *qi* e sangue. Guiam o *qi* e o sangue por todo o corpo. Fornecem *qi* e sangue para os órgãos e tecidos para nutrição e umedecimento.
Regulação	Mantêm o fluxo de *qi* e sangue pelos canais. Mantêm o equilíbrio do *yin* e do *yang* para regular as funções dos órgãos.
Proteção e diagnóstico	Protegem o corpo da invasão dos fatores perniciosos. Reflitem sinais e sintomas das doenças: • Observáveis: mudanças de cor, erupções e outros. • Palpáveis: mudanças na consistência, inchaços, massas, etc. • Subjetivos: dor, dormência, etc. ao longo de um trajeto.
Terapêutica	A acupuntura e a medicina herbal chinesa usam o sistema de canais e colaterais terapeuticamente: • Acupuntura: examina os sinais e sintomas de doenças refletidas nos canais. • Acupuntura: o tratamento é baseado na seleção de pontos ao longo dos canais que têm impacto direto nos sistemas de órgãos afetados. • Terapêutica herbal: toda substância medicinal tem tropismo por um ou mais canais, e assim pode ser selecionada para tratar o(s) sistema(s) de órgão(s) associado(s) a esse(s) canal(is).
Integração	Conectam os órgãos e vísceras entre si e com os membros e a superfície do corpo. Conectam as partes interna e externa do corpo, incluindo os cinco órgãos dos sentidos, tecidos, ossos, tendões, músculos e orifícios, criando um organismo unificado que pode ser visto e tratado como um todo.

(A) Cinco funções principais do sistema de canais e colaterais. Essas funções são a base da prática clínica. Por exemplo, quando um fator pernicioso invade o exterior do corpo, primeiro entra na pele e nos pelos. Se não for expulso, esse fator pernicioso pode entrar nos canais ou nos colaterais, eventualmente até alcançando os órgãos internos. Entender o caminho de um fator pernicioso ajuda o clínico a verificar onde está e como tratar tal fator. Os canais também podem refletir sinais e sintomas de condições internas, manifestando sinais como dor, dormência, erupções, etc. Observando essas alterações, suas naturezas e localizações e palpando os canais, o clínico pode escolher de forma adequada os pontos para tratar essa condição.

Os canais

Considera-se que existem dois grupos de canais. O primeiro é composto por 12 canais principais (*shi er jing luo* 十二经络), que possuem pontos de acupuntura utilizados para acessar o *qi* do organismo. Os 12 canais principais têm vários canais associados: os 12 canais tendinomusculares, as 12 regiões cutâneas e os 12 canais divergentes. Cada um desses grupos de canais será discutido mais adiante (ver também p. 185 para um resumo do sistema de canais e colaterais).

O segundo grupo de canais contém oito vasos extraordinários (*qi heng ba mai* 奇横八脉). Dois desses vasos, o vaso controlador (*ren mai* 任脉) e o vaso governador (*du mai* 督脉), possuem pontos nos quais o *qi* do organismo pode ser acessado. Como não há órgãos diretamente relacionados, os pontos nesses dois canais têm efeito na área do corpo ou nos órgãos específicos dentro da área coberta pelo trajeto do canal. Os outros seis vasos extraordinários, assim como os vasos controlador e governador, compartilham pontos localizados nos 12 canais principais.

Os 12 canais principais

Distribuição e nomenclatura

Há seis canais *yang* e seis *yin* que são distribuídos bilateralmente pelo corpo. Os canais *yin* percorrem a superfície interna dos membros (três nos braços e três nas pernas), o peito e o abdome. Cada canal *yin* é associado a um órgão maciço. Os canais *yang* percorrem a superfície externa dos membros (três nos braços e três nas pernas), as nádegas e as costas (com exceção do canal do estômago). Cada canal *yang* é associado a uma víscera oca.

Os canais são novamente divididos em função de sua localização relativa no aspecto anterior, mediano ou posterior dos membros*. Os canais *yin* incluem o *yin* maior (*tai yin*) (pulmão e baço), localizado na porção anterior da face medial dos membros; o *yin* menor (*shao yin*) (coração e rim), localizado na porção posterior da face medial dos membros; e o *yin* terminal (*jue yin*) (pericárdio e fígado), localizado na porção mediana da face medial dos membros. Os canais *yang* incluem o *yang* brilhante (*yang ming*) (estômago e intestino grosso), localizado na porção anterior da face lateral dos membros; o *yang* maior (*tai yang*) (bexiga e intestino delgado), localizado na porção posterior da face lateral dos membros; e o *yang* menor (*shao yang*) (vesícula biliar e triplo queimador), localizado na porção mediana da face lateral dos membros (**A**).

---

* N. de T.: Os autores se referem a uma posição diferente da anatomia convencional. Nessa descrição os membros superiores estão ao longo do corpo com as palmas voltadas para dentro.

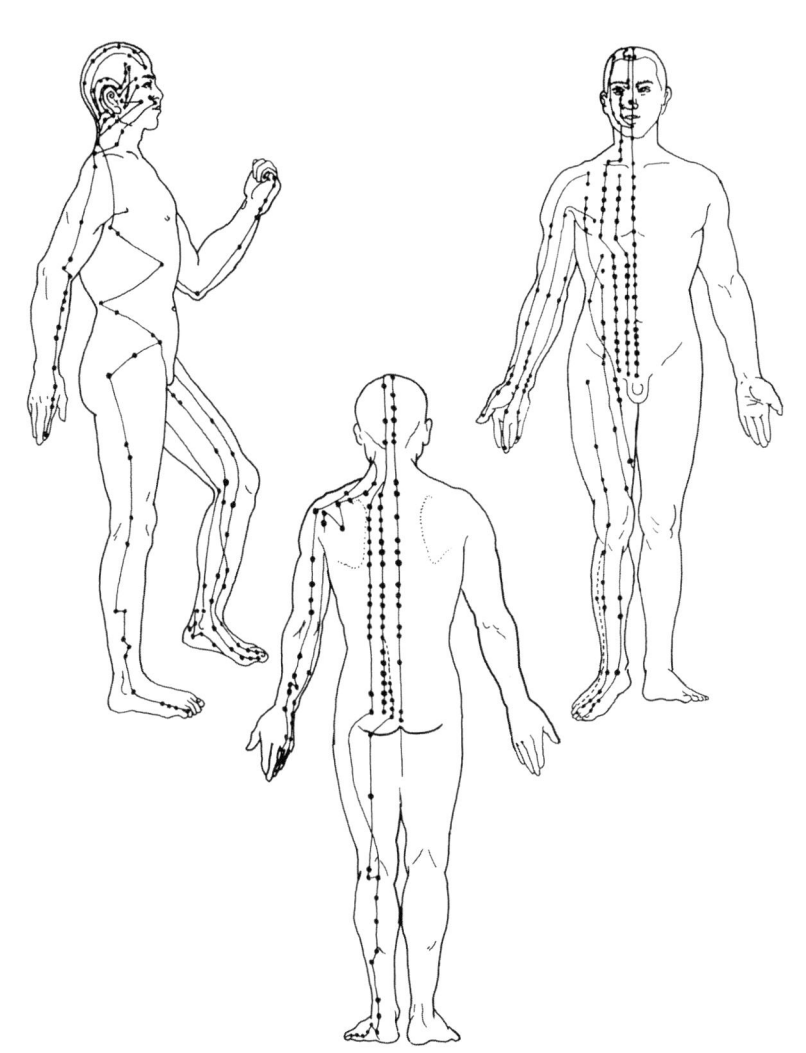

(A) Os 12 canais principais. O nome dos canais é baseado em três elementos: se o canal fica ao longo dos membros superiores (os canais da mão) ou dos membros inferiores (os canais do pé), a classificação *yin* e *yang* do canal e o órgão ao qual ele é associado. Assim, o canal associado ao pulmão é o canal *yin* maior da mão do pulmão (*shou tai yin fei jing*).

Relações dos 12 canais principais

Cada um dos seis canais *yin* tem como par um canal *yang* interna/externamente relacionado. O fato de possuírem par relacionado expressa uma importante conexão fisiológica entre os órgãos e as vísceras associados a esses canais e também uma relação anatômica. Além disso, cada canal da mão é associado a um do pé, baseado na classificação *yin* e *yang* e nas suas localizações.

Essas duas maneiras de colocar os canais em par são expressas em três circuitos de fluxo do *qi* pelos 12 canais principais. O fluxo do *qi* em cada circuito começa em um canal *yin* no peito e passa para o canal *yang* interna/externamente relacionado na mão. Esse fluxo, então, ascende ao longo do canal *yang* para a face e, nesse momento, passa para o canal *yang* do pé que faz par com o *yang* da mão. A seguir, desce para o pé e vai para o canal *yin* interna/externamente relacionado e, por fim, volta ao peito para começar um novo circuito. Dessa forma, o *qi* passa do peito para a mão, para a face, para o pé e novamente para o peito três vezes antes de completar o seu circuito pelos 12 canais (**A**).

Circulação do *qi* e do sangue através dos canais

Como podemos ver em **A**, a circulação de *qi* e sangue pelo corpo é um processo sem fim, de um canal para o seguinte. Antes de voltar ao início do circuito, o *qi* e o sangue passam pelo corpo por três voltas. Durante o curso de um período de 24 horas, o *qi* e o sangue dos canais passam pelo corpo inteiro na seguinte sequência: P→IG→E→BP→C→ID→B→R→Pe→TA→VB→F*.

Cada grupo de quatro canais cria uma volta que passa do abdome para a mão, da mão para a cabeça, da cabeça para o pé e de volta para o abdome, assim atravessando completamente o corpo, cobrindo tanto o seu aspecto *yin* (anterior) quanto o *yang* (posterior).

Fluxo diurno do *qi* através dos canais

O fluxo do *qi* é cíclico. Usando o método chinês antigo de medição do tempo com incrementos de 2 horas, em qualquer momento do dia o fluxo do *qi* será mais forte em um órgão específico. No decurso de um dia, a força do *qi* vai passar uma vez por cada um dos 12 canais. Quando o *qi* estiver passando por um determinado canal, considera-se que o órgão associado àquele canal esteja no seu momento de maior força e que o *qi* do órgão associado ao canal no lado oposto do ciclo de fluxo diurno esteja no seu momento mais fraco. Assim, das 3 às 5 horas, o *qi* do pulmão estará no seu máximo, e o *qi* da bexiga, no seu mínimo (ver p. 303).

Clinicamente, essa informação pode ser aplicada de diferentes formas. Assim, se um paciente asmático constantemente acorda entre 3 e 5 horas da manhã com uma crise, é possível imaginar que o *qi* do pulmão, que deveria estar especialmente forte nesse horário, na realidade está bastante fraco, criando uma circunstância em que o paciente tem dificuldade de respirar; outros órgãos (o fígado em particular) aproveitam-se dessa fraqueza e subjugam o pulmão, causando a crise asmática.

---

* N. de T.: As siglas dos nomes dos meridianos serão usadas de forma igual às edições brasileiras para evitar conflitos no momento da leitura de outros livros (P – pulmão, IG – intestino grosso, E – estômago, BP – baço [de baço-pâncreas], C – coração, ID – intestino delgado, B – bexiga, R – rim, Pe – pericárdio, TA – triplo queimador [de triplo aquecedor] VB – vesícula biliar, F – fígado).

Teoria dos Canais e Colaterais (Jing Luo Xue 经络学)

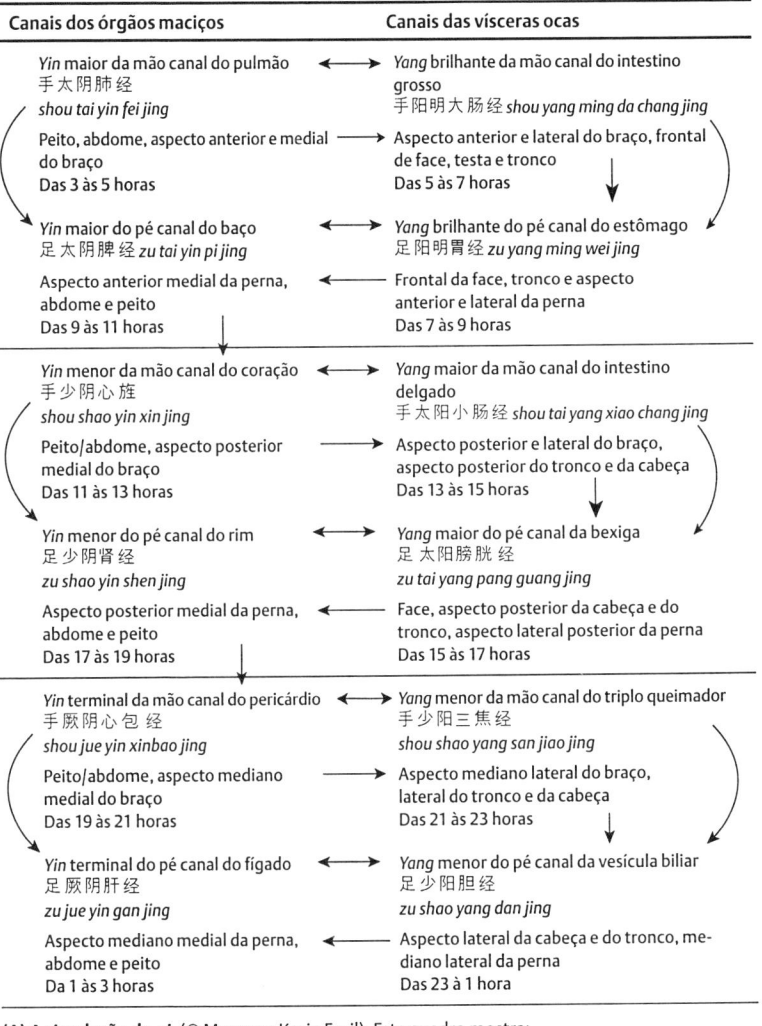

Canais dos órgãos maciços	Canais das vísceras ocas
Yin maior da mão canal do pulmão 手太阴肺经 *shou tai yin fei jing* Peito, abdome, aspecto anterior e medial do braço Das 3 às 5 horas	Yang brilhante da mão canal do intestino grosso 手阳明大肠经 *shou yang ming da chang jing* Aspecto anterior e lateral do braço, frontal de face, testa e tronco Das 5 às 7 horas
Yin maior do pé canal do baço 足太阴脾经 *zu tai yin pi jing* Aspecto anterior medial da perna, abdome e peito Das 9 às 11 horas	Yang brilhante do pé canal do estômago 足阳明胃经 *zu yang ming wei jing* Frontal da face, tronco e aspecto anterior e lateral da perna Das 7 às 9 horas
Yin menor da mão canal do coração 手少阴心经 *shou shao yin xin jing* Peito/abdome, aspecto posterior medial do braço Das 11 às 13 horas	Yang maior da mão canal do intestino delgado 手太阳小肠经 *shou tai yang xiao chang jing* Aspecto posterior e lateral do braço, aspecto posterior do tronco e da cabeça Das 13 às 15 horas
Yin menor do pé canal do rim 足少阴肾经 *zu shao yin shen jing* Aspecto posterior medial da perna, abdome e peito Das 17 às 19 horas	Yang maior do pé canal da bexiga 足太阳膀胱经 *zu tai yang pang guang jing* Face, aspecto posterior da cabeça e do tronco, aspecto lateral posterior da perna Das 15 às 17 horas
Yin terminal da mão canal do pericárdio 手厥阴心包经 *shou jue yin xinbao jing* Peito/abdome, aspecto mediano medial do braço Das 19 às 21 horas	Yang menor da mão canal do triplo queimador 手少阳三焦经 *shou shao yang san jiao jing* Aspecto mediano lateral do braço, lateral do tronco e da cabeça Das 21 às 23 horas
Yin terminal do pé canal do fígado 足厥阴肝经 *zu jue yin gan jing* Aspecto mediano medial da perna, abdome e peito Da 1 às 3 horas	Yang menor do pé canal da vesícula biliar 足少阳胆经 *zu shao yang dan jing* Aspecto lateral da cabeça e do tronco, mediano lateral da perna Das 23 à 1 hora

(A) A circulação do *qi* (© Marnae e Kevin Ergil). Este quadro mostra:
1. As relações interior/exterior (órgãos/vísceras) entre os canais. ⟷
2. As relações mão/pé entre os canais. ↙ ↘
3. O fluxo do *qi* de um canal para o próximo. ⟶
4. As três voltas pelo corpo (peito – mão – face – abdome) que o *qi* completa em um dia (cinza-claro, médio e escuro).
5. A localização relativa de cada canal nos membros.
6. O período do dia em que o *qi* passa por cada canal (o fluxo diário).

Sinais de patologia dos canais

Cada um dos canais tem sinais peculiares de patologia associados tanto ao seu trajeto externo quanto ao seu trajeto interno e, por extensão, ao órgão associado. Esses sinais guiam o acupunturista na determinação de um diagnóstico e na escolha dos pontos para o tratamento.

Os sintomas externos dos canais manifestam-se inicialmente em relação à trajetória externa do canal e são produzidos por congestão e obstrução ao longo do canal, ou como resultado de uma invasão externa ou em virtude de fatores internos afetando o movimento de *qi* e sangue no trajeto externo do canal. Como os padrões dos canais podem ser diferenciados até certo nível de detalhe quanto à presença de calor, frio, vazio e repleção, as relações básicas entre os canais e seus sintomas são simples de serem caracterizadas (**A**).

Assim, muitos dos sinais de patologia na trajetória externa do canal da bexiga são comumente vistos na invasão por vento-frio externo quando o frio pernicioso penetra no canal externo e bloqueia o movimento suave do *qi* ao longo do seu curso. Os sintomas de dor nos olhos e lacrimejamento refletem a relação do trajeto externo do canal com o olho. Tradicionalmente, quando o olho está inflamado e dolorido, o trato do canal da bexiga nas costas deve ser cuidadosamente examinado, e seus pontos são usados para aliviar a condição.

As patologias próprias dos canais podem se apresentar como dor, tensão, erupções, etc., que se manifestam ao longo do trajeto daquele canal. Por exemplo, um paciente que apresente dor na porção posterior do ombro, cruzando a escápula e descendo pelo aspecto posterior do braço, pode ter um diagnóstico de estagnação de *qi* e sangue no canal do intestino delgado.

Em virtude da conexão direta dos trajetos internos dos canais com os órgãos associados, as patologias dos canais podem ser um reflexo de patologia dos órgãos. Assim, um paciente que apresente uma queixa de dor no ombro ao longo do canal do intestino grosso pode também apresentar constipação. Pela anamnese, o bom diagnosticador pode ser informado que a dor diminui quando os intestinos funcionam, e tanto a dor quanto a constipação melhoram quando há menos estresse. Portanto, quando discutimos as patologias dos canais, não nos referimos somente ao que é visível ou ao que se manifesta ao longo da porção externa do trajeto, mas também ao seu trajeto interno e às suas conexões com os órgãos.

Todos os 12 canais principais têm vários trajetos internos, que, embora não tenham pontos específicos que possam ser acessados, devem ser considerados no momento do diagnóstico e tratamento.

Canal		Sinais representativos principais
Pulmão	Externos	Febre (fa re) e aversão ao frio, congestão nasal, cefaleia, dor ao longo do canal
	Internos	Tosse, dispneia, sibilância, plenitude e opressão torácica, expectoração de flegma–escarro
Intestino grosso	Externos	Febre (fa re), boca ressecada, dor de garganta, epistaxe, dor nos dentes, vermelhidão e inchaço ao longo do canal
	Internos	Dor no baixo ventre, dor abdominal migratória, borborigmos intestinais, fezes pastosas
Estômago	Externos	Febre alta, face vermelha, sudorese, agitação maníaca, aversão ao frio, dor nos olhos, nariz seco, epistaxe, úlceras de lábios e boca
	Internos	Distensão e plenitude abdominais severas, vexação e desconforto, mania e isolamento, digestão rápida e apetite voraz
Baço	Externos	Sensação de peso na cabeça ou no corpo, membros fracos e sem vigor, febre (fa re) generalizada, frio ao longo da parte interna da coxa e do joelho, edema das pernas e dos pés
	Internos	Dor no estômago e diarreia pastosa ou fezes contendo restos alimentares, borborigmos intestinais, ânsia e náuseas, ingestão alimentar diminuída
Coração	Externos	Febre (fa re) generalizada, cefaleia, dor nos olhos, dor no peito e costas, garganta seca, sede com urgência de beber, palmas quentes ou dolorosas, dor ao longo do canal
	Internos	Dor cardíaca, plenitude e dor torácicas, nos hipocôndrios e nos flancos, vexação cardíaca
Intestino delgado	Externos	Úlceras na boca e na língua, dor nas maçãs do rosto, dor e tensão ao longo do canal
	Internos	Dor e distensão no baixo ventre com irradiação para lombar e/ou testículos
Bexiga	Externos	Febre (fa re) e aversão ao frio, cefaleia, rigidez da nuca, dor na coluna lombar, congestão nasal, dor ocular e lacrimejamento, dor ao longo do canal
	Internos	Dor e distensão no baixo ventre, inibição da diurese, retenção urinária ou enurese
Rim	Externos	Dor lombar, frio a contrafluxo nas pernas, pernas fracas e definhadas, boca e garganta secas, dor ao longo do canal
	Internos	Tonturas, edema facial, visão borrada, compleição acinzentada, falta de ar, diarreia prolongada, fezes pastosas ou secas evacuadas com dificuldade, impotência
Pericárdio	Externos	Tensão, dor ou inchaço ao longo do canal, compleição facial avermelhada, dor nos olhos
	Internos	Discurso delirante, obnubilação terminal (yun jue), vexação por calor, palpitações cardíacas, dor cardíaca, risos constantes
Triplo queimador	Externos	Dor de garganta, dor nas maçãs do rosto, olhos vermelhos, surdez, dor ao longo do canal
	Internos	Distensão e plenitude abdominais, frequência urinária ou enurese, edema por vazio
Vesícula biliar	Externos	Alternância de febre (fa re) e aversão ao frio, cefaleia, dor nos olhos, dor sob o queixo, edema subaxilar, dor ao longo do canal
	Internos	Dor nas laterais das costelas, vômitos, gosto amargo na boca, dor torácica
Fígado	Externos	Cefaleia, tonturas, visão borrada, zumbidos, sensação de calor
	Internos	Plenitude, distensão e dor nos hipocôndrios, no peito e no abdome, vômitos, icterícia, hérnias (shan qi)

(A) Sinais de patologia dos canais.

Os 12 canais tendinomusculares (shi er jing jin 十二经筋)

Trajetos

Os canais tendinomusculares são superficiais e seguem aproximadamente a mesma trajetória externa dos canais principais com os quais compartilham o nome. São chamados canais tendinomusculares em função de passarem pelos tendões (músculos, tendões e ligamentos). Brotam dos canais principais a partir da ponta dos dedos das mãos e dos pés, e, então, seguem atravessando o corpo (**A**).

Funções

Em virtude de serem superficiais, os canais tendinomusculares contêm somente *qi* defensivo e funcionam como a primeira linha de defesa do corpo contra a invasão dos fatores perniciosos. Se o *qi* defensivo nesses canais é sobrepujado por um fator pernicioso externo, poderá viajar pelo canal até as pontas dos dedos, entrar nos canais principais e seguir para o interior. Assim, uma das funções dos canais tendinomusculares é a de defender o corpo contra invasões.

Além de complementar o transporte dos canais principais, intensificando a circulação de *qi* e sangue para os músculos, tecidos, articulações e superfície do corpo, os canais tendinomusculares conectam músculos, tendões e ligamentos às articulações, ligam as estruturas do corpo, facilitam a flexibilidade e os movimentos normais e protegem os ossos.

Fluxo do *qi*

O fluxo do *qi* nos canais tendinomusculares difere do fluxo dos 12 canais principais. Em todos os tendinomusculares, o *qi* segue a partir dos dedos das mãos ou dos pés ao longo do trajeto do canal. Além disso, o circuito do *qi* não segue o mesmo trajeto dos 12 canais principais. Nos canais tendinomusculares, durante o dia, o *qi* flui pelos canais *yang* e, à noite, pelos canais *yin*. Nossos corpos são, portanto, mais vulneráveis à invasão de fatores perniciosos à noite, quando os canais tendinomusculares *yang* não estão preenchidos.

A trajetória do fluxo do *qi* pelos canais tendinomusculares é a seguinte: VB→E→ID→TA→IG→BP→P→F→Pe→R→C.

Patologia dos 12 canais tendinomusculares

Os 12 canais tendinomusculares podem refletir a sintomatologia de seus órgãos associados, mas em geral a patologia desses canais manifesta-se como padrões de obstrução, trauma e estiramentos ou contraturas, que podem também ocorrer devido a estressores emocionais ou físicos duradouros. O primeiro sinal dos canais tendinomusculares é a dor.

Tratamento dos 12 canais tendinomusculares

Uma vez que os 12 canais tendinomusculares não possuem seus próprios pontos, são utilizados os pontos dos canais principais associados. Geralmente, os pontos são selecionados com base na presença de dor à palpação. Os pontos fora dos canais que estejam dolorosos à palpação, chamados *a shi* ("é aí!"), são frequentemente agulhados para liberar estagnação de *qi* e sangue nos canais tendinomusculares.

Teoria dos Canais e Colaterais (Jing Luo Xue 经络学)

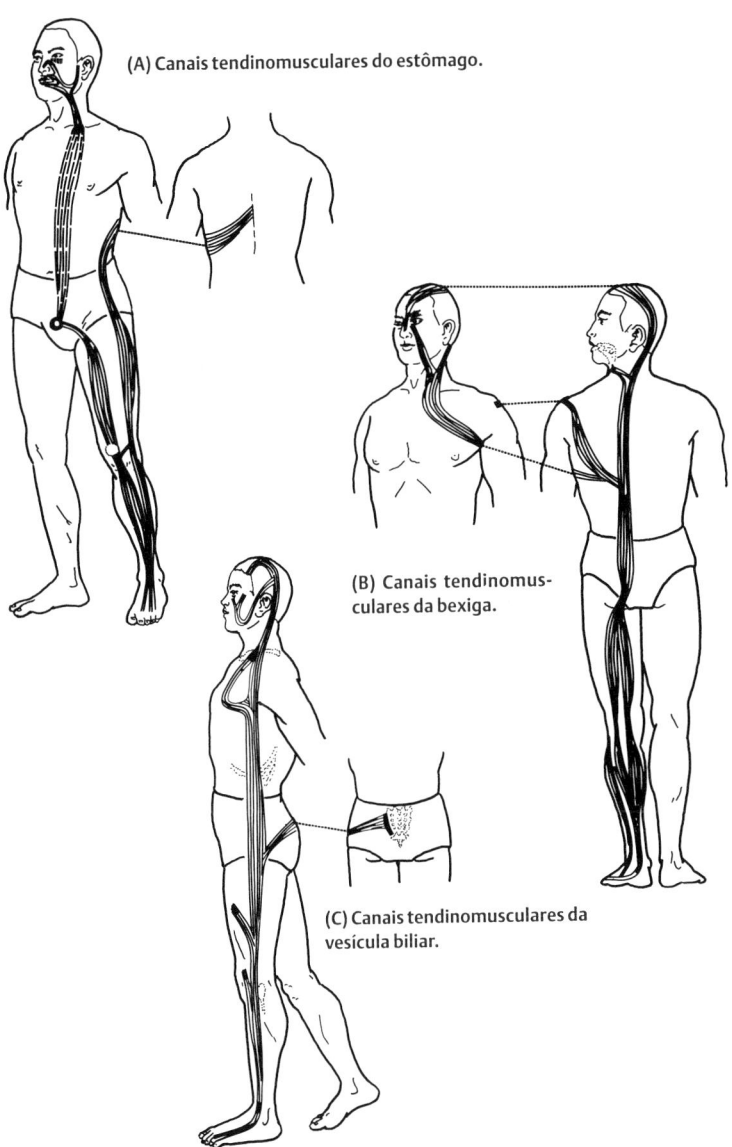

(A) Canais tendinomusculares do estômago.

(B) Canais tendinomusculares da bexiga.

(C) Canais tendinomusculares da vesícula biliar.

(A-C) Canais tendinomusculares *yang* do pé. Os três canais tendinomusculares *yang* do pé se unem na bochecha.

As 12 regiões cutâneas
(*shi er pi bu* 十二皮部)

As divisões criadas pelas 12 regiões cutâneas são ainda mais superficiais do que os 12 canais tendinomusculares (**A**). Assim como os canais tendinomusculares, as suas distribuições seguem o curso dos canais principais e seus trajetos ficam sobre a superfície do corpo. Embora essas regiões cutâneas não se distribuam internamente, comunicam-se de perto com os canais principais e tendinomusculares via vasos de conexão menores e podem ser usadas terapeuticamente para tratar os órgãos internos. As regiões cutâneas não têm pontos de início ou fim, nem fluxo direcional.

Através das 12 regiões cutâneas, circulam o *qi* e o sangue pela superfície do corpo, os quais regulam a função da pele e dos interstícios (poros) e reforçam a imunidade do organismo. Todas essas funções são relacionadas às funções do sistema pulmão: se o sistema pulmão estiver funcionando bem, as regiões cutâneas estarão bem nutridas e haverá suficiente *qi* defensivo na superfície do corpo para manter os poros regulados e para prevenir o corpo contra a invasão de fatores perniciosos ou a perda de *qi* pelo suor.

Aplicação clínica das 12 regiões cutâneas (*shi er pi bu* 十二皮部)

Embora não existam descrições das patologias das 12 regiões cutâneas, clinicamente, problemas da pele podem indicar distúrbios do canal principal ou de órgãos relacionados. Além disso, se alguém fica suscetível a resfriados ou com o corpo todo arrepiado facilmente, a superfície do corpo pode estar mostrando sinais de insuficiência de *qi* defensivo circulando nas regiões cutâneas.

Tratamentos usando as regiões cutâneas são normalmente administrados com técnicas como o martelo de sete pontas (flor de ameixeira) ou *gua sha* (raspagem) (**B, C**). A técnica do martelo de sete pontas ou flor de ameixeira emprega uma ferramenta semelhante a um pequeno martelo que contém de 5 a 7 agulhas muito pequenas na sua cabeça. Esse martelo é levemente batido sobre a área até que se torne avermelhada. Essa técnica, frequentemente usada no tratamento de dormência e formigamentos ao longo do trajeto, traz *qi* e o sangue para a superfície do corpo e libera as regiões cutâneas de forma que o *qi* e o sangue possam fluir suavemente. O *gua sha* utiliza um artefato de chifre (ou uma colher de cerâmica ou outra ferramenta pequena, de superfície lisa) para raspar a área do corpo. A raspagem é feita até que os *sha*, ou grãos, apareçam na superfície do corpo como manchas escuras e irregulares. Se os grãos não estiverem presentes, não importa quão forte seja a raspagem, esses grãos não se manifestarão como *sha*. O *gua sha* pode ser usado como as ventosas para liberar o exterior de um fator pernicioso, ou para trazer um fator pernicioso mais profundo para a superfície ou simplesmente para mover o *qi* e o sangue para uma área.

Teoria dos Canais e Colaterais (Jing Luo Xue 经络学)

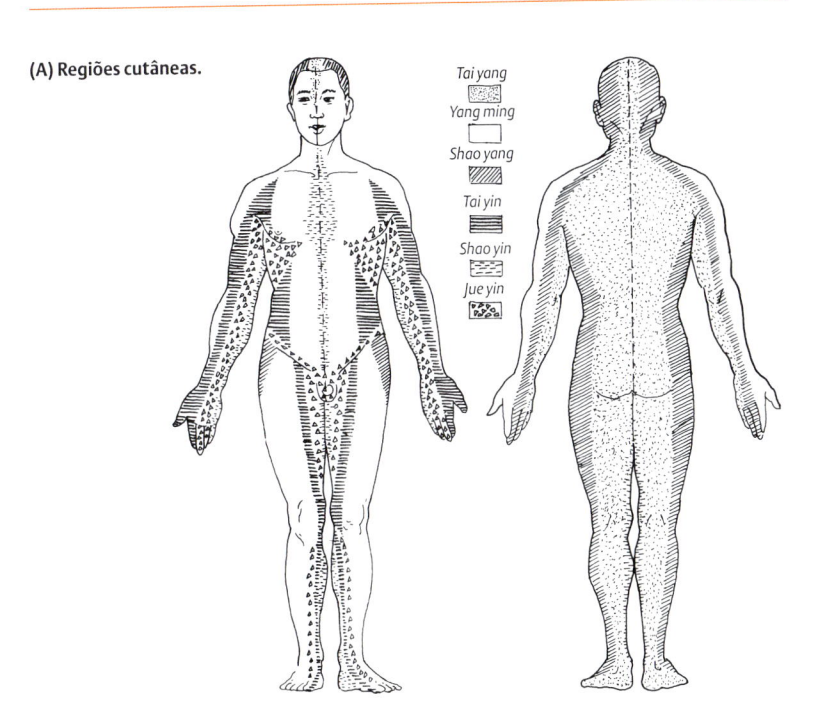

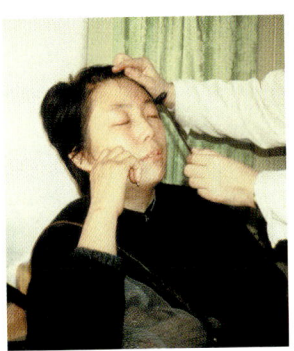

(A) Regiões cutâneas.

Tai yang
Yang ming
Shao yang
Tai yin
Shao yin
Jue yin

(B) Paciente sendo tratado com o martelo de sete pontas para dormência facial (© Marnae Ergil).

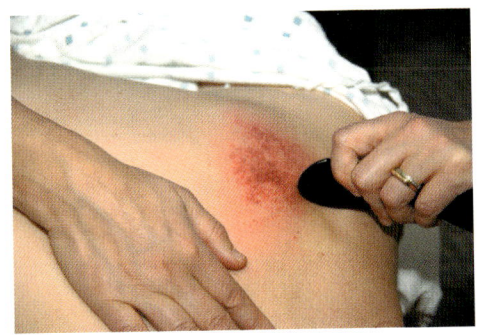

(C) Paciente recebendo tratamento *gua sha* nas costas.

Os 12 canais divergentes
(*shi er jing bie* 十二经别)

Os canais divergentes referem-se a ramos dos 12 canais principais, distribuem-se pelo interior do corpo e não têm pontos próprios. São assim chamados, pois divergem dos trajetos principais para fazer importantes ligações internas.

Distribuição

Os 12 canais divergentes se separam dos canais principais nas proximidades dos cotovelos e joelhos. Os pares interna/externamente relacionados se unem e entram pelo tronco até chegar nos órgãos e vísceras. Juntos, esses pares emergem do interior do corpo no pescoço e se unem ao canal principal *yang* do par *yin-yang*.

Os pontos onde os canais divergentes se separam dos canais principais e se unem ao canal principal *yang* são importantes locais para tratamento. Chamados de as seis confluências (*liu he* 六合) (**A**), esses locais são usados para tratar distúrbios dos canais em pares. Com exceção do triplo queimador, que vai do vértex abaixo até o queimador médio, os canais divergentes vão das extremidades para o tronco, a face e a cabeça.

O *qi* flui de um canal divergente para o próximo na seguinte sequência: B→R→VB→F→E→BP→ID→C→TA→Pe→IG→P.

Funções dos canais divergentes

Os canais divergentes, que contêm somente *qi* defensivo, suprem os órgãos de *qi* defensivo e agem como uma segunda linha de defesa contra a invasão de fatores perniciosos. Se um fator pernicioso invadir o corpo e conseguir ultrapassar a barreira do *qi* defensivo dos canais tendinomusculares, ele conseguirá entrar no canal regular e seguir diretamente para os órgãos ou poderá divergir e entrar nos canais divergentes. Entrando nos canais divergentes, o fator pernicioso continuará a ser combatido pelo *qi* defensivo, tornando-se ainda mais enfraquecido. Do canal divergente, o fator pernicioso pode ser empurrado para fora do corpo ou pode entrar para os órgãos, mas de forma mais fraca.

Os canais divergentes reforçam as conexões entre os órgãos e os canais *yin* e *yang* que formam pares, e integram áreas do corpo que não são cobertas pelos trajetos principais, assim explicando as funções de certos pontos. Por exemplo, o canal divergente da bexiga conecta-se ao reto e ao ânus, reforçando a conexão do canal principal da bexiga com aquela área (**B**).

Os canais divergentes compartilham das mesmas patologias que os canais principais. Como os canais divergentes contêm *qi* defensivo, cuja força aumenta e diminui ciclicamente, os sintomas são frequentemente intermitentes ou cíclicos e unilaterais.

Canais	Confluência inferior	Confluência superior
Bexiga e rim	Fossa poplítea – área do B-40	Nuca – área do B-10
Vesícula biliar e fígado	Genitália externa – área do Ren-2	Aspecto lateral do olho – área do VB-1
Estômago e baço	Osso púbico – área do E-30	Aspecto medial do olho – B-1
Intestino delgado e coração	Axila – área do C-1/ID-10	Área não específica da face
Triplo queimador e pericárdio	Área não específica dos queimadores médio e superior	Processo mastoide
Intestino grosso e pulmão	Fossa supraclavicular – área do E-12	Bochecha – ID-18

(A) Os pontos de encontro dos canais divergentes. Confluência inferior: os canais pareados se unem; confluência superior: o canal divergente encontra o canal principal *yang*.

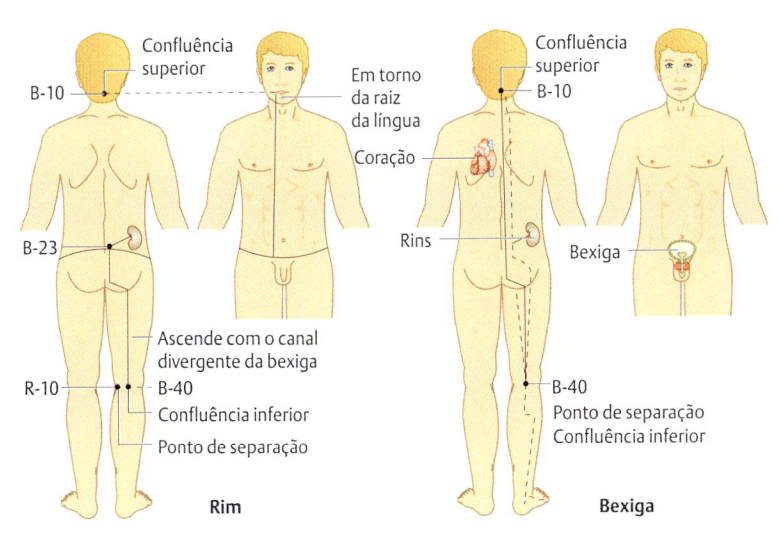

Rim
- Confluência superior
- B-10
- Em torno da raiz da língua
- B-23
- Ascende com o canal divergente da bexiga
- R-10
- B-40
- Confluência inferior
- Ponto de separação

Bexiga
- Confluência superior
- B-10
- Coração
- Rins
- Bexiga
- B-40
- Ponto de separação
- Confluência inferior

(B) Os trajetos dos canais divergentes do rim e da bexiga.

Os oito vasos extraordinários (*qi heng ba mai* 奇横八脉)

Embora frequentemente discutidos como uma categoria inteiramente diferente de canais, os oito vasos extraordinários são uma parte do sistema geral de canais e são considerados extraordinários porque não se ajustam ao padrão dos outros canais principais. Há duas diferenças básicas entre os oito vasos extraordinários e os 12 canais principais.

Primeiro, os oito vasos extraordinários não têm um padrão de circulação contínuo e interligado. Embora façam conexões uns com os outros e com os 12 canais principais, eles não se ligam ao próximo como fazem os canais principais.

Segundo, tais vasos não se associam a um sistema orgânico específico. Os oito vasos extraordinários são associados a tipos de problemas específicos com base nas suas localizações e funções.

Assim como os canais principais, cada um dos oito vasos extraordinários tem seu próprio trajeto. Entretanto, somente dois, o vaso controlador (*ren* 任) e o vaso governador (*du* 督), têm seus próprios pontos de acupuntura. Esses dois canais atravessam a linha média do corpo, e as funções dos seus pontos são frequentemente associadas às funções dos órgãos que ficam próximos a esses pontos.

Além dos pontos localizados nos vasos controlador e governador, todos os oito vasos extraordinários são associados a um ponto específico em um dos 12 canais principais. Esse ponto, chamado ponto de confluência, é usado para acessar o *qi* e o sangue do vaso extraordinário e torná-lo disponível para o uso pelos sistemas orgânicos. Clinicamente, cada um dos oito vasos extraordinários forma uma dupla com outro, formando quatro pares. Quando usamos o ponto confluente de um vaso, usamos também o ponto de seu vaso pareado (**A**).

Funções

Os oito vasos extraordinários funcionam como reservatório de *qi* e sangue: enchem-se e esvaziam-se conforme requerido pelas condições variáveis e a presença de patologias nos canais regulares ou nos sistemas orgânicos. Todos os oito vasos extraordinários são estreitamente relacionados às funções dos sistemas fígado e rim e ao funcionamento do útero e do cérebro.

As funções básicas são as de promover interconexões adicionais dos canais principais com os sistemas orgânicos e regular o fluxo de *qi* e sangue nos canais principais. Um excesso de *qi* e sangue nos canais principais pode ser armazenado nos oito vasos extraordinários e liberado conforme requerido (**B**).

Canal	Ponto de confluência	Canal pareado	Ponto de confluência
Vaso governador	ID3	Vaso *yang* do calcanhar	B62
Vaso controlador	P7	Vaso *yin* do calcanhar	R6
Vaso penetrante	BP4	Vaso *yin* de conexão	Pe6
Vaso da cintura	VB41	Vaso *yang* de conexão	TA5

(A) Os pares dos oito vasos extraordinários e seus pontos de confluência.

Vaso extraordinário	Funções	Patologias primárias
Vaso governador *Du mai* 督脉	Mar do canais *yang*. Mar das medulas. Regula os canais *yang*. Abriga o cérebro e se conecta ao rim. Reflete a fisiologia e a patologia do cérebro e do líquido espinal.	Dor e rigidez nas costas, desmaio infantil por medo (*xiao er jing jue*), sensação de cabeça pesada, hemorroidas, infertilidade, malária, mania e isolamento, agitação dos órgãos (*zang zao*, transtornos mentais)
Vaso controlador *Ren mai* 任脉	Mar dos canais *yin*. Regula os canais *yin*. Regula a menstruação e nutre o feto.	Irregularidades menstruais, bloqueio menstrual, abortamento, infertilidade, hérnias (*shan qi*), enurese, massas abdominais.
Vaso penetrante *Chong mai* 冲脉	Mar dos canais principais. Regula os 12 canais principais. Mar do sangue. Regula a menstruação.	Mulheres: sangramento uterino, abortamento, bloqueio menstrual, irregularidades menstruais, escassez de leite, dor no baixo ventre, ejeção de sangue (*tu xue*). Homens: emissão seminal, impotência, prostatites, uretrites, orquites.
Vaso da cintura *Dai mai* 代脉	Enfeixa os canais que atravessam longitudinalmente o tronco. Regula o equilíbrio do *qi* que sobe e desce pelo corpo.	Corrimento vaginal, prolapso uterino, distensão e plenitude abdominais, lombar flácida (*yao xi ruan ruo*).
Vaso *yang* do calcanhar *Yang qiao mai* 阳跷脉	Controla a abertura e fechamento dos olhos. Controla a ascensão dos fluidos e o descenso do *qi*. Equilibra o *yin* e o *yang qi* do corpo.	Problemas oculares, olhos secos e coçando, insônia, falta de agilidade, espasmos ou tensão muscular ao longo da face lateral da perna, combinados com flacidez na face medial da perna.
Vaso *yin* do calcanhar *Yin qiao mai* 阴跷脉	Controla a abertura e fechamento dos olhos. Controla a ascensão dos fluidos e o descenso do *qi*. Equilibra o *yin* e *yang qi* do corpo.	Problemas oculares, peso nos olhos, dificuldade de abrir os olhos, sonolência, dor no baixo ventre que se estende para os genitais, padrões de amontoamento, espasmos ou tensão muscular ao longo da face medial da perna combinados com flacidez na face lateral da perna
Vaso *yang* de conexão *Yang wei mai* 阳维脉	Une todos os principais canais *yang*. Compensa a superabundância ou a insuficiência do *qi* na circulação dos canais Regula a atividade dos canais *yang*. Governa o exterior do corpo.	Sinais de invasão externa incluindo tosse, espirros, dores musculares e febre (*fa re*), aversão ao frio, sensação de calor no corpo ou hiperatividade
Vaso *yin* de conexão *Yin wei mai* 阴维脉	Conecta o fluxo dos principais canais *yin* do corpo. Regula a atividade dos canais *yin*. Governa o interior do corpo. Equilibra as emoções.	Qualquer condição dos órgãos internos, especialmente aquelas se manifestando nos órgãos e *yin* ou causados por desapontamentos emocionais.

(B) Funções dos oito vasos extraordinários (adaptado de Ellis, Wiseman e Boss, 1991; Ni, 1996).

Vaso governador Todos os canais principais fazem intersecção com o vaso governador (**A**). Esse vaso governa os canais *yang*, é chamado de mar do *yang*, aquece os órgãos e canais e se conecta a útero, rins, coração e cérebro. Conforme sobe pelo corpo, esse vaso leva *qi* e sangue para a cabeça, influenciando no funcionamento do cérebro, da cabeça e dos órgãos dos sentidos e faz circular o *yang qi* dos rins para nutrir as medulas e os ossos, assim influenciando a constituição e aumentando a imunidade. O vaso governador tem seu par no vaso *yang* do calcanhar, e seu ponto confluente é o ID-3.

Vaso controlador Todos os canais principais *yin* conectam-se ao vaso controlador (**B**). Ele regula os canais *yin*; é chamado de mar do *yin qi*, leva o sangue, a essência e os líquidos corporais aos órgãos e canais, e ascendentemente para face, lábios e olhos. O vaso controlador regula as funções dos órgãos internos e dos órgãos reprodutivos masculinos e femininos e faz par com o vaso *yin* do calcanhar; seu ponto de confluência é o P-7.

Vaso penetrante Esse vaso (**C**) armazena e regula o sangue, é chamado de mar do sangue, regula a circulação do *qi* e do sangue, controlando os 12 canais principais e, por isso, também é chamado de mar dos 12 canais. O vaso penetrante tem como par o vaso de conexão *yin*, e seu ponto confluente é o BP-4.

Vaso da cintura Único canal que circula pelo corpo transversalmente (**D**), o vaso da cintura controla e enfeixa todos os canais longitudinais, e regula a cintura, a coluna lombar e as extremidades inferiores. Diz-se que o vaso da cintura regula o canal da vesícula biliar. Esse vaso tem como par o vaso *yang* de conexão, e seu ponto confluente é o VB-41.

Vasos *yin* e *yang* de conexão O vaso de conexão *yin* domina o interior do corpo e equilibra as emoções. Seu vaso pareado é o vaso penetrante, e seu ponto de confluência é o Pe-6. O vaso de conexão *yang* domina o exterior do corpo, equilibra o *yang qi* e as emoções e forma par com o vaso da cintura, e seu ponto de confluência é o TA-5.

Vasos *yin* e *yang* do calcanhar Esses vasos equilibram o *yin* e o *yang qi* do organismo. Na parte baixa do corpo, equilibram o movimento das extremidades inferiores, permitindo uma marcha uniforme e equilibrada. Na parte alta do corpo, esses vasos regulam a abertura e o fechamento dos olhos e regulam e equilibram a função do cérebro, especialmente no que se relaciona à atividade e ao repouso. O vaso *yang* do calcanhar forma par com o vaso governador, e seu ponto confluente é o B-62. O vaso *yin* do calcanhar faz par com o vaso controlador, e seu ponto confluente é o R-6.

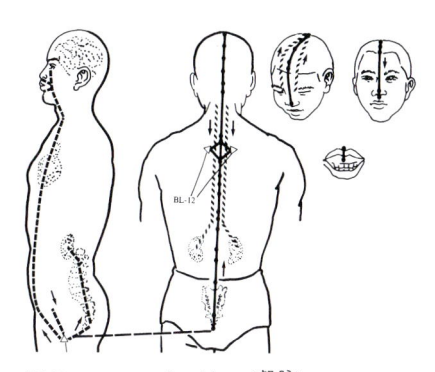

(A) Vaso governador (*du mai* 督脉).

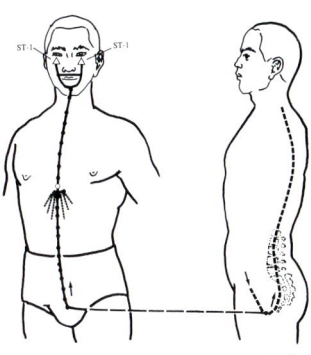

(B) Vaso controlador (*ren mai* 任脉).

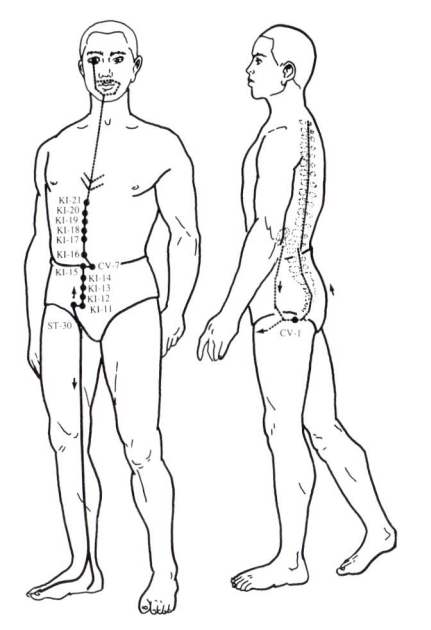

(C) Vaso penetrante (*chong mai* 冲脉).

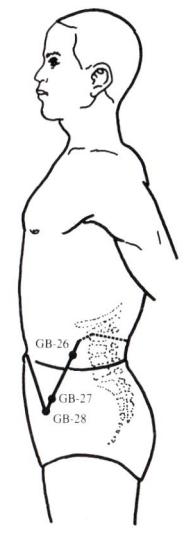

(D) Vaso da cintura (*dai mai* 代脉).

Os vasos de conexão (luo mai 络脉)

Conforme mencionado anteriormente, há dois tipos principais de trajetos no corpo. O segundo maior grupo é o dos vasos colaterais ou de conexão (**A-D**; ver também p. 185 para um resumo do sistema de canais e colaterais). Os vasos de conexão ligam os órgãos e canais interna/externamente relacionados. Esses vasos são bilaterais e simétricos, mas vão em todas as direções e são relativamente superficiais. Em conjunto com o restante do sistema de canais, os vasos de conexão formam uma rede de trajetos que integram o corpo inteiro e distribuem o *qi* e o sangue, principalmente pela superfície do corpo.

Há dois subtipos de vasos de conexão: os 16 divergentes de conexão (*bie luo* 别 洛) e uma série de vasos muito pequenos que atravessam o corpo inteiro, sem trajetos particulares. O primeiro grupo inclui os vasos de conexão transversais e os vasos de conexão longitudinais. O segundo grupo inclui os vasos diminutos, os vasos de conexão superficiais (*fu luo* 浮络) e os vasos de conexão sanguíneos (*xue luo* 血络).

Características dos vasos de conexão

Cada um dos 12 canais principais tem um vaso de conexão que liga o canal principal ao seu canal pareado de forma direta e possui um ramo longitudinal com patologias específicas. Além disso, o vaso controlador tem um vaso de conexão que brota do Ren-15 (logo abaixo do processo xifoide no peito) e se dispersa pelo peito e abdome. O vaso governador tem um vaso de conexão que sai do Du-1 (na ponta do cóccix) e se dispersa pelas costas. O canal do baço tem um segundo vaso de conexão (o grande vaso de conexão do baço), que brota do BP-21 e se dispersa pelas laterais do corpo, e o canal do estômago tem um segundo vaso de conexão (o grande vaso de conexão do estômago), que brota do E-18 e se dispersa sobre a área do coração.

Aplicações clínicas gerais dos vasos de conexão

Os 16 pontos de conexão dos vasos de conexão são usados para tratar três tipos básicos de problemas: problemas do canais relacionados interna/externamente; distúrbios sistêmicos, tais como dor em todo o corpo, prurido na pele ou dor lombar (aplica-se especialmente aos vasos de conexão dos vasos controlador e governador e aos grandes vasos de conexão do baço e do estômago); e distúrbios dos vasos de conexão longitudinais.

Dezesseis divergentes colaterais

De acordo com *O Clássico de Medicina do Imperador Amarelo*, os vasos de conexão longitudinais e transversais são um vaso com dois ou mais trajetos. Ambos surgem no ponto de conexão (*luo* 络) do canal associado; entretanto, como seus trajetos são bastante distintos e suas funções e sintomatologias diferem, sob uma perspectiva clínica, é útil separá-los para a discussão.

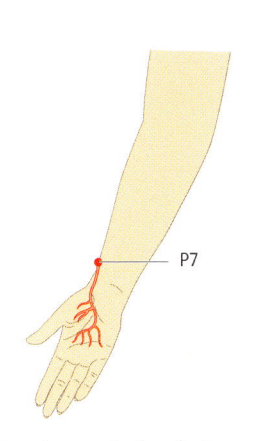

Teoria dos Canais e Colaterais (Jing Luo Xue 经络学) **183**

(A) Vaso de conexão do pulmão.

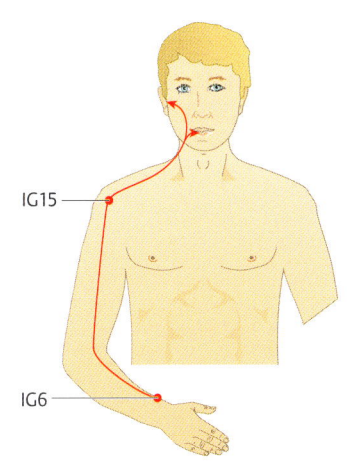

(B) Vaso de conexão do intestino grosso.

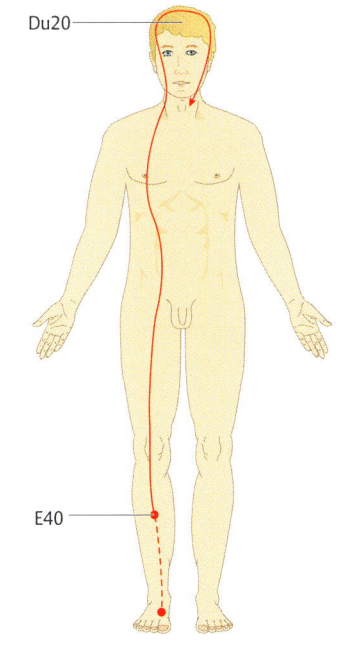

(C) Vaso de conexão do estômago.

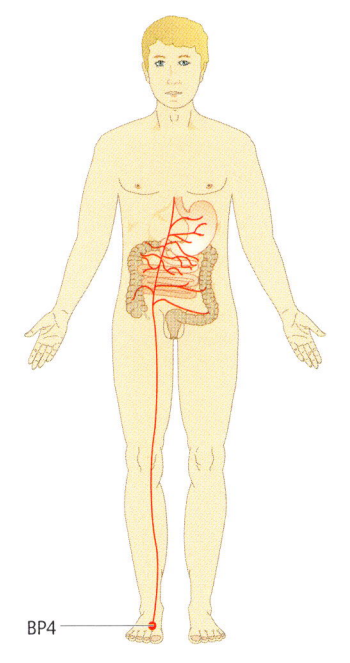

(D) Vaso de conexão do baço.

Divergentes de conexão transversais

Há 12 vasos de conexão transversais. Frequentemente são trajetos muito curtos, que vão do ponto de conexão de cada canal para o seu canal interna/externamente relacionado. Clinicamente, usando os pontos de conexão e fonte dos canais pareados, o *qi* em um canal pode ser equilibrado ou harmonizado. Essencialmente, esses trajetos curtos e específicos servem como uma conexão direta entre os canais *yin* e *yang* dos pares interna/externamente relacionados, fortalecendo a relação entre os canais pareados. Usando um tratamento com os pontos de conexão-fonte (também conhecido como convidado-anfitrião), o *qi* dos dois canais pode ser harmonizado e doenças afetando ambos os canais podem ser tratadas.

Divergentes de conexão longitudinais

Assim como os vasos de conexão transversais, esses vasos surgem dos pontos de conexão do canal com o mesmo nome. Entretanto, têm trajetos e patologias específicas que diferem das patologias dos canais principais relacionados. Ter consciência desses trajetos e de seus sintomas associados ajuda o acupunturista a determinar o tratamento apropriado. Também em semelhança aos divergentes de conexão transversais, os divergentes de conexão longitudinais são tratados usando o ponto de conexão dos canais afetados. Essas estratégias de tratamento são discutidas em detalhes na seção "Estratégias de seleção de pontos" (ver p. 186).

Vasos de conexão diminutos, superficiais e sanguíneos

Os vasos de conexão diminutos (ramos muito pequenos e inespecíficos dos divergentes de conexão) levam o *qi* e o sangue para todas as áreas do corpo que não são cobertas por outros canais, formando uma rede que cobre todo o corpo. Os vasos de conexão superficiais, também chamados de vasos-neto, são pequenos ramos dos divergentes de conexão que, algumas vezes, são visíveis na superfície da pele. Embora estreitamente associados aos vasos diminutos, considera-se que sejam um tanto mais superficiais. Os vasos de conexão sanguíneos aparecem como vasos sanguíneos muito finos na superfície da pele. Quando mudam de cor e se tornam escuros ou estagnados, é usada uma técnica chamada de punção dos vasos, em que uma agulha trifacetada é usada para puncionar os vasos de conexão sanguíneos e liberar o sangue.

Uma vez que foram discutidos todos os vários tipos de canais e vasos de conexão, passaremos para as estratégias de seleção de pontos. Como este texto não se ocupa da localização dos pontos, não discutiremos todos os pontos do corpo e suas funções individuais, mas apresentaremos vários estudos de caso para mostrar como um acupunturista pode pensar a seleção de pontos.

Teoria dos Canais e Colaterais (Jing Luo Xue 经络学) **185**

- **Sistema de canais (jing huo)**
- **Canais (Jing Mai)**
  - **12 canais principais (shi er zheng jing)**
    - Mão
      - Três yin
        - Yin maior (tai yin) da mão canal do pulmão
        - Yin terminal da mão (jue yin) canal do pericárdio
        - Yin menor (shao yin) da mão canal do coração
      - Três yang
        - Yang brilhante da mão (yang ming) canal do intestino grosso
        - Yang menor (shao yang) da mão canal do triplo queimador
        - Yang maior (tai yang) da mão canal do intestino delgado
    - Pé
      - Três yin
        - Yin maior (tai yin) do pé canal do baço
        - Yin terminal do pé (jue yin) canal do fígado
        - Yin menor (shao yin) do pé canal do rim
      - Três yang
        - Yang brilhante do pé (yang ming) canal do estômago
        - Yang menor (shao yang) do pé canal da vesícula biliar
        - Yang maior (tai yang) do pé canal da bexiga
    - 12 canais divergentes (jing bie)
    - 12 canais tendinomusculares (jing jin)
    - 12 regiões cutâneas (pi bu)
  - **Oito vasos extraordinários (qi jing ba mai)**
    - Vaso governador (du)
    - Vaso controlador (ren)
    - Vaso penetrante (chong)
    - Vaso da cintura (dai)
    - Vaso yang do calcanhar (yang qiao)
    - Vaso yin do calcanhar (yin qiao)
    - Vaso yang de conexão (yang wei)
    - Vaso yin de conexão (yin wei)

- **Vasos de conexão (huo mai)**
  - 16 divergentes de conexão (bie luo) → Divergentes de conexão transversais
  - Vasos de conexão superficiais (fu luo)/
  - Vasos de conexão menores (sun luo)
  - Vasos diminutos de conexão (xi luo) → Divergentes de conexão longitudinais

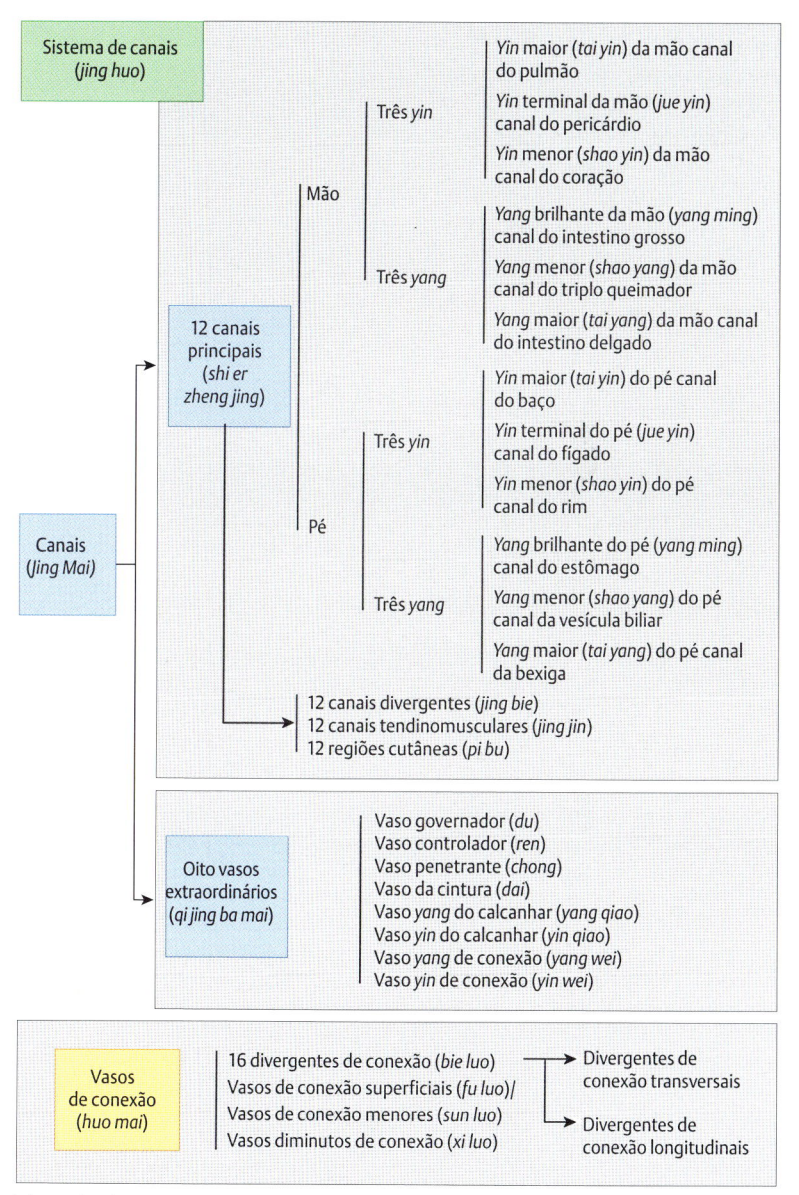

(A) Quadro do sistema de canais e vasos de conexão (© Marnae e Kevin Ergil).

Estratégias de seleção de pontos

Princípios gerais para a criação de uma seleção de pontos

Antes de determinar os pontos específicos a serem utilizados em um tratamento, várias coisas devem ser consideradas. Em primeiro lugar, deve-se chegar a um diagnóstico correto. Sem esse diagnóstico, pontos podem ser selecionados para tratar os sintomas aparentes de uma dada situação, mas não irão tratar a raiz dos sintomas. Por exemplo, no caso de um paciente que se apresenta com uma dor crônica no ombro, há muitos pontos que podem ser escolhidos para tratar a dor sem nem mesmo se ter chegado a um diagnóstico conforme a medicina chinesa. Embora a dor no ombro possa ser de alguma forma melhorada, a raiz do problema não foi abordada e é provável que a dor retorne.

Uma vez que um diagnóstico seja alcançado, o processo de escolher um grupo de pontos pode começar. O processo começa com a combinação de pontos (**A**), que requer que o médico tenha conhecimento de todos os pontos possivelmente apropriados para uma determinada condição. O grande conjunto de pontos é escolhido com base no entendimento da teoria dos canais e no conhecimento das áreas que os diferentes canais afetam; com base no conhecimento das categorias de pontos e no modo como pontos de categorias específicas afetam áreas do corpo; com base no conhecimento dos pontos específicos dos canais e na forma como eles diferem; e no conhecimento dos pontos empíricos que possam ser apropriados para um dado diagnóstico ou condição.

Uma vez que o grande conjunto de pontos tenha sido criado, duas ou três prescrições de acupuntura menores podem ser planejadas. Esse é o processo de seleção de pontos (**A**). É importante que se tenha duas ou três prescrições em mente de forma que o mesmo tratamento não seja usado o tempo todo. Diferentes tratamentos podem incluir tratamento na frente ou nas costas, ou outros para serem alternados em cada visita.

Seleção de pontos

Em primeiro lugar, uma prescrição de pontos (**A**) deve se ocupar tanto das manifestações quanto da raiz do problema. Assim, se um paciente chega com uma queixa principal de cefaleia, o médico deve desenvolver uma prescrição de pontos que trate a raiz daquela cefaleia, mas deve também contemplar os sintomas apresentados. Se o foco for inteiramente na raiz, é possível que não haja melhora da dor de cabeça por várias semanas, uma situação que não ajuda a construir uma prática clínica de sucesso.

Em segundo lugar, uma prescrição de pontos precisa ser equilibrada. Equilíbrio inclui balanço dos pontos entre as porções alta e baixa, e esquerda e direita do corpo, e balanço dos pontos entre os canais *yin* e *yang* (**B**). Retornando ao nosso exemplo de cefaleia, se forem escolhidos somente pontos na parte alta do corpo, isso pode fazer com que o *qi* e o sangue se movam muito rapidamente ou com muita força para a parte superior do corpo, causando cefaleia.

Combinação de pontos: escolhendo o conjunto de pontos que deve ser usado no tratamento	
1. Diagnóstico correto	a. Teoria dos canais
2. Princípios e método de tratamento corretos	b. Trajetória dos canais
3. Escolha de um conjunto de pontos que preencha os princípios e métodos de tratamento baseado em:	c. Áreas de efeito
	d. Categorias de pontos
	e. Pontos empíricos
Seleção de pontos: criando a prescrição específica de pontos	
1. Ocupar-se da raiz e da manifestação	5. Manter a quantidade de pontos em um número adequado
2. Equilibrar:	
a. Pontos *yin* e *yang* do canal	6. Determinar se alguma terapia adjuvante deve ser usada:
b. Regiões ventral e dorsal do corpo	
c. Alto e baixo do corpo	a. Moxabustão
d. Lados esquerdo e direito do corpo	b. Ventosas
3. Selecionar pontos locais, adjacentes e distantes	c. Martelo de sete pontas
4. Entender a função geral de cada prescrição de pontos	d. *Gua sha*
	e. Terapias corporais

(A) Princípios de combinação e seleção de pontos.

Canal	Nome	Aplicações comuns	Aplicações individuais
Três canais *yin* da mão	Pulmão	Problemas no peito	Pulmão, garganta, nariz, padrões de exterior
	Pericárdio		Mentais, coração, estômago
	Coração		Mentais, coração, olho
Três canais *yang* da mão	Intestino grosso	Face, cabeça, órgãos dos sentidos, doenças febris	Frente da face e cabeça
	Intestino delgado		Região occipital e nuca, escápula, mentais
	Triplo queimador		Região temporal, lados da cabeça e da face, região dos hipocôndrios
Três canais *yin* do pé	Baço	Distúrbios urogenitais, do abdome e do peito	Baço e estômago
	Rim		Rim, pulmão e garganta
	Fígado		Fígado e vesícula biliar
Três canais *yang* do pé	Estômago	Transtornos mentais, doenças febris, problemas dos olhos	Frente da face e da cabeça, sistema digestivo
	Bexiga		Região occipital e nuca, dorso e lombar
	Vesícula biliar		Regiões temporais, lados da cabeça e da face, região dos hipocôndrios, costelas

(B) As aplicações clínicas dos pontos dos quatro membros. (Adaptado de Ellis, Wiseman e Boss, 1991, p. 57).

Em terceiro lugar, a seleção de pontos baseia-se na seleção de pontos locais, adjacentes e distais para o tratamento de uma determinada situação. Para dores de cabeça, pode-se escolher um ponto diretamente no local da dor. Além disso, escolher-se-iam pontos próximos do local da dor (adjacentes) e, por fim, seriam escolhidos pontos nos quatro membros como pontos distais. Esse processo equilibra a prescrição, e o *qi* movimenta-se de forma a dar conta tanto do problema clínico ou sintomas (a manifestação) quanto da causa (a raiz).

Em quarto lugar, os elementos de função e tamanho do tratamento devem ser considerados. Da mesma forma que cada ponto individual escolhido terá suas funções e indicações próprias, a prescrição como um todo também deve ter uma função. Se a causa das dores de cabeça for a estagnação do *qi* do fígado, então os pontos devem agir em conjunto para mover o *qi* do fígado e tratar a cefaleia. Essencialmente, a função da prescrição de pontos deve ser adequada ao método de tratamento que é determinado pelo diagnóstico.

Por último, deve-se também considerar o número de agulhas que estão sendo inseridas. Alguns acupunturistas dizem que não mais do que oito agulhas devem ser inseridas. Outros dizem que oito pontos bilaterais (16 agulhas) devem ser usadas. Embora não haja regra absoluta quanto ao número de agulhas usadas, é geralmente melhor manter um tratamento de acupuntura menor, escolhendo, dessa forma, pontos que possam atuar em vários aspectos do tratamento, o que sempre é mais efetivo do que escolher pontos que atuam somente em um sintoma. Entretanto, há muitas exceções a essa regra, e algumas estratégias de tratamento podem empregar um número maior de agulhas.

Questões como a frequência das aplicações assim como as técnicas a serem utilizadas também devem ser tratadas. Na China, considera-se que 10 aplicações sejam um curso ideal de tratamento. Essas aplicações são geralmente feitas diariamente ou em dias alternados por 10 a 20 dias. Há, então, uma pausa por 10 dias, e, se necessário, o tratamento recomeça. No Ocidente, ainda que 10 aplicações sejam geralmente consideradas um curso apropriado de tratamento, a tendência é tratar uma vez por semana, por 10 semanas. Essa abordagem nem sempre é útil, pois muitas doenças respondem melhor a aplicações mais frequentes. As técnicas também variam muito dependendo do sistema em que cada um foi treinado, seja ele a MTC, um dos muitos sistemas que vieram do Japão e da Coreia, ou um dos sistemas desenvolvidos fora da Ásia.

Uma das partes mais importantes do processo de combinação/seleção de pontos é entender o significado clínico das categorias de pontos (**A**) (ver também p. 120-121).

	Descrição da categoria
Cinco pontos de transporte	Pontos localizados nos braços e nas pernas, abaixo dos cotovelos e joelhos, associados a uma das cincos fases. Há cinco em cada canal (ver tabelas na p. 191).
Pontos-fonte	Pontos em cada um dos 12 canais principais, nos quais o *qi* fonte acumula-se. O *qi* fonte é armazenado pelos rins e distribuído por todo o corpo pelo triplo queimador. Usados para promover o fluxo do *qi* fonte e regular a função dos órgãos internos.
Pontos de conexão	O local onde o vaso de conexão sai do canal principal. Usados para tratar órgãos relacionados interna/externamente e os vasos de conexão longitudinais. Esses pontos são frequentemente combinados com os pontos-fonte, e essa combinação é chamada de tratamento convidado-anfitrião.
Pontos de alarme	Locais no peito e no abdome em que o *qi* é coletado. Há um ponto de alarme para cada um dos 12 órgãos. São palpados para verificar sensibilidade, inchaços, abscessos, depressões, etc., e usados para tratar o órgão relacionado.
Pontos de transporte posterior	Pontos localizados no canal da bexiga, laterais à coluna. Há um ponto de transporte posterior para cada órgão, e o *qi* desse órgão passa pelo ponto. Usados para tratar o órgão associado. Pontos de transporte posterior são frequentemente combinados com os pontos de alarme para tratar doenças dos órgãos e vísceras.
Oito pontos de influência	Pontos que são efetivos para o tratamento de determinado tecido ou substância. Esses são pontos bastante gerais e podem tratar qualquer tipo de desarmonia nos tecidos e substância a eles relacionados. São geralmente combinados com outros pontos para aumentar as suas especificidades.
Quatro pontos de comando	Pontos que são especialmente efetivos no tratamento de problemas localizados em uma área anatômica particular do corpo.
Oito pontos de confluência	Cada um dos oito canais extraordinários tem um único ponto em um dos 12 canais principais considerado confluente com o canal extraordinário associado e abre ou dá acesso ao canal.
Pontos-fenda	Conforme o *qi* e o sangue circulam pelo corpo, vão se acumulando no ponto-fenda. Esses pontos refletem a repleção ou o vazio em um canal. Dor aguda ou intensa à pressão no ponto ou vermelhidão e edema indicam repleção, e dor surda ou leve ou depressão no ponto indicam vazio.
Pontos de cruzamento/ intersecção	Pontos em que dois ou três canais se cruzam. Possuem forte efeito terapêutico em todos esses canais, frequentemente eliminando a necessidade de usar múltiplos pontos.
Pontos *a shi*/ "é aí!"	Pontos que estejam particularmente sensíveis à palpação. São mais usados para tratar problemas nas suas vizinhanças imediatas.

(A) Categorias de pontos.

Pontos de transporte (pontos das cinco fases)

Talvez os mais poderosos, e certamente os mais comumente usados, sejam os pontos de transporte. Esses pontos, localizados nos antebraços e pernas, abaixo dos cotovelos e joelhos, são associados às cinco fases (ver também p. 60-64). Iniciando na pontas dos dedos das mãos ou pés, e indo até os cotovelos ou joelhos, há cinco pontos em cada canal que são associados às cinco fases, no total de 60 pontos. Os cinco pontos são poço, nascente, riacho, rio e mar (de união). Os pontos que cabem nessas categorias em cada canal e suas fases relacionadas são mostrados em **A**. Os nomes das categorias de cada um desses pontos são relacionados com um curso de água, usado como uma metáfora do fluxo do *qi* pelo corpo. O *qi* flui do cume das montanhas, nos pontos poço, localizados nas pontas dos dedos dos pés ou das mãos, onde se considera que o *qi* é "raso e brando", para a nascente, onde o *qi* tem a "qualidade de um jorro". Da nascente, o *qi* vai para os pontos riacho, onde o fluxo verte de raso para profundo. Do riacho, o fluxo continua para o rio, onde se torna mais forte. Por fim, o *qi* flui para os pontos mar, nos joelhos e cotovelos. Aqui o *qi* se une ao seu órgão relacionado, assim como um rio se une ao oceano. Assim, os nomes dos pontos descrevem a natureza do *qi* em cada um deles. É preciso ressaltar que essa descrição da natureza do fluxo do *qi* não é a mesma do fluxo direcional através dos canais. Há duas maneiras principais de usar esses pontos na clínica e que baseiam a seleção dos pontos.

Na primeira, esses pontos são empregados com base na situação que se apresenta. Primeiramente discutida em *O Clássico das Dificuldades* e, mais tarde, elaborada teoricamente ao longo dos anos, cada uma dessas categorias de pontos mostrou-se efetiva no tratamento de certos tipos de situações. Os pontos poço são especialmente efetivos para ressuscitar um espírito obnubilado e, quando sangrados, para remover o calor; pontos nascente são indicados para condições de calor contraídas do exterior; pontos riacho tratam dor nas articulações; pontos rio tratam tosse e falta de ar; e os pontos mar tratam padrões dos órgãos. Assim, o ponto apropriado em dado canal pode ser selecionado para tratar qualquer uma dessas condições que se manifestam em um determinado órgão (**B**).

Na segunda, esses pontos são selecionados de acordo com as suas correspondências com os cinco elementos. Cada um dos pontos de transporte é relacionado a uma fase específica (assim como é o órgão relacionado ao canal onde fica o ponto). Essas relações podem ser utilizadas em modelos de tratamento baseados em teorias de graus crescentes de complexidade.

Localização	Relação do canal *yin* com a fase	Categoria de ponto	Relação do canal *yang* com a fase	Representação do *qi*
Próximo à ponta dos dedos	Madeira ▽	Poço	Metal	A natureza rasa e branda do *qi*
O segundo ponto mais distal	Fogo △	Nascente	Água	O *qi* é um pouco maior, como uma pequena fonte
Geralmente o terceiro ponto mais distal nos pulsos e nos calcanhares	Terra □	Riacho	Madeira	O *qi* é descrito como um riacho fluindo rapidamente de um local raso para um mais profundo
No antebraço ou na perna	Metal ◇	Rio	Fogo	O *qi* está se movendo livremente como a água em um rio
Em volta do cotovelo ou do joelho	Água ○	Mar	Terra	Diz-se que o *qi* flui grande e profundo, conforme se une ao órgão relacionado ao canal

(A) Natureza, localização e relações dos pontos de transporte com as fases.

Categoria de pontos	Aplicações clínicas
Poço	Ressuscitar o espírito obnubilado Remover o calor
Nascente	Condições de calor contraídas do exterior
Riacho	Dor nas articulações
Rio	Tosse e dispneia
Mar	Padrões dos órgãos

(B) As aplicações clínicas históricas dos pontos de transporte.

Em um nível bem básico, entende-se que condições de vazio podem ser tratadas pela tonificação da mãe, e condições de repleção podem ser manejadas sedando o filho do órgão afetado. Assim, se houver vazio na fase terra, o ponto-mãe no canal terra deve ser tonificado (o ponto fogo do canal do baço). Além disso, pode-se optar por tonificar o ponto da mesma fase no canal-mãe (o ponto fogo no canal do coração).

Como alternativa, se houver uma condição de repleção na fase terra, condição que mais frequentemente ocorre no estômago, é possível sedar o ponto filho no canal terra (o ponto metal no canal do estômago) ou o ponto da mesma fase no canal filho (ponto metal no canal do intestino grosso).

Os compêndios clássicos chineses de estratégias de seleção de pontos discutem muitas variantes dessas técnicas, originalmente sugeridas nas discussões teóricas de *O Clássico das Dificuldades*. Essas abordagens tornaram-se muito populares na década de 1930 e novamente na de 1950 à medida que a acupuntura no Japão passou por períodos de interesse revivido nas teorias da acupuntura de *O Clássico das Dificuldades*. As escolas contemporâneas de pensamento clínico no Japão, como a Terapia Japonesa dos Meridianos, utilizam extensivamente os pontos de transporte com base no paradigma das cinco fases. Essa abordagem da seleção de pontos de acupuntura também é praticada na Coreia (notadamente no método coreano dos quatro pontos) e elaborada na China com o método dos seis pontos (**A**). Assim, a abordagem propõe a noção de que se uma fase está em vazio ou repleção, pode-se utilizar as relações dos ciclos de geração e restrição para tonificar ou sedar a fase afetada conforme seja necessário.

Por exemplo, quando um paciente apresenta um padrão de repleção do estômago com fome clamorosa e hálito fétido, o E45, ponto metal (Filho da terra) no canal afetado seria sedado, e o IG44, ponto metal do canal-filho (o intestino grosso é um canal da fase metal e, portanto, de novo o Filho da terra) seria sedado. Nesse sentido, a relação de geração ou mãe-filho seria usada aqui para retirar a repleção de *qi* da mãe sedando o filho. Simultaneamente, o ponto madeira (madeira restringe a terra) seria tonificado para aumentar os efeitos restritivos da fase madeira sobre a terra, nesse caso o E43, o ponto madeira no canal afetado, e o VB41, o ponto madeira (o ponto da fase) no canal da vesícula (madeira). Veja a aplicação do sistema no caso *Alice* em **B**.

Essas abordagens de tratamento tiveram uma substancial influência sobre algumas porções das comunidades de acupunturistas inglesas e norte-americanas por intermédio do trabalho de J. R. Worsley, cujos estudos com expoentes da Terapia Japonesa dos Meridianos desenvolvem uma abordagem de diagnóstico e tratamento em acupuntura baseada quase exclusivamente nas correspondências das cinco fases e nos pontos de transporte.

Condições de vazio	
Método coreano dos quatro pontos	Tonificar o ponto mãe no canal do órgão afetado
	Tonificar o ponto da fase no canal mãe
	Sedar o canal da fase que controla (o canal avô)
	Sedar o ponto da fase no canal controlado pela fase afetada (o canal neto)
Método chinês dos seis pontos adiciona:	Sedar a fase controlada pela fase afetada (o ponto neto) no canal do órgão afetado
	Sedar o ponto da fase no canal controlado pela fase afetada (o canal neto)
Condições de repleção	
Método coreano dos quatro pontos	Sedar o ponto filho da fase afetada no canal do órgão afetado
	Sedar o ponto da fase no canal filho do órgão afetado
	Tonificar o ponto da fase no canal que controla o órgão afetado (o canal avô)
	Tonificar o ponto que controla (o ponto avô) no canal do órgão afetado
Método chinês dos seis pontos adiciona:	Tonificar o ponto da fase controlada pela fase afetada (o ponto neto) no canal do órgão afetado
	Tonificar o ponto da fase no canal controlado pela fase afetada (o canal neto)

(A) As regras das estratégias de tratamento dos métodos coreano dos quatro pontos e chinês dos seis pontos.

→ **Estudo de caso**

Alice, 23 anos, com dismenorreia severa (ver Cap. 3, p. 152-153, e p. 200-201)			
Diagnóstico	Estagnação de *qi* e sangue nos canais do fígado e da vesícula biliar causando dor menstrual		
Fase afetada: madeira	Fase filho: fogo	Fase avô: metal	Fase neto: terra
Sedar	Ponto fogo no canal madeira		F2
Sedar	Ponto fogo no canal fogo		C8
Tonificar	Ponto metal no canal metal		P8
Tonificar	Ponto metal no canal madeira		F4
Tonificar	Ponto terra no canal madeira		F3
Tonificar	Ponto terra no canal terra		BP3

(B) Aplicação das fases ao tratamento de Alice.

Microssistemas da acupuntura

Todos os microssistemas que são usados na medicina chinesa são desenvolvimentos relativamente recentes, embora alguns sejam baseados na teoria clássica. Em essência, mapas do corpo ou dos sistemas orgânicos são desenhados em várias partes do corpo, de modo que essa parte pode ser usada para tratar todo o sistema. Os microssistemas podem ser usados de três formas: a teoria médica chinesa pode ser aplicada para a escolha dos pontos (que seria, para um diagnóstico de vazio do *qi* do baço, a escolha dos pontos do baço e do estômago); o conhecimento biomédico pode ser usado para a escolha dos pontos (que seria, se houvesse um problema com o sistema endócrino, a escolha do ponto endócrino em um dado sistema); ou esses microssistemas podem ser usados sintomaticamente (que seria, se houver dor nas costas e nos joelhos, o uso dos pontos das costas e dos joelhos em um dado sistema). Muitos microssistemas diferentes foram desenvolvidos, dos quais os quatro mais comumente usados serão discutidos a seguir.

Acupuntura escalpeana

A acupuntura-padrão propõe que todo o *qi* dos órgãos sobe para a cabeça através dos diferentes trajetos de meridianos, de modo que o florescimento do *qi* e do sangue se reflete na cabeça. Nas décadas de 1950 e 1960, usando o conhecimento do mapeamento do córtex cerebral, foi desenvolvido um sistema de acupuntura para tratar problemas do sistema nervoso central. Esse sistema, mostrado em **A**, é um dos primeiros a serem desenvolvidos, entre outros que, ao longo dos últimos 50 anos, também o foram. Esse sistema parece ser bastante útil para condições como paralisias pós-AVC (acidente vascular cerebral), doença de Parkinson e outras condições relacionadas ao equilíbrio e aos movimentos.

Acupuntura do pé e da mão

Percebe-se que todos os meridianos *yin* da mão vão do peito para a mão, onde encontram os canais *yang* da mão, que retornam para a cabeça, e que todos os canais *yang* do pé vão da cabeça para os pés, onde encontram os canais *yin* do pé, retornando, assim, para o peito e o abdome. Desse modo, as mãos e os pés são um importante local de encontro e agrupamento de *qi* e sangue. Os sistemas de acupuntura da mão e do pé usam essas informações, e, com base em evidências empíricas, foram identificadas áreas das mãos e pés especialmente benéficas para o tratamento de determinados sintomas. Por exemplo, na mão há um ponto para dor de dentes, um ponto do calcanhar e um ponto para úlcera oral. As mãos também têm pontos para os órgãos e para doenças determinadas (resfriado, tosse, etc.). Esses pontos são inicialmente usados para situações agudas, mas podem, em combinação com pontos-padrão de meridianos, ser usados para condições crônicas (**B**, **C**).

Microssistemas da Acupuntura   **195**

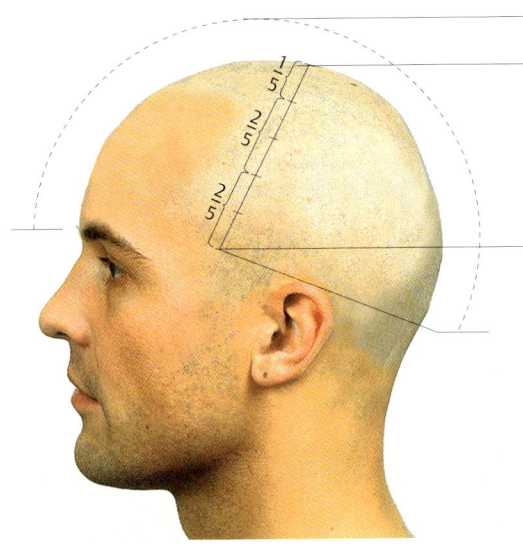

Ponto médio da linha mediana

5 cm atrás do ponto médio está o ponto superior da área motora

Ponto de intersecção entre a linha sobrancelha–occipital e a linha de implantação dos cabelos na têmpora

(A) Acupuntura escalpeana.

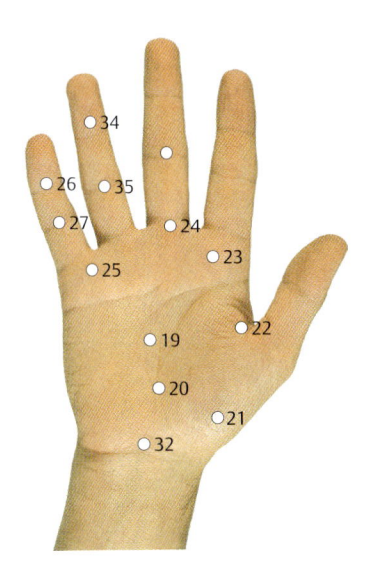

(B) Acupuntura da mão. Superfície palmar.

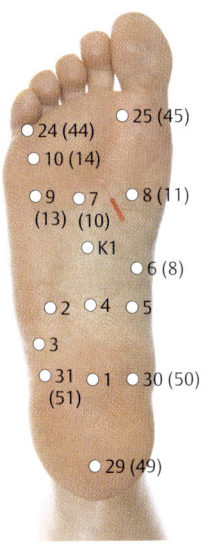

(C) Acupuntura do pé.

Acupuntura auricular

Acupuntura auricular ou na orelha é um microssistema da acupuntura amplamente usado. Embora suas origens sejam essencialmente europeias, a acupuntura auricular atualmente é uma parte integrante da acupuntura chinesa, sendo também usada, em várias partes do mundo, para ajudar indivíduos com problemas relacionados a abuso de substâncias e estresse pós-traumático.

Os pontos na orelha, particularmente no trago, são pontos-padrão de canais. Embora haja algumas evidências do uso da orelha com finalidade diagnóstica e para aplicações limitadas de acupuntura e moxabustão, não se pode dizer que a acupuntura na orelha seja parte da acupuntura chinesa clássica (Huang, 1996).

Em 1951, o Dr. Paul Nogier, um médico francês, encontrou pacientes que tinham sido tratados para dor ciática com uma queimadura (cauterização) em áreas específicas da orelha. Esses pacientes descreviam alívio dos seus sintomas (Nogier, 1981, 1983). Nogier ficou intrigado e iniciou o que se tornou um trabalho para toda a vida com as possibilidades terapêuticas dos estímulos da orelha para tratar condições médicas. Esse médico usou um número de estímulos, incluindo acupuntura, que era bem conhecida nos círculos médicos franceses por causa do trabalho de Soulié de Morant (a partir de 1939). A ideia principal de Nogier foi descrever um padrão de áreas reflexas que correspondem a um homúnculo (pequeno homem) invertido (**A**), o qual pode ser mapeado no pavilhão auricular humano.

Subsequentes à sua publicação de 1957 na Alemanha, o trabalho de Nogier foi traduzido para o chinês e publicado em 1958. Com base em publicações mais antigas de Nogier e no seu trabalho na China, a Academia de MTC de Beijing publicou uma versão de mapa de acupuntura auricular em 1977, misturando o modelo de Nogier com contribuições chinesas. A partir desse ponto, considera-se que a acupuntura auricular passou a ser um importante aspecto da acupuntura chinesa.

Em virtude de suas raízes, a acupuntura auricular é tipicamente usada como um sistema reflexo, no qual áreas da orelha são estimuladas para tratar problemas clínicos nas áreas e órgãos afetados. Entretanto, os paradigmas do tratamento pelos canais podem ser incorporados por meio do estímulo das zonas dos órgãos afetados.

Como um exemplo clínico, vale lembrar do nosso paciente *João*, com diabete, lombalgia e dor nos joelhos crônicas, e com sinais de vazio do *yang* do rim (ver também estudo de caso nas p. 198-199). Os pontos na orelha seriam selecionados e agulhados bilateralmente. As áreas associadas às vértebras lombares e nos joelhos seriam examinadas em busca de mudanças de coloração e suavemente sondadas para selecionar as áreas para acupuntura. As regiões do rim, coração, fígado, endócrina, pâncreas e adrenais também seriam agulhadas. É frequente a seleção e o tratamento, de acordo com o diagnóstico, de pontos auriculares em conjunto com pontos-padrão de canais.

A acupuntura auricular é usada como adjuvante de terapias de grupo e comportamentais para ajudar pacientes que tratam problemas relacionados ao abuso de substâncias. Tipicamente, no que é conhecido como o protocolo da National Acupuncture Detoxification Association (NADA), são agulhados bilateralmente os pontos auriculares *shen men*, fígado, rim, pulmão e simpático diariamente, pelo período de várias semanas (**B**).

Microssistemas da Acupuntura **197**

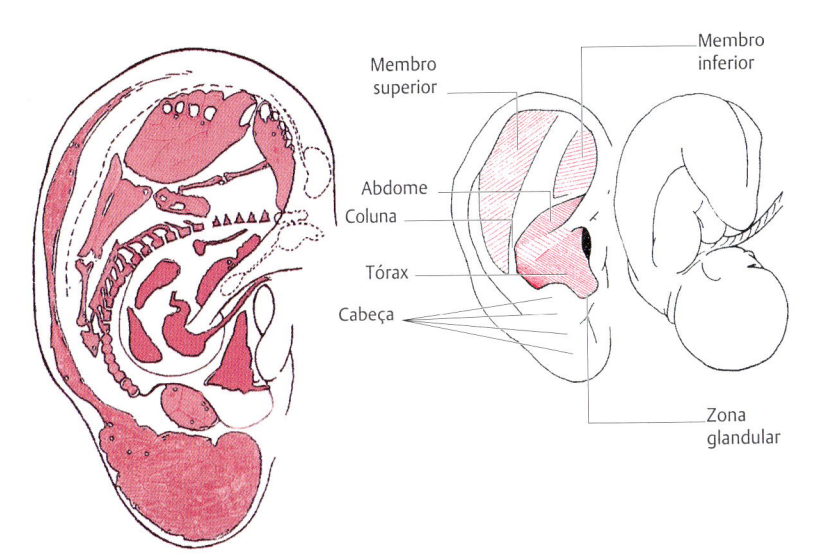

(A) A orelha e a imagem fetal correspondente. (© Raphael Nogier, reimpresso com permissão.)

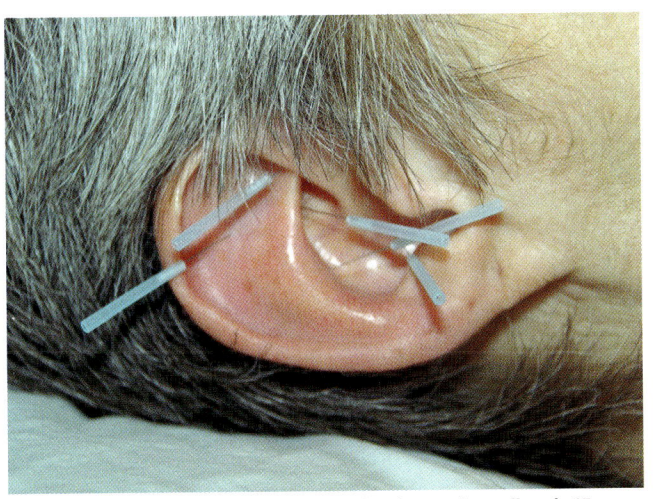

(B) A acupuntura auricular é tipicamente aplicada usando agulhas de 15 mm, que são colocadas em locais específicos da orelha. Aqui os pontos de acupuntura para o espírito (*shen men*), o sistema nervoso simpático, o rim, o fígado e o pulmão estão agulhados para reduzir o estresse e reforçar as funções fisiológicas.

→ **Estudo de caso João: masculino, 69 anos, com lombalgia crônica e dor nos joelhos há 12 anos**

Dor crônica lombar e nos joelhos que se desenvolveram gradualmente sem lesão inicial.

Descrição

Dolorimento constante, de pouca intensidade e fixo, que piora com o exercício e a fadiga e melhora com o calor e o repouso. A dor começa na segunda vértebra lombar e se espalha pelo lado esquerdo do dorso. Há um ponto aproximadamente 10 cm lateral à coluna, em nível de L4, particularmente sensível à palpação. A dor nos joelhos localiza-se no aspecto anterior e medial de ambos os lados. Os joelhos são frios à palpação. *João* está com sobrepeso e teve diagnóstico de diabete, para o qual usa insulina, apresenta dificuldade de controlar seus níveis de glicose e, devido ao diabete, sente dormência nos dedos dos pés e frequentemente apresenta bolhas nos pés que demoram meses para curar. A face de *João* é pálida e apresenta bolsas grandes, inchadas e brancas sob os olhos. Seu pulso é de 62 bpm, profundo e escorregadio. A língua é pálida com marcas de dentes e com saburra espessa e branca.

Diagnóstico

Vazio do *yang* do rim e umidade, causando dor lombar e nos joelhos.

Princípios e métodos de tratamento

Aquecer e revigorar o *yang* do rim, transformar a umidade e cessar a dor. A técnica mais efetiva para aquecer é a moxabustão. Assim, devemos usar a moxabustão para aquecer os rins e as áreas afetadas.

Prescrição

Para começar, selecionam-se pontos dos canais afetados, incluindo o da bexiga (que atravessa o dorso e vai até os dedos dos pés), o vaso governador (que sobe pela coluna), o canal do baço (importante para transformar a umidade e passa pelos joelhos) e o canal do rim para tratar a condição raiz e que também passa pelos joelhos. A prescrição a ser examinada inclui: B23, B52, Du4, B32, um ponto "é aí!" nas costas, B40, B60, BP9, ID3 e lombar na orelha. Essa prescrição tem 10 pontos (18 agulhas, pois o Du4 não é bilateral), move o *qi* do *yang* maior e abre o vaso governador para cessar a dor. Essa prescrição também trata a raiz, aumentando o *yang* do rim e drenando a umidade, e aquece o *yang* com o uso da moxabustão. Além disso, é equilibrada, trata a raiz e a manifestação e tem pontos locais, adjacentes e distais. A função geral da prescrição está de acordo com o método de tratamento e possui tamanho adequado (ver **A**). A dor lombar de *João* é crônica e causada pelo vazio dos rins, de forma que é improvável que seja totalmente resolvida. Com o tratamento regular, *João* deve ficar apto a permanecer ativo e manter o nível da dor relativamente leve.

Estudo de caso

Nome e número do ponto	Categorias e localizações relevantes	Ações do ponto na prescrição	Técnica/notas
B23 *Shen shu* 肾输 Transporte do Rim	Ponto local Ponto de transporte posterior do rim Fica no canal afetado (B)	Reforça o movimento do *qi* no canal Dá alívio local Tonifica o rim e reforça a essência Trata a manifestação e a raiz	Inserção perpendicular Técnica de tonificação Moxabustão para dispersar o frio e a umidade do canal
B52 *Zhi shi* 志室 Morada da Vontade	Ponto local Fica no canal afetado (B)	Reforça o movimento do *qi* no canal Dá alívio local Tonifica o rim e reforça a essência Trata a manifestação e a raiz	Inserção perpendicular Técnica de tonificação Moxabustão para dispersar o frio e a umidade do canal
Du4 *Ming men* 命门 Portal da Vida	Ponto local Fica no canal afetado (Du)	Aumenta o original e tonifica o rim Reforça o movimento do *qi* no canal Dá alívio local Trata a manifestação e a raiz	Inserção perpendicular Técnica de tonificação Moxabustão para dispersar o frio e a umidade do canal
B32 *Ci liao* 次髎 Segundo Forame Sacral	Ponto adjacente	Abre a articulação sacroilíaca Reforça o movimento do *qi* no canal Dá alívio local Trata a manifestação	Inserção perpendicular Técnica neutra
Ponto "é aí!"	Ponto local na área dolorida	Reforça o movimento do *qi* no canal. Dá alívio local Trata a manifestação	Inserção perpendicular Técnica de sedação
B40 *Wei zhong* 委中 Meio da Dobra	Ponto distal Ponto de comando da lombar Ponto local para dor no joelho	Reforça o movimento do *qi* no canal Dá alívio local Trata a manifestação	Inserção perpendicular Estímulo forte de sedação
B60 *Kun lun* 昆仑 Montanha Kunlun	Ponto distal	Suaviza os tendões e transforma a umidade Fortalece a lombar e o rim Trata a manifestação e a raiz	Agulhamento perpendicular até o R3 (*tai xi* 太溪 grande ravina), acessando, dessa forma, o ponto-fonte do rim
BP9 *Yin ling quan* 阴陵泉 Fonte *Yin* da Colina	Ponto distal Ponto mar do baço	Transforma a umidade Dá alívio local ao joelho Trata a manifestação e a raiz	Inserção perpendicular Técnica de sedação
ID3 *Hou xi* 后溪 Riacho Posterior	Ponto distal no membro superior Ponto de confluência do vaso governador	Equilibra o alto/baixo da prescrição Canal do ID é *yang* maior da mão; canal da B é *yang* maior do pé Pontos do ID podem mover o *qi* no canal da B	Inserção perpendicular Técnica neutra
Lombar na Orelha	Ponto de microssistema	Trata dor na lombar	Técnica de sedação

(A) Seleção de pontos para o estudo de caso João.

→ Estudo de caso Alice: feminino, 23 anos, com dismenorreia severa há oito anos

Todos os meses, no dia 27, *Alice* tem uma forte dor de cabeça, localizada nas têmporas. Os primeiros dois dias de sua menstruação são extremamente dolorosos. Por volta de uma semana antes da menstruação, ela sente sensibilidade nas mamas, uma sensação de aperto no peito e labilidade emocional extrema. A língua é levemente purpúrea e tem máculas de estase nas laterais com uma saburra normal, fina e branca. O pulso é de 72 bpm, em corda, áspero e forte.

Diagnóstico

Estagnação de *qi* e sangue nos canais do fígado e da vesícula biliar causando dor menstrual.

Princípios e métodos de tratamento

Mover o *qi* e o sangue nos canais do fígado e da vesícula biliar para cessar a dor de cabeça e prevenir a menstruação dolorosa. Vale ressaltar que o tratamento irá mudar dependendo do ponto do ciclo menstrual em que *Alice* estiver. O foco continua sendo mover o *qi* e o sangue para cessar a dor, mas isso dependerá do fato de *Alice* estar prestes a iniciar a menstruação ou recém completando o período menstrual. Para simplificar, vamos assumir que *Alice* esteja no dia 27 do seu ciclo, está sofrendo a tensão pré-menstrual e tem dor de cabeça.

Envolvimento de canais

O fígado é responsável por mover o *qi* e o sangue pelo corpo e controla a menstruação. Quando o fígado falha em cumprir corretamente seu papel, pode haver estagnação de *qi* e sangue. O canal do fígado passa pela genitália externa, pelo baixo ventre e pelas costelas, subindo para a cabeça. O fígado é interna/externamente associado à vesícula biliar, que cobre as laterais da cabeça e as têmporas, passando pelas costelas e cruzando o baixo ventre em seu caminho para os dedos dos pés. O vaso penetrador também é estreitamente associado à menstruação, e o baço gerencia o sangue conforme se move pelos vasos; assim, os pontos associados a esses canais são escolhidos.

Prescrição

Os pontos escolhidos são: IG4, F3, Pe6, BP4, Ren17, B17, BP8 VB34, *tai yang*, Palácio dos bebês (útero), e os auriculares fígado, útero e endócrino. Embora um pouco grande, se for agulhado o IG4/F3 e o Pe6/BP4 contralateralmente em lados opostos, o número de agulhas será reduzido para 21. Nessa prescrição, escolhemos pontos locais, adjacentes e distais e tratamos a raiz (a estagnação de *qi* e sangue) e a manifestação (a dor). A prescrição, equilibrada quanto a alto e baixo, esquerda e direita e *yin* e *yang*, é focada no alívio da cefaleia e da dor menstrual, de forma que, quando a menstruação de *Alice* chegar nos próximos um ou dois dias, ela não deve sentir tanta dor quanto normalmente sente. A condição de *Alice* não será plenamente resolvida após uma aplicação somente, será preciso continuar o tratamento por 3 a 5 meses (ver **A**).

Estudo de caso

Nome e número do ponto	Categorias e localizações relevantes	Ações do ponto na prescrição
IG4 *He gu* 合谷 Vale da Junção	Ponto distal Ponto de comando da face e boca	Alivia a dor e acalma o espírito: cefaleia, tensão pré-menstrual Em conjunto com o F3, é forte em mover o *qi* Trata a cefaleia Trata a manifestação e a raiz
F3 *Tai chong* 太冲 Supremo Sobressalto	Ponto distal Ponto-fonte do fígado Ponto terra	Suaviza o fígado e retifica o *qi*: estagnação do *qi* do fígado Em conjunto com o IG4, é forte em mover o *qi* Como ponto terra, previne a subjugação do baço pelo fígado Trata a manifestação e a raiz
BP4 *Gong sun* 公孙 Imperador Amarelo	Ponto distal Ponto de confluência do vaso penetrante	Regula o mar do sangue e harmoniza o vaso penetrante para dor menstrual Reforça o baço e o estômago Trata a raiz
Pe6 *Nei guan* 内关 Passagem Interna	Ponto distal Ponto de confluência dos vasos *yin* de conexão, pareados ao vaso penetrante	Remove o calor e elimina a vexação para reduzir a tensão pré-menstrual No canal *yin* terminal da mão, conectado ao canal *yin* terminal do pé do fígado, abre o peito e suaviza o fígado Trata a raiz
Ren17 *Shan zhong* 膻中 Centro do Tórax	Ponto adjacente Ponto de influência do *qi*	Regula o *qi* do corpo Acalma o espírito Trata a manifestação e a raiz
B17 *Ge shu* 膈俞 Transporte do Diafragma	Ponto adjacente Ponto de influência do sangue	Corrige o vazio e a falta de nutrição e tonifica o sangue, assim como o move Trata a raiz
BP8 *Di ji* 地机 Estratégia da Terra	Ponto distal Ponto fenda do baço	Harmoniza o baço e corrige o sangue Harmoniza o útero Trata a dor no útero e no queimador inferior Trata a raiz
VB34 *Yang lin quan* 阳陵泉 Fonte do Monte *Yang*	Ponto distal Ponto de canal *yang* da parte baixa do corpo para equilibrar *yin* e *yang*	Move o *qi* no fígado e na vesícula biliar Trata a raiz
Zi gong 子宫 Palácio dos bebês (útero)	Ponto local Ponto extra para tratar o útero e ovários	Move o *qi* no queimador inferior e alivia a dor Trata a manifestação
Tai yang	Ponto local Ponto extra localizado na têmpora	Remove o calor nas cefaleias laterais Trata a manifestação
Fígado na Orelha	Ponto de microssistema	Suaviza o fígado
Útero na Orelha	Ponto de microssistema	Regula o útero
Endócrino na Orelha	Ponto de microssistema	Regula o sistema endócrino

(A) Seleção de pontos para o estudo de caso Alice.

→ Estudo de caso Jeremias: masculino, 45 anos, com resfriado agudo

Jeremias tem feito acupuntura para o tratamento de fadiga por excesso de trabalho. Nessa visita, chegou com um resfriado agudo. Seus sintomas incluem dor de garganta, uma sensação de calor que facilmente se transforma em frio após ter episódios de suor. Seu nariz está obstruído, mas é difícil de expelir qualquer secreção. Quando há secreções visíveis, são levemente amareladas. O corpo de *Jeremias* está dolorido, seus olhos vermelhos e ele apresenta fadiga. Sua língua não mudou em relação à sua apresentação prévia, que é levemente pálida, inchada e com marcas de dentes, mas seu pulso está levemente rápido (82 bpm) e flutuante na posição do pulmão.

Diagnóstico

Invasão externa de vento-calor causando resfriado.

Princípios e métodos de tratamento

Resolver o exterior induzindo sudorese, liberar as toxinas e proteger o pulmão.

Envolvimento de canais

Conforme discutido anteriormente, quando um fator pernicioso invade o corpo, primeiramente encontra a pele e/ou os canais tendinomusculares. Quando o fator pernicioso está nesse nível do corpo, o *qi* defensivo vai para a superfície para combater o *qi* pernicioso. Isso acontece em virtude das sensações de frio e calor que se transformam uma na outra, assim como o pulso flutuante. A língua não mudou porque o fator pernicioso não está presente por tempo suficiente. Nosso trabalho nessa visita é o de expelir o fator pernicioso do exterior e prevenir que ele se mova mais para o interior, para os canais principais ou para os órgãos.

Prescrição

Com base na apresentação, nossa prescrição de pontos inclui: P1, B13, VB20, IG4, R7, P5, IG11, TA5 e E36. Também será realizada sangria no IG1/P11 e a utilização de ventosas na parte superior das costas. Como essa é uma condição aguda, as agulhas permanecerão somente por 15 minutos. Após remover as agulhas, o P11 (*shao shang*/Shang Menor 少商) e o IG1 (*shang yang* 商阳), os pontos-poço dos canais do pulmão e do intestino grosso são puncionados para liberar algumas poucas gotas de sangue. Sendo pontos-poço, removem o calor. A sangria irá liberar o calor rapidamente e aliviar a dor de garganta quase imediatamente. Por fim, o paciente vira-se e são aplicadas ventosas na parte superior das costas. Isso irá auxiliar a liberar o fator pernicioso do exterior, cessar a tosse e transformar a flegma. *Jeremias* deve sentir alívio imediato de muitos de seus sintomas e sentir-se saudável novamente após um ou dois dias de repouso. Embora todas as pessoas se recuperem eventualmente de resfriados, é importante tratar os resfriados resolvendo o exterior e dispersando o fator pernicioso (ver **A**).

Estudo de caso

Nome e número do ponto	Categorias e localizações relevantes	Ações do ponto na prescrição	Técnica/notas
P1 *Zhong fu* 中府 Tesouro Central	Ponto local Ponto de alarme do canal do pulmão	Limpa e promove a difusão do queimador superior e move o *qi* do pulmão Usado em combinação com o B13 (combinação alarme e transporte)	Inserção oblíqua
B13 *Fei shu* 肺输 Transporte do Pulmão	Ponto local Ponto de transporte posterior do pulmão	Com o P1, promove a difusão do *qi* do pulmão, tonifica e protege o pulmão	Inserção oblíqua
VB20 *Feng chi* 风池 Lago do Vento	Adjacente	Expele o vento e remove o calor, limpa a cabeça e abre os orifícios	Inserção oblíqua
IG4 *He gu* 合谷 Vale da Junção	Ponto distal Ponto-fonte do intestino grosso	Expele o vento e libera o exterior Remove e expurga o calor do pulmão Regula os poros sudoríferos	Estimulação forte até haver transpiração
R7 *Fu liu* 付溜 Retorno do Fluxo	Ponto distal Ponto rio do canal do rim	Regula os poros sudoríferos	Estimulação forte até haver transpiração
P5 *Chi ze* 尺泽 Depressão do Antebraço	Ponto mar do canal do pulmão	Remove o calor dos pulmões e cessa a tosse	Inserção perpendicular
IG11 *Qu chi* 曲池 Lago Raso da Dobra	Ponto mar do canal do intestino grosso	Libera o exterior e expele o calor pernicioso	Inserção perpendicular
TA5 *Wai guan* 外关 Passagem Externa	Ponto de confluência do vaso *yang* de conexão	Dissipa o vento e libera o exterior, especialmente em casos de vento-calor	Inserção perpendicular
E36 *Zu san li* 足三里 Três Distâncias da Perna	Reforça o *qi* correto. Dispersa os patógenos e previne doenças.	Aumenta o *qi* correto Evita que o fator pernicioso cause dano ao *qi* correto e também ajuda o *qi* correto a expelir o fator pernicioso antes que ele possa se mover mais para o interior	Inserção perpendicular

(A) Seleção de pontos para o estudo de caso Jeremias.

5

Tui na

Michael McCarthy e Kevin V. Ergil

Introdução 206	**Aplicações clínicas do *tui na*** 214
Preparação física do praticante 208	Pediatria.......................... 216
Técnicas terapêuticas.............210	Automassagem 216
Movimentos de mão 210	Ajuste ósseo 218
Manipulações 212	**Preparações tópicas** 218

Introdução

A terapia manual ou massagem chinesa é tipicamente chamada de *tui na* (推 拿), que significa literalmente "empurrar e agarrar", ou *anmo* (按 摩), significando literalmente "pressionar e esfregar". Esses termos podem ser usados como sinônimos, embora se possa distingui-los pela manipulação e movimentos de tecidos profundos mais fortes e firmes da terapia manual chinesa chamada de *tui na* e pelas batidas e massagens mais suaves chamadas de *anmo*. Em geral, o termo *tui na* refere-se a todos os aspectos da terapia manual chinesa. O *tui na* compreende uma coleção muito grande de métodos terapêuticos, incluindo massagem, estimulação manual de pontos de acupuntura, além de manipulação de ossos, articulações e tecidos moles. A teoria de MTC, e particularmente a teoria da acupuntura e dos canais, formam a base conceitual para a maioria dos aspectos da terapia *tui na*. Há também muitos pontos de intersecção com a prática tradicional de "arrumar ossos" (*zheng gu*), a ortopedia tradicional da MTC, e com o uso de terapias tópicas ou externas, visto que esses tratamentos são frequentemente usados em conjunto com o *tui na*. A linguagem da ortopedia contemporânea e da fisiatria também fazem parte da sua prática, pois o *tui na* pode ser usado para a correção de estiramentos, luxações e outros problemas musculoesqueléticos.

O *tui na* é aplicado em áreas específicas do corpo, e as técnicas podem ser bastante fortes e intensas. O *tui na* é rotineiramente aplicado em condições ortopédicas e neurológicas (**A**). Seria um erro, entretanto, achar que a massagem chinesa seja preocupada somente com o sistema músculo-esquelético, já que suas técnicas terapêuticas são aplicadas aos pontos e canais de acupuntura para influenciar os órgãos e vísceras com a finalidade de corrigir distúrbios internos. O *tui na* é usado em condições que podem não ser consideradas suscetíveis ao tratamento por manipulação, como asma, dismenorreia, gastrite crônica, etc. (**B**).

Esses métodos têm sido praticados por tanto tempo quanto a moxabustão (talvez por mais tempo), e, assim como a acupuntura, a massagem tem uma história rica na prática médica chinesa. Dadas as implicações práticas das habilidades associadas à massagem chinesa, não é de surpreender que essa massagem tenha uma estreita relação com as tradições de artes marciais na China, onde as técnicas de massagem e de arrumar ossos são usadas como primeiros socorros e para reabilitação. Assim como todos os aspectos da medicina chinesa, abundam estilos regionais e linhagens familiares de práticas, e isso é particularmente verdade no caso da massagem feita em associação com tradições de artes marciais.

A primeira escola moderna de treinamento em massagem foi criada em Xangai, em 1956 (Wang et al., 1990, p. 16), coincidindo com o projeto de profissionalização e institucionalização da educação e da prática de acupuntura e medicina chinesa na China. Embora a massagem seja uma importante parte da prática profissional da medicina chinesa, há também muitas tradições de práticas fora do ambiente institucional.

> Médicas
> – Medicina interna
> – Ortopedia e medicina física
> – Neurologia
> – Ginecologia
> – Pediatria
> Promoção da saúde/bem-estar
> Autocuidado
> Treinamento atlético

(A) Aplicações do *tui na*.

Ortopedia	Dor lombar aguda, espondilopatia cervical, subluxação da articulação sacroilíaca, entorses das articulações do punho e do tornozelo, rigidez cervical
Medicina interna	Dor abdominal, asma, paralisia de Bell, gastrite crônica, resfriado comum, constipação, diarreia, úlcera duodenal, dismenorreia, dor epigástrica, epilepsia, úlcera gástrica, gastroptose, cefaleia, soluço, insônia, mastite, miopia, hipertensão primária, dor nas costelas, insolação, vertigem, vômitos
Pediatria	Dor abdominal, asma, resfriado, constipação, tosse, diarreia, enurese, febre, estagnação de alimentos, vômitos

(B) Condições tratadas pelo *tui na*.

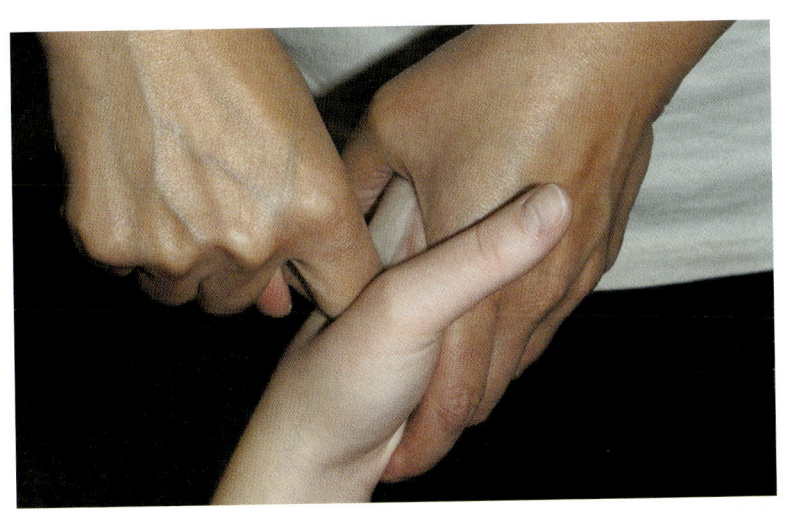

(C) A pressão no ponto (*dian fa*) é aplicada no ponto de acupuntura IG4 usando a articulação do dedo indicador. Essa aplicação alivia a dor na face e na cabeça, trata a dor em geral, além de ser usada para melhorar a digestão.

Preparação física do praticante

A prática do *tui na* é uma parte dos programas de treinamento em acupuntura; embora seja distinta como técnica, pode ser vista como uma extensão do paradigma da acupuntura. O *tui na* pode variar entre ser um componente menos importante da educação médica tradicional e ser uma especialização clínica completa. Embora possa ser usado como um adjuvante do tratamento pela acupuntura, por exemplo, para aumentar a amplitude de movimento de uma articulação, ou no lugar da acupuntura quando as agulhas forem desconfortáveis ou inadequadas, como nas aplicações pediátricas, o *tui na* também pode ser usado de forma independente em inúmeras situações. Da mesma forma, a acupuntura pode ser usada como adjuvante do *tui na*.

Um aspecto distintivo do *tui na* é o seu caráter físico. Clinicamente, expressa-se no treinamento extensivo das mãos, necessário para a prática clínica. As mãos do praticante são treinadas para realizar movimentos focados e precisos, que podem ser aplicados a várias áreas do corpo. Técnicas como empurrar, rolar, massagear, esfregar e agarrar são praticadas repetidamente até que se tornem naturais ao praticante. Os estudantes praticam em um pequeno saco de arroz até que suas mãos tenham desenvolvido a força e a destreza necessárias.

O *tui na* é uma atividade terapêutica ativa e exige que o praticante faça exercícios para aumentar seu vigor e flexibilidade, para cultivar o seu *qi* e para aumentar a destreza e a força das suas mãos. Embora todos esses atributos sejam valorizados na acupuntura, especialmente a força das mãos e o cultivo do *qi*, os movimentos extenuantes e repetitivos do *tui na*, assim como a necessidade de erguer e mover o paciente, tornam essenciais o vigor e a força para a sua prática.

O *"lian gong"*, que significa literalmente "habilidade prática", refere-se às práticas de treinamento usadas para preparar o praticante de *tui na*. Os exercícios, que também são encontrados nas tradições de artes marciais e tradições de *qi gong* dinâmico, são usados por estudantes e praticantes para fortalecer seus corpos e cultivar o seu *qi*. Práticas como os exercícios de transformação dos tendões (*yi jin jing*), práticas de cultivo interno do shaolin (*shao lin nei gong*) e outras suprem os exercícios que são utilizados. Esses exercícios coordenam a respiração, a atenção, a postura e os movimentos para construir a combinação de força e flexibilidade que dão suporte tanto para a prática quanto para o treinamento (**A**).

Após aprender e tornar-se adepto dos exercícios físicos, o treinamento das mãos é o próximo passo. A massagem chinesa emprega uma grande variedade de movimentos e manipulações que requerem maestria na aplicação, destreza, movimentos repetitivos relaxados e fluidos e frequentemente movimentos rápidos ou fortes. Antes da prática clínica, sacos de treinamento cheios de arroz, aproximadamente do tamanho de um saco de feijão (15×30 cm), são usados para exercitar muitas das técnicas manuais. Os estudantes podem ser orientados a praticar em sacos de arroz até que os grãos sejam reduzidos a pó (**B**).

Preparação Física do Praticante **209**

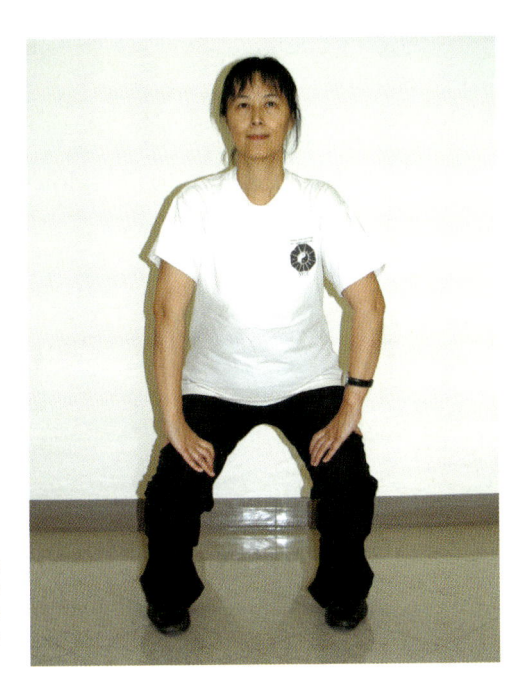

(A) Praticante demonstrando a "postura do cavalo". Essa é uma de muitas posturas utilizadas para cultivar o *qi* e o vigor do praticante para a prática do *tui na*.

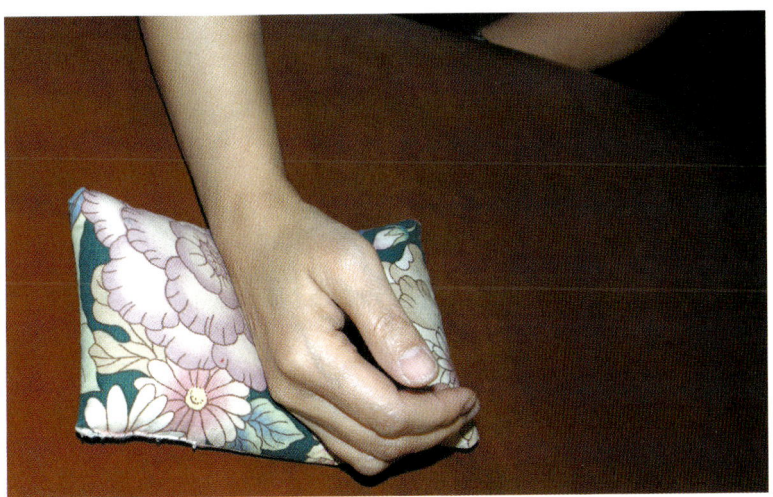

(B) Os movimentos da mão do *tui na* requerem prática diligente. Aqui um estudante pratica o "rolamento" em uma almofada cheia de grãos de arroz feita para a prática.

Técnicas terapêuticas

Movimentos de mão

A técnica de empurrar (*tui*) (**A**) pode ser realizada por muitas partes do corpo do praticante. O polegar, a palma, as articulações expostas de um punho fechado ou um cotovelo podem ser usados para distender um músculo, empurrando geralmente ao longo do trajeto dos canais. A escolha entre o polegar e o cotovelo depende da área a ser tratada, do tamanho do paciente, do problema apresentado e de outros fatores. Esse método promove o movimento do *qi*, removendo as obstruções e os bloqueios do *qi* nos canais, o que faz cessar a dor.

A técnica de agarrar (*na*) (**B**) implica segurar um músculo ou um tendão entre o polegar e o indicador ou todos os outros dedos, suspender suavemente e então liberar os tecidos. Esse movimento é repetido com graus variados de força, mas sempre com um movimento ritmado e fluido. A técnica de agarrar pode ser usada na nuca, nos ombros, no tronco, na frente e nas costas, bem como nos quatro membros. Essa técnica é aplicada para tratar fatores patogênicos externos que possam ter invadido a superfície, para remover bloqueios dos canais e para relaxar contraturas ou espasmos dos músculos ou outros tecidos. Em conjunto, os nomes dessas duas técnicas formam o epônimo da técnica *tui na*.

An fa, o método de pressionar (**C**), utiliza o polegar ou a palma para exercer uma pressão focal e firme em um ponto de acupuntura ou área do corpo. Essa pressão firme pode ser usada para permitir que os músculos relaxem progressivamente ou para fornecer o estímulo necessário a um ponto de acupuntura específico. Tal técnica pode variar de uma pressão leve até uma pressão bastante forte, dependendo do local a ser tratado.

Mo fa, o método de fricção em círculos (**D**), usa as pontas dos dedos ou a parte da palma próxima dos punhos para dar um estímulo suave, ou forte, em variadas partes do corpo. Essa técnica dispersa o *qi* e o sangue congestionados, produzindo o efeito de retificar o *qi* e acelerar o sangue. O método pode ser usado na área do Ren17 no esterno para abrir o *qi* do peito e reduzir sentimentos de ansiedade ou no abdome para normalizar a função digestiva. Juntos, pressionar e friccionar em círculos forma o termo *anmo*, que é o outro nome para a massagem chinesa.

Dian fa, o método de pressionar os pontos ou pontilhar (**E**), pode ser usado para provocar um estímulo muito forte em uma pequena área. A ponta do dedo indicador ou médio, a articulação do polegar ou a segunda articulação interfalangiana do segundo ou terceiro dedos podem ser utilizados. A articulação é protraída, e sua superfície dura é pressionada contra o corpo. Utiliza-se essa técnica para tratar dolorimento, dor ou eliminar o vento.

Rou fa é o método de amassamento (**F**), em que o praticante usa uma pressão suave das pontas dos dedos, eminência tenar ou palma e pressiona em um leve movimento circular. Diferente do método de fricção, a mão não desliza sobre a superfície do corpo; ao contrário dos métodos de batidas, a mão não se afasta da superfície do corpo e também não há pressão forte, como no caso do método de pressionar.

Técnicas Terapêuticas 211

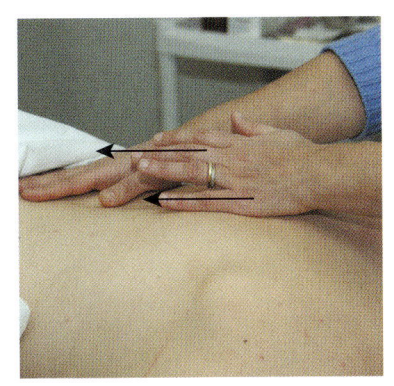

(A) Empurrar.

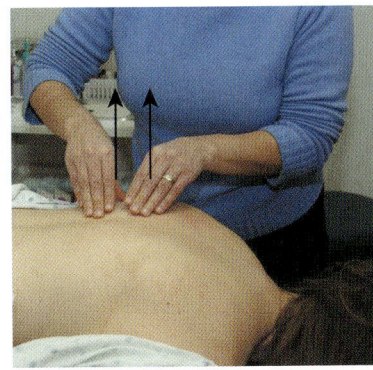

(B) Agarrar.

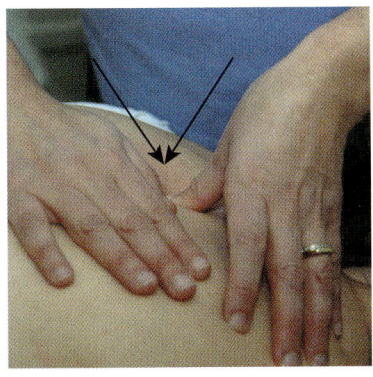

(C) Pressionar.

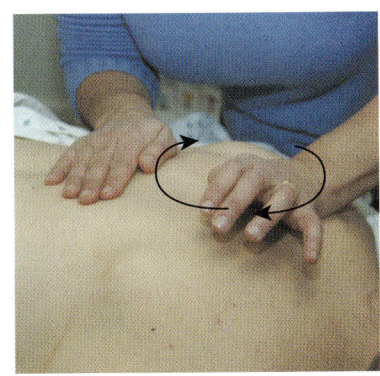

(D) Fricção em círculo.

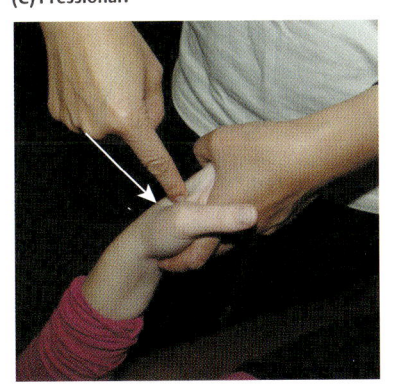

(E) Pressão em pontos.

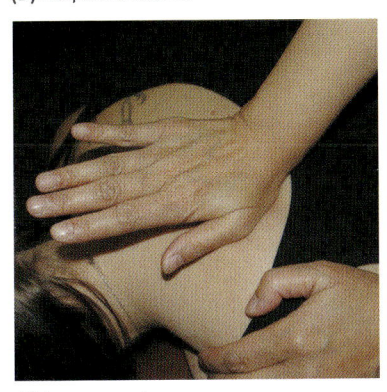

(F) Amassamento.

Yi zhi chan tui fa (枝禅推法), o método de empurrar meditativo com um dedo, consiste em manter a mão com o pulso solto, o polegar apontado para baixo, pressionar a área a ser tratada e, então, mover de forma calma e ritmada o antebraço para frente e para trás, fazendo o polegar oscilar. O movimento envolve a coordenação e o relaxamento dos movimentos do braço, do antebraço, da mão e do polegar. Uma vez que a postura e a posição ideais da mão sejam aprendidas pelo praticante, o movimento é praticado extensivamente de forma a poder ser aplicado sem esforço, frequentemente em sequência com outros movimentos. A técnica tem uma ampla variedade de aplicações. Como é usada para estimular moderada mas profundamente os pontos de acupuntura, frequentemente produzindo sensações de *qi* movendo-se ao longo dos trajetos dos canais, pode ser muito útil para ajudar a corrigir as funções de órgãos e vísceras, dependendo dos pontos escolhidos para a estimulação.

Gun fa (滚法), o método de rolamento que consiste em uma manobra que os principiantes têm dificuldade de dominar, envolve o rolamento ritmicamente constante da borda ulnar da mão (a eminência hipotenar), pronando e supinando alternadamente o antebraço no cotovelo enquanto o pulso é mantido solto. Ganhar a habilidade de produzir um estímulo fluido e forte sem trancos ou fadiga requer prática substancial. A técnica é usada em áreas do corpo com músculos grandes, como o trapézio no ombro, os músculos eretores da coluna, nas costas, e os grandes grupos musculares dos membros. Não se utiliza nas áreas da cabeça, face, peito e abdome. O método é usado para tratar vento, ou vento-frio, aquecendo os canais, para acelerar o sangue removendo a estase e para uma variedade de condições musculoesqueléticas e neurológicas.

Os movimentos da mão, combinados de formas variadas, podem ser aplicados sucessivamente, como pressionar um ponto específico de acupuntura seguido de amassamento, ou podem ser aplicados em rápida alternância ou simultaneamente em diferentes áreas do corpo.

Manipulações

As técnicas (**A**) como o método de erguer nas costas, o método de rotação, o método de girar, o método de agarrar (**B**) e o método de puxar e estender são manipulações que servem para restaurar a amplitude de movimento de uma articulação ou para corrigir o alinhamento da própria articulação. Utiliza-se o método de erguer nas costas para hiperestender as costas do paciente e liberar as vértebras lombares. A rotação envolve induzir movimentos passivos em círculo da articulação afetada, por exemplo o ombro ou o quadril, para aumentar a amplitude de movimento, aumentar a circulação e liberar as aderências. O método de girar pode ser aplicado para ajustar a relação das vértebras cervicais, torácicas e lombares.

Nome	Nome chinês	Método
An fa	按法	Método de pressão
Ba shen fa	拔伸法	Método de puxar e estender
Ban fa	板法	Método de girar
Bei fa	背法	Método de erguer nas costas
Ca fa	擦法	Método de friccionar
Cuo fa	搓法	Método de massagear com pressão
Dian fa	点法	Método de pressão nos pontos
Dou fa	抖法	Método de sacudir
Gun fa	滚法	Método de rolamento
Ji fa	击法	Método de percussão
Ma fa	抹法	Método de alisar
Mo fa	摩法	Método de fricção em círculos
Na fa	拿法	Método de agarrar
Nian fa	捻法	Método de girar
Nie fa	捏法	Método de pinçar
Pai fa	拍法	Método de pancadinhas
Rou fa	揉法	Método de amassar
Tan fa	弹法	Método de piparotes
Tui fa	推法	Método de empurrar
Yao fa	摇法	Método de rotação
Yi zhi chan tui fa	一枝禅推法	Método de empurrar meditativo com um dedo
Zhen fa	振法	Método de vibração

(A) Técnicas terapêuticas.

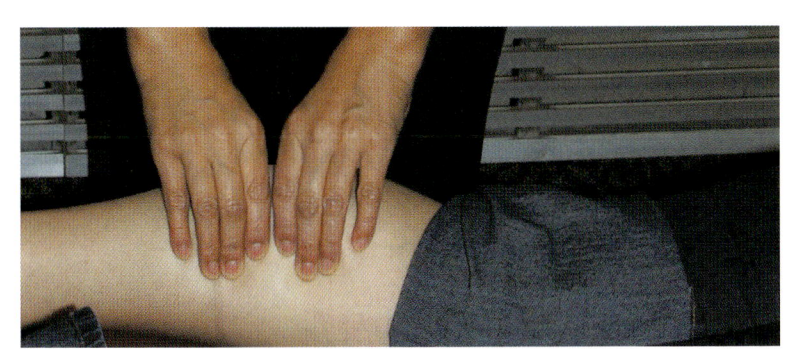

(B) O método de agarrar (*na fa*) é aplicado à panturrilha. Essa aplicação serve para aliviar a dor na panturrilha e a tensão e a dor na região lombar.

Aplicações clínicas do *tui na*

Alice, a mulher de 23 anos com dismenorreia, nos é familiar de capítulos anteriores. O seu diagnóstico é estagnação de *qi* e sangue nos canais do fígado e da vesícula biliar, causando dor menstrual. A terapia com *tui na* envolveria amassamento, uma pressão suave e circular aplicada sem fricção, usando os dedos, nesse caso, para fazer um estímulo focal. A pressão é aplicada no Ren3 e Ren4, dois pontos no vaso controlador abaixo do umbigo, usados para regular a menstruação. A pressão também é aplicada nos pontos BP8 e BP10, ambos usados para tratar a menstruação dolorosa. O BP8 fica na face interna da perna abaixo do joelho, sendo inicialmente usado no tratamento da dismenorreia. O BP10 tem a ação de regular a menstruação e acelerar o sangue. Por fim, os dedos podem ser usados para pressionar os forames sacrais, que ficam próximos ao B32, para ajudar no alívio da dor e do desconforto. A estagnação do *qi* é tratada pela aplicação (sem força) das técnicas de pressão nos pontos e vibração no mar do *qi* (Ren17), localizado no esterno no nível dos mamilos. Essa abordagem ajuda na mobilização do *qi* por todo o corpo.

O tratamento suplementar pode ser ministrado a outros pontos também. Em alguns casos, um meio líquido preparado com ervas como *gao ben* (raiz de *Ligusticum*/raiz de ligustro chinês) e *dang gui* (*tang quai*/Angélica sinensis), que agem movendo o sangue e aliviando a dor menstrual, pode ser usado durante a manipulação a fim de que os efeitos das ervas possam ser transmitidos diretamente aos canais afetados (Sun, 1990, p. 224). As áreas escolhidas para o tratamento dessa condição por meio de massagem têm algumas semelhanças com os locais para o tratamento com acupuntura, embora apresentem algumas diferenças bastante significativas.

A aplicação de *tui na* para a impotência é inicialmente abordada pela diferenciação de padrões. No caso de insuficiência do "fogo do portal da vida" (ou vazio do *yang* do rim), há sinais de tontura, fadiga, fraqueza e dolorimento da região lombar e joelhos, face e língua pálidas e pulso profundo e fino. Esses são sinais familiares de frio e vazio afetando regiões associadas ao rim. O tratamento envolve duas abordagens de estimulação. Primeiro, uma variedade de técnicas manuais tonificantes é aplicada sobre áreas do corpo associadas ao rim e áreas maiores associadas ao trajeto do canal. Técnicas como empurrar, pinçar, agarrar, pressionar e amassar são usadas ao longo do caminho da bexiga, o órgão *yang* do rim, que atravessa as costas (**A**). Realizar fricção e rolamento na lombar, que é estreitamente associada ao rim, também é indicado. O "campo de cinabre" (*dan tian*) abaixo do umbigo está relacionado à função reprodutiva e à saúde do rim tanto no homem quanto na mulher. Uma técnica vibratória com as palmas pode ser usada para melhorar sua função. Também é possível aplicar tratamento em pontos de acupuntura adicionais, como o Du4, do B31 ao B34 na lombar, no sacro e nas pernas (ibid., p. 190).

Aplicações Clínicas do Tui Na **215**

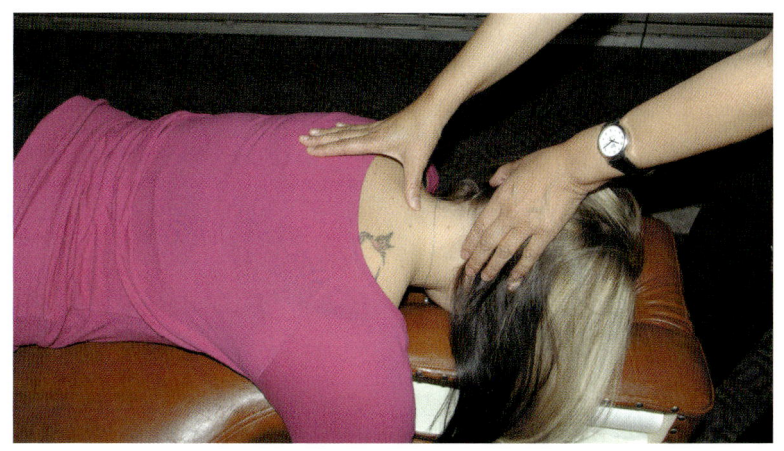

(A) Paciente recebendo *tui na* nas costas. Um paciente recebe o método de empurrar ou *tui* ao longo da porção superior do canal da bexiga. Essa técnica melhora o fluxo do *qi* e do sangue na região afetada, sendo usada para aliviar tensão e espasmos musculares, para expelir fatores perniciosos externos e para afetar outras regiões do corpo atravessadas pelo trajeto interno e externo do canal.

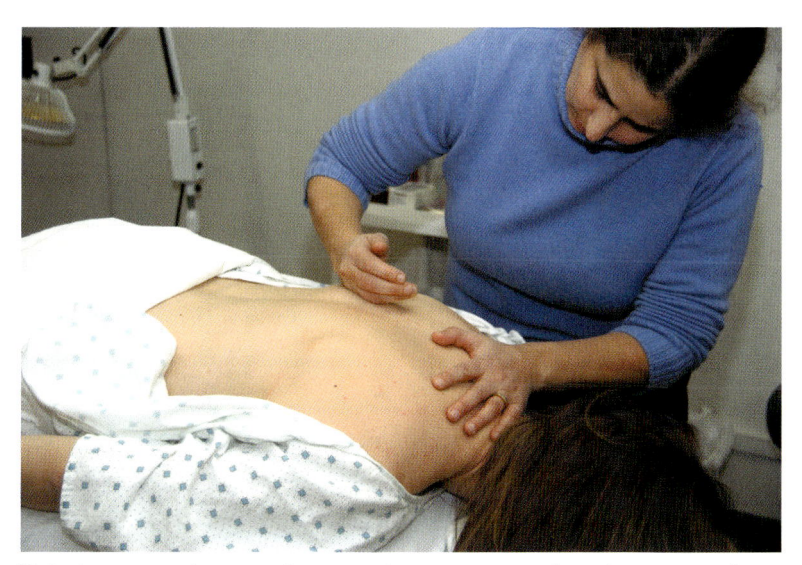

(B) O rolamento envolve um movimento contínuo e suave que pode ser visto como uma forma de produzir uma pressão dinâmica ao longo do tecido no qual é aplicado. Aqui o rolamento é usado para remover a estagnação e a estase da área do músculo trapézio e dos canais tendinomusculares associados à região.

Pediatria

As aplicações pediátricas (**A**) da massagem *tui na* são agora bastante comuns. De fato, está se tornando quase uma especialidade por si mesma. Embora a acupuntura possa ter bons efeitos em crianças, é inquestionável que uma abordagem sem agulhas é muito mais atraente para crianças jovens. A capacidade de o *tui na* regular e mover o *qi* e o sangue e dispersar os fatores perniciosos sem o uso das técnicas invasivas potencialmente assustadoras torna essa forma de terapia muito útil para as crianças. Como o organismo das crianças ainda está em desenvolvimento, percebe-se que seus canais e órgãos respondem pronta e rapidamente a terapias mais suaves e a manipulações simples.

Embora a massagem pediátrica derive da teoria dos canais e da seleção de pontos tradicionais associada a técnicas-padrão de *tui na*, essas são especificamente adaptadas à fisiologia e à estrutura física das crianças. As técnicas são tipicamente mais suaves e limitadas. As regiões específicas são identificadas como particularmente adequadas a pacientes pediátricos.

Condições como tosse, asma, náuseas e vômitos, dor abdominal, estagnação de alimentos, diarreia ou constipação, urinar na cama, problemas de visão para longe (miopia) e terrores noturnos que ocorram em crianças estão entre as consideradas ideais para o tratamento com *tui na*.

Por exemplo, o tratamento da dor abdominal em uma criança envolveria a estratégia básica de friccionar o abdome com a palma da mão e suavemente amassar o umbigo e agarrar a área lateral e abaixo do umbigo. Os pontos de canais relacionados ao baço e ao estômago no canal da bexiga são pressionados, e o E36 na perna abaixo do joelho é pressionado e amassado para normalizar a função do estômago, reduzir a dor e fazer o *qi* descer. Dependendo da causa específica da dor abdominal, a diferenciação de padrões serve para guiar a seleção de outras áreas para o estímulo.

Automassagem

A prática de métodos de autoajuda é uma parte intrínseca da terapia do *tui na*, especialmente por ser estreitamente associada ao *tai ji* e ao *qi gong*. Então, a automassagem com movimentos e exercícios de respiração meditativa pode ser utilizada no desenvolvimento e manutenção da saúde, no tratamento de doenças e na reabilitação (**B**). Portanto, com o *tui na* como parte da prática da medicina chinesa, os pacientes podem ser ensinados a fazer exercícios simples entre as visitas para suplementar os efeitos da acupuntura, do *tui na* ou da terapia herbal.

O *qi gong* e o *tui na* trabalham muito bem juntos, e, enquanto estão relacionados pelo paradigma dos canais e do *qi*, o autotratamento pelo *tui na* concentra-se em estímulos físicos direcionados, ao passo que o *qi* gong usa técnicas de respiração e atividades mentais para coordenar o movimento do *qi*. Entretanto, um número de técnicas de *qi gong* ou automassagem incorporam os dois elementos, unindo controle da respiração, postura, movimento intencional do *qi* e estimulação física direta de pontos e canais de acupuntura, o que pode ser muito efetivo para melhorar a dinâmica do *qi*.

Aplicações Clínicas do Tui Na

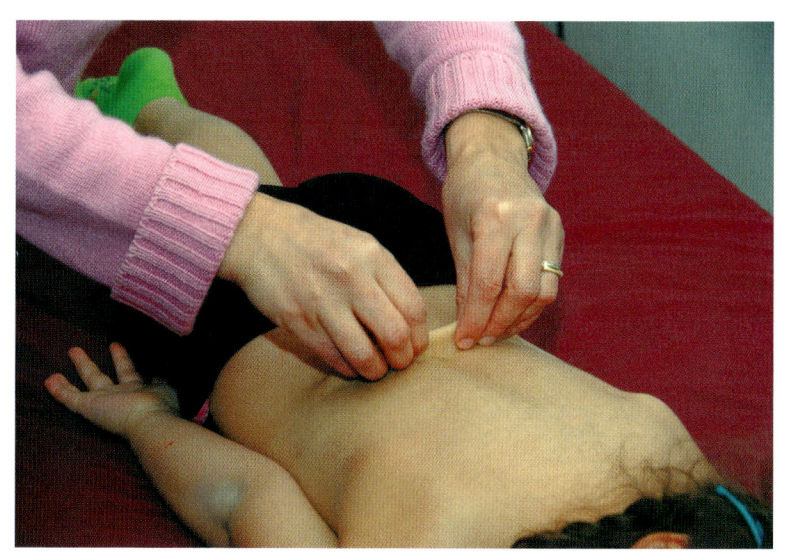

(A) *Tui na* pediátrico. O método de pinçamento é aplicado às costas para estimular os pontos de transporte no canal da bexiga.

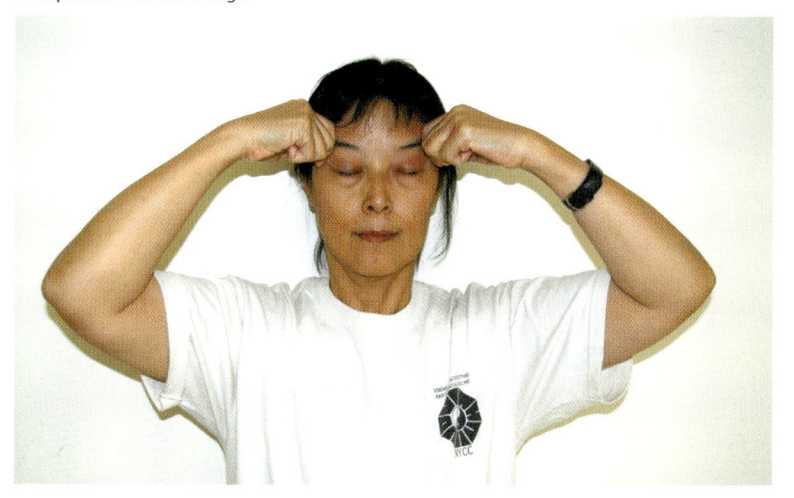

(B) Automassagem. Um método simples de automassagem para a redução do estresse envolve a estimulação suave de áreas da cabeça, pancadinhas no vértex, pressão e massagem nos pontos de acupuntura, na região occipital e na fronte e pressionar e massagear os pontos C7 no pulso, BP6 na perna e R1 na planta do pé. Massagear a cabeça abre os canais e colaterais, e o estímulo dos pontos distais acalma o espírito e faz o *qi* descender.

Ajuste ósseo

"Ajuste ósseo" (*zheng gu*) ou "arrumar ossos", diz respeito à redução de fraturas e à correção de deslocamentos com manipulações. Embora as técnicas e recursos da moderna ortopedia, especialmente os exames de imagem, sejam rotineiramente aplicados nos cenários médicos integrativos chineses, há muitos aspectos do ajuste ósseo tradicional que são únicos, distintos e clinicamente importantes. Condições como uma fratura do rádio ou da ulna podem ser solucionadas usando métodos tradicionais ou convencionais e auxiliados por exames de imagem se necessário. Todavia, essas e outras fraturas podem se beneficiar dos métodos tradicionais de bandagens locais. Esses métodos leves de estabilização de fraturas imobilizam-nas, usando talas leves e tipoias. Diferente do gesso tubular, tais métodos permitem que o praticante de *tui na* acesse os pontos na área da lesão para estimular a resposta curativa. Além disso, possibilitam que o paciente realize exercícios e movimentos limitados, potencialmente reduzindo a atrofia muscular associada à tala gessada. Como a interrupção do fluxo do *qi* e do sangue é considerada deletéria para os tecidos locais e para a saúde do organismo, os métodos que preservam o máximo de mobilidade e permitem o movimento livre do *qi* e do sangue são altamente valorizados.

Por exemplo, um entorse agudo do tornozelo, sem deslocamento ou fratura, é manejado com um conjunto de técnicas de pressão suave aplicadas em pontos locais e distais. Esse tratamento tem o objetivo de reduzir o edema e a dor e, combinado com amassamento e pressão na área afetada, contribuirá para melhorar a circulação local (**A**). A acupuntura também pode ser usada. Por causa dos marcantes efeitos da acupuntura e do *tui na* em reduzir o edema, o gelo é geralmente evitado no manejo desse tipo de lesão, pois pode causar estase local de *qi* e sangue. Nos estágios tardios de um entorse de tornozelo, a massagem pode ser usada para dispersar o hematoma, acelerar a recuperação da função e, quando necessário, desfazer aderências.

Preparações tópicas

As preparações tópicas têm um papel significativo na massagem chinesa. As preparações como linimentos, unguentos, óleos e banhos podem ser usadas isoladamente ou como um meio terapêutico em combinação com massagem. Os cataplasmas são usados em lesões traumáticas. Dependendo da condição e das necessidades do paciente, utilizam-se molhos, emplastros, cataplasmas e linimentos. Frequentemente fórmulas herbais internas também são usadas.

No caso de uma lesão como o entorse de tornozelo discutido anteriormente, o tratamento inicial envolve remover o calor da inflamação enquanto se move o sangue para evitar que ele fique estagnado. Os cataplasmas apropriados são uma alternativa útil ao uso de gelo, uma vez que podem tratar a inflamação local enquanto movem o sangue (**B**). Conforme a lesão vai melhorando, cataplasmas e linimentos que aquecem e aceleram o sangue são usados para promover a cura e eliminar o sangue estagnado.

Preparações Tópicas   219

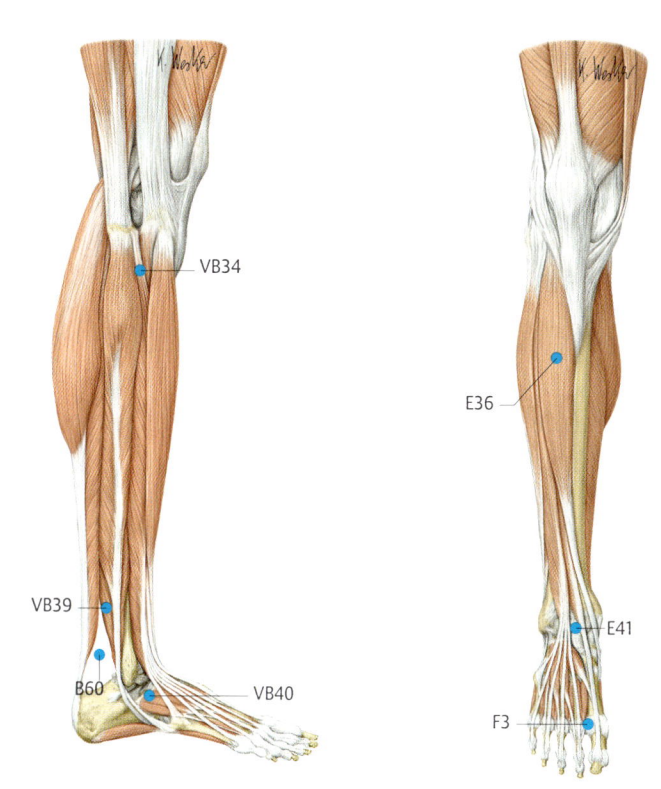

(A) Diagrama da perna mostrando os pontos a serem pressionados e massageados, usando técnicas de dedo para entorses da perna (de THIEME Atlas of Anatomy, General Anatomy and Musculoskeletral System, © Thieme 2005, Ilustração de Karl Wesker).

(B) Ingredientes para cataplasmas para serem triturados e misturados com chá e aplicados nos estágios iniciais dos entorses. Os ingredientes mostrados (a partir do topo no sentido dos ponteiros do relógio) são: ruibarbo (*da huang*), raiz de *Scutellaria* (*huang qin*), fruto da gardênia (*zhi zi*), dente-de-leão (*pu gong ying*), casca de felodendro (*huang bai*) e – ao centro – cártamo (*hong hua*).

6

Farmacoterapia tradicional chinesa

Simon Becker

Revisão histórica 222

Farmacopeias 228

Substâncias medicinais 230
Identificação de substâncias medicinais.......................... 230

Propriedades medicinais 232
Sabor 232
Natureza 232
Tropismo por canais 234
Toxicidade 234

Processamento de medicamentos ... 236

Categorias de medicamentos 238
Medicamentos que resolvem o exterior .. 240
Medicamentos que removem o calor ... 240
Medicamentos que precipitam 244
Medicamentos que filtram a umidade e desinibem as águas 244
Medicamentos que dispersam o vento-umidade 244
Medicamentos que transformam a flegma, suprimem a tosse e acalmam a dispneia ..246
Medicamentos aromáticos que transformam a umidade 246
Medicamentos que dispersam os alimentos 246
Medicamentos que retificam o *qi* 248
Medicamentos que retificam o sangue ... 248
Medicamentos que aquecem o interior .. 250
Medicamentos que tonificam 250
Medicamentos que consolidam e adstringem 254
Medicamentos que aquietam o espírito .. 254
Medicamentos que abrem os orifícios ... 256
Medicamentos que acalmam o fígado e extinguem o vento 256

Medicamentos que expelem os vermes 258
Medicamentos de uso externo 258

Formulações medicinais chinesas ... 260

Estrutura das formulações 262

Formas de administração das formulações 264
Decocção em água 264
Extratos secos...................... 264
Medicamentos preparados 264

Categorias de formulações medicinais 266
Fórmulas que resolvem o exterior 268
Fórmulas que removem o calor 270
Fórmulas que precipitam 270
Fórmulas harmonizadoras 272
Fórmulas umedecedoras da secura ... 272
Fórmulas que dispersam a umidade ... 274
Fórmulas que aquecem o interior 276
Fórmulas tônicas 278
Fórmulas que retificam o *qi* 282
Fórmulas que aceleram o sangue 284
Fórmulas que estancam o sangue 284
Fórmulas que consolidam e adstringem .. 286
Fórmulas que acalmam o espírito 288
Fórmulas que dispersam o vento 288
Fórmulas que abrem os orifícios 290
Fórmulas que transformam a flegma ... 290
Fórmulas que dispersam 292
Fórmulas que expelem os vermes 292

Segurança dos medicamentos chineses 294
Precauções tradicionais de segurança ...294
Uso seguro de ervas na gestação 295
Interações entre drogas e ervas 296

A farmacoterapia tradicional da China é conhecida no Ocidente como "Medicina Herbal Chinesa"*. Do ponto de vista chinês, é a própria medicina chinesa. Essa medicina é o método terapêutico principal entre outras práticas importantes, porém consideradas secundárias, como acupuntura e *tui na*. A medicina chinesa usa uma ampla variedade de elementos oriundos de plantas, animais e minerais. Embora seja comum, no Ocidente, escrever sobre as "ervas chinesas", a interpretação, no sentido estrito do termo "ervas", não inclui elementos animais nem minerais, nem mesmo todas as partes das plantas. Os chineses referem-se a *yao* (药), ou drogas, quando discutem os conteúdos das matérias médicas tradicionais e especificam as *cao yao* (草药), ou drogas de plantas, quando discutem as drogas de origem vegetal. A farmacoterapia tradicional chinesa ou medicina "herbal" consiste no uso desses agentes medicinais de forma isolada ou, mais frequentemente, em combinação, no contexto das teorias de diagnóstico e terapêutica da medicina chinesa. Quando o termo "ervas" aparecer neste capítulo, será em sentido amplo, significando qualquer substância das matérias médicas.

Este capítulo discute o desenvolvimento histórico da base do conhecimento da farmacoterapia chinesa, a organização de substâncias individuais em relação à teoria tradicional e, então, examina o uso desses medicamentos em fórmulas. Quando aplicável, os casos clínicos apresentados anteriormente servirão para ilustrar a aplicação das fórmulas.

* N. de T.: Também muito conhecida como "Fitoterapia Chinesa".

Revisão histórica

Os registros mais antigos da farmacoterapia chinesa datam da dinastia Zhou tardia até a dinastia Han (ver p. 3 e 12). O mais antigo trabalho existente, *Fórmulas para 52 doenças* (*Wu Shi Er Bing Fang*), foi achado recentemente nas tumbas de Ma Wang (ver também p. 28-29). Além de técnicas terapêuticas, como moxa, terapia com pedras, ventosas e encantamentos, esse autor lista 170 fórmulas medicinais com 247 ingredientes diferentes. As fórmulas e os tratamentos são organizados de acordo com as diferentes doenças. Outra coleção de fórmulas foi achada no Oeste e Noroeste da China no início do século XX. Em 92 tabletes de bambu, são discutidas 30 fórmulas de 100 diferentes medicamentos. Esses textos listam fórmulas complexas, contendo de 5 a 15 diferentes substâncias, e discutem os métodos de administração, tais como pós, pílulas, gotas e até supositórios, além do uso de veículos, como mel, banha, leite e queijo de camelo (Unschuld, 1986, p.16). Nenhum dos dois trabalhos versa sobre a teoria médica básica ou sobre substâncias medicinais isoladas. O primeiro trabalho a fazer isso, a *Matéria Médica do Fazendeiro Divinal* (*Shen Nong Ben Cao*), foi escrito no final da dinastia Han (p. 29).

Desde a Antiguidade até o século XIX, foram escritos mais de 2.605 títulos devotados a teoria médica, fórmulas e medicamentos (**A**). Uma breve discussão a respeito dos trabalhos mais excepcionais e importantes oferece uma breve ilustração do desenvolvimento da farmacoterapia chinesa ao longo dos últimos dois milênios.

Revisão Histórica

-200
30 fórmulas e 100 medicamentos em 92 tabletes de bambu

0 – 200
Wu Shi Er Bing Fang
(Fórmulas para 52 Doenças)

Shang Han Za Bing Lun
(Tratado do Frio Nocivo e Doenças Miscelâneas)
incluindo *Shang Han Lun* (Tratado do Frio Nocivo) e *Jing Gui Yao Lue*
(Prescrições Essenciais do Cofre de Ouro)

Shen Nong Ben Cao
(Matéria Médica do Fazendeiro Divinal)

500 – 1200
Ben Cao Jing Ji Zhu
(Notas Colecionadas do Clássico da Matéria Médica)

Qian Jin Fang
(Prescrições dos Mil Ducados)

Xin Xiu Ben Cao
(Matéria Médica Recentemente Revisada)

Tai Ping Hui Min He Ji Ju Fang
(Formulário da Era Taiping da Graça Imperial)

Pi Wei Lun
(Discussão Sobre o Baço e o Estômago)

Dan Xi Xin Fa
(O Método do Coração de Zhu Dan Xi)

1600
Ben Cao Gang Mu
(Fundamentação Herbal Abrangente)

2000
Zhong Yao Da Ci Dian
(Grande Dicionário de Medicamentos Chineses)

Zhong Hua Ben Cao
(Matéria Médica Chinesa)

(A) Trabalhos importantes da farmacoterapia chinesa.

A *Matéria Médica do Fazendeiro Divinal*, o clássico dos clássicos da farmacoterapia chinesa, é atribuída a Shen Nong, um dos três soberanos lendários que afirmam ter provado as plantas e, assim, encontrado sua efetividade medicinal e identificado potenciais toxicidades (p. 4-5).

A *Matéria Médica do Fazendeiro Divinal* discute a teoria básica da medicina herbal, incluindo: os cinco sabores e temperaturas; as diferentes classes nas combinações das fórmulas e os diferentes métodos de preparação, tais como pílulas, pós, decocções em água, vinhos e pastas. Até mesmo o momento correto para tomar medicamentos é especificado:

"Em caso de doenças localizadas acima do diafragma, os medicamentos devem ser tomados após as refeições. Para doenças situadas abaixo do diafragma, os medicamentos devem ser tomados antes das refeições. Se a doença for localizada nos quatro membros ou nos vasos sanguíneos, os medicamentos deverão ser tomados pela manhã com o estômago vazio. Se a doença estiver nos ossos, os medicamentos devem ser tomados à noite após comer."(Yang, 1998, p. ix)

A *Matéria Médica do Fazendeiro Divinal* discute um total de 365 substâncias divididas em três classes: uma classe superior, uma classe média e uma classe inferior (**A**). Os medicamentos da classe mais alta são:

"medicamentos não tóxicos aptos a nutrir a vida e que portanto, conferem longevidade... medicamentos da classe média são aptos a cultivar a personalidade ou modificar o temperamento... [eles] podem ser tóxicos [e] suas formulações requerem cuidados. Medicamentos da classe [inferior] tratam doenças específicas. Essas substâncias, devido à toxicidade e a outros fatores, não podem ser tomadas em grandes quantidades ou por períodos de tempo muito longos." (Yang, 1998, p. ix)

A *Matéria Médica do Fazendeiro Divinal* inclui medicamentos dos reinos vegetal, animal e mineral, alguns vindos de lugares distantes, como o Vietnã e a Coreia. Para cada medicamento citado, são discutidos a identificação, o sabor, a temperatura, as funções e indicações, os nomes secundários, assim como o nome específico ou geral da origem (**B**).

Além do mítico Shen Nong, dois outros autores devem ser mencionados em uma revisão da farmacoterapia chinesa. O primeiro, Tao Hong Jing, nascido em 456, expandiu a *Matéria Médica do Fazendeiro Divinal*. Em um formato que se tornaria comum e de grande importância para a preservação dos antigos clássicos, Tao Hong Jing adicionou ao trabalho original seus comentários em uma cor diferente. Na maioria dos verbetes, o autor adicionou região de origem, aparência, características, preparação e armazenamento. Na versão comentada de Tao Hong Jing, foram incluídas informações, como o efeito antimalárico da *Artemisia capillaris* (*yin chen mao*), ou a ideia de que a *Ephedra* (*ma huang*) deve ser colhida no início do outono. Também muito importante para o desenvolvimento da farmacoterapia chinesa foi o fato de que a obra *Notas Colecionadas do Clássico da Matéria Médica* (*Ben Cao Jing Ji Zhu*) contém um índice. Isso fez o trabalho de Tao se tornar prático e útil para os médicos.

Classe	Características	Prefácio	Número real
Classe superior	Não tóxicas; aptas a nutrir a vida e conferir longevidade.	120	141
Classe média	Aptas a cultivar a personalidade ou modificar o temperamento; podem ser tóxicas; o uso desses medicamentos requer cuidado.	120	111
Classe inferior	Trata doenças específicas; pelo menos ligeiramente tóxicas. Quando tomadas em grandes quantidades ou por períodos prolongados de tempo, provoca o desenvolvimento de efeitos colaterais.	125	103

(A) As três classes de substâncias conforme descrito no *Matéria Médica do Fazendeiro Divinal*. De acordo com o seu prefácio, o número de substâncias deve ser de 120 na classe superior, 120 na média e 125 na inferior. De acordo com Unschuld (1986, p. 21), o número real de substâncias é de 141 na classe superior, 111 na classe média e 103 na classe inferior.

Categoria de discussão	Exemplos de verbete do *Tang Kuei* (*Dang Gui*)
Substância	*Dang gui* (*Angelica sinensis* Rx)
Sabor	Doce
Natureza	Morno
Funções e indicações	É atóxica, tratando principalmente tosse e *qi* ascendente em contrafluxo, malária quente com febre persistindo dentro da pele, vazamentos causando infertilidade em mulheres, várias lesões malignas e ferimentos incisos Pode ser tomada [constantemente] após ser cozida
Nomes secundários	*Gan gui* (*Angelica sinensis* raiz seca)
Nome específico ou geral da origem	Cresce em rios e vales

(B) Informações apresentadas no *Matéria Médica do Fazendeiro Divinal* quanto ao *dang gui* (adaptado de Yang, 1998, p. 39).

Li Shi Zhen (1518-93) (ver p. 40) escreveu o *Fundamentação Herbal Abrangente* (*Ben Cao Gang Mu*), postumamente publicado em 1596. Esse texto apresenta informações detalhadas de um total de 1.892 substâncias, com ilustrações de 1.160 substâncias. Li Shi Zhen estabeleceu 10 critérios para cada substância: 1) informações de classificações falsas mais antigas; 2) nomes secundários com suas fontes; 3) citações coletadas de autores mais antigos explicando a origem (**A**), ocorrência, aparência, época de colheita, partes medicinalmente úteis e similaridades com outras drogas; 4) informações quanto à preparação; 5) questões duvidosas; 6) correção de enganos; 7) propriedades dos medicamentos; 8) indicações principais; 9) explicações do funcionamento da droga; e 10) fórmulas nas quais a droga é usada, a preparação e a dosagem dessas fórmulas.

O *Fundamentação Herbal Abrangente* é considerado o maior trabalho de matéria médica da história da medicina chinesa:

> "O valor dessa enorme aquisição... escrita por uma pessoa, vai muito além do escopo de um trabalho sobre drogas médico-farmacêuticas, e, de fato, constitui uma extensa enciclopédia do conhecimento relacionado à natureza e tecnologia requerida para o uso medicinal da natureza." (Unschuld, 1986, p. 145)

Desde a sua publicação em 1596, essa obra foi traduzida para 60 línguas (**B**).

Os escritos de Zhang Zhong Jing (p. 30-31), um dos mais reverenciados acadêmicos médicos chineses, são importantes textos antigos sobre formulações herbais. Esses escritos foram editados em dois volumes: *Tratado do Frio Nocivo* (*Shang Han Lun*) e *Prescrições Essenciais do Cofre de Ouro* (*Jin Gui Yao Lue*). Ambos contêm fórmulas que ainda hoje são amplamente usadas. Por exemplo, *Chinese Herbal Medicine: Formulas and Strategies*, de Bensky e Barolet (1990), lista 604 fórmulas. Mais de 20% de todas as fórmulas dessa coletânea moderna de fórmulas clínicas dos últimos dois milênios derivam desses dois textos.

As coletâneas de fórmulas da dinastia Tang, de Sun Si Miao (veja p. 36 e 300), *Prescrições dos Mil Ducados* (*Qian Jin Yao Fang*) e sua companheira, *Suplemento às Prescrições dos Mil Ducados* (*Qian Jin Yi Fang*), são ricas fontes de fórmulas, assim como o trabalho da dinastia Song, *Formulário da era Taiping da Graça Imperial* (*Tai Ping Hui Min He Ji Ju Fang*). O último foi compilado após o imperador Tai Zong ter ordenado a coleção de todas as fórmulas secretas efetivas. O trabalho resultante conteve mais de 16 mil fórmulas.

Dois médicos e acadêmicos do período Jin/Yuan desenvolveram fórmulas que são frequentemente usadas na prática moderna (ver p. 40): Li Dong Yuan, proponente da Escola de Tonificação do Baço e do Estômago e autor de *Discussões sobre o baço e o estômago*, (*Pi Wei Lun*), e Zhu Dan Xi, proponente da Escola de Nutrição do *Yin* e autor do *Método do Coração de Zhu Dan Xi* (*Dan Xi Xin Fa*).

A Escola das Doenças do Calor (*Wen Bing Lue*), que se desenvolveu durante a dinastia Qing (1644-1911) (ver p. 42), contribuiu com fórmulas importantes. Essa escola foi uma resposta às teorias Sobre o Frio Nocivo desenvolvidas por Zhong Jing, 1.700 anos antes, na dinastia Han.

Minerais 275
15%

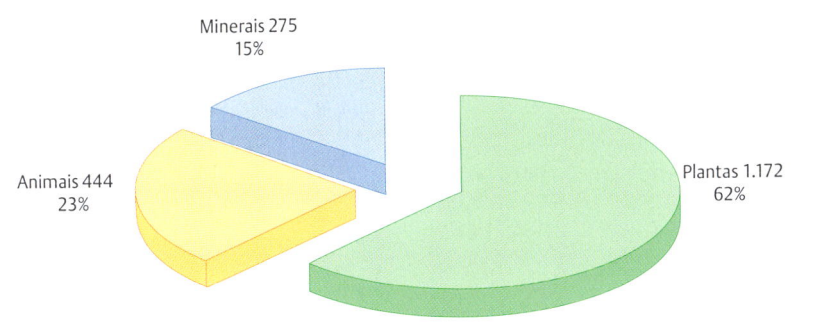

Animais 444
23%

Plantas 1.172
62%

(A) Origem das substâncias medicinais no *Ben Cao Gang Mu*.

(B) O *Ben Cao Gang Mu* foi escrito por Li Shi Zhen e publicado no final do século XVI. Descreve quase 2 mil substâncias medicinais com grande detalhe, incluindo desenhos exatos. Esse trabalho monumental foi traduzido para 60 línguas. A figura mostra uma impressão chinesa em dois volumes e uma tradução inglesa em seis volumes.

Farmacopeias

Uma farmacopeia oficial é "um livro ou tratado descrevendo as drogas, as preparações, etc., usadas na medicina; especialmente um publicado por uma autoridade oficial ou considerado como padrão" (*Merriam Webster's Collegiate Dictionary*, 1997). Embora tenha sido sugerido que a *Matéria Médica Recentemente Revisada* (*Xin Xiu Ben Cao*) da dinastia Tang (618-907) foi a primeira dessas farmacopeias no mundo, a maioria dos peritos não a consideram uma verdadeira farmacopeia. Embora tenha sido um trabalho pago pelo governo, representou simplesmente um entre muitos trabalhos farmacêuticos e não tem caráter legal ou obrigatório.

Não foi antes de 1930 que a primeira farmacopeia oficial chinesa, o *Dicionário de Medicamentos,* da República Chinesa (ROC) (*Zhong Hua Yao Dan*), foi publicada. A primeira edição continha 676 agentes medicinais. Curioso que quase nenhuma substância tradicional foi discutida. Mais precisamente, essa primeira farmacopeia não foi muito mais do que a tradução de partes das farmacopeias europeias para o chinês. Após o estabelecimento da República Popular da China (RPC) em 1949, uma "nova" farmacopeia foi publicada em 1953, com 531 itens. Similarmente à farmacopeia da ROC, a maioria das substâncias não eram medicamentos tradicionais, mas constituintes químicos ou preparações feitas a partir deles, tais como tintura de *Nucis vomicis* ou Extrato de Beladona (p. 42-43).

Foi a segunda edição da farmacopeia da RPC que finalmente publicou itens de substâncias tradicionalmente usadas na China. Publicada em 1963*, o trabalho de dois volumes incluía 446 descrições de drogas tradicionais chinesas e 197 fórmulas preparadas no Volume I e 667 descrições de drogas ocidentais no Volume II. Na edição mais recente da farmacopeia oficial da RPC, publicada em 2005, o Volume I contém 551 substâncias medicinais tradicionais chinesas e 564 medicamentos preparados. O Volume II é devotado a medicamentos ocidentais.

Seguindo mais de perto a tradição do *Fundamentação Herbal Abrangente*, de Li Shi Zhen, estão o *Grande Dicionário de Medicamentos Chineses* (*Zhong Yao Da Ci Dian*) (**A**), publicado em 1977, e o seu sucessor, o *Matéria Médica Chinesa* (*Zhong Hua Ben Cao*), que cataloga mais de 9 mil substâncias. Em contraste com as farmacopeias cientificamente orientadas, esses trabalhos "representam a mais avançada síntese até o momento do conhecimento e da ciência moderna da *ben cao* [matéria médica] pragmática tradicional" (Unschuld, 1986, p. 287). Contudo, esse grande número de substâncias de forma alguma é todo usado frequentemente. Muitas dessas plantas são locais e pouco conhecidas, até mesmo em outras áreas da China, e principalmente em outras partes do mundo.

Um médico praticante da medicina chinesa, na China ou no Ocidente, normalmente trabalha dentro do domínio descrito pela farmacopeia da RPC de 2005 e pode usar entre 150 e 500 substâncias diferentes, dependendo da natureza de sua prática.

---

* De acordo com Unschuld (1986), a data de publicação da segunda farmacopeia foi 1977. De acordo com minha pesquisa, em 1977 a terceira edição da farmacopeia da RPC foi publicada e continha 882 substâncias individuais, 270 fórmulas preparadas e 773 medicamentos ocidentais.

Categoria	Comentário
Nome principal	O nome principal em chinês serve como título do verbete.
Outros nomes	Vários outros nomes são discutidos, incluindo a sua fonte.
Informações das espécies	Descrição das espécies empregadas.
Cultivo	Informações sobre o cultivo da planta.
Colheita	Informações sobre a melhor época para a colheita com propósitos médicos.
Descrição da erva seca	Descrição monográfica das características da substância seca.
Constituintes químicos	Uma lista dos constituintes químicos comuns.
Farmacologia	Achados de pesquisas quanto a várias funções farmacológicas.
Toxicidade	Informações quanto à toxicidade do medicamento.
Processamento	Descrição das diferentes formas de processamento.
Características e tropismo por canal	As características mais comuns e geralmente aceitas e o tropismo pelos canais são discutidos primeiramente, seguidos de uma lista de outras classificações de acordo com os trabalhos sobre medicamentos mais importantes do passado.
Funções e indicações	Uma lista das principais funções e respectivas indicações é seguida por exposições sobre as funções de várias fontes antigas.
Método de aplicação e dosagem	Exposição dos métodos comuns de aplicação (decocção, pó, pílulas e assim por diante) e da dosagem.
Contra-indicações	Uma lista das contraindicações, incluindo exposições delas feitas por livros médicos antigos.
Combinações selecionadas	Uma lista de combinações comuns e fórmulas organizadas de acordo com as indicações com referência à fonte da combinação.
Relatos de aplicações clínicas	Apresentação resumida dos relatos de pesquisa clínica para diferentes indicações.
Opiniões selecionadas de acadêmicos sobre aplicações clínicas	Uma lista de discussões dos medicamentos em vários livros médicos antigos.
Notas	Várias outras notas relativas ao medicamento.

(A) Categorias comuns em um item do *Grande Dicionário de Medicamentos Chineses* (*Zhong Yao Da Ci Dian*).

Substâncias medicinais

As substâncias medicinais chinesas têm origem vegetal, mineral e animal, embora a maioria seja de plantas. Com frequência, diferentes partes da planta são usadas de formas variadas. Por exemplo, os caules (*sang zhi*), os frutos (*sang shen*), as folhas (*sang ye*) e a casca da raiz (*sang bai pi*) da árvore da amoreira (**A**) são todos usados, cada qual com seus usos tradicionais. Outro exemplo é a tangerina. A casca mais externa (*ju hong*), a casca (*chen pi*), a parte branca semelhante a uma rede de veios interna à casca (*ju luo*) e as sementes (*ju zi*) são utilizadas; porém, nesse caso, todas têm funções semelhantes. Diferentes estágios do desenvolvimento da planta podem ser usados em vários medicamentos: a laranja azeda verde (*zhi shi*) é uma substância muito mais potente em mover o *qi* do que a laranja azeda madura (*zhi ke*). Diferentes partes das plantas podem ter funções opostas. Um exemplo que se destaca é a planta *Ephedra* (*ma huang*). A sua parte mais popular é um potente estimulante e diaforético. A raiz (*ma huang gen*) é adstringente e trata suores espontâneos ou noturnos.

Exemplos de substâncias medicinais derivadas do reino animal são a minhoca (*di long*), o escorpião (*quan xie*), o bicho-da-seda (*jiang can*), o chifre de veado (*lu jiao*) e a centopeia (*wu gong*). Conchas de animais, como a de ostra e a de abalone, também são usadas. Substâncias minerais incluem gipsita, ametista, hematita e magnetita.

Identificação de substâncias medicinais

A identificação de medicamentos, especialmente de plantas, pode ser complexa. Muitas espécies diferentes da mesma planta crescem em diversas partes da China. Uma espécie pode crescer e ser usada no Norte, mas não no Sul. Para dar conta disso e estipular um padrão válido em toda a China, o governo chinês incluiu ervas chinesas ao editar a primeira farmacopeia oficial em 1963, na qual são identificadas as espécies exatas para cada nome chinês.

É incorreto pensar que somente uma espécie é listada por nome de substância chinesa, dado que duas ou três espécies podem ser "corretas" para um nome chinês, uma vez que todas preenchem os critérios estabelecidos pela comissão da farmacopeia: para que uma espécie seja incluída, precisa haver registros históricos do seu uso, ela deve estar disponível no mercado, e estudos fitotécnicos e clínicos devem provar a efetividade de tal espécie para algumas das suas indicações. A edição de 2005 da farmacopeia chinesa lista 551 medicamentos isolados. Cada edição adiciona ou retira especificações. Na edição de 2005, a maioria das espécies de aristolóquia foi removida por causa da sua toxicidade, e itens com muitas espécies foram divididos. Na edição de 2000, duas espécies coincidiam com a *Pueraria* (*ge gen*): *Pueraria lobata* e *Pueraria thomsonii*. Essas duas espécies são quimicamente bastante distintas e provavelmente tenham ações diferentes. Dessa forma, foram divididas em dois itens na edição de 2005.

A identificação dos medicamentos chineses é uma questão complicada. A farmacopeia oficial chinesa está se tornando um padrão mundial fidedigno, que pode servir como um instrumento para a regulação jurisdicional.

Ramos

Sang zhi (*Ramulus Mori*)
Libera os canais e trata a obstrução e a dor

Frutos

Sang shen (*Fructus Mori*)
Nutre o sangue e o *yin* e umedece o intestino

Amoreira

Casca da raiz

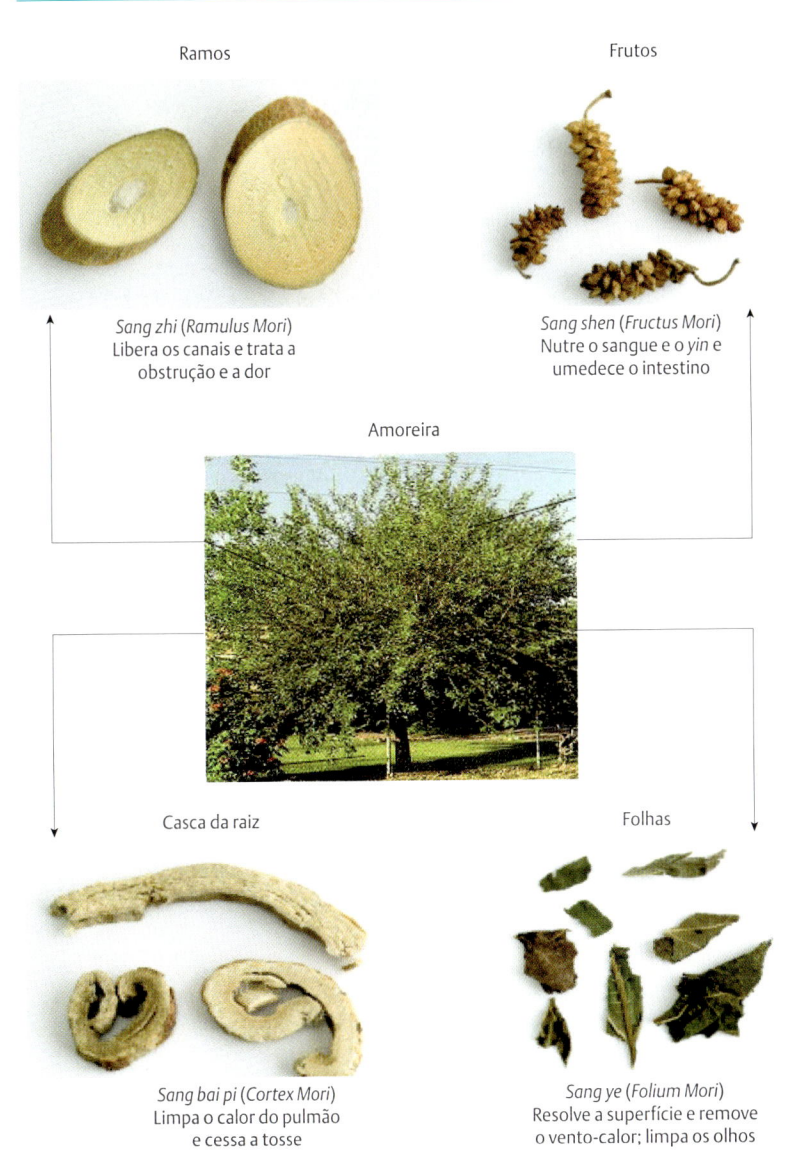

Sang bai pi (*Cortex Mori*)
Limpa o calor do pulmão e cessa a tosse

Folhas

Sang ye (*Folium Mori*)
Resolve a superfície e remove o vento-calor; limpa os olhos

(A) As folhas, os ramos, os frutos e até mesmo a casca da raiz da amoreira são usados medicinalmente. Todos têm funções medicinais diferentes.

Por que uma erva é considerada chinesa?

É porque essas plantas aparecem ou crescem somente na China? Ou porque foram primeiramente descobertas lá? Nenhuma dessas opções é correta: muitas substâncias vêm de fora da China. Matérias médicas antigas descrevem "bárbaros de olhos redondos" trazendo substâncias para o povo chinês. Exemplos de tais substâncias estrangeiras são a resina do olíbano (franquincenso) (*ru xiang*), a resina de mirra (*mo yao*) e a cânfora (*zhang nao*). A verdade é que as "ervas chinesas" são classificadas de acordo com os fundamentos teóricos da medicina chinesa, incluindo seus sabores, temperaturas e tropismo por canais. É desse sistema de classificação baseado na teoria médica chinesa que surgem as funções e indicações das substâncias.

Propriedades medicinais

Sabor

Há cinco sabores, dois *yang* e três *yin*. Os sabores *yang* são o acre e o doce; os *yin* são o amargo, o azedo e o salgado. Uma erva pode ser branda, o que significa a ausência dos cinco sabores. Cada sabor tem diferentes propriedades que influenciam a ação terapêutica da substância. A acridez é ativa, move e dispersa; a doçura é tonificante, harmonizante e umedecedora; o amargor seca e drena; o azedume adstringe, consolida e impede que os fluidos vazem; o salgado drena descendentemente e amacia massas duras; o sabor brando filtra a umidade e desinibe a diurese. As substâncias podem ter mais de um sabor (**A**).

As fórmulas medicinais devem ser balanceadas em termos de sabor. Se um paciente sofre de acúmulo de umidade interna secundária a vazio do *qi* do baço, as ervas seriam classificadas em três categorias: branda para filtrar a umidade e estimular a diurese, amarga para secar a umidade, e doce para tonificar o baço. Os medicamentos doces devem ser combinados com os acres para mover e dispersar e com os aromáticos para abrir e penetrar. Os medicamentos acres precisam ser combinados com medicamentos doces e nutridores de forma que a acridez ativa não disperse demasiadamente o *qi* e os fluidos.

Natureza

A todos os medicamentos é atribuída uma natureza: fria, fresca, neutra, morna ou quente. Os medicamentos frios e frescos tratam doenças de calor. Os medicamentos mornos e quentes tratam doenças de frio. As doenças que se apresentam sem sinais distintivos de calor ou frio requerem uma fórmula neutra (**B**). Se um paciente apresentar-se com febre alta, sudorese intensa e muita sede, será um quadro *yang*, e o *gypsium* (*shi gao*), um dos medicamentos mais frios, poderá ser usado. Entretanto, como o queimador médio gosta do calor e tem aversão ao frio, os medicamentos frios lesam o *yang* do baço e causam diarreia, inapetência e sensação de estufamento e flatulência. Quando prescritos, os medicamentos frios são geralmente combinados com ervas para proteger o queimador médio. O mais comum desses "medicamentos protetores" é a raiz de alcaçuz (*gan cao*). Tanto que, na fórmula para febre alta, o *gypsium* é combinado, entre outras ervas, com o alcaçuz.

Sabor		Propriedades
Doce	→	Tonifica, harmoniza, umedece
Azedo	→	Adstringe, consolida
Amargo	→	Seca, drena
Acre	→	Ativa, move, dispersa
Salgado	→	Drena descendentemente, amacia massas duras
Brando	→	Filtra a umidade, desinibe a diurese

(A) O sabor dos medicamentos. O sabor ou gosto dos medicamentos chineses é usado para entender suas ações fundamentais. No quadro, estão expostas as associações básicas dos cinco sabores. É importante observar que o sabor brando é considerado como a ausência de outros sabores.

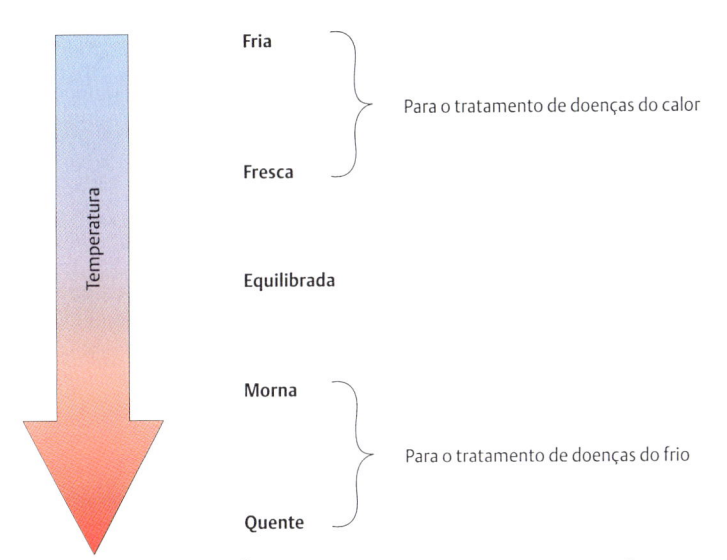

Temperatura

Fria
Fresca
} Para o tratamento de doenças do calor

Equilibrada

Morna
Quente
} Para o tratamento de doenças do frio

(B) *Qi* dos medicamentos. É dito que cada agente medicinal tem um *qi* específico que geralmente é caracterizado como a natureza ou temperatura da substância. A noção de temperatura refere-se ao impacto do agente no ambiente interno do organismo, conforme for resfriar, aquecer ou for equilibrado.

As substâncias mornas e quentes são usadas em condições de frio. Por exemplo, membros frios, aversão ao frio, diarreia aquosa e uma compleição facial pálida indicam que o *yang* do baço e do rim foi lesado. Os medicamentos mornos e quentes, como gengibre seco (*gan jiang*) e acônito (*fu zi*), podem ser prescritos. Como os medicamentos quentes são secantes, poderão danificar o *yin* e o sangue. Dessa forma, são frequentemente combinados com medicamentos frescos, ou até mesmo frios, e umedecedores, tais como a raiz da peônia branca (*bai shao*) ou a raiz de *Rehmannia* preparada (*sheng di huang*), com o objetivo de proteger o *yin* e o sangue para que não sejam lesados pelos medicamentos quentes. Clinicamente, é raro os pacientes se apresentarem com um quadro puramente quente ou puramente frio. Uma pessoa com flegma-calor no queimador superior e para quem medicamentos frescos ou frios são requeridos pode também se apresentar com deficiência do *qi* do baço, caso em que medicamentos mornos também são requeridos. Ou um paciente com frio no queimador médio, que requer medicamentos mornos e quentes, pode também sofrer de depressão do fígado com estagnação do *qi*, gerando calor. Os medicamentos mornos e quentes que tratam o queimador médio podem, por sua vez, promover o calor transformativo, de forma que medicamentos frescos e frios também necessitam ser adicionados.

Tropismo por canais

Cada medicamento também tem sua inscrição a um ou a vários canais. O conceito de tropismo por canais, ou entrada nos canais, associa a ação de uma substância a canais e órgãos específicos (**A**). Por exemplo, a raiz morna e doce de *Astragalus* (*huang qi*) tem tropismo pelos canais do pulmão e do baço e tonifica e amplifica o *qi*, especialmente desses órgãos. A raiz de *Angelica dahurica* (*bai zhi*) é um medicamento acre e morno, adequado para resolver o exterior e desbloquear o nariz. Por causa da sua forte ação de dispersar o *qi* do exterior, essa raiz move o *qi* nas camadas superficiais e trata todos os tipos de dor. A raiz de *Angelica dahurica* entra no canal do pulmão para resolver o exterior e, depois, entra no canal do estômago, descendo pela frente da face. Portanto, trata-se de um bom medicamento para tratar todos os tipos de dor na frente da face, particularmente os causados pela congestão dos seus seios. Essa raiz é adicionada à maioria (senão todas) das fórmulas para tratar cefaleias frontais, sinusites ou dores de dente.

Toxicidade

Desde os registros mais antigos descrevendo o uso sistemático de medicamentos na China, a toxicidade de agentes específicos tem sido notada. O *Fundamentação Herbal Abrangente* (*Ben Cao Gang Mu*), de Li Shi Zhen, descreve um número de medicamentos tóxicos, incluindo a raiz de veratro (*li lu*), a raiz lateral preparada de acônito (*fu zi*), o tubérculo principal da raiz do acônito (*wu tou*) e o aspídio (*guan zhong*). Muitas outras substâncias, como a centopeia (*wu gong*) e a semente de algodão (*ba dou*), tornaram-se bastante conhecidas como substâncias tóxicas ao longo dos séculos em vários textos.

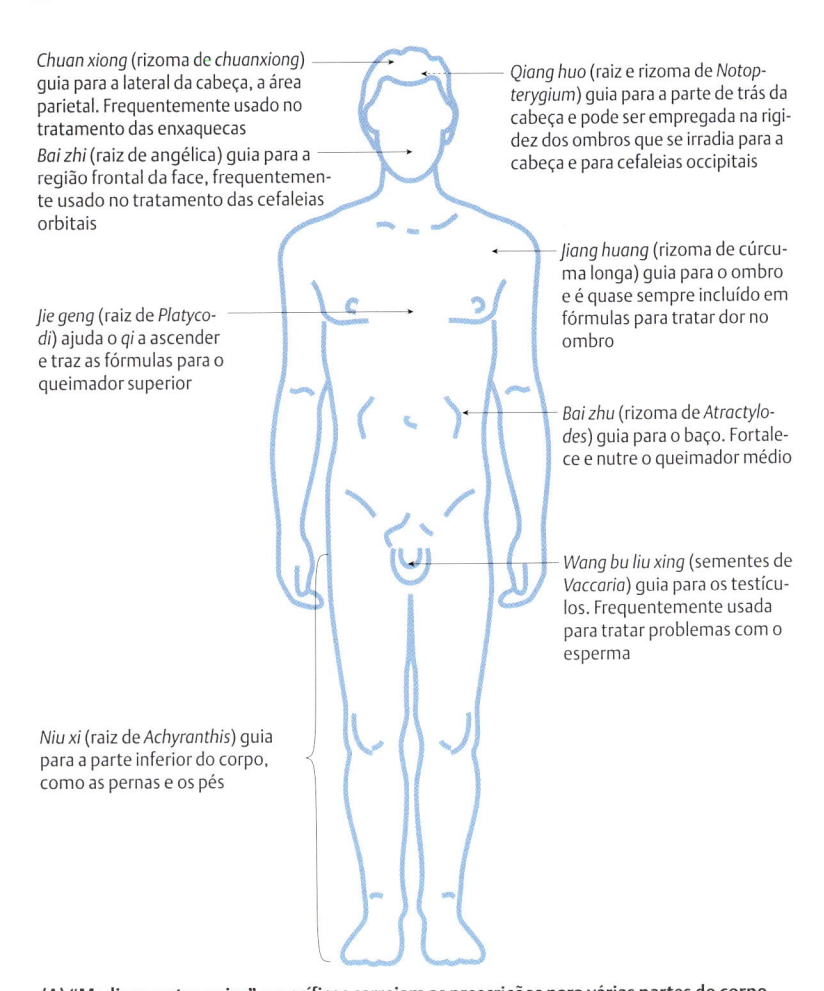

Chuan xiong (rizoma de *chuanxiong*) guia para a lateral da cabeça, a área parietal. Frequentemente usado no tratamento das enxaquecas

Bai zhi (raiz de angélica) guia para a região frontal da face, frequentemente usado no tratamento das cefaleias orbitais

Jie geng (raiz de *Platycodi*) ajuda o *qi* a ascender e traz as fórmulas para o queimador superior

Qiang huo (raiz e rizoma de *Notopterygium*) guia para a parte de trás da cabeça e pode ser empregada na rigidez dos ombros que se irradia para a cabeça e para cefaleias occipitais

Jiang huang (rizoma de cúrcuma longa) guia para o ombro e é quase sempre incluído em fórmulas para tratar dor no ombro

Bai zhu (rizoma de *Atractylodes*) guia para o baço. Fortalece e nutre o queimador médio

Wang bu liu xing (sementes de *Vaccaria*) guia para os testículos. Frequentemente usada para tratar problemas com o esperma

Niu xi (raiz de *Achyranthis*) guia para a parte inferior do corpo, como as pernas e os pés

(A) "Medicamentos guias" específicos carreiam as prescrições para várias partes do corpo.

Essa tradição continuou até os tempos modernos. A toxicidade é uma das propriedades descritas em todas as matérias médicas. Muitos dos medicamentos tradicionalmente denominados tóxicos continuam sendo assim considerados pelos padrões modernos. Por exemplo, o escorpião era tradicionalmente considerado tóxico, e sua dosagem recomendada era muito baixa. As pesquisas modernas confirmam a toxicidade do escorpião. Algumas vezes, a toxicidade tradicional não é confirmada pelas pesquisas modernas, como no caso do curculigo (*xian mao*), substância tradicionalmente tóxica não indicada para uso por período prolongado. As pesquisas ainda não confirmaram a sua toxicidade. Em muitas instâncias, a toxicidade de uma erva é um aspecto de sua utilidade como medicamento; isso é particularmente verdadeiro no caso do acônito (*cao wu*), que deve ser processado para se tornar seguro para uso terapêutico (**A**, **B**, **C**).

Processamento de medicamentos

Quase todas as substâncias medicinais passam por algum grau de processamento antes de serem usadas clinicamente. No mínimo, as substâncias são limpas, secas e cortadas ou moídas. As técnicas especiais de processamento são usadas para aumentar propriedades desejáveis de uma substância, para reduzir sua toxicidade ou mudar seu sabor ou sua natureza. Esses métodos são coletivamente chamados de "processamento de medicamentos" (*pao zhi*), literalmente "frigir no fogo e frigir em mistura". Por exemplo, a raiz de *Polygonum multiflorum* (*he shou wu*), planta muito popular para nutrir o sangue, tem de ser cozida por mais de 24 horas em uma sopa preparada com feijões pretos. Somente após essa preparação, essa raiz perde suas propriedades laxantes e se torna útil para nutrir o sangue.

O processamento é, com frequência, usado para mudar o sabor, a natureza ou outras propriedades de um medicamento, de modo que um aspecto de sua ação seja alterado. Um exemplo é a raiz de alcaçuz (*gan cao*). A raiz cortada e seca é usada para tonificar levemente o qi e remover o calor dos pulmões. Se frigida em mel para produzir o medicamento distinto alcaçuz frigido em mistura com mel (*zhi gan cao*), fortalece com mais potência o baço e o queimador médio devido ao seu sabor mais doce e à sua natureza mais morna.

A substância usada para preparar os medicamentos pode modificar as suas propriedades medicinais. Enquanto o mel é doce e fortalece o queimador médio, o vinagre é azedo e adstringente, e o vinho é ativador e faz mover. Frigir os frutos de *Schisandra* (*wu wei zhi*) em vinagre aumenta suas propriedades adstringentes; frigir a raiz de *Cyperus* (*xiang fu*) em vinagre o faz mais focado no fígado, e embeber o *tang kuei* (*dang gui*) em vinho de arroz fortalece sua capacidade de acelerar o sangue. O processamento também pode ser realizado sem a adição de outras substâncias. Por exemplo, carbonizar as substâncias aumenta suas propriedades homeostáticas.

A detoxificação de substâncias como o acônito (**A**, **B**, **C**) é conseguida pelo uso de calor, sal, vinagre e/ou enxofre dependendo da exata natureza desejada do produto final.

O preparo de um medicamento pode reduzir muito sua toxicidade. Os efeitos tóxicos, analgésicos e anti-inflamatórios da raiz principal e lateral do acônito vêm dos alcaloides diéster diterpenoides da aconitina e de seus análogos. Mais precisamente, os locais tóxicos e ativos desses componentes são os dois grupos ésteres nos carbonos 14 e 8. A hidrólise desses ésteres por meio de procedimentos como fervura, vaporização ou tratamento com ácidos diluídos ou álcalis por algumas horas resulta na detoxificação dos alcaloides pela perda do grupo acetila no carbono 8, formando a benzoilaconina. Esse composto é de cem a mil vezes menos tóxico do que as aconitinas originais. A hidrólise subsequente retira o grupo benzoil do carbono 14, formando a aconina, que não é tóxica. A aconina tem a característica especial de manter as funções analgésicas e anti-inflamatórias sem toxicidade cardíaca (Zhu, pág. 18).

(A) Detoxificação do acônito.

(B) Da esquerda para a direita estão três formas de preparação do *Aconitum carmichaeli*. A raiz principal é processada em água; deve-se deixá-la de molho e, então, fervê-la com alcaçuz e grãos de soja; após, seca-se ao sol para fazer o *zhi chuan wu*. A raiz lateral é mostrada aqui em duas formas de preparação: *bai fu pian* e *hei fu pian*. Ambas são preparadas em água e sal; as fatias de acônito branco (*bai*) são, então, cozidas ao vapor de enxofre.

(C) Produção tradicional de acônito em Sichuan, na China. Aqui, o acônito está secando após ter sido colocado de molho em banho especial de sal.

Categorias de medicamentos

Da combinação dos três sistemas de classificação (sabor, natureza e tropismo por canal) resultam as funções e as ações específicas das substâncias individuais. Um medicamento morno e acre trata doenças do frio e resolve o vento do exterior; dessa forma, esse medicamento resolve o vento-frio do exterior. Um medicamento frio e amargo trata doenças do calor e seca; dessa forma, trata distúrbios de umidade-calor. Se esse mesmo medicamento tiver tropismo pelos canais da bexiga, rim e intestino grosso, ele irá tratar umidade-calor no queimador inferior. Na prática da medicina chinesa, são combinadas substâncias para equilibrar o sabor e a natureza de uma fórmula para torná-la conveniente ao quadro de desarmonia.

Nas matérias médicas mais modernas, os medicamentos chineses são categorizados de acordo com suas funções, que correspondem especificamente aos métodos de tratamento discutidos no Capítulo 2. Tipicamente são distinguidas 18 categorias maiores (**A**). Os medicamentos de uma categoria compartilham pelo menos uma função maior, ou seja, aquela da categoria. Frequentemente terão o mesmo sabor ou natureza e podem até mesmo se associar aos mesmos canais. Dentro de uma categoria, os medicamentos são distinguidos de acordo com suas diferenças. Por exemplo, a cimicífuga (*sheng ma*) e o crisântemo (*ju hua*) são ambos acre e ligeiramente frios, pertencem à categoria que resolve o vento e trata sintomas de vento-calor. A cimicífuga também ascende o *yang* puro, e o crisântemo remove o fogo ascendente do fígado. Ambas têm tropismo pelo canal do pulmão, resolvendo condições de exterior. A cimicífuga associa-se ao canal do estômago e remove o calor tóxico da boca, enquanto o crisântemo associa-se ao canal do fígado e remove o calor e o fogo dos olhos. Assim, embora esses medicamentos estejam na mesma categoria primária, possuem funções secundárias muito diferentes. Frequentemente os medicamentos são usados em razão de suas funções secundárias ou terciárias. Por exemplo, embora ligeiramente fria e amarga, a raiz de *Bupleurum* (*chai hu*) está na mesma categoria de ervas que resolvem o exterior, como a cimicífuga e o crisântemo, mas clinicamente sua prescrição é mais comum para resolver a estagnação do *qi* por depressão do fígado.

As páginas seguintes apresentam um resumo das categorias medicinais e das subcategorias e introduzem os medicamentos representativos.

Categoria	Subcategoria
1 Medicamentos que resolvem o exterior	Medicamentos acre mornos que resolvem o vento-frio
	Medicamentos acre frios que resolvem o vento-calor
2 Medicamentos que removem o calor	Medicamentos que removem o calor de repleção
	Medicamentos que resfriam o sangue
	Medicamentos removem a umidade-calor
	Medicamentos que resolvem as toxinas
3 Medicamentos que precipitam	Medicamentos que precipitam ofensivamente
	Medicamentos que precipitam umedecendo
	Medicamentos que expelem a água
4 Medicamentos que filtram a umidade	Medicamentos mornos, neutros e frescos
5 Medicamentos que dispersam o vento--umidade	Medicamentos mornos, neutros e frescos
6 Medicamentos que transformam a flegma e suprimem a tosse e a dispneia	Medicamentos frios para transformar a flegma quente
	Medicamentos mornos para transformar a flegma fria
	Medicamentos que suprimem a tosse e acalmam a dispneia
7 Medicamentos aromáticos que transformam a umidade	
8 Medicamentos que dispersam os alimentos	
9 Medicamentos que retificam o *qi*	
10 Medicamentos que retificam o sangue	Medicamentos que estancam o sangue
	Medicamentos que aceleram o sangue
11 Medicamentos que aquecem o interior	
12 Medicamentos que tonificam	Medicamentos que tonificam o *qi*
	Medicamentos que nutrem o sangue
	Medicamentos que enriquecem o *yin*
	Medicamentos que fortalecem o *yang*
13 Medicamentos que consolidam e adstringem	
14 Medicamentos que aquietam o espírito	Medicamentos que acalmam o espírito e nutrem o sangue
	Medicamentos tranquilizantes pesados que acalmam o espírito
15 Medicamentos que abrem os orifícios	
16 Medicamentos que acalmam o fígado e extinguem o vento	
17 Medicamentos que expelem vermes	
18 Medicamentos de uso externo	

(A) Um resumo das 18 categorias de medicamentos.

Medicamentos que resolvem o exterior

As substâncias medicinais nessa categoria são usadas quando fatores perniciosos externos como o vento-frio e vento-calor assolam o exterior (ver p. 88). Os medicamentos acre são necessários para dispersar e expelir o vento pernicioso do exterior. No caso de vento-frio, medicamentos acre e mornos o dispersam; no caso de vento-calor, medicamentos acre e frios o dispersam e resfriam. O sabor acre, comum a todas as substâncias dessa categoria, expele o vento pernicioso. A maioria dessas substâncias tem tropismo pelo canal do pulmão, que controla o *qi* defensivo circulante no exterior do corpo. Nos primeiros estágios da invasão, o fator pernicioso está logo abaixo da pele ou nas camadas mais externas dos músculos. A estratégia é expulsar o fator pernicioso através da pele para o exterior promovendo o suor. Muitos dos medicamentos dessa categoria causam, portanto, sudorese ou o surgimento de exantemas. São medicamentos *yang*, ativos e que movem o *qi* para cima e para fora. Muitos são flores e folhas, substâncias leves flutuando para o exterior e para cima no corpo.

A *Ephedra* (*ma huang*) (**A**), um medicamento acre, ligeiramente amargo e muito quente que entra nos canais do pulmão e da bexiga, é o representante desse grupo. Esse medicamento promove fortemente a sudorese e assim dispersa o vento-frio pernicioso do exterior. Além disso, tem uma função dispersora do *qi* e descendente, sendo indicado no tratamento da obstrução do *qi* do pulmão. Os ramos de canela (*gui zhi*) (**B**) são doces, mornos e acres; resolvem a superfície e entram no pulmão e são frequentemente combinados com a *Ephedra* para tratar o vento-frio.

Um medicamento representativo dos acres e frios é a menta (*bo he*) (**C**). Por meio de seu sabor leve e dispersante, tem tropismo pelo exterior e resolve o vento-calor da superfície, aliviando sintomas como dor de garganta, febre com aversão ao vento simultânea e cefaleia. Sua propriedade de resfriar e dispersar a faz particularmente efetiva para resolver a dor de garganta, especialmente aquela causada por vento-calor exterior. Além disso, seu sabor acre e seu cheiro aromático ajudam a abrir o nariz, que pode ser bloqueado secundariamente à congestão do *qi* do pulmão. De forma semelhante a muitos medicamentos dispersantes de vento-calor, a menta também tem a capacidade de "resolver a camada muscular", que significa dispersar os fatores perniciosos alojados nos músculos, como as erupções por calor.

Medicamentos que removem o calor

A categoria dos removedores de calor é a maior nas matérias médicas. Contém medicamentos que removem muitas manifestações diferentes de calor: calor por repleção, calor-umidade, calor no sangue, calor de verão e calor tóxico. Quase todos esses medicamentos são de temperatura fresca ou fria. Muitos também são amargos. A combinação de frescos ou frios e amargos faz com que muitos sejam difíceis de serem digeridos, porque o sabor amargo e a temperatura fria lesam o *yang qi* do baço.

Categorias de Medicamentos 241

(A) A *Ephedra* (*ma huang*) é um representante típico da categoria dos medicamentos acre mornos. Possui fortes propriedades diaforéticas e, assim, expulsa o frio pernicioso para fora através da pele.

(B) O ramo de canela é acre e morno e, assim, resolve o exterior. Também promove a transformação dos fluidos no corpo e pode ser aplicado no caso de acúmulo de umidade no queimador médio.

(C) A menta é um medicamento representativo da categoria acre e frio. Não somente resolve o vento-calor do exterior, expulsando-o para fora, mas também empurra as erupções para fora pelas camadas musculares, assim tratando o sarampo e outras erupções cutâneas.

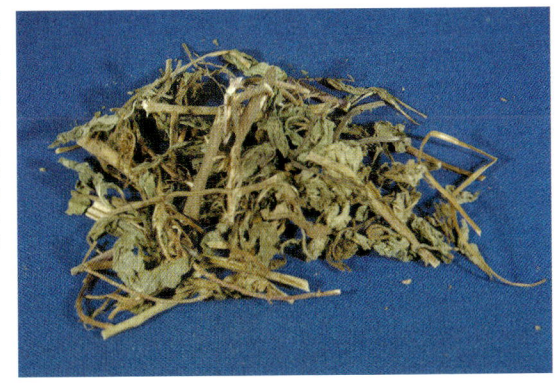

Os medicamentos que removem o calor de repleção ou o fogo são as substâncias mais frias nas matérias médicas. Como o fogo e o calor elevam-se de forma ascendente pelo corpo, muitas dessas substâncias não somente removem o calor mas também têm uma função descendente. Em contraste com os medicamentos acres e frios, que dispersam o calor do exterior, substâncias que removem o fogo o fazem do interior, com diferentes substâncias removendo calor de diferentes aspectos e órgãos. As substâncias dessa categoria relacionam-se a sintomas como febre alta, irritabilidade, olhos vermelhos e sede. São representantes: *Gypsium* (*shi gao*), rizoma de *Anemarrhena* (*zhi mu*) e espinho de *Prunella* (*xia ku cao*).

Os medicamentos que resfriam o sangue removem o calor que penetrou nos aspectos nutritivo e sangue. Nesses estágios da doença, o calor penetrou profundamente e lesou os fluidos e o *yin*. O calor no nível nutritivo leva a exantemas; o calor no sangue faz o sangue fluir freneticamente, sair dos vasos e causar sangramentos. Esses medicamentos estancam sangramentos causados pelo calor no sangue. O calor no aspecto sangue ou nutritivo não é a mesma coisa que calor por vazio do *yin*, embora seja frequentemente acompanhado por ele. Portanto, muitos medicamentos que tiram o calor do sangue também têm propriedades de remover o calor por vazio do *yin*. Os representantes são o corno de búfalo aquático (*shui niu jiao*)*, a raiz de *Rehmannia* não preparada (*sheng di huang*) e a raiz de *Scrophularia* (*xuan shen*).

Os medicamentos que removem umidade-calor são frios e amargos. Seu sabor amargo seca a umidade; sua natureza fria remove o calor. Muitas das substâncias nessa subcategoria têm propriedades antibacterianas e antifúngicas e frequentemente são utilizadas no tratamento de infecções com sinais de calor e umidade pronunciados, como disenterias, infecções do trato urinário, eczemas, etc. Os principais representantes dessa categoria são os "três amarelos". As três substâncias têm a cor amarela e, portanto, a palavra chinesa para amarelo (*huang*) no seu nome: raiz de *Scutellaria* (*huang qin*) (**A**), raiz de *Coptis* (*huang lian*) (**B**) e casca de *Phellodendron* (*huang bai*) (**C**). Cada uma remove o calor e seca a umidade em um dos três queimadores.

As substâncias que removem o calor e resolvem as toxinas servem para inflamações produzidas por venenos de animais ou insetos ou pelo acúmulo de calor pernicioso. Por exemplo, uma dor de garganta pode ser causada pelo calor nos pulmões; mas se houver dor e inflamação severas, será considerada a presença de calor tóxico. Os medicamentos que resolvem toxinas são frequentemente usados nos casos em que os sintomas de calor sejam pronunciados ou em que pus ou abscessos estejam presentes. Por exemplo, a fórmula mais popular para vento-calor, Pó de *Lonicera* e *Forsythia* (*Yin Qiao San*), tem em seu nome dois medicamentos que removem calor tóxico: flor de *Lonicera* (madressilva) (*jin yin hua*) e fruto de *Forsythia* (*lian qiao*), assim borrando a linha divisória entre calor e calor tóxico. Conforme o calor torna-se mais forte, mais substâncias para o calor tóxico devem ser adicionadas.

---

* Originalmente, era usado o corno de rinoceronte (*xi jiao*), mas atualmente é usado o corno de búfalo aquático devido à ameaça de extinção do rinoceronte.

(A-C) *Huang* significa amarelo em chinês; os "três amarelos" são os representantes principais da categoria que remove calor e umidade. Cada um deles é atribuído a um queimador diferente: *huang qin* (*Scutellaria*) para o queimador superior, *huang lian* (*Coptis*) para o queimador médio e *huang bai* (*Phellodendron*) para o queimador inferior. Esses medicamentos estão entre os mais amargos da farmacopeia chinesa e têm forte propriedade antibiótica.

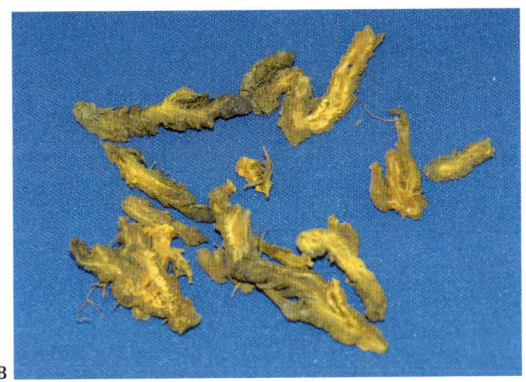

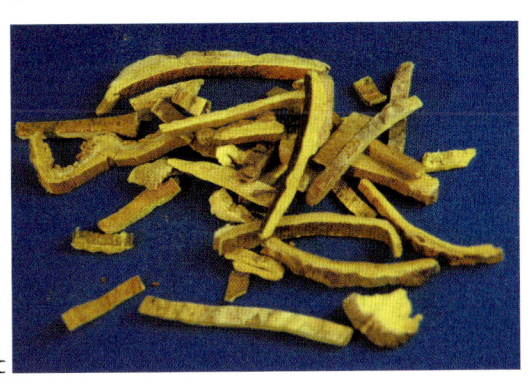

Medicamentos que precipitam

Precipitar significa ajudar as fezes a se moverem livremente. As substâncias são classificadas como medicamentos precipitantes ofensivos, precipitantes umedecedores e que expelem água. O ruibarbo (*da huang*) (**A**) é um precipitante ofensivo usado para a constipação aguda. Ele também tem propriedades de mover o sangue, remover o calor e parar sangramentos, para as quais ele é frequentemente usado. Se usado para seu efeito precipitante, o ruibarbo deve ser cozido por um curto período de tempo (5 a 10 minutos). Se usado devido a suas propriedades de remover o calor e mover o sangue, é cozido com outras ervas por pelo menos 20 minutos, para reduzir sua ação precipitante.

Se o vazio de *qi* ou de sangue produzir secura nos intestinos, causando constipação crônica, um precipitante umedecedor como a semente de Maconha (*huo ma ren*) é selecionada. No entanto, a maioria das sementes, mesmo de outras categorias medicinais, têm a propriedade de umedecer os intestinos.

Medicamentos que filtram a umidade e desinibem as águas

Esses medicamentos promovem a diurese e drenam a umidade. Alguns dos medicamentos que dispersam a umidade também removem o calor, que pode ser engendrado se a umidade bloquear o livre fluxo do *qi* e se transformar em calor.

Os medicamentos dessa categoria são geralmente combinados com medicamentos que tonificam o baço e transformam a umidade ou com medicamentos que removem o calor e secam a umidade.

Poria (*fu ling*) (**B**) é doce e neutro, de modo que pode ser usado em condições de frio ou calor. Apresenta uma ação ligeiramente tonificante, o que o torna ideal para o vazio do baço com acúmulo de umidade. O talcum (*hua shi*) é um medicamento frio que desinibe as águas, usado para tratar umidade e calor na bexiga, uma condição que essencialmente corresponde à infecção do trato urinário.

Medicamentos que dispersam o vento-umidade

Esses medicamentos são específicos para o tratamento de condições de obstrução (*bi*) por vento-umidade. Vento, umidade e frio são causas comuns de obstrução, que se manifesta por dor nas articulações, tendões ou ossos, e peso ou dormência nos membros. Essas substâncias, tipicamente acre e aromáticas, quentes ou frias, são combinadas com agentes de outras categorias para tratar todos os aspectos da síndrome de obstrução: medicamentos que desinibem as águas e filtram a umidade, medicamentos que dispersam o frio, medicamentos que aceleram o sangue ou medicamentos tonificantes.

A raiz de angélica (*du huo*) (**C**) trata a obstrução por vento-umidade e frio na região lombar e pernas. É amarga, acre e morna, dispersa a umidade, expulsa o frio e faz fluir o *qi* para dispersar o vento.

As trepadeiras estão entre os medicamentos que dispersam vento-umidade, visto que penetram nos canais e vasos colaterais, expulsando a umidade e o vento que impedem o livre fluxo de *qi* e sangue. O caule do jasmim-estrela (*luo shi teng*), uma trepadeira amarga e ligeiramente fria que penetra e libera os vasos colaterais, é especialmente útil no tratamento de obstrução por vento-umidade-calor ou por vento-umidade nas extremidades.

Categorias de Medicamentos   245

(A) **A raiz de ruibarbo não é somente um forte laxante usado em constipação devido ao calor, mas também ativa o sangue e remove umidade e calor.** Similar aos "três amarelos" (ver p. 243), tem a cor amarela, um gosto muito amargo e fortes propriedades antibióticas. Com bastante frequência, essa raiz é combinada com dois dos três amarelos para produzir um remédio de uso externo, de propósito geral, para remover o calor, com o nome de "O Pó dos Três Amarelos" (*San Huang San*).

(B) *Poria* **tem gosto bastante suave e temperatura neutra.** Suavemente filtra a umidade e tonifica o baço.

(C) **A raiz de angélica é amarga, acre e morna.** Seu amargor seca a umidade; sua acridez move o *qi* e libera os canais e vasos colaterais obstruídos; e, por ser morna, essa raiz dispersa o frio, além de ser focada na região lombar. Dessa forma, é um medicamento ideal para tratar a obstrução devido a vento-umidade-frio na região lombar e nas extremidades inferiores.

Medicamentos que transformam a flegma, suprimem a tosse e acalmam a dispneia

Divididas em medicamentos frios que transformam a flegma-calor, medicamentos mornos que transformam a flegma-frio e medicamentos que suprimem a tosse, essas substâncias tratam inicialmente condições do trato respiratório, porém podem ser usadas para tratar flegma em qualquer lugar do corpo (ver p. 92 e 132).

A raiz de *Arisaema* (*tian nan xing*) é morna e transforma a flegma-frio. Se for transformada em pó e preparada com bile, que é amarga e fria, torna-se fria e capaz de transformar flegma-calor (Curada na Bile/*dan nan xing*).

O bulbo de *Fritillaria* (*zhe bei mu*) (**A**) é amargo e frio e trata tosse com escarro amarelo. Pode ser comparado a um bulbo da mesma família, o bulbo de *Fritillaria sichuan* (*chuan bei mu*) (**B**), que é amargo, frio e doce, transforma a flegma-calor e umedece e engendra os fluidos *yin*. Enquanto o bulbo de *Fritillaria* é usado nos estágios iniciais da tosse, antes que os fluidos sejam danificados, o bulbo de *Fritillaria sichuan* é usado nos estágios tardios, quando o calor secou a flegma e os fluidos *yin* foram lesados.

Os medicamentos da última categoria são, com base na sua natureza, usados para padrões de tosse com calor ou frio ou para tosses secas ou com umidade. A semente de *Perilla* (*zi su zi*) é acre e morna e trata tosses do tipo frio com flegma. A casca da raiz de amoreira (*sang bai pi*) é fria e doce e trata a tosse seca, com calor ou tosse causada pelo vazio do *yin*, pois o gosto doce nutre o *yin* e umedece os fluidos.

Medicamentos aromáticos que transformam a umidade

Essas substâncias são todas aromáticas e acres. Sua natureza aromática abre e dispersa a umidade pesada e acorda o baço. Sua acridez move o *qi* e penetra a umidade. A maioria dessas substâncias tem temperatura quente, não promovem a diurese, mas dispersam e eliminam a umidade. São indicadas para sintomas de acúmulo de umidade, como plenitude no epigástrio e abdome, perda de apetite, sensação de peso ou diarreia. O fruto de *Amomum* (*sha ren*) (**C**) tem tropismo pelos canais do baço e do estômago, é acre, morno e aromático. Sua acridez move o *qi* e, por ser morno, ativa o queimador médio; seu aroma resolve a congestão.

Medicamentos que dispersam os alimentos

Se o baço e o estômago não forem capazes de mover e transformar os alimentos por estarem em vazio, por alimentação excessiva ou comida ruim, os alimentos estagnam e bloqueiam o fluxo normal do *qi* (ver Cap. 7). Os sintomas de estagnação de alimentos são eructações, mau hálito, diarreia com cheiro fétido, gases e distensão e falta de apetite. Os medicamentos que dispersam os alimentos são usados de acordo com suas características específicas. O arroz e o broto de cevada (*gu ya* e *mai ya*) resolvem a estagnação dos alimentos, têm propriedades fortificantes do baço e do estômago e são usados quando o vazio do baço é a raiz da estagnação dos alimentos. O fruto de *Crataegus* (espinheiro chinês) (*shan zha*) dispersa carnes e alimentos gordurosos; o broto de cevada dispersa arroz, farinha de trigo e frutas.

Categorias de Medicamentos **247**

(A-B) **Dois tipos de bulbo de *Fritillaria* com duas aplicações medicinais diferentes.** Enquanto o bulbo de *Fritillaria*, amargo e frio (**A**), remove o calor e resolve a flegma, o bulbo de *Fritillaria sichuan* (**B**), doce, amargo e frio, também nutre o *yin* devido à sua doçura. O primeiro é usado para tosse aguda com escarro amarelo copioso; o último, para tosse crônica com escarro seco e difícil de expectorar.

(C) **A natureza aromática do *Amomum* faz esse medicamento superior remover a umidade turva, bloqueando e obstruindo o queimador médio, e promover um apetite sadio.** É representativo da categoria de medicamentos aromáticos que transformam a umidade.

Medicamentos que retificam o qi

Retificar o *qi* é corrigir o seu movimento quando em contrafluxo ou estagnado (ver p. 132). O contrafluxo do *qi* do pulmão manifesta-se como tosse. O contrafluxo do *qi* do estômago manifesta-se como eructações, náuseas e vômitos. Como os medicamentos para suprimir a tosse são classificados como as substâncias que transformam a flegma, os medicamentos desse grupo na maior parte descendem o *qi* do estômago em contrafluxo. O cálice (sépalas) de caqui (*shi di*) trata soluços. Sua temperatura neutra permite seu uso para contrafluxo do *qi* do estômago devido a calor ou frio.

Os medicamentos que movem o *qi* concentram-se inicialmente no baço e no estômago, ou no fígado. Os sinais de estagnação do *qi* incluem sensação de plenitude, distensão e dor. Os medicamentos que retificam o *qi* frequentemente têm um sabor acre, que dispersa o *qi*. A casca de tangerina (*chen pi*) (**A**) move o *qi* no baço e no estômago. Suas propriedades acres e aromáticas movem o *qi* deprimido. Sua natureza morna tonifica o baço e o estômago. Seu amargor seca a umidade e a flegma. A raiz de *Cyperus* (*xiang fu*) tem tropismo pelo fígado e pela vesícula biliar e move o *qi* do fígado, sendo usada no tratamento de problemas ginecológicos causados pela estagnação por depressão do *qi* do fígado.

Medicamentos que retificam o sangue

Retificar o sangue significa estancar sangramentos, ou acelerar (fazer mover), transformar ou liberar a estase de sangue (ver p. 132). Os medicamentos que estancam o sangue podem ser frescos ou mornos. A raiz de sanguissorba (*di yu*) é fria, amarga e azeda e resfria o sangue. Essa raiz adstringe e cessa o sangramento, além de tratar sangramento retal devido à umidade-calor no queimador inferior. As folhas de artemísia (*ai ye*) são amargas, acres e mornas. Quando carbonizadas, têm tropismo pelos canais do baço, fígado e rins e tratam sangramentos ginecológicos causados pelo frio. Algumas dessas substâncias simultaneamente aceleram o sangue e cessam o sangramento. A estase de sangue bloqueia os vasos e faz o sangue extravasar. Quando o sangue congelado for movido, o extravasamento cessa. A raiz de notoginseng (*san qi*) (**B**) trata ferimentos de contusões e quedas, além disso cessa sangramentos e dissipa a estase para cessar a dor.

A dor fixa e em pontadas é um sinal claro de estase do sangue. Os agentes que aceleram o sangue são usados quando a dor é causada por estase do sangue. De forma semelhante aos medicamentos que retificam o sangue, muitos medicamentos que aceleram o sangue são acre, amargos e mornos. A acridez move e dispersa, o amargor libera e abre os canais, e a temperatura morna revigora o *yang qi*, promovendo, assim, o movimento.

Os medicamentos que aceleram o sangue variam nas áreas onde atuam e na força dos seus efeitos dispersantes da estase. O rizoma de chuanxiong (*Ligusticum*) (*chuan xiong*) move para cima e trata estase do sangue na cabeça e peito. A raiz de *Cyathula* (*chuan niu xi*) descende e é usada para estase de sangue nos membros inferiores. A raiz de sálvia (*dan shen*) é um agente acelerador suave, que tanto acelera quanto nutre o sangue, sendo frequentemente usado para estase de sangue no peito. O *Carthamus* (*hong hua*) (**C**) e o caroço do pêssego (*tao ren*) são os agentes transformadores de estase mais usados para tratar condições ginecológicas.

(A) Os medicamentos que retificam o *qi* tanto o movem no queimador médio quanto no fígado, ou em ambos. A casca de tangerina é representativa das substâncias que movem o *qi* no queimador médio e transforma a flegma, sendo um importante ingrediente da prescrição eliminadora de flegma "Decocção dos Dois Ingredientes Maturados".

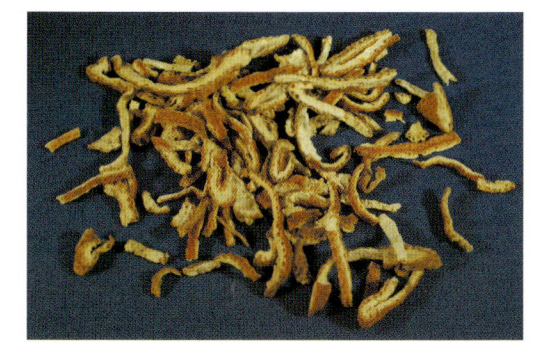

(B) A raiz de notoginseng é um medicamento especial e raro: ela não somente move o sangue, mas também cessa sangramentos. É um medicamento superior para o tratamento de casos que se apresentem com estase e sangramento ao mesmo tempo. Por causa de seu preço, normalmente não é feita a decocção, mas é engolida como um pó com a decocção.

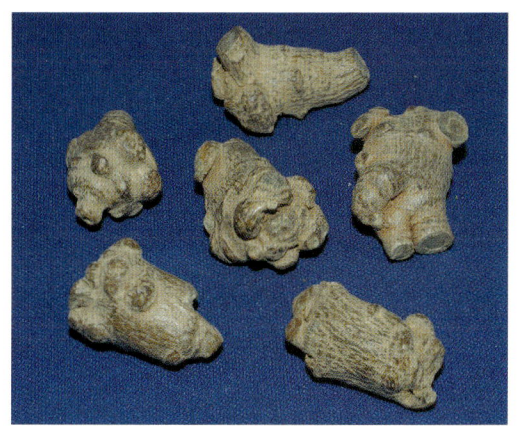

(C) A flor de *Carthamus* é um representante típico da categoria de medicamentos que aceleram o sangue. Pode ser aplicada para a maioria dos tipos de problemas de estase do sangue, tanto externa e como internamente.

Medicamentos que aquecem o interior

São as substâncias mornas ou quentes e acres que dispersam o frio e revigoram o *yang*. Tratam padrões de frio interior tanto de repleção quanto de vazio. O calor aquece o frio; o calor e a acridez revigoram o *yang*. Juntas, essas propriedades dispersam o acúmulo de frio no interior, sendo usadas em condições de frio por repleção, nas quais o frio exterior entra no corpo e bloqueia o *yang qi*, e serve também para revigorar o *yang* fraco ou ajudar o *yang* colapsado. O colapso do *yang* descreve uma situação crítica caracterizada por membros e corpo muito frios, sudorese profusa e fria e pulso tênue. Um representante dessa categoria é a raiz lateral do acônito (*fu zi*) (**A**). O acônito é tóxico, quente e acre, revigora o *yang* e o fluxo do *yang qi*. Normalmente é prescrito em combinação com medicamentos que tonificam o *yang* para o tratamento de padrões de vazio do *yang* em geral. Em combinação com medicamentos que eliminam o vento-umidade e ativam o sangue, o acônito trata obstrução dolorosa por vento-frio-umidade entrando nos canais e vasos colaterais e tem o poder de liberar o fluxo do *yang*, do *qi* e do sangue. O gengibre seco (*gan jiang*) (**B**) é estático e aquece principalmente o *yang* no queimador médio e nos pulmões. A associação de gengibre seco e acônito é uma das mais poderosas combinações para aquecer o *yang*: um é ativo e aquece o *yang* do rim e do coração, o outro é estático e se concentra no *yang* do baço e dos pulmões.

Medicamentos que tonificam

Os medicamentos tônicos são divididos em quatro subcategorias, uma para cada substância essencial: *qi*, sangue, *yin* e *yang*. Essa categoria contém alguns dos medicamentos mais populares e amplamente conhecidos, incluindo todas as variedades diferentes de ginseng, *tang kuei* (*dang gui*), *Cordyceps sinensis* (*dong chong xia cao*) e raiz cozida de *Rehmannia* (*shu di huang*). Esses medicamentos são indicados no vazio, quando o organismo está enfraquecido e uma ou várias das substâncias básicas estão danificadas.

O doce é o sabor *yang* com propriedades tonificantes. A maior parte das substâncias na categoria dos tônicos é doce. Sua temperatura depende de qual substância será tonificada: medicamentos tonificantes do *qi* e do *yang* são geralmente mornos, enquanto os medicamentos tonificantes do *yin* são mais comumente neutros ou frescos. Os medicamentos tonificantes do sangue podem ser mornos, neutros ou frescos.

A maioria dos medicamentos tônicos do *qi* tem tropismo pelo baço e estômago e foco no queimador médio. Suplementando esses órgãos, esses medicamentos fortalecem o *qi* de todo o organismo.

O medicamento tônico do *qi* mais conhecido é o *Panax ginseng* (*ren shen*) (**C**). Doce, ligeiramente amargo e ligeiramente morno, apresenta tropismo pelos canais do baço e do pulmão. O *Panax* tonifica bastante o *qi* do queimador médio e o *qi* original. Sua função de tonificar o *qi* original diferencia o ginseng de outros medicamentos tonificantes do *qi*, os quais têm foco principalmente no baço e no estômago. Além disso, o ginseng suavemente nutre o *yin* e aquieta o espírito.

(A-B) O acônito e o gengibre seco são os representantes mais populares da categoria dos medicamentos que aquecem o interior. Ambos têm propriedades intensamente quentes. O acônito é um medicamento ativo, que faz mover e aquece o *yang* verdadeiro do rim, do baço e do coração, ou seja, do organismo como um todo. Em contraste, o gengibre seco é estático e aquece principalmente o baço e os pulmões. O acônito e o gengibre seco são frequentemente combinados de forma a aquecer fortemente o *yang* do organismo.

A

B

(C) O ginseng é provavelmente o medicamento chinês mais popular no mundo. Ele pertence à categoria dos medicamentos que tonificam o *qi*. Ao contrário de outros medicamentos que tonificam o *qi*, é o único a tonificar o *qi* original do tórax, relacionado ao *qi* dos rins. O *Panax ginseng* vem em duas formas: branco (*bai*) e vermelho (*hong*). Se a raiz for cozida no vapor, torna-se vermelha. Isso faz a natureza do ginseng vermelho ser mais quente e, portanto, mais fortalecedora do *yang*.

O ginseng é preparado de várias maneiras diferentes, que mudam sua natureza e suas ações: o ginseng branco (*bai ren shen*) é a raiz cultivada e seca ao sol. Essa forma não é tão quente quanto as outras, sendo, portanto, adequada a uma maior variedade de condições. Quando a raiz fresca é cozida no vapor e então seca ao sol, torna-se o ginseng vermelho (*hong ren shen*), que é mais quente do que o ginseng branco e não deve ser usado quando o aquecimento é contraindicado. O ginseng americano (*xi yang shen*) é uma espécie inteiramente diferente (*Panacis quinquefolii*), e é fresco ou frio, dependendo de quando for colhido. O ginseng americano está na categoria dos tônicos do *yin*, porque enriquece o *yin* e tonifica o *qi*, além de remover o calor-vazio.

O mais conhecido medicamento tônico do sangue é o *tang kuei* (*Angelica sinensis*) (*dang gui*) (**A**). O *tang kuei* nutre o sangue e, por meio de suas propriedades acre e morna, move o sangue e desbloqueia o *yang* e o *qi*. Esse medicamento pode ser usado para tratar condições de vazio do sangue, como menstruação escassa ou retardada, e condições em que o sangue esteja estático e vazio.

Muitas das substâncias que tonificam o *yang* não só revigoram poderosamente o *yang*, mas também nutrem o *yin*. Para suplementar o *yang*, o *yin* também tem de ser enriquecido, pois os dois estão diretamente conectados e, quando um é lesado, o outro é diretamente afetado. A lesão do *yang* do rim manifesta-se com frio no corpo, incluindo extremidades frias, uma língua pálida e inchada, uma região lombar fria e dolorida, falta de energia e função sexual reduzida. Dois representantes com propriedades revigorantes do *yang* e nutridora do *yin* são as sementes de cuscuta (*tu si zi*) e *Cordyceps* (*dong chong xia cao*) (**B**). A cuscuta é capaz de aquecer sem secar e de consolidar a deserção (diarreia). Além disso, é uma substância para uso em ameaça de abortamento devido a vazio do rim. O *Cordyceps* tonifica o *yang* do rim e o *yin* do pulmão, sendo especialmente útil para tratar a dispneia do tipo vazio ou tuberculose pulmonar.

Os medicamentos tônicos do *yin* são frescos ou frios, nutrientes e umedecedoras e, principalmente, enriquecem o *yin* do pulmão, do estômago e dos rins. Por exemplo, o tubérculo de *Ophiopogon* (*mai men dong*) (**C**) tem tropismo pelo coração, pulmão e estômago e nutre o *yin* desses órgãos.

Devido às suas características umedecedoras e temperaturas frescas, muitos medicamentos tonificantes do *yin* são um tanto saturados e mais difíceis de serem digeridos. Dessa forma, esses medicamentos podem lesar o baço e o estômago e podem produzir sintomas como empachamento abdominal, diarreia e falta de apetite. A fim de evitar que provoquem a estagnação do *qi* do baço e do estômago, são frequentemente adicionados medicamentos que regulam o *qi*, como a casca de cítrus. As substâncias que tonificam o *yang* e o *qi*, no entanto, podem ser muito aquecedoras ou secantes e, assim, necessitar ser moduladas por substâncias resfriantes e umedecedoras.

Categorias de Medicamentos 253

(A) Fatias prensadas de raiz de *tang kuei*. *Tang kuei* é o mais popular medicamento que nutre o sangue. Não somente nutre o sangue, mas, devido à sua natureza acre, também suavemente o faz se mover. Assim, também é chamado de medicamento harmonizador do sangue.

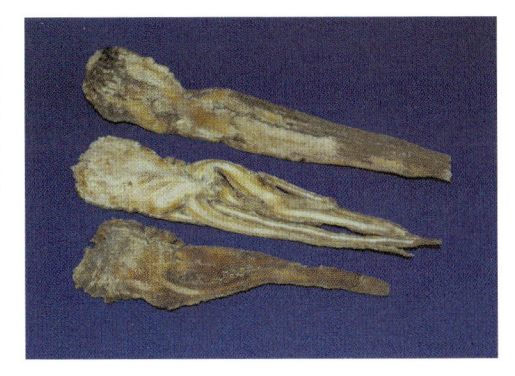

(B) O *Cordyceps*, um representante popular da categoria dos fortalecedores do *yang*, é chamado em chinês de *dong chong xia cao*. Isso é traduzido como "erva de verão do inseto do inverno". O nome tem sua origem no fato de que essa substância medicinal é composta por um fungo ("erva") crescendo nas larvas de um tipo de lagarta ("inseto"). Essa erva é uma das substâncias mais preciosas na matéria médica chinesa e tonifica fortemente o organismo. Devido ao seu alto custo, nunca é cozida em decocção, mas tomada em forma de pó ou pílulas junto com a decocção.

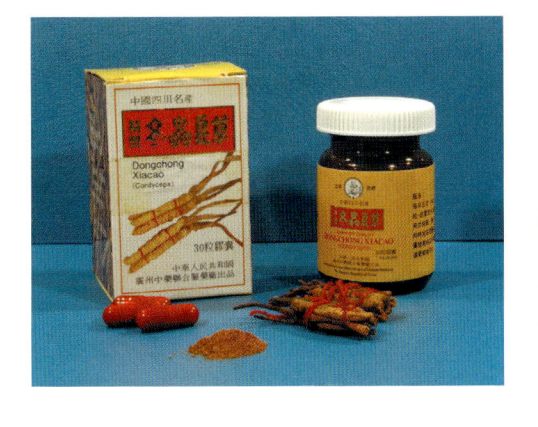

(C) O tubérculo de *Ophiopogon* pertence aos medicamentos que "nutrem o *yin* superior". Nutre o *yin* dos pulmões e do estômago em contraste com as substâncias que "nutrem o *yin* inferior", e que também nutrem o *yin* do fígado e dos rins. Esse medicamento não somente nutre o *yin* mas também tem a capacidade de resolver a fleima nos pulmões. É frequentemente usado no tratamento da tosse com escarro seco.

Medicamentos que consolidam e adstringem

A função de consolidar e adstringir desses medicamentos tem foco no pulmão, intestinos, bexiga, útero e poros cutâneos. Esses medicamentos mantêm nos seus lugares as substâncias que têm tendência a vazar, tratando condições como diarreia, urina frequente, enurese e sudorese noturna espontânea. Todos esses medicamentos têm uma propriedade adstringente (i.e., contrair para diminuir a secreção) e muitos são azedos, pois o sabor azedo adstringe.

A amora rubus (*fu pen zi*) é doce, adstringente e neutra e tem tropismo pelos canais do rim e do fígado. Tonifica o fígado e o rim, consolida a essência e é usada no tratamento da incontinência urinária ou enurese. A amora schisandra (*wu wei zi*) (**A**) é morna e azeda e tem tropismo pelos canais do pulmão e do rim. Essa fruta contrai o pulmão e enriquece o rim para tratar sudorese anormal ou emissões noturnas. Como essas substâncias não têm ação tonificante, os medicamentos consolidantes e adstringentes são tipicamente adicionados a fórmulas que tratam a raiz da perda de líquidos, tal como o vazio do *yang* do rim ou o *qi* do baço.

Nem toda a perda de líquidos deve ser tratada por adstringência. "O ladrão não deve ser preso na casa" é um ditado da medicina chinesa. Se um fator pernicioso repleto, como a umidade-calor, causa a perda de líquidos, por exemplo, na diarreia, os medicamentos adstringentes não devem ser prescritos. O tratamento correto é remover a umidade-calor do queimador inferior.

Medicamentos que aquietam o espírito

O espírito reside no coração, é nutrido pelo sangue e pode se agitar tanto por ser perturbado pelo calor quanto por haver uma quantidade insuficiente de sangue para nutri-lo. Os medicamentos que aquietam o espírito são divididos em duas subcategorias: medicamentos que acalmam a sensação de susto e aquietam o espírito e medicamentos que nutrem o coração e aquietam o espírito. Os primeiros são, na maior parte, minerais pesados que subjugam o *yang*. Por exemplo, o osso de dragão (*long gu*) (**B**) e a casca de ostra (*mu li*) são ambos substâncias minerais pesadas com um efeito pacificador. Essas substâncias aquietam o espírito quando o coração é perturbado por um fator pernicioso repleto. A maioria das substâncias dessa categoria também tem funções adicionais, como reprimir a transpiração e consolidar a essência.

O segundo grupo aquieta o coração e acalma o espírito nutrindo o coração e o sangue. Os principais representantes são as sementes de biota (*bai zi ren*) e o caroço de jujuba espinhosa (*suan zao ren*) (**C**). Apesar de ambas nutrirem o coração e aquietarem o espírito, as sementes de biota têm foco no coração, e o caroço de jujuba espinhosa, no fígado. As sementes de biota são adequadas para o vazio do sangue do coração, com sintomas como esquecimento, perda da concentração e palpitações. Para a inquietação do espírito por vazio do sangue do fígado, com sintomas como irritabilidade, palpitações e laterais da língua pálidas, o caroço de jujuba espinhosa é o medicamento de escolha.

(A) Amoras de *Schizandra* são chamadas de *wu wei zi*, sementes dos cinco sabores. Essa amora combina todos os cinco sabores e diz-se que tonifica todos os órgãos. O sabor principal é o azedo e, portanto, sua função principal é adstringir. Seu sabor azedo também torna essa fruta um medicamento gerador de fluidos. Assim, foi integrada a algumas bebidas em razão de suas propriedades de matar a sede.

(B) Os assim chamados ossos de dragão, ossos fossilizados de grandes mamíferos, são pesados e assentam o espírito. Os medicamentos pesados que assentam o espírito são principalmente usados em padrões de repleção quando a mente está perturbada pelo calor.

(C) O caroço de jujuba espinhosa pertence aos medicamentos que acalmam o espírito nutrindo. Em contraste com as substâncias pesadas que assentam, essas nutrem o sangue, que, por sua vez, dá suporte ao espírito. Os caroços de jujuba espinhosa têm afinidade pelo fígado e nutrem particularmente o sangue desse órgão.

Medicamentos que abrem os orifícios

O espírito comunica-se e interage com o mundo exterior por intermédio dos orifícios liberados. Se os orifícios estiverem obstruídos por flegma, a interação entre o espírito e o mundo é obstruída, e o paciente pode perder a consciência ou tornar-se confuso. Os medicamentos que abrem os orifícios, aromáticos e acres por natureza, ajudam a abri-los para recobrar a consciência do paciente ou clarear seu pensamento. Essas substâncias não são comumente usadas no Ocidente, em parte porque essas não são queixas muito comuns na prática médica tradicional chinesa no Ocidente, e em parte porque essas substâncias são difíceis de serem compradas, são muito caras e/ou são tóxicas. Exemplos são o almíscar (*she xiang*), a árvore-do-bálsamo (*Styrax*) (*su he xiang*), o benjoim (*an xi xiang*), o bezoar (cálculo de intestino de ruminantes) (*niu huang*) e a cânfora-do-bornéu (borneol) (*bing pian*). A única substância de uso comum é a raiz de *Acorus* (*shi chang pu*) (**A**). A *Acorus* é acre e morna e tem tropismo pelos canais do coração, do fígado e do baço. É frequentemente utilizada para tratar acúmulo de flegma e a umidade, sendo prescrita em combinação com ervas aromáticas para acordar o baço. A *Acorus* clareia a mente conforme vai removendo a flegma e umidade, por isso é usada para aumentar a concentração ou para tratar transtornos como o déficit de atenção.

Medicamentos que acalmam o fígado e extinguem o vento

O vento pernicioso pode ser dividido em dois tipos: vento externo e interno. O vento exterior é tratado com medicamentos que resolvem o exterior. O vento interior pode surgir devido a flamejamento do fogo do fígado, hiperatividade ascendente do *yang* do fígado ou vazio do *yin* ou sangue do fígado. Embora seja causado por padrão de repleção, misto de vazio e repleção ou vazio, o vento movendo-se no interior sempre tem alguma relação com o fígado. Como os medicamentos dessa categoria tratam o vento interno, quase todos têm tropismo pelo canal do fígado e são frescos ou frios. Muitas das substâncias dessa categoria são de origem animal, por exemplo, o escorpião (*quan xie*) (**B**), a centopeia (*wu gong*) e a minhoca (*di long*) (**C**). Como essas substâncias animais não somente extinguem o vento, mas também entram nos vasos e os desbloqueiam, são também efetivas no tratamento da dor. Além das substâncias animais, muitos medicamentos dessa categoria são de origem mineral: empurram para baixo o *yang* ascendente ou removem o fogo que flameja. Exemplos são a amarga e fria hematita (*dai zhe shi*) e a salgada e fria concha de abalone (*shi jue ming*). Uma manifestação de vento interno é a tontura. No tratamento da tontura, podemos usar substâncias dessa categoria, como a raiz de *Gastrodia* (*tian ma*). As propriedades doce e neutra da *Gastrodia* são ideais para o tratamento tanto de tonturas dos padrões de repleção quanto de vazio.

Os medicamentos que acalmam o fígado e extinguem o vento são frequentemente usados na moderna prática clínica. Além disso, são empregados no tratamento de muitos padrões de hipertensão, enxaquecas, tiques e tremores, paralisias e outras dessas condições de vento.

Categorias de Medicamentos 257

(A) A raiz de *Acorus* é o único medicamento comumente utilizado da categoria dos que abrem os orifícios. Essa raiz "abre" por vias diferentes: combinada com medicamentos aromáticos, "abre" o baço; no tratamento de infecções do ouvido, é aplicada para "abrir" e desbloquear o ouvido; em combinação com medicamentos que transformam a flegma e que estimulam o cérebro, a raiz de *Acorus* "abre" o cérebro, ou seja, clareia a mente.

(B) O escorpião é tóxico e potente. Além de extinguir o vento do fígado, é particularmente útil por entrar nos canais e nos vasos colaterais e liberá-los. Portanto, o escorpião é um poderoso medicamento para cessar a dor, frequentemente usado para enxaquecas, artrites ou neuralgias.

(C) Assim como se move pela terra, a minhoca entra nos canais e nos vasos colaterais e os desbloqueia. Menos potente que o escorpião, além de extinguir o vento, a minhoca também é utilizada para cessar a dor e no tratamento de asma e tosses, pois pode resolver espasmos nos brônquios, que também são um tipo de vento interno.

Medicamentos que expelem os vermes

Essa é uma categoria pequena e pouco usada na prática moderna. Esses medicamentos são usados no tratamento de vermes, como os nematódios, tênias e enteróbios, que são mais eficientemente expelidos pela biomedicina. Entretanto, a palavra chinesa para verme *(chong)* pode ter seu significado estendido para cobrir também parasitas intestinais, como a cândida. Seguindo essa ideia, hoje em dia muitos medicamentos que expelem os vermes são prescritos em padrões de cândida ou disbiose intestinal. Um exemplo dessa categoria é a casca de melia *(ku lian pi)* (**A**), que não somente mata os vermes, mas por causa de suas propriedades amarga e fria também trata umidade-calor. Essa casca é ideal para tratar candidíase vaginal. Porém, como outros medicamentos dessa categoria, é tóxica e deve ser prescrita com precaução.

Medicamentos de uso externo

Os medicamentos na categoria de uso externo têm um amplo espectro de ação. Alguns são usados para coceira, outros para promover o processo curativo, outros para queimaduras ou sangramentos. O que esses medicamentos têm em comum é que são aplicados somente em áreas externas e suas formas mais comuns de aplicação são os pós, unguentos, banhos, vapores e molhos.

A maioria das substâncias dessa categoria não devem ser usadas internamente. Muitas são tóxicas e podem causar efeitos colaterais sérios se forem ingeridas. Um exemplo típico é o alúmen *(bai fan)* (**B**), que trata a umidade e a toxicidade externas e cessa o prurido. O alúmen é aplicado mais como um pó, no tratamento de eczemas, micoses cutâneas, escabiose e prurido vaginal. Além disso, estanca sangramentos e pode ser aplicado externamente em combinação com outros medicamentos que estancam o sangue. Essa substância tem a função interna de cessar a diarreia, remover o calor e resolver a fleuma, como no tratamento da tosse ou do delírio; contudo a administração interna desse medicamento não deve exceder 3 g em decocção ou 1 g na forma de pó, e efeitos colaterais tóxicos, como náuseas, tonturas, dor de cabeça, etc., foram constatados. O alúmen é um medicamento frequentemente usado para aplicação externa, mas raramente prescrito internamente. Outras substâncias ainda comumente listadas nessa categoria nas matérias médicas modernas são altamente tóxicas e devem ser usadas com muita precaução; por exemplo, *Mylabris* (*ban mao*) (**C**) e veneno de sapo (*chan su*); ou não tóxicas, como o óxido de ferro (*qian dan*) (ver também p. 218).

Todas as 18 categorias de medicamentos descritas anteriormente contêm substâncias que possuem a função geral da categoria assim como funções individuais. São as funções individuais que diferenciam as substâncias em cada categoria e ajudam o médico a decidir qual a mais adequada em cada situação. Todavia, é muito pouco usual que as substâncias medicinais chinesas sejam usadas individualmente. Não raro, várias substâncias são combinadas com o objetivo de criar uma fórmula para tratar a condição específica que um paciente possa apresentar.

Categorias de Medicamentos 259

(A) Amarga, fria e ligeiramente tóxica, a casca de *Melia* pertence à categoria que dispersa os vermes, mas é frequentemente usada no tratamento das infecções vaginais fúngicas por umidade-calor. Suas propriedades de "matar os vermes" ajudam a matar micro-organismos patológicos, como a cândida.

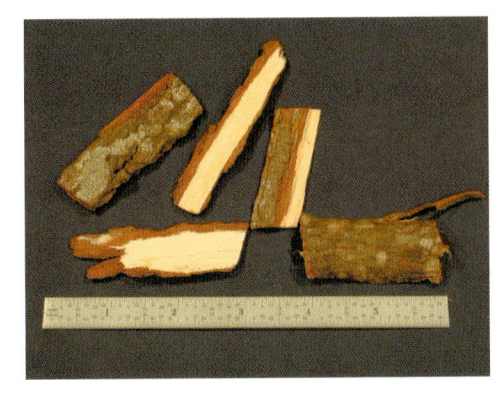

(B) O alúmen pertence à categoria dos medicamentos de uso externo. Embora tenha função no uso interno, muito raramente é incluído em decocções que sejam ingeridas. Sua maior aplicação é externa, para problemas de pele com prurido e umidade.

(C) Embora a *Mylabris*, uma espécie de mosca espanhola, ainda que seja listada nas matérias médicas modernas, não é uma substância comumente usada, sendo evitada pela maioria dos médicos. Seu uso é restrito a doses excepcionalmente baixas e indicações clínicas muito específicas (p. ex., na dermatologia ou oncologia), nas quais é explorada sua propriedade de veneno irritante. A *Mylabris* é altamente tóxica e um irritante muito forte para a pele.

Formulações medicinais chinesas

Os medicamentos chineses raramente são dispensados individualmente. Normalmente consistem em fórmulas contendo algo entre 2 e 20 ou mais medicamentos. Na média, uma fórmula contém entre 8 e 12 substâncias. As fórmulas são geralmente construídas em uma base individual para um único paciente. A fórmula de um paciente pode não ser a mesma de outro com a mesma condição.

Por intermédio da história da medicina chinesa, milhares de fórmulas foram anotadas e passadas adiante. Hoje em dia, elas são conhecidas como fórmulas clássicas e formam a base da maioria das fórmulas mais modernas. Por exemplo, o *Tratado do Frio Nocivo* (*Shang Han Lun*) anotou combinações que se tornaram fórmulas clássicas e são algumas das fórmulas mais comumente usadas atualmente. Embora sejam listadas dezenas de milhares de fórmulas "clássicas" nas coleções de fórmulas tradicionais, somente poucas centenas são usadas com frequência. Os livros-texto modernos de fórmulas listam de 250 a 300 fórmulas diferentes. Algumas têm indicações muito específicas; outras têm ampla aplicabilidade. Em torno de 100 fórmulas são usadas muito comumente. As outras 150 a 200 são usadas para indicações específicas.

As fórmulas têm ações que correspondem a métodos de tratamento e indicações que as combinam com sintomas e doenças específicas. Dependendo do padrão de doença e do método de tratamento selecionado, podem ser combinadas várias fórmulas pequenas e simples para fazer uma fórmula maior, ou uma fórmula maior pode ser modificada pela adição ou remoção de medicamentos de forma a adequar-se ao padrão. As fórmulas clássicas não representam "medicamentos" definitivos e imutáveis. Mais do que isso, são blocos de construção e servem como um guia na seleção de uma estratégia. Como foi apontado por doutores famosos do passado, usar uma fórmula não significa utilizar seus ingredientes, mas usar as suas "ideias". Essas "ideias" significam as estratégias de combinação de medicamentos de diferentes categorias para vários sintomas e padrões.

Os medicamentos da categoria que elimina umidade podem, por exemplo, ser combinados com medicamentos para tonificar o *qi* do baço. Esse é o caso da Decocção de Ginseng, *Poria* e *Atractylodes ovata* (*Shen Ling Bai Zhu San*) (**A**), uma fórmula popular tradicional que fortifica o baço, elimina a umidade e cessa a diarreia. Além dos medicamentos tônicos do baço e que eliminam a umidade, substâncias da categoria adstringente são adicionadas para cessar a diarreia.

As ideias contidas em tais fórmulas podem ser bastante complexas. Há também muitas fórmulas de duas, três ou quatro substâncias que são bastante populares e frequentemente usadas como blocos de construção. Por exemplo, na fórmula anteriormente mencionada, a porção tonificadora do *qi* é a fórmula de quatro medicamentos tônicos do *qi* chamada Decocção dos Quatro Cavalheiros (*Si Jun Zi Tang*). São adicionados medicamentos para eliminar a umidade e cessar a diarreia. Assim sendo, a Decocção de Ginseng, Poria e *Atractylodes ovata* pode também ser considerada uma modificação da Decocção dos Quatro Cavalheiros.

Ginseng	Fortalece o baço para que haja *qi* suficiente para transformar a umidade.	
Atractylodes ovata	Ajuda o ginseng a fortalecer o baço e transformar a umidade.	Em combinação, essas substâncias compõem a prescrição tônica do *qi* Decocção dos Quatro Cavalheiros.
Poria	Suavemente fortalece o baço e filtra a umidade, assim auxiliando o *Atractylodes ovata* e os outros medicamentos que resolvem a umidade.	
Alcaçuz frigido em mistura com mel	Fortalece o baço e harmoniza todos os medicamentos na prescrição.	
Raiz de *Dioscoreae*	Fortalece o baço e elimina a umidade; suavemente consolida os intestinos para cessar a diarreia.	
Semente de *coix*	Elimina a umidade e suavemente fortalece o baço.	Combinação focada na umidade e na diarreia.
Semente e fruto de lótus	Medicamento adstringente para cessar a diarreia, que também tonifica o baço e elimina a umidade.	
Feijão *lablab*	Medicamento moderado, neutro para tonificar o baço e eliminar a umidade.	
Fruto de *Amomum*	Medicamento acre e aromático para expulsar a umidade e ativar o baço para transformar a umidade.	Medicamentos assistentes.
Raiz de *Platycodon*	Medicamento com tendência ascendente, usado para levar para cima, em direção aos pulmões, o *qi* desmoronado do baço.	

(A) Análise da Decocção de Ginseng, *Poria* e *Atractylodes ovata*.

Estrutura das formulações

Uma formulação medicinal chinesa é uma composição de medicamentos organizada hierarquicamente com soberano (*jun*), ministro (*chen*), assistente (*zuo*) e mensageiro (*shi*). Cada um desempenha uma função específica na fórmula.

O soberano expressa o método de tratamento que será aplicado ao(s) padrão(ões) da(s) doença(s) ou processo(s) patológico(s). Por exemplo, o Pó Retificador do *Qi* de Agastache (*Huo Xiang Zheng Qi San*) é indicado para vento-umidade exterior atacando o queimador médio com sinais de exterior, acompanhados de náuseas e vômitos. O soberano é agastache (*huo xiang*), que trata as três patologias principais: sua propriedade aromática transforma a umidade, sua acridez dispersa o vento do exterior e controla a náusea e os vômitos. Uma fórmula pode ter dois ou mais soberanos, cada um tratando aspectos da patologia. Por exemplo, se um paciente sofre de tonturas devido a flegma e vento, a Decocção de *Pinellia*, *Atractylodes ovata* e *Gastrodia* (*Ban Xia Bai Zhu Tian Ma Tang*) pode ser dada. Um soberano, *Gastrodia* (*tian ma*), extingue o vento; o outro, *Pinellia* (*ban xia*), transforma a flegma.

O ministro dá suporte e complementa as funções do soberano e trata patologias secundárias. Na fórmula tônica do *qi* Decocção dos Quatro Cavalheiros, o soberano (ginseng) funciona para tonificar fortemente o *qi*. O ministro, *Atractylodes ovata* (*bai zhu*) ajuda a fortalecer o *qi* fortalecendo o baço, e sua natureza amarga e morna trata a patologia secundária, que é a umidade. Mais de uma substância pode ter o papel de ministro.

O assistente tem três possíveis papéis. O assistente ajudante (*zuo zhu*) dá suporte ao chefe, ou ministro, ou trata um aspecto menor da patologia. O assistente corretivo (*zuo zhi*) reduz a toxicidade ou modera a severidade dos ingredientes soberanos ou dos ministros. A raiz de alcaçuz preparada com mel e a tâmara chinesa são agentes corretivos frequentemente usados. O assistente opositor (*zuo fan*) contrapõe as funções dos ingredientes soberanos. Essa estratégia é empregada quando eventos patológicos opostos ocorrem simultaneamente. Por exemplo, em condições que apresentam sinais tanto de calor quanto de frio, um soberano amargo e frio pode ser contraposto a um assistente quente e acre. Uma fórmula pode conter muitas substâncias assistentes.

O mensageiro tem dois papéis: pode focar a ação de determinada fórmula em uma área do corpo ou em um canal particular. Por exemplo, para cefaleias frontais ou dor nos seios da face, a raiz de *Angelica dahurica* leva a fórmula para o canal do estômago. O mensageiro pode também harmonizar todos os ingredientes e suas ações. A raiz de alcaçuz é comumente usada para esse fim. A dosagem do mensageiro é geralmente pequena.

Nem todas as fórmulas contêm medicamentos com todos os papéis. Um soberano e um ministro juntos com um mensageiro podem ser suficientes em casos simples. A estrutura geral e a composição das fórmulas tipicamente seguem a rubrica clássica dos quatro papéis (**A**, **B**).

Papel medicinal	Descrição da função
Soberano Jun/君	Desempenha a função principal da fórmula e trata o aspecto principal da patologia. Frequentemente com dose maior do que os outros componentes. Pode ser um único ou mais medicamentos.
Ministro Chen/臣	Dá assistência direta ao soberano e trata possíveis patologias secundárias. Normalmente com dose menor do que o soberano. Pode ser um único ou mais medicamentos.
Assistente Zuo/佐	O assistente ajudante (*zuo zhu*) dá suporte ao chefe, ou ministro, e trata um aspecto menor da patologia. O assistente corretivo (*zuo zhi*) reduz a toxicidade ou modera a severidade dos ingredientes soberanos ou ministros. O assistente opositor (*zuo fan*) contrapõe-se às funções dos ingredientes soberanos. A dosagem é similar à do ministro. Normalmente é a maioria dos ingredientes.
Mensageiro Shi/使	Foca a ação da fórmula em uma área ou em um canal particular do corpo e/ou harmoniza todos os ingredientes e suas ações. Normalmente um ou dois por prescrição.

(A) A estrutura de uma fórmula.

Astragalus	Soberano: tonifica fortemente o *qi* e ascende o *yang qi*.
Ginseng	Ministros: fortalecem o queimador médio.
Atractylodes ovata	
Alcaçuz frigido em mistura com mel	
Tang kuei	Assistentes: tonificam o sangue (*tang kuei*) e regulam o queimador médio (casca de tangerina), assegurando que os medicamentos tonificantes possam ser digeridos.
Casca de tangerina	
Raiz de cimicífuga	Mensageiros: guiam para cima e levantam o *yang qi* límpido
Raiz de *Bupleurum*	

(B) A Decocção que Tonifica o Centro e Amplifica o *Qi* (ver também p. 265) é uma importante fórmula clássica usada para fortalecer o *qi* do baço e do estômago e assim elevar o *yang límpido*. A fórmula mostra uma organização complexa com múltiplos ministros, assistentes e mensageiros.

Formas de administração das formulações

As formulações medicinais são dispensadas em uma miríade de formas: decocções, chás, pós, vinhos, tinturas, pílulas tradicionais e modernas, extratos secos e líquidos (**A**). As fórmulas também são aplicadas topicamente como linimentos, unguentos, aerossóis, banhos, lavagens, emplastros e cataplasmas.

Decocção em água

A forma tradicional de administração mais usada é a decocção (*tang*), preparada pelo cozimento dos medicamentos em água entre 15 minutos e 1 hora, dependendo do propósito. Ainda dependendo do propósito, as ervas podem ser novamente levadas à decocção ou descartadas após o primeiro cozimento. A decocção resultante é dividida de acordo com as instruções do médico e tomadas duas ou três vezes ao dia.

O tempo de cozimento para um ingrediente pode variar de acordo com suas características. Muitos minerais e substâncias tóxicas, como o acônito, são levados à decocção sozinhos por 60 minutos antes de outros ingredientes serem adicionados. As substâncias contendo óleos essenciais, como as folhas de menta, são adicionadas pouco antes do final do cozimento da decocção. Os medicamentos caros e valorosos podem ser cozidos separadamente ou tornados pó, e uma pequena quantidade é ingerida junto à decocção coada. Uma erva levada isoladamente à decocção é o ginseng; um medicamento tomado em pó é a raiz de notoginseng.

As fórmulas preparadas por decocção em água ou extratos secos são frequentemente modificados de acordo com as necessidades específicas do paciente. Em geral, os aspectos da apresentação do paciente que podem influenciar o ajuste das fórmulas incluem idade, gênero, peso e questões subjacentes à constituição e à patologia. As fórmulas podem ser ajustadas pelo aumento ou diminuição da dose de um medicamento específico, assim como pela remoção ou adição de substâncias para tratar questões clínicas específicas.

Extratos secos

Extratos secos de fórmulas ou substâncias individuais adaptam técnicas tradicionais de decocção e concentração à produção de concentrados secos usando tecnologias contemporâneas. Esses produtos têm adquirido popularidade crescente devido à sua facilidade de uso. Os extratos secos permitem a combinação de fórmulas-padrão com extratos de ervas individuais, o que permite a modificação e individualização de fórmulas.

Medicamentos preparados

Os medicamentos chineses preparados existem na China há séculos. Médicos, monastérios e farmácias vendem medicamentos com indicações específicas, e muitas dessas preparações tornam-se bastante famosas. Muitas das fórmulas guias "clássicas" discutidas a seguir estão disponíveis na forma preparada, o que elimina a possibilidade de sua modificação, mas sua conveniência algumas vezes excede essa desvantagem. O nome moderno *zhong cheng yao*, medicamento preparado chinês, apareceu com o início da moderna indústria farmacêutica, e o mercado para os medicamentos preparados chineses é atualmente bastante grande.

(A) Diferentes formas de dispensação para a prescrição clássica que amplifica o *qi* e eleva o *yang* Decocção que Tonifica o Centro e Amplifica o qi. As ervas cruas (1) são cozidas juntas em um *tang* (2), uma sopa herbal ou decocção. Essa é a forma original e mais potente de administração dos medicamentos chineses. As pílulas de ervas (3) modernas envolvem métodos contemporâneos de produção, mas conservam a aparência do produto tradicional. Os medicamentos triturados e extratos são cobertos por um revestimento entérico (4). Preparados granulados de decocções herbais secas por jato de ar quente (5) são facilmente solúveis em água. Essas fórmulas mais modernas de dispensação são mais convenientes e têm gosto melhor.

Os medicamentos preparados chineses mais antigos, chamados de pílulas de chá, eram pequenas bolinhas escuras (2 a 3 mm de diâmetro). As pílulas de chá são feitas de decocções altamente concentradas de elementos individuais, misturadas com pó de substâncias especificamente selecionadas, tornadas pílulas e polidas ou revestidas. Os produtos preparados chineses também estão disponíveis em outras formas, incluindo comprimidos, xaropes, pílulas revestidas, cápsulas, pós, etc.

Os produtos preparados chineses são tipicamente baseados na teoria da medicina tradicional chinesa. Entretanto, atualmente sua composição pode também ser baseada na pesquisa biomédica moderna. Por exemplo, o comprimido Duplo Amarelo e *Lonicera* (*Shuang Huang Lian*) é composto pela flor de *Lonicera*, o fruto de *Forsythia* e *Scutellaria*. Todas essas substâncias têm propriedades antivirais e antibacterianas. As indicações listadas para esse produto incluem: vento-calor com sinais de resfriado comum, tosse e dor de garganta. Embora possa ser aplicada de acordo com a medicina chinesa, o desenho da fórmula é baseado em pesquisa biomédica.

Os vinhos medicinais são outra forma tradicional de administração. São preparados pelo molho de uma combinação de ervas em bebida alcoólica, como vinho de arroz ou vodka, durante um período que varia de várias semanas a um ano, e então bebidos em pequenas doses conforme necessário. Os vinhos são mais usados em fórmulas tônicas ou antirreumáticas.

Categorias de formulações medicinais

Exatamente como as substâncias individuais são organizadas em diferentes categorias de ação, as fórmulas organizam-se em categorias de acordo com suas funções principais. Essas categorias são baseadas nos métodos de tratamento discutidos anteriormente, sendo novamente divididas em subcategorias que expressam mais precisamente o método de tratamento incorporado pela fórmula. O uso de subcategorias oferece um delineamento preciso da aplicação clínica de uma fórmula. Consideradas na sua totalidade, as categorias e subcategorias podem perfazer mais de 60 divisões distintas para as fórmulas.

Embora muitas das categorias usadas para organizar as fórmulas sejam as mesmas que são utilizadas para organizar as substâncias individuais, existem algumas que são diferentes. Pode haver variação entre a delineação precisa e o número de categorias e subcategorias usadas para organizar as fórmulas. A lista apresentada aqui (**A**) descreve 18 categorias de formulações, principalmente para uso interno; esquemas com 20 ou mais categorias podem ser achados dependendo de como as categorias são divididas e de que tipo de fórmulas são incluídas. Outros esquemas podem incluir as fórmulas de ejeção com uma categoria primária ou descrever fórmulas para uso externo. Este capítulo não discute preparações tópicas, visto que são discutidas, ainda que brevemente, no Capítulo 5, "*Tui na*".

A discussão de fórmulas que segue concentra-se naquelas representativas no contexto das suas aplicações clínicas.

Categorias de fórmulas Fórmulas que:	Ação
1 Resolvem o exterior	Dispersam os fatores perniciosos exteriores, que são: vento-calor e vento-frio na superfície do corpo.
2 Removem o calor	Removem todos os tipos de calor de todos os aspectos do organismo.
3 Precipitam	Liberam as fezes na constipação de causas variadas.
4 Harmonizam	Harmonizam os canais, órgãos e substâncias.
5 Umedecem a secura	Resolvem a secura externa e umedecem a interna.
6 Dispersam a umidade	Dispersam o acúmulo de umidade devido a causas internas e externas.
7 Aquecem o interior	Dispersam o frio e aquecem o interior em padrões de frio por repleção ou vazio.
8 Tonificam	Tonificam o *qi*, o sangue, o *yin* e o *yang* dos órgãos e vísceras.
9 Retificam o *qi*	Restabelecem o livre fluxo do *qi* quando ele estiver estagnado ou em contrafluxo.
10 Aceleram o sangue	Movem o sangue e transformam a estase para promover o livre movimento do sangue.
11 Estancam o sangue	Cessam sangramentos devidos a uma variedade de causas, incluindo trauma.
12 Consolidam e adstringem	Cessam a diarreia, a tosse e outros vazamentos nos casos em que o vazio é tanto a causa quanto a consequência do vazamento.
13 Acalmam o espírito	Acalmam e aquietam o espírito ou nutrem e acalmam o espírito.
14 Dispersam o vento	Extinguem ou acalmam o vento no interior ou nos canais.
15 Abrem os orifícios	Removem as obstruções dos orifícios para restaurar a clareza mental ou a consciência.
16 Transformam a flegma	Resolvem a flegma de vários locais diferentes do corpo: queimador médio, pulmões, nódulos, etc.
17 Dispersam	Dispersam os alimentos estagnados que bloqueiam o queimador médio.
18 Expelem os vermes	Matam ou eliminam vários tipos de vermes.

(A) As 18 categorias primárias de fórmulas.

Fórmulas que resolvem o exterior

As fórmulas da categoria que resolvem o exterior tratam invasões externas, nas quais o fator pernicioso fica na superfície do corpo. A categoria inclui fórmulas para os estágios iniciais da invasão por vento, para vento-calor ou vento-frio, para dor causada por vento invadindo a cabeça e o pescoço, para vento invadindo um organismo fraco ou vazio, em que medicamentos tonificantes são combinados com outros medicamentos que resolvem o exterior, e para a combinação de repleção do interior com invasão do exterior por vento.

A Decocção de *Ephedra* (*Ma Huang Tang*) foi primeiramente prescrita por Zhang Zhong Jing (p. 30), por volta de 220 d.C.. É uma fórmula famosa usada para tratar um paciente atacado por vento-frio pernicioso ou que, usando o sistema de identificação de padrões descrito no *Tratado do Frio Nocivo*, tenha um padrão do estágio *yang* maior. A apresentação inclui febre e calafrios, ausência de sudorese, dores musculares e possivelmente tosse. O pulso é tenso e moderado, e a língua é normal.

A *Ephedra* é o soberano: dispersa o vento e o frio da superfície do corpo e encaminha o *qi* do pulmão; os ramos de canela (*gui zhi*) são o ministro: reforçam os efeitos de aquecer e resolver o exterior da *Ephedra*; o caroço de damasco (*xing ren*) é o assistente: reforça a ação da *Ephedra* de encaminhar o *qi* do pulmão para cessar a tosse; e o alcaçuz frigido com mel é o mensageiro: harmoniza a ação dos ingredientes, amplifica o *qi* e umedece os pulmões. Os ingredientes são levados à decocção em água, e o líquido resultante é tomado morno para induzir a sudorese, um sinal de que o *qi* da superfície do corpo, que foi obstruído pelo frio pernicioso, está livre para mover-se e dispersar o fator pernicioso. Depois de beber o chá, come-se uma porção de arroz para reforçar o *qi*. Uma vez que o suor chegue, não são necessárias mais doses do chá. A sudorese sinaliza a resolução do exterior.

O Pó de *Lonicera* e *Forsythia* (*Yin Qiao San*) é uma fórmula que resolve o exterior muito popular indicada quando o vento-calor invade o corpo e causa dor de garganta, febre, aversão ao frio, cefaleia e dores corporais leves. Embora seja uma fórmula para resolver o exterior, seus dois medicamentos soberanos (a flor de *Lonicera* e o fruto de *Forsythia*) pertencem à categoria das substâncias que removem o calor e resolvem as toxinas. Os outros ingredientes principais vêm da categoria das substâncias que resolvem o exterior. Isso salienta o fato de que as formulações não são somente uma mistura de substâncias da mesma categoria, mas compostas por medicamentos de várias categorias. O importante é a função geral da fórmula, que nesse caso é resolver o vento-calor exterior.

Essa fórmula seria bastante aplicável à apresentação clínica de *Jeremias* (ver Cap. 3, p. 101 para detalhes). *Jeremias* apresenta-se com um ataque de vento-calor nos estágios iniciais, contra um fundo de vazio do *qi*. Embora fosse aconselhável incluir algumas ervas para tonificar o *qi* de *Jeremias*, talvez o ginseng americano, a maioria dos médicos forneceria esse medicamento na forma preparada e recomendaria que *Jeremias* o usasse por 2 a 3 dias até que os sintomas cedessem (**A**).

Categorias de Formulações Medicinais **269**

→ **Estudo de caso**

Jeremias, 45 anos, com um resfriado agudo, com dor de garganta, sudorese e escarro ligeiramente amarelo (ver também, no Cap. 3, o diagnóstico e, no Cap. 4, o estudo de caso de Jeremias)
Fórmula: Pó de *Lonicera* e *Forsythia*

Medicamento e dosagem	Categoria e papel	Ações
Lonicera (9-15 g)	Removem o calor, resolvem as toxinas Soberanos	Removem o calor e resolvem as toxinas para tratar a invasão externa de vento-calor inicial. Um par de ervas como essas é essencial para padrões de vento-calor, pois ajudam a remover o calor, cessar a dor de garganta e resolver a condição.
Forsythia (9-15 g)		
Grãos de soja fermentados (9-12 g)	Dissipam o vento-calor Ministros	Esses dois ministros ajudam o par soberano a resolver o exterior e dispersar o fator pernicioso promovendo a sudorese.
Menta (3-5 g)		
Arctium (9-12 g)	Dissipa o vento-calor Ministro	Esses dois ministros têm seu foco em difundir o *qi* do pulmão, transformar a fleuma e cessar a tosse. Juntos, dão suporte aos soberanos na remoção do calor, com foco na garganta.
Platycodon (3-6 g)	Transforma a flegma Ministro	
Schizonepeta (6-9 g)	Dissipa o vento-frio Assistente	Embora seja da categoria dos medicamentos que dissipam o vento-frio, a *Schizonepeta* aumenta a capacidade da fórmula de resolver o exterior.
Phragmites frescos (15-30 g)	Remove o calor, drena o fogo Assistente	Esses três assistentes engendram líquidos para cessar a sede e prevenir danos ao *yin* pelo calor. O alcaçuz cru também ajuda o *Platycodon* e a *Arctium* a cessar a dor de garganta.
Folhas de *Lophaterum* (3 a 6 g)	Remove o calor, drena o fogo Assistente	
Alcaçuz cru (3-6 g)	Tonifica o *qi*, harmoniza Assistente + mensageiro	

Frequentemente administrada na forma de pílulas, essa fórmula vai ajudar Jeremias a livrar-se do seu resfriado, pois resolve o exterior, remove o calor e resolve toxinas. Embora o resfriado seja propenso a ir embora de qualquer forma, é importante assegurar-se de que o fator pernicioso seja expulso, de modo a que não se aprofunde e cause outros problemas. Jeremias vai tomar a fórmula somente por poucos dias, para que o dano ao seu baço devido aos medicamentos frios seja mínimo.

(A) Aplicação da fórmula Pó de *Lonicera* e *Forsythia* ao tratamento de *Jeremias*.

Fórmulas que removem o calor

Uma expressão do método de tratamento "remover" (limpar, clarear), essa categoria contém fórmulas para remover o calor do aspecto *qi*, para clarear o aspecto nutritivo (*ying*) e resfriar o aspecto sangue (*xue*). Essas abordagens terapêuticas tratam os padrões de doenças febris identificados pelos padrões dos quatro aspectos da Escola das Doenças do Calor (ver p. 42 e 130).

A categoria inclui fórmulas para remover o calor e resolver toxinas. O calor tóxico apresenta-se por sintomas como febre alta, irritabilidade, carbúnculos, furúnculos profundos, discurso incoerente, um pulso forte e uma língua vermelha com saburra espessa e amarela. Esse complexo de sintomas, indicando fogo tóxico, pode ser tratado com a Decocção que Resolve Toxinas de *Coptis* (*Huang Lian Jie Du Tang*), um representante pequeno e poderoso da categoria que remove o calor e resolve toxinas (**A**).

Somando-se a essas, há fórmulas para remover o calor dos órgãos. Em muitas dessas fórmulas, os órgãos são representados pela referência à sua cor nos cinco elementos: Pó para Drenar o Branco (*Xie Bai San*) remove o calor do pulmão; Pó para Sequestrar o Vermelho (*Dao Chi San*) remove o calor do coração; Pó para Drenar o Amarelo (*Xie Huang San*) remove o calor do baço; e Pílula para Drenar o Verde-azulado (*Xie Qing Wan*) remove o calor do fígado.

Um representante da subcategoria que "remove o calor dos órgãos" é a Decocção de Gentiana para Drenar o Fígado (*Long Dan Xie Gan Tang*). Essa é a principal fórmula para drenar o fogo do fígado e a umidade-calor no canal do fígado. Essa função é levada a termo pela erva soberana, amarga e fria: a raiz de *Gentiana* (*long dan cao*). Essa raiz é ajudada pelos medicamentos ministros e assistentes, amargos e frios e promotores da diurese. A fórmula também contém dois assistentes corretivos para proteger o *yin* e o sangue dos medicamentos amargos e frios, assim como da queima e ressecamentos provocados pelo fogo do fígado.

Fórmulas que precipitam

Se o calor danificar os fluidos, secando os intestinos e levando à constipação por calor repleto, será necessário remover o calor e precipitar os intestinos. A Decocção Maior Coordenadora do *Qi* (*Da Cheng Qi Tang*), que trata o calor no órgão do *yang* maior, será usada. Seus ingredientes principais – ruibarbo e *Mirabilitum* (*mang xiao*) – removem o calor, movem os intestinos e amaciam a dureza. Além disso, são ajudados pelos medicamentos retificadores do *qi* e que resolvem a distensão: fruto imaturo de *Aurantium* (*zhi shi*) e casca de magnólia (*hou po*).

Se as fezes não se moverem por secura, as fórmulas precipitantes umedecedoras serão usadas. As Pílulas de Sementes de Maconha (*Ma Zi Ren Wan*), que na realidade são compostas de sementes variadas que têm a função de umedecer os intestinos, também podem ser utilizadas.

Se o frio acumular-se no intestino, bloqueando o livre fluxo do *qi* e do *yang*, com apresentação de dor abdominal em cólicas por frio com constipação, a Decocção de Ruibarbo e Acônito (*Da Huang Fu Zi Tang*) será usada. Nessa fórmula, medicamentos quentes que dispersam o frio (raiz lateral de acônito) são combinados com medicamentos precipitantes (ruibarbo) para aquecer o interior e mover os intestinos (**B**).

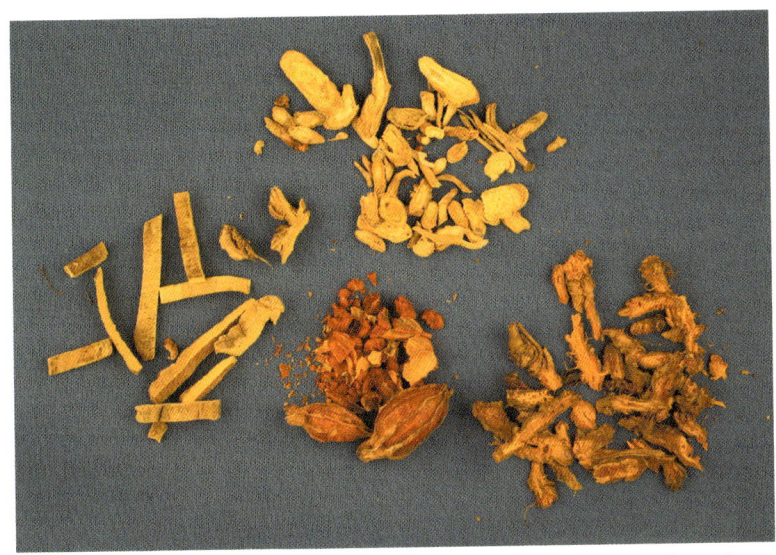

(A) A Decocção que Resolve Toxinas de *Coptis* é uma potente prescrição para resolver calor-toxinas (ou calor tóxico). Consiste em uma combinação de quatro medicamentos amargos e frios da categoria removedora de umidade. Umidade-calor intensa rapidamente leva ao que é considerado, na medicina chinesa, como calor tóxico. Entre os quatro medicamentos dessa prescrição estão os "três amarelos", que removem o calor-umidade, cada um de um dos três queimadores removendo a umidade-calor do organismo inteiro. O quarto ingrediente, fruto de gardênia vermelha, remove a umidade-calor dos três queimadores.

Fórmulas que removem o calor

Removem o calor do aspecto *qi*

Limpam o aspecto nutritivo e resfriam o sangue

Limpam tanto o aspecto *qi* quanto o nutritivo

Removem o calor e resolvem as toxinas

Removem o calor dos órgãos

Removem o calor vazio

Removem o calor e resolvem o calor de verão

Fórmulas que precipitam

Precipitantes frios

Precipitantes úmidos

Precipitantes mornos

Expelem a água

Simultaneamente tonificam e atacam

(B) Ações das fórmulas removedoras de calor e precipitantes.

Fórmulas harmonizadoras

A harmonização refere-se a ajustar um desequilíbrio entre dois eventos patológicos separados, frequentemente opostos. Os medicamentos de categorias opostas geralmente são combinados nas fórmulas harmonizadoras. Há três grupos de fórmulas harmonizadoras: 1) fórmulas que harmonizam o *yang* menor, nos casos em que fatores perniciosos estão presos entre o exterior e o interior; 2) fórmulas que harmonizam madeira e terra, quando o fígado sobrepuja o baço ou o estômago e rompe o funcionamento digestivo adequado; e 3) fórmulas que harmonizam o estômago e intestinos, quando o frio e o calor se combinam e bloqueiam o queimador médio (**B**).

Um representante dessa categoria é a Decocção Menor de *Bupleurum* (*Xiao Chai Hu Tang*) (**A**). Originalmente desenhada por Zhang Zhong Jing para tratar apresentações do canal *yang* menor quando o frio pernicioso invade o exterior alojando-se entre o interior e o exterior, combina medicamentos que removem o calor interno com medicamentos que resolvem o calor externo. A combinação da raiz de *Bupleurum* (*chai hu*) que é acre, amarga e ligeiramente fria, com a raiz de *Scutellaria* (*huang qin*) que é amarga e muito fria, tornou-se uma combinação-padrão para remover e resolver o calor no fígado. A Decocção Menor de *Bupleurum* inclui assistentes para tonificar o baço e fortalecer o *qi* e assistentes para transformar a fleuma e regular o *qi* do estômago. Além disso, tem uma indicação muito mais ampla do que a apresentação genérica do padrão do *yang* menor, com febre e calafrios alternados, garganta seca, náuseas e vômitos, tonturas, sensação de plenitude no peito e hipocôndrios e um pulso em corda. Ela também pode ser usada em condições da infância, como otite média, porque trata adequadamente as patologias pediátricas de calor, umidade e vazio do baço. Desse modo, consiste em uma das principais fórmulas para tratar hepatite, que frequentemente se apresenta como um padrão complexo, envolvendo calor, estagnação do *qi*, umidade e vazio.

Fórmulas umedecedoras da secura

Se a secura perniciosa invadir o organismo, os medicamentos acres que resolvem o exterior serão combinados para dispersar o fator pernicioso exterior pela superfície. Por exemplo, o Pó de Caroço de Damasco e Folhas de Perilla (*Xing Su San*) não contêm medicamentos umedecedores, mas ervas acres que resolvem o exterior. Do mesmo modo, a fórmula clássica para calor-secura, a Decocção de Folhas de Amora e Caroço de Damasco (*Sang Xing Tang*), é governada por ervas acres e que resolvem o frio do exterior e contêm somente dois medicamentos umedecedores.

Se houver o desenvolvimento de secura interna, serão utilizadas fórmulas umedecedoras. Como os pulmões são particularmente sensíveis à secura, muitas das fórmulas dessa categoria umedecem os pulmões e nutrem o seu *yin*. Por exemplo, a Decocção de Bulbo de Lilium Consolidativa do Metal (*Bai He Gu Jin Tang*) nutre o *yin*, umedece os pulmões, transforma a fleuma e cessa a tosse, sendo indicada em casos de sinais de secura e vazio do *yin* dos pulmões, tais como tosse com escarro hemático, boca e garganta secas, calor nos cinco palmos e língua vermelha com saburra fina ou descascada (**B**).

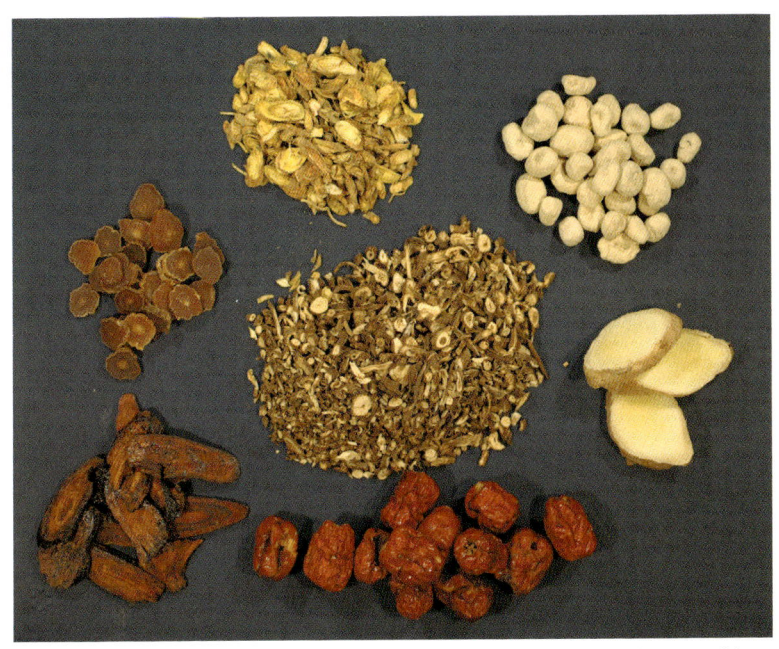

(A) Decocção Menor de *Bupleurum* é a prescrição mais representativa para resolver os Padrões do Canal *Shaoyang*. Devido à sua combinação de medicamentos removedores de calor, solucionadores de flegma e tônicos do *qi*, consiste em uma prescrição ideal para tratar crianças. Como tal, é a prescrição mais popular para muitas doenças infantis.

(B) Ações das fórmulas harmonizadoras e umedecedoras da secura.

Fórmulas harmonizadoras

Harmonizam o *yang* menor

Harmonizam o fígado e o estômago

Harmonizam o estômago e os intestinos

Fórmulas umedecedoras da secura

Umedecem a secura por difusão leve

Enriquecem o *yin* e umedecem a secura

Fórmulas que dispersam a umidade

As fórmulas que dispersam a umidade tratam o acúmulo de umidade; entretanto a maneira como fazem isso varia de acordo com a apresentação. O Pó dos Cinco da *Poria* (*Wu Ling San*) (**A, B**) é uma formulação que "desinibe a água e filtra a umidade". Essa fórmula combina três substâncias brandas e neutras ou ligeiramente frias que desinibem a urina com rizoma de *Atractylodes macrocephala* e ramos de canela, que dão suporte à ação transformativa do baço. O Pó dos Cinco da *Poria* é indicado em casos de sinais de acúmulo de umidade em geral, como edema, sensação generalizada de peso, diarreia e dificuldade urinária.

Os medicamentos soberanos nas fórmulas que "secam a umidade e harmonizam o estômago" são da categoria aromática transformadora da umidade. A umidade perniciosa entra como vento-frio-umidade atacando o baço ou se manifesta quando o vento-frio ataca uma pessoa com umidade no baço. O resultado é febre e calafrios, cefaleia, uma sensação de plenitude e opressão no peito, dor no epigástrio e no abdome, náuseas e vômitos e diarreia. O Pó Retificador do *Qi* de Agastache trata isso combinando medicamentos aromáticos que expulsam a umidade com substâncias que resolvem o exterior e retificam o *qi*.

O Pó das Oito Retificações (*Ba Zheng San*), que combina medicamentos amargos e frios da categoria que drena a umidade com medicamentos amargos e frios da categoria que remove o calor, pertence à subcategoria das fórmulas que "removem o calor e dispersam a umidade". Esse medicamento remove o calor, drena o fogo, desinibe a urina e libera a disúria, sendo indicado quando a umidade-calor aloja-se na bexiga, manifestando-se como infecções do trato urinário.

As fórmulas que aquecem e dispersam umidade aquosa são usadas quando a umidade combina-se com o frio para formar umidade-frio. A Decocção dos Guerreiros Verdadeiros (*Zhen Wu Tang*) combina a acre e quente raiz de acônito com as transformadoras da umidade e promotoras da diurese *Atractylodes ovata* e *Poria*. Além disso, aquece o *yang* e desinibe a diurese, sendo indicada quando o *yang* danificado e vazio falha em transformar a água, que então se acumula no corpo.

As fórmulas que dispersam o vento e sobrepujam a umidade são usadas para tratar padrões de obstrução. Os ingredientes soberano e ministro são da categoria dispersadora de umidade, como a raiz de angélica (*du huo*) e a raiz de *Gentiana* (*long dan cao*). Os medicamentos de outras categorias são usados para tratar vento-umidade alojado nas articulações. Por exemplo, na Decocção de *Angelica pubescens* e Azevinho (*Du Huo Ji Sheng Tang*), medicamentos que tonificam o fígado e o rim são adicionados, tratando, assim, vento-umidade-frio com vazio do rim e do fígado. Na Decocção de Ramos de Canela, Peônia Branca e *Anemarrhena* (*Gui Zhi Shao Yao Zhi Mu Tang*), uma fórmula indicada para os estágios iniciais de vento-umidade nas camadas superficiais das articulações, a *Ephedra* é adicionada para dispersar o vento. Como a umidade está sempre combinada com o vento quando invade as articulações, todas as fórmulas dessa subcategoria contêm medicamentos que dispersam o vento, mais comumente a raiz de *Saposhnikovia* (*fang feng*) (**C**).

Categorias de Formulações Medicinais **275**

Medicamento e papel	Categoria	Ações
Alisma Soberano	Desinibe a água Filtra a umidade	Desinibe a diurese e dispersa a umidade
Poria Ministro	Desinibe a água Filtra a umidade	Desinibe a diurese, dispersa a umidade e suavemente tonifica o baço
Polyporos Ministro	Desinibe a água Filtra a umidade	Desinibe a diurese e dispersa a umidade
Atractylodes ovata Assistente	Tonifica o *qi*	Fortalece o baço e seca a umidade
Ramo de canela Assistente	Dissipa o vento-frio	Aquece o baço, dá suporte à transformação do *qi* e, dessa forma, transforma a umidade

(A) Análise do Pó dos Cinco da *Poria*.

(B) **O Pó dos Cinco da *Poria* é a prescrição básica para fortalecer o baço e promover a diurese, assim eliminando a umidade.** Esse pó combina medicamentos que dispersam a umidade, como a *Poria* e o *Polyporos*, com o galho de canela, medicamento morno que transforma a água, e o transformador de umidade *Atractylodes ovata*, usando, assim, três vias separadas pelas quais a água e a umidade patológicas são eliminadas do corpo.

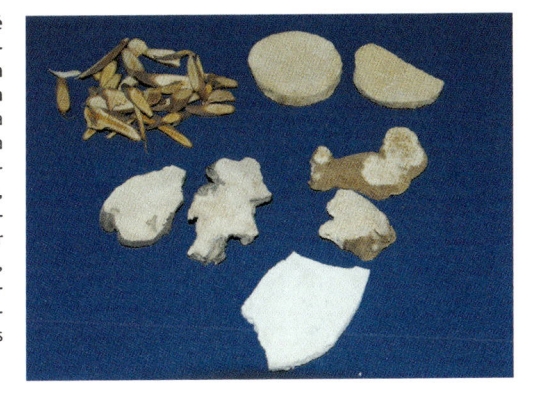

(C) Ações das fórmulas dispersadoras de umidade.

Fórmulas dispersadoras de umidade

Desinibem as águas e filtram a umidade

Secam a umidade e harmonizam o estômago

Removem o calor e dispersam a umidade

Aquecem e transformam a umidade aquosa

Dispersam o vento e sobrepujam a umidade

Fórmulas que aquecem o interior

O frio no interior tem suas origens tanto no frio por repleção quanto no frio por vazio. O frio por repleção ocorre quando o frio exterior invade o organismo e passa pelo canal *yang* maior e se desloca para o interior, ou quando ele invade diretamente o interior. O frio por vazio surge quando o *yang qi* de um órgão, principalmente coração, baço ou rins, torna-se vazio, de forma que o *yang qi* seja incapaz de aquecer o organismo ou áreas particulares do corpo, especialmente os membros. As fórmulas dessa categoria podem ser divididas em três grupos: fórmulas que aquecem os canais e dissipam o frio; fórmulas que aquecem o centro e dissipam o frio; e fórmulas que retornam o *yang* e detêm o contrafluxo (**B**).

Se o *yang qi* é depletado, não aquece as extremidades, que se tornam geladas. Os medicamentos acres e quentes, que penetram nos canais e nos vasos colaterais e revigoram o fluxo do *yang qi* assim como dispersam o frio, são indicados. A Decocção de Tangkuei para Frio em Contrafluxo (*Dang Gui Si Ni Tang*) combina esses medicamentos com substâncias que suplementam o sangue, sendo a principal fórmula para mãos e pés frios secundários a vazio do sangue e debilidade do *yang*.

O segundo grupo de fórmulas aquece o centro e dispersa o frio. Essas fórmulas agem para aquecer o *yang* do queimador médio. A Pílula Retificadora do Centro (*Li Zhong Wan*), ou sua modificação mais quente, a Pílula de Acônito Retificadora do Centro (*Fu Zi Li Zhong Wan*) (**A**), são fórmulas representativas. A Pílula Retificadora do Centro aquece o queimador médio e fortifica o *qi* do baço. Essa pílula contém gengibre seco, que age aquecendo o baço e o estômago. A fórmula é indicada para vazio do *yang* do baço se manifestando como diarreia com fezes aquosas, náuseas e vômitos, falta de apetite, dor abdominal, língua pálida com saburra branca e pulso profundo e sem força. Quando os sinais de frio forem mais severos, a adição de acônito preparado produz a fórmula da Pílula de Acônito Retificadora do Centro.

Por fim, há várias fórmulas pequenas e poderosas para retornar o *yang* e deter o contrafluxo. Essas fórmulas tratam a deserção do *yang*, um estado perigoso no qual o *yang* está exausto a ponto de abandonar o corpo. Os dois representantes incluem a acre e quente raiz lateral de acônito. A Decocção de Ginseng e Acônito (*Shen Fu Tang*) contém somente raiz lateral de acônito e raiz de ginseng. Essa fórmula serve para condições agudas em que haja vazio severo do *qi* adquirido e não deve ser usada por muito tempo. Depois que o estado agudo for resolvido, o paciente deve ser devidamente tratado com base na sua condição. A Decocção para Frio em Contrafluxo (*Si Ni Tang*) tem foco mais forte em revigorar o *yang* e combina a raiz lateral de acônito com raiz seca de gengibre e raiz de alcaçuz frigida em mistura com mel. Essa fórmula pode ser usada por um período mais longo de forma a retificar uma condição severa (**B**).

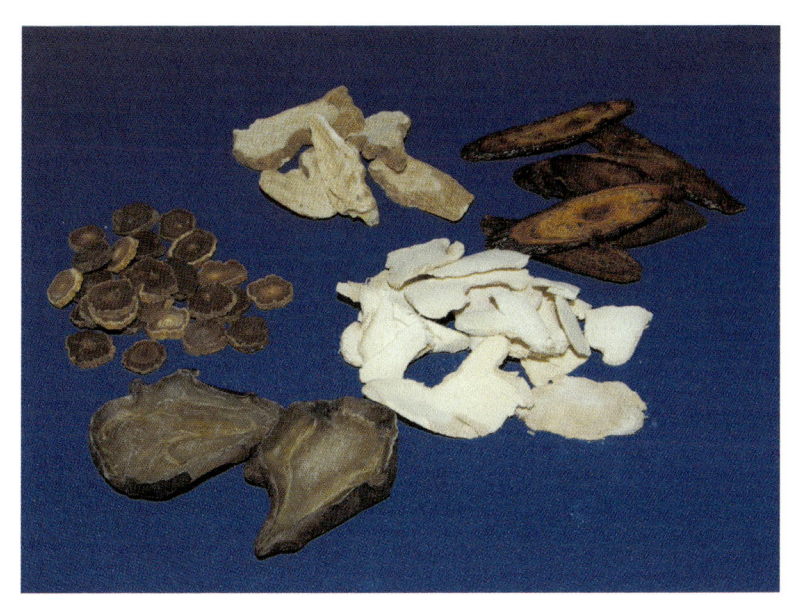

(A) Pílula de Acônito Retificadora do Centro consiste em cinco substâncias medicinais de três diferentes categorias. São medicamentos que tonificam o *qi*, como o *Panax ginseng* e *Atractylodes ovata*; medicamentos que promovem a diurese, como a *Poria*; e o quente retificador verdadeiro do *yang*, raiz lateral de acônito. Dessa forma, representa um forte tônico do fogo *yang* no queimador médio, sendo indicada para frio vazio do baço.

Fórmulas que aquecem o interior

Aquecem os canais e dissipam o frio

Aquecem o centro e dispersam o frio

Retornam o *yang* e detêm o contrafluxo

(B) Ações das fórmulas que aquecem o interior.

Fórmulas tônicas

Assim como os medicamentos tônicos, essas fórmulas são divididas em quatro subcategorias, cada uma focada em uma das quatro substâncias principais: *qi*, sangue, *yin* e *yang*. Essa categoria é muito grande e contém algumas das fórmulas mais básicas e frequentemente usadas. Para cada uma das quatro subcategorias, um representante pode ser considerado o "protótipo" para a tonificação da respectiva substância. Essas fórmulas são geralmente usadas como a base para uma miríade de outras fórmulas.

A Decocção dos Quatro Cavalheiros (*Si Jun Zi Tang*) (**A**) é a fórmula clássica para fortalecer o baço e tonificar o *qi*. Cada uma das quatro ervas tem foco em um aspecto ligeiramente diferente do vazio do *qi*. A raiz de ginseng (o soberano) fortifica poderosamente o *qi*; a *Atractylodes ovata* (o ministro) fortalece o baço para dar suporte ao soberano e, pelo seu gosto amargo, secar a umidade. *Poria* (o assistente) tonifica levemente o baço e drena a umidade. A raiz de alcaçuz frigida em mistura com mel (o mensageiro) harmoniza todos os medicamentos e ajuda na tonificação do queimador médio. Essa fórmula é a base para muitas fórmulas tônicas do *qi* (ver p. 261).

A Decocção dos Quatro Agentes (*Si Wu Tang*) (**B**) é a fórmula primária tônica do sangue. Combina três medicamentos tônicos do sangue (*tang kuei*, raiz preparada de *Rehmannia* e raiz branca de peônia) com medicamentos que movem o *qi* e o sangue (*Ligusticum/chuan xiong*) para suplementar e mover o sangue. Representa a base de muitas fórmulas tônicas do sangue.

Quando essas duas fórmulas são combinadas, elas tornam-se uma fórmula básica de oito ervas para tonificar o *qi* e nutrir o sangue, a Decocção das Oito Gemas (*Ba Zhen Tang*) (**C**), que também é a base de muitas fórmulas que tonificam o *qi* e o sangue.

Enquanto as fórmulas tônicas do *qi* e do sangue básicas compartilham uma estrutura semelhante, as fórmulas básicas para enriquecer o *yin* e o *yang* são compostas basicamente pelos mesmos ingredientes. A fórmula de oito ingredientes que tonifica o *yang*, Pílula do Cofre de Ouro do *Qi* do Rim (*Jin Gui Shen Qi Wan*), foi escrita por Zhang Zhong Jing como parte do *Prescrições Essenciais do Cofre de Ouro* (*Jin Gui Yao Lue*) e contém três grupos de substâncias. O primeiro consiste em raiz lateral processada de acônito e casca de canela para aquecer o interior o revigorar o *yang**. O segundo consiste em três medicamentos tônicos do *yin*: raiz preparada de *Rehmannia*, fruto de *Cornus* e raiz de *Dioscorea* (*shan yao*). Esse grupo é complementado pelo terceiro grupo de três medicamentos que movem e dispersam a umidade: *Alisma* (*ze xie*), *Moutan* (*mu dan pi*) e *Poria*. Os seis medicamentos no segundo e terceiro conjuntos podem ser agrupados para formar três pares que combinam um medicamento que tonifica com um que move: *Rehmannia* cozida e *Alisma* tratam os rins; fruto de *Cornus* e moutan tratam o fígado; e *Dioscorea* e poria tratam o baço. Os três medicamentos ativos que movem asseguram que as qualidades viscosas e pegajosas dos medicamentos enriquecedores do *yin* não causem estagnação.

---

* Tradicionalmente a fórmula continha ramos de canela, mas a maioria dos médicos acredita que a casca de canela seja uma substância mais revigorante do *yang*.

(A-C) A Decocção dos Quatro Cavalheiros (A) é a prescrição básica de quatro ervas para tonificar o *qi*. A Decocção dos Quatro Agentes (B) é a prescrição básica de quatro ervas para tonificar o sangue. A combinação dessas duas fórmulas de quatro componentes para a tonificação do *qi* e do sangue leva à fórmula básica de oito ervas tônicas do *qi* e do sangue Decocção das Oito Gemas (C).

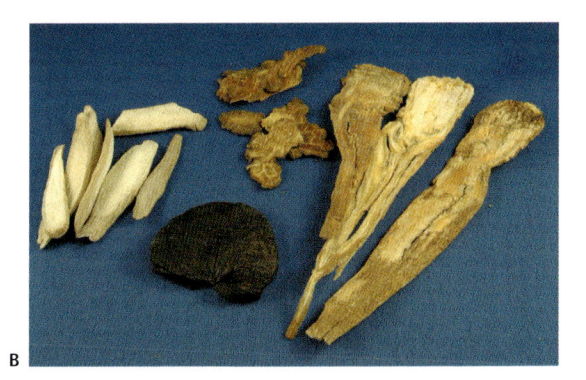

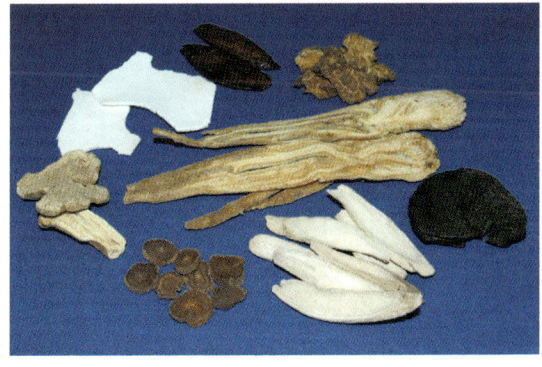

Aproximadamente mil anos após Zhang Zhong Jing, Qian Yi, no seu *Formulário de Padrões Pediátricos* (*Xiao Er Yao Zheng Zhi Jue*), modificou a Pílula do Cofre de Ouro do *Qi* do Rim para criar a Pílula de Seis Ingredientes da *Rehmannia* (*Liu Wei Di Huang Wan*). Nessa fórmula, as duas substâncias tonificadoras do *yang* (raiz lateral de acônito e casca de canela) são removidas para criar uma fórmula simples para nutrir o *yin*. No uso moderno, a Pílula de Seis Ingredientes da *Rehmannia* tornou-se o padrão de fórmula para nutrir o *yin*.

O *yin* e o *yang* são inter-relacionados. Deve haver suficiente *yang* para produzir o *yin* e suficiente *yin* que produza a base para gerar o *yang*. A Pílula do Cofre de Ouro do *Qi* do Rim baseia-se no princípio de que, se o *yin* for revigorado e estiver forte, um pequeno mas poderoso grupo de medicamentos revigorantes do *yang* é suficiente para suplementar e aquecer o *yang*. Assim, essa fórmula é indicada para o tratamento do vazio do *yang* do rim, apresentando-se como dor lombar com sensação de frio, extremidades inferiores fracas e doloridas, frio generalizado, um pulso profundo e sem força e uma língua pálida. Esse padrão é frequentemente acompanhado de sinais de umidade porque o *yang* é incapaz de mover os fluidos, e encobre a umidade com sinais de vazio do *yin*, que são mais difíceis de discernir.

Se retornarmos ao caso de *João*, nosso paciente masculino de 69 anos com dor crônica na lombar e nos joelhos, poderemos entender a ação da Pílula do Cofre de Ouro do *Qi* do Rim e da Pílula de Seis Ingredientes da *Rehmannia* (**A**). O diagnóstico de *João* foi de vazio do *yang* do rim e umidade causando lombalgia (ver Cap. 3, p. 101, 150-151, e Cap. 4, p. 198-199). No caso de *João*, o vazio do *yang* do rim o impede de aquecer os fluidos e evaporá-los ascendentemente de volta ao pulmão. Além disso, a ação de aquecimento do rim é insuficiente para aquecer o *yang* do baço, criando problemas com o movimentos dos fluidos pelo organismo e com a produção do *qi*. A falta da evaporação e do movimento dos fluidos cria um acúmulo de umidade. Quando esse tipo de umidade patológica aparece, é importante não simplesmente drenar a umidade, ou os fluidos fisiológicos serão lesados. Quando há repleção de umidade patológica, pode indicar que, em algum outro lugar do corpo, há vazio dos fluidos fisiológicos. Assim, uma fórmula como a Pílula do Cofre de Ouro do *Qi* do Rim irá revigorar o *yang*, drenar os fluidos e proteger o *yin* de danos.

Como o caso de *João* é bastante complicado, seriam feitas modificações nessa fórmula. As modificações poderiam incluir a adição de raiz de *Astragalus* para fortalecer o *qi* do baço e de um medicamento que acelera o sangue, como a raiz de *Spatholobus* e a videira (*ji xue teng*), para aliviar a dor. Outros medicamentos tônicos do *yang* como a raiz de *Dipsacus* (*xu duan*) ou a casca de *Eucommia* (*du zhong*), também podem ser adicionados para suplementar o *yang* e aliviar a dor. Também é possível adicionar fruto de *Amomum* (*sha ren*) para ajudar o baço a digerir a decocção.

Estudo de caso

João, 69 anos, com dor crônica na lombar e nos joelhos por 12 anos
Fórmula: Pílula do Cofre de Ouro do *Qi* do Rim

Substância e dosagem	Categoria e papel	Ações
Raiz processada de acônito (3 g)	Aquece o interior Ministro	Dissipa o frio e elimina a umidade pelo aquecimento do *yang* do rim e do baço. Dispersa o frio dos canais e libera os vasos sanguíneos. Especificamente usada para umidade e dor devido à obstrução por umidade-frio. No caso de João, vai ajudar a aliviar sua dor na lombar e nos joelhos e a eliminar o acúmulo de umidade.
Casca de canela (3 g)	Aquece o interior Ministro	Tonifica o *yang* original, elimina o frio acumulado e libera os vasos sanguíneos. Vai ajudar a aliviar a dor lombar e nos joelhos, dispersando o frio e aquecendo o *yang* do rim.
Raiz preparada de *Rehmannia* (24 g)	Tonifica o sangue Soberano	Nutre o sangue e enriquece o *yin*. Vai proteger os fluidos *yin* de João de dano pela quente e ressecante casca de canela e pela raiz lateral processada de acônito e criar o enriquecimento do *yin*.
Alisma (9 g)	Dispersa a umidade Assistente	Desinibe as águas e filtra a umidade. Vai ajudar a drenar fluidos patológicos pela urina enquanto ajuda o rim a processar os fluidos, permitindo que os fluidos fisiológicos retornem ao seu local de origem e drenando os fluidos patológicos.
Fruto de *Cornus* (12 g)	Consolida e adstringe Ministro	Suplementa o *yin* do fígado e do rim e adstringe o *qi* essencial. Equilibra a fórmula para prevenir perda excessiva de fluidos pela urina.
Moutan (9 g)	Remove o calor e resfria o sangue Assistente	Remove o calor, resfria o sangue, harmoniza o sangue e dispersa a estase. Vai ajudar a proteger o *yin* e a prevenir o aparecimento de calor patológico. Além disso, vai ajudar o acônito e a casca de canela a mover o sangue e cessar a dor.
Raiz de *Dioscorea* (12 g)	Tonifica o *qi* Ministro	Fortifica o baço, consolida o rim e amplifica a essência. Trabalha com o fruto de *Cornus* para prevenir a perda excessiva de *qi* essencial pela urina e fortalecer o baço para ajudar no movimento dos fluidos.
Poria (9 g)	Dispersa a umidade Assistente	Desinibe as águas, filtra a umidade e amplifica o baço. Junto com a *Alisma*, drena os fluidos patológicos. Junto com a raiz de *Dioscorea*, fortalece o baço e ajuda no movimento dos fluidos.

Essa fórmula vai: 1) aquecer e revigorar o *yang* do rim e do baço de João para mover os fluidos patológicos, de forma que a morada dos rins, a região lombar, seja aquecida, permitindo que o *qi* e o sangue fluam suavemente e reduzindo a dor; 2) proteger o *yin* do rim de danos; 3) fortalecer o *qi* do baço para gerenciar o movimento dos fluidos pelo corpo; 4) drenar os fluidos patológicos do organismo para eliminar a umidade.

(A) Aplicação da fórmula Pílula do Cofre de Ouro do *Qi* do Rim ao tratamento de João.

Fórmulas que retificam o qi

A maioria dos ingredientes soberanos e ministros dessas formulações derivam da categoria dos medicamentos que retificam o *qi*. A categoria é dividida em duas subcategorias: a das fórmulas que movem o *qi* trata o *qi* que está bloqueado e inibido no seu fluxo livre, requerendo medicamentos acres que o movem para liberar o seu fluxo; a subcategoria de fórmulas que descendem o contrafluxo e param os vômitos trata o *qi* que flui contrário à sua direção correta, requerendo medicamentos para tratar os sinais de contrafluxo, como tosse ou náuseas e vômitos (**A**).

O *qi* estagnado gera dor, assim, todas as fórmulas que o movem cessam a dor. O *qi* é a força motriz do organismo. Se ele estagna, então o sangue, os fluidos e os alimentos podem estagnar e, ao longo do tempo, transformar-se em calor. Zhu Dan Xi, um dos quatro grandes acadêmicos da dinastia Jin/Yuan (ver p. 40 e 226), estabeleceu a teoria das seis depressões e criou a fórmula prototípica Pílula para Superar a Depressão (*Yue Ju Wan*), que trata cinco das seis depressões. Ela inclui um medicamento para cada depressão: raiz de *Cyperus* (*xiang fu*) para a depressão do *qi*; *Ligusticum* (*chuan xiong*) para estase do sangue; fruto de gardênia (*zhi zi*) para depressão de fogo; raiz de *Atractylodes* (*cang zhu*) para depressão de umidade; e levedura medicinal (*shen qu*) para depressão de alimentos (**B, C**). Embora a Fórmula para Superar a Depressão não seja muito usada devido à sua falta de especificidade, representa um ponto de início para o tratamento de todos os tipos de depressão.

Outras fórmulas que regulam o *qi* lidam especificamente com a sua estagnação localizada. A Decocção de Casca de *Pinellia* e Magnólia (*Ban Xia Hou Po Tang*) trata a estagnação do *qi* e flegma na garganta. A Decocção de Trichosantis, Cebolinha Chinesa e Licor Branco (*Gua Lou Xie Bai Bai Jiu Tang*) trata a estagnação do *yang* e do *qi* no peito, manifestando-se como sintomas de obstrução torácica, incluindo dor. O Pó de Lindera *Tian Tai* (*Tian Tai Wu Yao San*) trata a estagnação do *qi* e frio no canal do fígado, manifestando-se como dor severa no baixo ventre, irradiando para os testículos.

As fórmulas para descender o contrafluxo podem ser divididas no grupo das que descendem o *qi* do estômago, tratando soluços, eructações, náuseas e vômitos, e na categoria das que descendem o *qi* do pulmão para cessar a tosse. A Decocção de Fruto de *Perilla* para Descender o *Qi* (*Su Zi Jiang Qi Tang*) e a Decocção Estabilizadora da Falta de Ar (*Ding Chuan Tang*) são fórmulas da última categoria e cessam a dispneia e a tosse enviando o *qi* em contrafluxo do pulmão para baixo. A Decocção de Fruto de Perilla para Descender o *Qi* contém medicamentos mornos, como o fruto de perilla (*su zi*), *tang kuei* e córtex de magnólia, e trata tosse e falta de ar causados pela flegma-frio que bloqueia os pulmões. A Decocção Estabilizadora da Falta de Ar contém medicamentos frescos e frios, tais como *Scutellaria* e casca de amoreira (*sang bai pi*), sendo indicada no tratamento da tosse e da falta de ar em virtude da flegma-calor que bloqueia os pulmões.

(A) Ação das fórmulas que retificam o *qi*.

> **Fórmulas que retificam o *qi***
>
> Movem o *qi*
>
> Descendem o contrafluxo e cessam os vômitos

Medicamento e papel	Categoria	Ações
Cyperus Soberano	Retifica o *qi*	Coloca o *qi* no seu curso e resolve a sua depressão
Ligusticum Ministro	Retifica o sangue	Acelera o sangue e transforma a sua estase
Gardênia Ministro e assistente	Remove o calor	Remove o calor e resolve a sua depressão
Atractylodes Ministro e assistente	Dispersa a umidade	Transforma e seca a umidade e resolve a sua depressão
Levedura medicinal Ministro e assistente	Dispersa os alimentos	Transforma os alimentos estagnados e resolve a sua depressão

(B) Fórmula para Superar a Depressão.

(C) *Yue Ju Wan* significa "Fórmula para Superar a Depressão". Depressão aqui se refere à estagnação ou acúmulo. Essa prescrição tradicional contém cinco ingredientes, um para cada tipo de depressão (no sentido dos ponteiros do relógio, iniciando no topo à esquerda, terminando no centro): levedura medicinal para estagnação de alimentos; *Ligusticum* para estase de sangue; raiz de *Atractylodes* para umidade; fruto de gardênia para acúmulo de calor; e raiz de *Cyperus* para estagnação do *qi*.

Fórmulas que aceleram o sangue

As fórmulas que dispersam a estase e aceleram (no sentido de pôr em movimento) o sangue, tratam a dor e as disfunções causadas pelo sangue estagnado. Uma fórmula que é prescrita para muitos tipos de estase de sangue é a Decocção dos Quatro Agentes de Caroço de Pêssego e *Carthamus* (*Tao Hong Si Wu Tang*), que é uma modificação da Decocção dos Quatro Agentes (*Si Wu Tang*) (ver p. 278). Em função da adição do caroço de pêssego e da flor de *Carthamus*, a fórmula tanto acelera quanto nutre o sangue.

As fórmulas dessa categoria frequentemente lidam com a estase de sangue com uma causa específica ou em um local específico. A Decocção para Expelir a Estase da Casa do Sangue (*Xue Fu Zhu Yu Tang*) expande a ideia da Decocção dos Quatro Agentes de Caroço de Pêssego e *Carthamus*, adicionando medicamentos para retificar o sangue e abrir o tórax. Formulada para a estase de sangue no tórax, atualmente é usada como fórmula-base para todos os tipos de estase de sangue. O Pó do Sorriso Súbito (*Shi Xiao San*) é composto de dois medicamentos: pólen de *Typha* (*pu huang*) e excremento de esquilo voador (*wu ling zhi*). Ambos são fortes aceleradores do sangue e estancam sangramentos. Assim, esse pó consiste em uma importante fórmula para dor menstrual por estagnação de sangue.

Alice, que sofre de dismenorreia severa em virtude da estagnação de *qi* e sangue (relato anterior e Cap. 3, p. 101, 152-153, e Cap. 4, p. 200-201), poderia ser tratada com uma combinação de Decocção dos Quatro Agentes de Caroço de Pêssego e *Carthamus* e Pó do Sorriso Súbito. *Alice*, no dia 27 do seu ciclo menstrual, apresentou cefaleia e dor severas durante os dois primeiros dias de sua menstruação. Os oito agentes dessas fórmulas, com as devidas modificações específicas, seriam muito adequados para sua condição (**A**).

A Bebida de Sálvia (*Dan Shen Yin*) contém raiz de sálvia (*dan shen*), o principal medicamento para a estagnação de sangue no tórax, como seu soberano. A Bebida de Sálvia trata principalmente a obstrução torácica por estagnação de sangue. Se a estagnação for por congelamento pelo frio, medicamentos para aquecer e dispersar o frio são adicionados aos que transformam a estase e aceleram o sangue. A Decocção para Aquecer a Menstruação (*Wen Jing Tang*) aquece a menstruação e trata a dor menstrual por frio. Assim, o morno fruto de *Evodia* (*wu zhu yu*) e ramos de canela são combinados com *Ligusticum* e casca de *Moutan*. Se lesões traumáticas levam a edema e dor, fórmulas dessa categoria podem ser selecionadas (ver p. 235).

Fórmulas que estancam o sangue

Os sangramentos podem ser causados pelo sangue com calor agitando-se freneticamente para fora dos vasos, *qi* vazio incapaz de segurar o sangue dentro dos vasos, estase bloqueando os vasos e fazendo o sangue extravasar para os tecidos circunvizinhos e lesões traumáticas rompendo os vasos sanguíneos.

Essas fórmulas são específicas para cessar o sangramento e manejar um tipo específico de sangramento. A Bebida de *Cephalanoplos* (*Xiao Ji Yin Zi*) trata o sangue na urina, o Pó de Flor de *Sophora* (*Huai Hua San*) trata o sangue nas fezes, a Fórmula para Tosse com Sangue (*Ke Xue Fang*) trata a hemoptise, e a Decocção Removedora de Calor para Sangramento Uterino (*Qing Re Zhi Beng Tang*) cessa o sangramento menstrual excessivo.

Categorias de Formulações Medicinais

→ Estudo de caso

Alice, 23 anos, com dismenorreia severa por oito anos. Apresentando-se no dia 27 do seu ciclo com muita cefaleia e antecipando dor menstrual severa
Fórmula: Decocção dos Quatro Agentes de Caroço de Pêssego e *Carthamus* e Pó do Sorriso Súbito

Substância e dosagem	Categoria e papel	Ações
Tang kuei (6 g)	Tonifica o sangue Soberano	Tonifica e harmoniza o sangue, regula a menstruação e alivia a dor. Uma das mais importantes substâncias para tonificar o sangue e regular a menstruação para cessar a dor.
Raiz cozida de *Rehmannia* (6 g)	Tonifica o sangue Ministro	Enriquece o *yin* e tonifica o sangue, uma das maneiras mais importantes de tonificar o sangue é via *yin*, assim, o ministro dá suporte ao aspecto tonificante do *tang kuei*.
Raiz de peônia branca (6 g)	Tonifica o sangue Assistente	Nutre o sangue e suaviza o fígado, modera o queimador médio e alivia a dor. Outra substância muito importante para a dor menstrual, a raiz de peônia, ajuda o *tang kuei* a tonificar e cessar a dor.
Raiz de *Ligusticum* (3 g)	Acelera o sangue Mensageiro	Move o *qi* e alivia a depressão e acelera o sangue cessando a dor. Esse mensageiro foca a Decocção dos Quatro Agentes no movimento do *qi* e do sangue. É bastante eficaz no tratamento de cefaleias e dores menstruais.
Caroço de pêssego (6 g)	Acelera o sangue Assistente	Quebra a estase e move o sangue. Uma substância muito forte em mover o sangue que, quando adicionada à Decocção dos Quatro Agentes, trabalha com o *Carthamus* para mover o sangue e aliviar a dor menstrual.
Carthamus (3 g)	Acelera o sangue Assistente	Acelera o sangue e libera a menstruação, elimina a estase e alivia a dor. O par de ervas caroço de pêssego e *Carthamus* é o mais usado para tratar a dor menstrual.
Pólen de *Typha* (9-12 g)	Acelera o sangue	Acelera o sangue e dispersa a estase. É a primeira substância do Pó do Sorriso Súbito, uma fórmula com foco no tratamento da dor causada pela estase de sangue no queimador inferior.
Excrementos de esquilo voador (9-12 g)	Acelera o sangue	Move o sangue e alivia a dor. É a segunda substância do Pó do Sorriso Súbito. Essas duas substâncias são bastante efetivas para cessar a dor causada pela estase de sangue.

Essa fórmula contém a fórmula básica para tonificar o sangue Decocção dos Quatro Agentes com a adição de caroço de pêssego e *Carthamus*. Como os sinais de vazio de sangue não são predominantes aqui, a quantidade de raiz preparada de *Rehmannia* pode ser levemente diminuída. Todas as outras substâncias movem o sangue e cessam a dor. Depois que a menstruação estiver finalizada, o Pó do Sorriso Súbito seria removido, e as dosagens da raiz preparada de *Rehmannia* e *tang kuei*, aumentadas para nutrir o sangue, continuando a movê-lo, embora mais gentilmente.

(A) Aplicação da Decocção dos Quatro Agentes de Caroço de Pêssego e *Carthamus* ao tratamento de *Alice*.

Fórmulas que consolidam e adstringem

As fórmulas que consolidam e adstringem são diferentes das fórmulas que consolidam* o que vaza do corpo devido à impossibilidade de segurar ou consolidar. Esse grupo de fórmulas pode ser dividido em quatro subcategorias: consolidantes e adstringentes do exterior e dos pulmões; consolidantes e adstringentes de perdas intestinais; consolidantes e adstringentes dos rins; consolidantes e adstringentes do útero.

Um representante das fórmulas que consolidam os pulmões é o Pó de Jade para Barrar o Vento (*Yu Ping Feng San*) (**A, B**). Essa fórmula pequena e elegante combina medicamentos acre que resolvem o exterior para tratar o vento invasor com medicamentos que beneficiam o *qi* e fortalecem o baço. Um ingrediente-chave nessa fórmula é a raiz de *Astragalus* (*huang qi*), que fortalece poderosamente o *qi* e consolida o exterior. Essa fórmula é indicada quando o *qi* defensivo está "frouxo" (falhando em consolidar) e os fatores perniciosos externos atacam o organismo com frequência, manifestando-se como resfriados recorrentes.

A fórmula Pílula dos Quatro Espíritos (*Si Shen Wan*) é representativa da subcategoria dos adstringentes dos intestinos. A Pílula dos Quatro Espíritos é indicada para diarreia severa. Tendo em vista que a causa da diarreia seja uma depleção avançada do *yang* dos rins e do baço, o princípio de tratamento é aquecê-lo e adstringir e consolidar para cessar a diarreia. A fórmula combina o fruto de *Psoralea* (*bu gu zhi*), que aquece o *yang*, e o fruto de *Evodia* (*wu zhu yu*), que é acre e quente e dispersa o frio, com a semente de *Myristica* (noz moscada) (*rou dou kou*), que é morna e consolida o intestino, e a fruta de *Schisandra* (*wu wei zi*).

O *qi* do rim controla os orifícios inferiores. As emissões seminais espontâneas, assim como enurese ou incontinência, são sinais de um *qi* do rim enfraquecido. Além de fortalecer o *qi* do rim, algumas vezes também é necessário usar medicamentos para estabilizar, consolidar e cessar os vazamentos. Por exemplo, a fórmula da Pílula Redutora do Riacho (*Suo Quan Wan*) combina três medicamentos adstringentes para diminuir a frequência urinária e dois medicamentos para aquecer o rim e dispersar o frio. A Pílula Redutora do Riacho é indicada em casos de pacientes com queixas de urina frequente, clara e prolongada e/ou enurese acompanhada de sinais de vazio do *yang* do rim.

As fórmulas consolidativas do útero adstringem as descargas uterinas, incluindo o sangramento e o corrimento vaginal. Novamente, essa categoria precisa ser usada em combinação com outras categorias de fórmulas, pois seu foco é cessar os vazamentos sem tratar a raiz do problema. Por exemplo, a Decocção que Consolida os Caminhos (*Gu Chong Tang*) cessa principalmente o sangramento uterino devido à falha do *qi* do baço em consolidar. Essa condição também pode ser tratada aumentando o *qi* e fortalecendo o baço. Entretanto, a tonificação iria ocupar-se somente da raiz e não agiria rápido o suficiente para cessar o sangramento. Além de conter medicamentos para aumentar o *qi* e fortalecer o baço, a Decocção que Consolida os Caminhos é composta por medicamentos adstringentes para cessar o sangramento, como fruto de *Cornus*, osso de dragão, casca de ostra e osso de sépia (lula) (*hai piao xiao*) (**C**).

---

* N. de T.: No sentido de dar firmeza, segurar a forma e os conteúdos nos seus devidos lugares.

Medicamento e papel	Categoria	Ações
Astragalus Soberano	Tonifica o qi	Consolida o exterior, fortalece o baço e tonifica o *qi* defensivo
Atractylodes ovata Ministro	Tonifica o qi	Fortalece o baço, tonifica o *qi* e transforma a umidade
Raiz de *Saposhnikovia* Assistente	Resolve o exterior	Resolve o vento exterior

(A) Pó de Jade para Barrar o Vento.

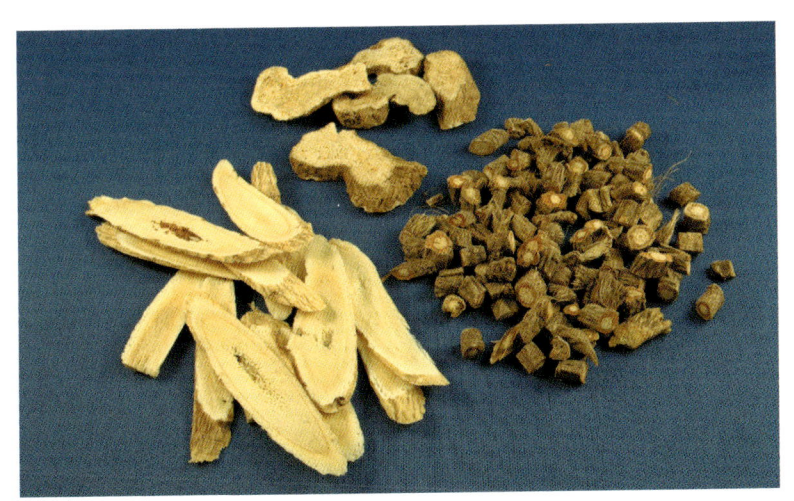

(B) O Pó de Jade para Barrar o Vento bloqueia a entrada do vento no exterior e é indicado para as pessoas que facilmente se resfriam. Na medicina chinesa, esse sintoma indica que o *qi* defensivo está defendendo de forma precária o exterior do corpo. Nessa prescrição, *Astragalus* e *Macrocephalae ovata* fortalecem o *qi* tonificando o queimador médio. A acre e ligeiramente morna raiz de *Saposhnikovia* encaminha o vento e protege o exterior.

(C) Ações das fórmulas que consolidam e adstringem.

> **Fórmulas que consolidam e adstringem**
> Constringem o suor e consolidam o exterior (constringem o pulmão e suprimem a tosse)
> Adstringem os intestinos e estancam a deserção
> Adstringem a essência e resolvem a emissão seminal e a enurese
> Consolidam e adstringem o útero

Fórmulas que acalmam o espírito

Há quatro causas de inquietação do espírito: falta de nutrição do espírito (vazio do sangue do coração ou do *yin* do coração), calor perturbando o espírito (fogo do coração ou vazio do *yin*) e obstrução do espírito (estase de sangue e bloqueio por flegma). Essa categoria contém fórmulas tanto para nutrir e acalmar o espírito como para remover o calor e acalmar o espírito. Assim, o bloqueio do espírito é tratado nas categorias para flegma e estase de sangue.

O Elixir do Imperador Celestial para Tonificar o Coração (*Tian Wang Bu Xin Dan*) nutre o *yin* e o sangue do coração e acalma o espírito. Esse elixir é uma fórmula complexa com quase 15 ingredientes. Clinicamente, é muito eficaz para aquietar o espírito agitado devido à falta de nutrição promovida pelo *yin* e sangue do coração.

A segunda subcategoria é composta por fórmulas que assentam e removem. O calor é levado de forma decrescente por medicamentos pesados, como a magnetita (*ci shi*) e o osso de dragão, e removido com medicamentos amargos e frios, como o *Coptis*. Muitas das fórmulas nessa categoria tradicionalmente contêm *Cinnabar* (cinábrio) (*zhu sha*), um medicamento tóxico não mais utilizado.

Fórmulas que dispersam o vento

As fórmulas que dispersam o vento tratam o vento na pele e nos canais e o vento interno. O vento na pele manifesta-se principalmente como prurido. Para prurido generalizado na pele com exantemas exsudativos avermelhados, o Pó para Dispersar o Vento (*Xiao Feng San*) está indicado. Essa fórmula é composta por três grupos de medicamentos: medicamentos que resolvem o vento, servindo como soberanos e resolvendo o vento exterior para cessar o prurido, medicamentos que eliminam a umidade e promovem a diurese, servindo como ministros, e medicamentos que removem o calor, servindo como ministros.

O vento nos canais refere-se a vento exterior atacando os canais e bloqueando o fluxo do *qi*, levando à paralisia ou à dor nos nervos. O vento invadindo os canais descrevem ataques de paralisia aguda e localizada, como a paralisia de Bell assim como a dor neuropática, como a neuralgia do trigêmeo e neurites periféricas. Uma fórmula representativa é o Pó para Tornar Correto, também conhecido como Pó para Levar à Simetria (*Qian Zheng San*), o qual trata paralisias faciais súbitas com desvio dos olhos e boca.

O vento interno está diretamente relacionado ao fígado. Se o fogo do fígado for forte, o calor extremo pode levar ao vento. Um exemplo clínico é uma criança com febre alta que desenvolve cãibras, que podem ser tratadas com a Decocção de Corno de Antílope e *Uncaria* (*Ling Jiao Gou Teng Tang*)*, uma fórmula combinando medicamentos frios e frescos que extinguem o vento com substâncias que removem o fogo e nutrem o *yin* e o sangue do fígado.

O vento interno também pode surgir devido à ascensão do *yang* do fígado secundária a vazio do *yin* do fígado. Nesse caso, a Bebida de *Gastrodia* e *Uncaria* (*Tian Ma Gou Teng Yin*) (**A**, **B**) é selecionada. Essa fórmula é composta por medicamentos que assentam o vento, medicamentos que removem o calor, medicamentos que aceleram o sangue e medicamentos que nutrem o *yin* (**C**).

---
* Devido ao estado ameaçado dos antílopes, seus cornos não são mais usados, sendo substituídos por *Cornu caprae* (*shang yang jiao*), corno de cabra.

Medicamento e papel	Categoria	Ações
Gastrodia Soberano	Acalma o fígado, extingue o vento	Extingue o vento interno e acalma o fígado
Uncaria Soberano	Acalma o fígado, extingue o vento	Extingue o vento interno e acalma o fígado
Concha de abalone Ministro	Acalma o fígado, extingue o vento	Acalma o fígado e assenta pesadamente o yang ascendente
Raiz de Cyathula Ministro	Dispersa o vento-umidade	Move o sangue para baixo e acelera o sangue
Gardênia Assistente	Remove o calor	Remove o calor do fígado
Scutellaria Assistente	Remove o calor	Remove o calor do fígado
Leonurus Assistente	Retifica o sangue	Acelera o sangue e desinibe a diurese
Eucommia Assistente	Tonifica o yang	Tonifica e nutre os rins
Visco Assistente	Dispersa o vento-umidade	Tonifica e nutre fígado e rins
Haste florescida de Polygonum Assistente	Tonifica o sangue	Acalma o espírito e acelera o sangue
Raiz de Poria Assistente	Acalma o espírito	Acalma o espírito e desinibe a diurese

(A) Bebida de Gastrodia e Uncaria.

(B) A Bebida de Gastrodia e Uncaria é um fórmula grande e complexa combinando medicamentos de seis categorias medicinais diferentes. Os medicamentos soberanos e ministros asseguram que o yang ascendente seja guiado em descendência e que o vento seja extinto. Os muitos medicamentos assistentes removem o calor, acalmam o espírito e nutrem o rim. Biomedicamente falando, dado que o padrão em termos da medicina chinesa esteja correto, essa é uma fórmula muito efetiva para o tratamento de enxaquecas.

Fórmulas que acalmam o espírito	Fórmulas que dispersam o vento
Nutrem o coração e acalmam o espírito	Conduzem e dispersam o vento exterior
Acalmam o espírito com assentadores pesados	Acalmam e extinguem o vento exterior
Outras fórmulas que acalmam o espírito	Dispersam o vento e resolvem a tetania

(C) Ações das fórmulas que acalmam o espírito e dispersam o vento.

Fórmulas que abrem os orifícios

Os orifícios podem ser bloqueados por calor tóxico penetrando no pericárdio ou frio e flegma congestionando e confundindo o coração. As manifestações clínicas comuns a todos os tipos de bloqueios dos orifícios são a perda de consciência ou a perda da clareza mental. Todas as fórmulas nessas categorias são medicamentos de emergência e geralmente são preparados como pós ou pílulas que podem ser ingeridas imediatamente. Todas essas fórmulas têm ações fortes e frequentemente contêm ingredientes tóxicos, portanto não são comumente usadas. A fórmula-padrão para o bloqueio *yang* é a Pílula do Palácio Pacífico de Bezoar Bovino (*An Gong Niu Huang Wan*). Essa pílula remove o calor, resolve a toxicidade, transforma a flegma, abre os orifícios e acalma o espírito. Além disso, está indicada no caso de o calor tóxico penetra no pericárdio e o paciente apresenta febre alta, irritabilidade, inquietação, delírio e consciência comprometida. Entre seus mais de dez ingredientes estão medicamentos poderosos e tóxicos, como bezoar bovino (*niu huang*), almíscar (*she xiang*), realgar (*xiong huang*), cânfora-de-bornéu (borneol) (*bing piang*) e cinábrio (*zhu sha*). Se ainda assim forem prescritas, essas fórmulas devem ser usadas somente durante os ataques agudos. Para as sequelas, fórmulas adequadas são selecionadas de outras categorias (**C**).

Fórmulas que transformam a flegma

Essa grande categoria contém fórmulas para lidar com vários tipos de flegma. As principais subcategorias são as fórmulas que transformam a flegma e removem o calor para flegma-calor nos pulmões ou no estômago; fórmulas que transformam a flegma e umedecem, para flegma seca resultante de flegma-calor nos pulmões, quando o calor secou os fluidos; fórmulas que transformam a flegma e dissipam e amolecem as nodularidades para todos os tipos de nódulos; fórmulas para aquecer e transformar a flegma-frio dos pulmões ou queimador médio; e fórmulas que transformam a flegma e extinguem o vento para padrões complexos de vento e flegma (**C**).

A fórmula transformadora de flegma básica, a Decocção dos Dois Ingredientes Maturados (*Er Chen Tang*) (**A**, **B**), é contida em muitas outras fórmulas para flegma, sendo muito importante. A Decocção dos Dois Ingredientes Maturados seca a umidade, transforma a flegma, regula o *qi* e harmoniza o queimador médio. Com as devidas modificações, é indicada para o tratamento de qualquer tipo de flegma.

A Decocção dos Dois Ingredientes Maturados contém quatro ingredientes primários: seus medicamentos soberanos são a acre e morna *Pinellia* e a acre, amarga, morna e aromática casca de *Citrus*. Esses dois medicamentos harmonizam o queimador médio e transformam a flegma. O ingrediente ministro é a *Poria*, que ajuda a casca de *Citrus* a retificar e fortalecer o baço e trata a umidade. O medicamento mensageiro é a raiz de alcaçuz frigida em mistura com mel, que tonifica o baço e harmoniza os outros ingredientes. Algumas vezes, o gengibre fresco e o fruto de *Mume* (*wu mei*) são adicionados como assistentes. O gengibre fresco reforça a *Pinellia* na tonificação do queimador médio; o azedo e adstringente *Mume* controla as qualidades dispersantes dos medicamentos soberanos (**A**, **B**).

Medicamento e papel	Categoria	Ações
Pinellia Soberano	Transforma a flegma	Seca a umidade e transforma a flegma; harmoniza o estômago; descende o *qi* em contrafluxo e cessa os vômitos
Poria Ministro	Dispersa a umidade	Fortalece o baço; desinibe a diurese e dispersa a umidade
Casca de tangerina Ministro	Retifica o *qi*	Regula o *qi* no queimador médio, dispersa a umidade e transforma a flegma
Gengibre fresco Assistente	Resolve o exterior	Harmoniza o estômago e descende o *qi* em contrafluxo; transforma a reuma; reduz a toxicidade da *Pinellia*
Fruto de *Mume* Assistente	Consolida e adstringe	Adstringe os pulmões e os fluidos e protege o *qi* do pulmão e os fluidos dos medicamentos que secam e dissipam
Raiz de alcaçuz frigida em mistura com mel Mensageiro	Tonifica o *qi*	Harmoniza todos os medicamentos da prescrição; harmoniza e tonifica o queimador médio; umedece os pulmões e cessa a tosse

(A) Decocção dos Dois Ingredientes Maturados.

(B) **A Decocção dos Dois Ingredientes Maturados é a prescrição básica para transformar a flegma.** Como a sua temperatura não é muito morna, pode ser facilmente modificada para tratar também a flegma-calor. Além do mais, contém quatro ingredientes principais (*Pinellia*, casca de tangerina, *Poria* e alcaçuz frigida em mistura com mel) e, dessa forma, também pertence ao grupo das prescrições pequenas, mas básicas e importantes, como *Si Wu Tang* ou *Si Jun Zi Tang*.

Fórmulas que abrem os orifícios
Expelem o frio e abrem os orifícios
Transformam a flegma e abrem os orifícios

Fórmulas que transformam a flegma
Secam a umidade e transformam a flegma
Removem o calor e transformam a flegma
Umedecem o pulmão e transformam a flegma
Dispersam bócio, escrófula e flegma
Aquecem o pulmão e transformam a flegma-reuma
Controlam o vento e transformam a flegma

(C) Ações das fórmulas que abrem os orifícios e transformam a flegma.

As fórmulas para umedecer e transformar a flegma são indicadas se o calor secou a flegma, tornando-a ressecada. Por exemplo, o Pó de *Fritillaria* e *Trichosanthis* (*Bei Mu Gua Lou San*) umedece os pulmões, remove o calor, regula o *qi* e transforma a flegma. Esse pó está indicado no tratamento de tosse com expectoração difícil, escarro pegajoso e viscoso. Frequentemente isso ocorre como resultado de ataques agudos de tosses por flegma-calor. Essa fórmula combina medicamentos para umedecer os pulmões e transformar a flegma, como a *Fritillaria* (*chuan bei mu*) e o fruto de *Trichosanthis* (*gua lou*) e sua raiz (*tian hua fen*), com medicamentos acres e amargos que secam e transformam a flegma, como a casca de *Citrus*.

Fórmulas que dispersam

A categoria que dispersa a estagnação de alimentos é representada por uma fórmula especialmente popular: a Pílula Preservadora da Harmonia (*Bao He Wan*). Nessa fórmula, os ingredientes soberanos e ministros, o fruto de *Crataegus*, a levedura medicinal e as sementes de rabanete (*lai fu zi*) originam-se da categoria dos medicamentos que dispersam a estagnação de alimentos. Como os alimentos retidos bloqueiam a função do baço e levam ao acúmulo de flegma e umidade, um grupo de assistentes combinados formam a Decocção dos Dois Ingredientes Maturados. Os alimentos estagnados também bloqueiam o livre fluxo do *qi* e se transformam em calor. Para prevenir tal transformação em calor, a *Forsythia* é adicionada como mais um assistente. Assim, essa fórmula consiste em três grupos de medicamentos: o soberano e os ministros tratam o problema principal resolvendo a estagnação de alimentos; os medicamentos assistentes tratam as complicações secundárias regulando o queimador médio e transformando a flegma e a umidade e removendo o calor transformativo. Em suma, a Pílula Preservadora da Harmonia trata a retenção aguda de alimentos com sintomas como plenitude, distensão e dor epigástrica e abdominal, eructações com odor pútrido, regurgitação azeda, náuseas e vômitos, aversão à comida e diarreia malcheirosa (**A**, **B**).

Fórmulas que expelem os vermes

As fórmulas dessa categoria foram originalmente planejadas para tratar tênias, enteróbios, dermatófitos e outros parasitas. Embora não se usem mais tais fórmulas para essas indicações, a categoria das fórmulas para expulsar parasitas contém pelo menos uma fórmula muito importante e ainda frequentemente usada: a Pílula de *Mume* (*Wu Mei Wan*).

A Pílula de *Mume* aquece e resfria, tonifica e limpa (remove) e dispersa e adstringe. As raízes amargas e frias de *Coptis* e *Phelodendron* são combinadas com os quentes e acres acônito, *Asarum* (*xi xin*) e pimenta de *Sichuan* (*chuan jiao*) e com os mornos e tônicos do *qi* ginseng e *tang kuei*. A Pílula de *Mume* é um exemplo muito interessante de como os medicamentos de categorias opostas são combinados para se complementar. Olhando para além de suas funções tradicionais, essa fórmula tonifica o *qi* e o sangue, fortalece e aquece o queimador médio e também remove o calor e elimina a umidade.

(A) A Pílula Preservadora da Harmonia tem foco no tratamento da estagnação de alimentos. Entretanto, vai além de uma coleção de medicamentos para transformar os alimentos estagnados. Mais do que isso, essa pílula combina medicamentos para transformar a flegma, tonificar o queimador médio, eliminar alimentos estagnados e remover o calor. Assim, a *Bao He Wan* é um medicamento efetivo para excesso alimentar agudo com sintomas como gases, estufamento, dor abdominal, eructações, náuseas e vômitos, assim como diarreia de odor fétido.

(B) Ações das fórmulas que dispersam.

Fórmulas que dispersam

Dispersam os alimentos e resolvem a estagnação

Dispersam o bócio, escrófulas e nódulos de flegma

Dispersam concreções, conglomerações, acúmulos e ajuntamentos

Segurança dos medicamentos chineses

"Os medicamentos chineses são todos substâncias naturais que têm sido usadas por centenas de anos." Essa assertiva, algumas vezes, leva à conclusão equivocada de que a medicina chinesa é inerentemente segura e não tóxica. Pensar assim é um erro. Embora seja relativamente segura e livre de efeitos colaterais se usada corretamente, a medicina chinesa contém muitas substâncias de ação forte e alguma tóxicas. Um dos grandes problemas é que os efeitos colaterais ou tóxicos da medicina chinesa não foram registrados sistematicamente durante seu longo período de uso. Dessa forma, confiar na sua segurança simplesmente por causa do longo período de uso não é seguro para todas as substâncias. Por exemplo, a pesquisa moderna mostrou, sem nenhuma dúvida, que o ácido aristolóquico é nefrotóxico e pode levar à insuficiência renal aguda. O número de pacientes que morreram ao longo dos últimos mil anos devido à nefropatia induzida pelo ácido aristolóquico é indeterminado. Então, argumentar que as ervas das espécies *Aristolochia* como *guang fang ji* ou *guang mu tong*, são seguras porque têm uma longa história de uso não é válido.

No entanto, simplesmente isolar os ingredientes medicinais e avaliar seus potenciais tóxicos é igualmente incorreto. Os medicamentos chineses são prescritos como substâncias integrais e frequentemente em combinação com outras substâncias. Esse fato certamente influencia a toxicidade de substâncias individuais. Assim, a avaliação da toxicidade da medicina chinesa deve levar esses fatos em consideração. Infelizmente, não é o que tem acontecido, e, em alguns países, medicamentos têm sido retirados do mercado sem justificativa. Embora certamente haja um potencial de toxicidade nos medicamentos chineses, deve ser considerado que experimentos clínicos modernos claramente demonstram que a aplicação correta dos medicamentos chineses, com poucas exceções, é segura e quase sempre livre de efeitos colaterais.

Precauções tradicionais de segurança

Seguir as diretrizes tradicionais no que diz respeito à toxicidade é um primeiro e importante passo para o uso seguro da medicina chinesa. Conforme discutido anteriormente, todos os constituintes da matéria médica chinesa têm avaliações tradicionais de suas toxicidades relativas e conveniências para o uso prolongado.

Uma segunda precaução é a aplicação correta dos medicamentos e fórmulas. Cada medicamento tem contraindicações tradicionais. Os medicamentos quentes e acres são contraindicados no vazio de *yin* com calor; medicamentos amargos e frios são contraindicados em pacientes com frio no queimador médio. Se essas contraindicações tradicionais forem seguidas, o potencial tóxico dos medicamentos chineses será bastante reduzido.

Um exemplo é a *Ephedra*. A medicina chinesa não considera a *Ephedra* como um medicamento tóxico, visto que pertence à categoria que resolve o exterior e é acre, amarga e muito morna. A *Ephedra* é usada em casos de doenças de vento pernicioso externo agudo apenas por intervalos curtos. Além disso, como todos os medicamentos dispersantes e promotores da sudorese, é contraindicada no vazio de *qi*, sangue e *yin*. Como um medicamento acre e muito morno, é ainda mais contraindicada no vazio de *yin* e condições de calor.

A *Ephedra* contém alcaloides que estimulam o sistema nervoso simpático, causam palpitações cardíacas e elevam a pressão arterial, sendo, portanto, contraindicada nessas condições. É importante ressaltar que essas são as condições que correspondem aos padrões médicos chineses para os quais a *Ephedra* é tradicionalmente contraindicada. Muitos outros exemplos poderiam ser adicionados aqui. Dessa forma, usar os medicamentos e fórmulas corretos de acordo com a lógica da medicina chinesa representa outra importante barreira de segurança. O perigo inicia quando medicamentos chineses são usados fora do seu contexto e de acordo com funções isoladas, farmacologicamente provadas, por médicos não totalmente treinados no seu uso.

Uma terceira precaução tradicional são os procedimentos de detoxificação. Se os medicamentos forem colhidos e preparados de acordo com as diretrizes tradicionais, sua toxicidade será muito reduzida. Um exemplo é o acônito, que foi discutido anteriormente.

Apesar de todos os métodos para reduzir a toxicidade, alguns medicamentos ainda incluídos em muitas matérias médicas modernas são simplesmente tóxicos demais para qualquer tipo de aplicação na atualidade e devem ser considerados "relíquias obsoletas". Um exemplo que ainda encontra plenas aplicações na China é o cinábrio. O cinábrio é sulfeto de mercúrio e foi usado pela medicina chinesa para remover o calor do coração e acalmar o espírito. Além disso, é prescrito atualmente sob a argumentação de que o mercúrio quelato não seria absorvido pelo organismo. Entretanto, vários estudos têm provado que isso é incorreto (Yeoh, Lee & Lee, 1989), e o cinábrio simplesmente não deve ser mais usado. Outros medicamentos tóxicos que não devem mais ser usados para administração interna na prática clínica são o realgar, a flor de datura (*yang jin hua*), a semente de cróton (*ba dou*) e o calomelano* (*qing fen*).

Uso seguro de ervas na gestação

Outro aspecto da segurança do uso dos medicamentos chineses é o seu uso durante a gestação. Geralmente é recomendado que se tome o mínimo possível de medicações durante a gestação. Com a medicina chinesa, esse nem sempre é o caso. Algumas ervas chinesas podem ter um efeito muito benéfico no tratamento dos problemas relacionados à gestação, como a ameaça de abortamento, hemorragias, fadiga extrema, hipertensão, enxaquecas, etc. As ervas chinesas podem, quando adequadas, ser usadas durante a gestação. De qualquer modo, há alguns medicamentos que são contraindicados durante a gestação. Da mesma forma que algumas substâncias tradicionalmente consideradas tóxicas, o fato de as substâncias serem contraindicadas durante a gravidez tem sido registrado em diferentes matérias médicas por centenas de anos. Geralmente, o princípio geral é que a maioria (talvez a totalidade) dos medicamentos que drenam descendentemente, que movem em descendência, assim como a maioria dos que aceleram o sangue, são contraindicados durante a gestação. Tais medicamentos perturbam o período de *yin* quieto que o feto requer para crescer e desenvolver-se. No entanto, o nascimento é considerado uma fase *yang* de expulsão, que requer um forte movimento descendente do *qi*. Dessa forma, para induzir o parto, esses medicamentos que movem descendentemente, como a semente de areca e a sua casca (*bing lang* e *da fu pi*), talco (*hua shi*) e *Poria*, são administrados.

---

* N. de T.: Cloreto de mercúrio.

Interações entre drogas e ervas

As interações entre drogas e ervas devem ser consideradas, pois a maioria dos pacientes que visitam um clínico de medicina chinesa no Ocidente toma ao menos um (em alguns casos tomam-se vários) medicamento farmacêutico. O potencial de interações das fórmulas medicinais chinesas com os fármacos modernos é inexaurível. Existe uma quantidade quase sem limite de combinações de medicamentos chineses e um tanto ainda maior de potenciais interações com as drogas modernas. Dessa forma, um estudo sistemático é quase impossível. Entretanto, há maneiras de calcular possíveis interações e, assim, minimizar o risco de causá-las. Por exemplo, certas categorias medicinais podem ter uma capacidade maior de interagir, potencializando certas categorias de drogas ocidentais. Isso parece ser verdadeiro entre os medicamentos que expelem a umidade e desinibem a diurese e as drogas diuréticas; ou entre os medicamentos que acalmam o espírito ou que extinguem o vento interno e os sedativos. Isso também é verdadeiro para os medicamentos que aceleram o sangue por meio de anticoagulantes. Nessa última categoria, as pesquisas confirmaram duas interações: *tang kuei* e raiz de sálvia interagem ambas com a depuração da varfarina e, portanto, levam, ao longo do tempo, ao aumento de sua concentração no sangue e a um aumento de seu efeito. Isso pode causar hemorragias internas (Chan & Cheung, 2003).

Outra forma de abordar as interações é examinar os componentes dos medicamentos e estudar teoricamente ou *in vitro* suas interações com os ingredientes ativos dos fármacos ocidentais. Mais comum aqui é o potencial de precipitação de componentes medicinais, como os ácidos do tanino, ou os minerais sobre medicamentos ocidentais. Contudo, essa interação pode ser evitada simplesmente não tomando os medicamentos chineses e ocidentais ao mesmo tempo.

Além dessas e de algumas poucas interações, não houve relatos claros de problemas. Na China, a medicina herbal é rotineiramente prescrita em combinação com fármacos modernos. Embora as interações não estejam sendo sistematicamente estudadas, não há indicativos de que os medicamentos chineses tenham um grande potencial de interação com os fármacos. Entretanto, assim como quanto ao tópico da toxicidade, mais pesquisas devem ser realizadas. Dessa forma, considerando o modelo em que a medicina chinesa opera, poderão ser avaliadas novas diretrizes e regras suplementares para diminuir a possibilidade de interações e avaliar a segurança das combinações de medicamentos chineses e ocidentais.

Também é importante considerar que os chineses discutem as interações entre drogas há muito tempo. Há listas tradicionais de medicamentos considerados incompatíveis entre si. Esses são chamados os 18 conflitos (*shi ba fan*). Originalmente listando 18 ervas que não deveriam ser combinadas, essa lista desde então tem sido expandida. Por exemplo, de acordo com essa lista tradicional, as várias raízes de acônito não devem ser combinadas com ervas como o bulbo de *Fritillaria*, *Pinellia*, fruto de *Trichosanthis* (*gua lou*), etc. Ou, a raiz de alcaçuz não deve ser combinada com o sargaço (*hai zao*) ou com as raízes purgativas excessivamente fortes de *Euphorbia* e de *Knoxia* ou com a flor de *Genkwa* (*gan sui*, *da ji* e *yuan hua*).

Além disso, ao longo dos séculos, os médicos chineses colecionaram uma lista de 19 ervas que se combinam em 10 pares considerados antagonistas. Hoje em dia, a maioria dessas ervas é tóxica ou raramente usada. Digno de nota é o antagonismo entre os efeitos do ginseng e excrementos de esquilo voador e entre a casca de canela (*rou gui*) e haloisita (*chi shi zhi*). Embora essas duas listas sejam interessantes, nem todos os clínicos as seguem e muitos as consideram uma relíquia do passado.

7

Dietética chinesa

Mary Garvey

Introdução 300
O queimador médio (*Zhong Jiao*) 302
Dieta e distúrbios 304
A natureza dos alimentos 306
Os cinco sabores 306
Tropismo pelos canais................ 308

Aconselhamento dietético 310
Estagnação do *qi* no queimador médio: *curry* vegetariano suave 312
Vazio do sangue do fígado: risoto de beterraba 314
Vazio do *yin* do pulmão causando secura: peras ao vapor 316

Introdução

Sendo a China uma nação agrícola, os alimentos sempre tiveram lugar de destaque no pensamento chinês. Muitas ideias a respeito dos alimentos e das dietas podem ser encontradas no livro *O Clássico de Medicina do Imperador Amarelo*, e, por um bom período do desenvolvimento da medicina chinesa, havia pouca distinção entre a dieta e as práticas herbais terapêuticas. As mesmas substâncias que eram usadas para melhorar o gosto dos alimentos sabidamente tinham propriedades medicinais. Nos dias atuais, o cruzamento entre a preparação dos alimentos e as terapias medicinais continua, e, na maioria dos lares chineses, há um entendimento básico da natureza dos alimentos e da importância de comer com moderação.

A tradição da terapia dietética chinesa, como algo distinto da terapia herbal, iniciou-se na dinastia Tang (618–907 d.C., ver também p. 3 e p. 50-51), com um capítulo no *Qian Jin Yao Fang* (*Prescrições dos Mil Ducados*), de Sun Si Miao, devotado ao tratamento dietético. Sun Si Miao (581-682 d.C.), um acadêmico taoísta, foi famoso como médico e filósofo. Seus trabalhos compõem recomendações para a vida diária, incluindo dieta, exercício e trabalho (tanto físico quanto mental). Sun cita longas secções do *Clássico*, enfatizando a necessidade de moderação nos alimentos e bebidas e fazendo advertências e proibições a respeito de vários alimentos e hábitos alimentares (ver também p. 36 e 226).

Uma das mais importantes sugestões de Sun Si Miao é que a terapia dietética deve ser aplicada em primeiro lugar, antes da terapia herbal, pela simples razão de ser mais segura. Esse autor reconheceu que as substâncias medicinais chinesas são terapeuticamente mais potentes do que os alimentos, mas também podem ser perigosas, um conceito que foi esclarecido pela primeira vez no *Matéria Médica do Fazendeiro Divinal*. Sun e aqueles que o seguiram reuniram informações a respeito dos alimentos em textos mais antigos, criaram prescrições simples e discutiram o preparo dos alimentos e técnicas de cozimento. Sun Si Miao constatou que um dos preceitos básicos da medicina chinesa (a prevenção das doenças) pode ser reforçada por meio de dieta e pela atenção aos alimentos consumidos e à forma como são cozidos.

Conforme discutido no Capítulo 2, todos os órgãos e vísceras do organismo necessitam funcionar bem para a produção eficiente das substâncias básicas (*qi*, sangue, essência e fluidos). Todavia, a medicina chinesa dá uma grande ênfase ao queimador médio, ao baço e ao estômago, pois é nesses órgãos que a produção do *qi* pós-celestial inicia-se, e os alimentos e fluidos são as substâncias fundamentais requeridas para produzir o *qi* pós-celestial. A qualidade dos alimentos e fluidos é muito importante na determinação da qualidade do *qi* pós-celestial (ver também **A** e **B**).

Este capítulo discute alguns dos princípios mais importantes da dietética de acordo com a medicina chinesa e apresenta receitas para melhorar a dieta e tratar condições simples.

(A-B) Os ingredientes e o prato pronto de sopa coreana de galinha (ou frango) recheada com arroz doce, tâmaras vermelhas, ginseng e alho. Tradicionalmente tomada nos dias quentes do alto verão, a sopa tem propriedades médicas. Comer esse prato faz suar, libera toxinas e resfria, mostrando que a comida é verdadeiramente medicinal.

O queimador médio
(*Zhong Jiao* 中焦)

As funções do queimador médio são fundamentais para a vida diária. O baço e o estômago são estreitamente conectados através das relações interior-exterior e das funções complementares. Sendo os órgãos associados à fase terra das cinco fases, o baço e o estômago constituem o centro do corpo e o lugar de onde todas as outras funções emanam. Embora a essência pré-celestial, que é armazenada nos rins, determine a nossa constituição básica, em última instância, é o *qi* dos grãos (*gu qi*) do queimador médio que forma as substâncias pós-celestiais e mantém a saúde geral do organismo. A qualidade do *qi* do queimador médio é afetada por nossos hábitos dietéticos, de modo que uma dieta saborosa, saudável e equilibrada é essencial à saúde.

O estômago recebe os alimentos e as bebidas que ingerimos e inicia a sua transformação em uma forma de *qi* que possa ser usado. Para conseguir isso, o estômago necessita de um ambiente quente e úmido. A função do estômago de "decompor e amadurecer" é comparada a um processo de fermentação ou cozimento, um processo que requer um calor constante, de pouca intensidade e suficiente umidade para evitar que a comida seja transformada em um bolo pegajoso. No estômago, os alimentos em digestão são submetidos ao primeiro estágio de separação, a separação inicial do *qi* e fluidos límpidos, que serão absorvidos, do túrbido, que o *qi* do estômago tem a responsabilidade de mandar em descendência para os intestinos.

Já o baço requer um ambiente frio e seco para o seu papel de transformar e transportar o *qi* dos alimentos. Um ambiente frio e seco promove a condensação do *qi* e a elevação e separação dos cinco sabores. O *qi* do baço ascende o *qi* e os fluidos puros para o queimador superior e distribui os cinco sabores para as cinco vísceras. Quando se afirma que a terra (o baço e o estômago) alimenta os quatro lados, significa que ela transforma e transporta a água e os alimentos, nutre os outros quatro órgãos e envia os sabores para cada um do órgãos (**A, B**).

Assim, os hábitos alimentares e os alimentos digeridos devem se conformar a mudanças sazonais e outras. De acordo com o ciclo circadiano, o *qi* circula pelos 12 canais principais em momentos específicos a cada dia (ver p. 169). O momento em que o estômago e o baço (o *qi* do queimador médio) estão no seu pico é das 7 h às 11 h, o que explica por que a manhã é o momento mais propício para uma boa refeição. Das 19 h às 23 h é possivelmente o pior período para comer uma refeição farta, porque, nesse momento, o *qi* do queimador médio está na sua maré mais baixa (**C**) (ver p. 168).

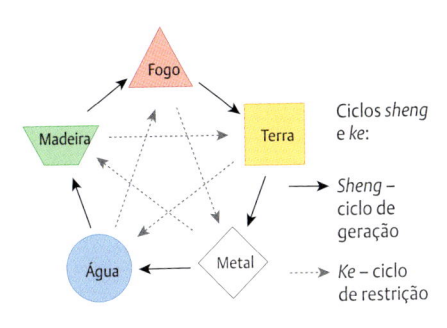

(A) As cinco fases com os ciclos de geração e restrição. O baço é a mãe do pulmão e, juntos (baço e pulmão), instigam a formação e a circulação das substâncias vitais *qi*, sangue e fluidos.

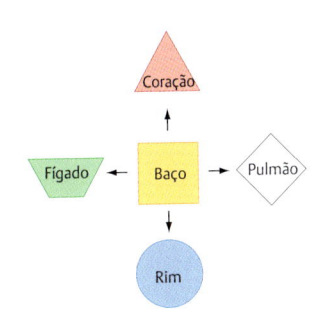

(B) As cinco fases organizadas com o baço no centro. A terra no centro "alimenta os quatro lados". O baço e o estômago transformam e transportam os alimentos e a água para "alimentar os quatro lados", ou seja, os outros sistemas de órgãos e o organismo inteiro.

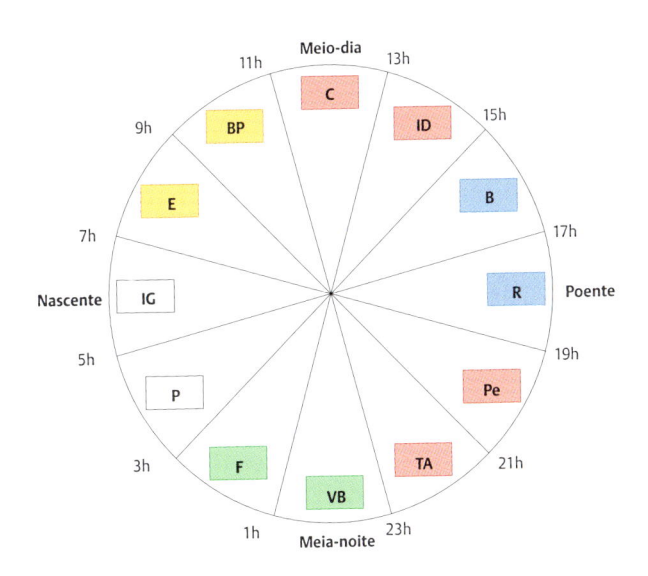

(C) O relógio dos órgãos chinês. O *qi* do queimador médio é mais abundante entre 7 h e 11 h da manhã.

Dieta e distúrbios

Conforme mencionado anteriormente, a moderação na dieta é essencial para a saúde. Comer em demasia, comer pouco, comer em horários irregulares ou sem tempo suficiente ou comer alimentos inadequados são fatores que podem causar desarmonias do queimador médio, resultando em problemas digestivos e, em última instância, em problemas com a produção do *qi*.

Comer em demasia, comer em horários irregulares ou sem tempo suficiente e comer alimentos ricos, gordurosos ou difíceis de digerir pode obstruir o mecanismo do *qi* do queimador médio, causando estagnação de alimentos no estômago, possivelmente resultando em padrões de calor vazio, calor tóxico ou fogo no estômago. Comer alimentos que estejam muito quentes ou comer muitos alimentos de natureza quente ou condimentada pode aquecer em demasia o queimador médio e lesar os fluidos *yin*.

Comer pouco, pular refeições, fazer dietas e comer alimentos de natureza excessivamente fria ou não cozidos pode danificar o *qi* do queimador médio e lesar o *yang* do baço, necessário para processar e digerir os alimentos. Isso frequentemente resulta em padrões de vazio de *qi* e sangue. Além disso, quando o *yang qi* do queimador médio é depletado, a transformação dos fluidos não ocorre como deveria, e umidade ou flegma acumulam-se. Uma dieta carregada em alimentos doces ou gordurosos, ou álcool, irá aumentar a produção de umidade, flegma e calor.

Quando o *qi* do queimador médio é depletado ou obstruído, os padrões de umidade são comuns. O baço não gosta da umidade, e, conforme ela acumula-se no queimador médio, a função do baço enfraquece. Como o baço governa as carnes, a umidade pode se depositar nos músculos e nas carnes, causando tônus muscular pobre e peso nos membros. Além disso, de acordo com as cinco fases, o baço (terra) controla o rim (água), e, se a umidade acumular-se no queimador médio, a terra do baço pode sobrepujar a água do rim. Isso enfraquece o rim de forma que, ao longo do tempo, os ossos enfraquecem e começam a doer. A umidade acumulada no queimador médio pode também obstruir o queimador superior, levando a dificuldades respiratórias ou a palpitações. Conforme as funções do baço enfraquecem, a formação e a transformação de *qi*, sangue, essência e fluidos é comprometida.

As manifestações clínicas de disfunções do queimador médio incluem desconforto abdominal ou epigástrico, falta de apetite, problemas gastrintestinais, letargia, fraqueza, retenção de fluidos, ganho ou perda de peso, falta de concentração e pensamento confuso. Como o *qi* do baço segura o sangue nos vasos, o vazio do *qi* do baço pode também resultar em extravasamento do sangue (equimoses ou hemorragias).

Para proteger ou restaurar a fisiologia do queimador médio, são recomendados alimentos nutritivos e fáceis de serem digeridos. A medicina chinesa recomenda refeições regulares e alimentos cozidos, mornos e leves em vez de alimentos crus, frios e difíceis de digerir. Alimentos brandos (básicos, como grãos, vagens e vegetais) devem formar o maior volume dos alimentos que ingerimos. Comer alimentos que possam ser produzidos no local e sejam normalmente disponíveis na respectiva estação do ano também faz sentido, uma vez que os alimentos, além de frescos, devem ter aspecto, cheiro e gosto agradáveis (**A-C**).

(A – C) Selecione alimentos que sejam frescos e da estação. Os pratos devem não somente equilibrar os cinco sabores, mas também ter aspecto, cheiro e gosto agradáveis.

Do ponto de vista da medicina chinesa, o valor terapêutico dos alimentos e de substâncias terapêuticas é descrito em termos de seu *qi* ou natureza e de seu sabor. Aumentamos a especificidade quando levamos em consideração o canal pelo qual alimentos em particular têm tropismo. Conforme discutido no Capítulo 6, todas as substâncias, os alimentos inclusive, têm tropismo por canais específicos, tendo assim maior influência sobre o órgão relacionado àquele canal. Uma boa dieta deve ser equilibrada quanto à sua natureza (nem muito quente nem muito fria) e incluir uma proporção equilibrada dos cinco sabores (ver p. 232).

A natureza dos alimentos

O *qi* ou natureza dos alimentos refere-se à sua "temperatura". Não à temperatura real do alimento ou substância, mas à interação entre o alimento e o organismo. Se observamos que um alimento ingerido aumenta o calor ou a atividade fisiológica do organismo, significa que ele tem uma natureza quente. Se o alimento resfria ou lentifica o organismo e suas atividades, é classificado como alimento frio. Um alimento ou substância pode ser quente, morno, neutro, fresco ou frio. Por exemplo, a pimenta é quente, o alho é morno, os ovos são neutros e as peras são frias. Veja **A** para outros exemplos.

A natureza dos alimentos ajuda a guiar a dieta em relação à constituição individual ou, se houver doenças, em relação às características do distúrbio. Por exemplo, alimentos quentes e mornos são ingeridos em casos de distúrbios de frio, e alimentos frescos e frios em casos de padrões de calor. Uma pessoa constitucionalmente quente ou com uma condição de calor irá se sentir pior após comer pimentas, gengibre, carne de carneiro ou outros alimentos quentes. Dessa forma, alguém com uma constituição fria ou sofrendo de uma doença de natureza fria deve evitar comer peras, melancias, comidas e bebidas geladas ou outros alimentos de natureza fria.

O cozimento afeta a natureza dos alimentos. Por exemplo, as propriedades de aquecimento aumentam quando um alimento é frito ou grelhado em óleo. Assar sem óleo terá um efeito de aquecer e secar. Cozinhar no vapor ou na água fervente pode tornar os alimentos adequados para a digestão e irá moderar um pouco os alimentos quentes e mornos por causa das condições do cozimento em água. Cozinhar em vapor ou ferver prolongadamente pode aquecer rapidamente a natureza de um alimento frio, e a mistura de alimentos melhora a sua palatabilidade, auxilia a digestão e a disponibilidade de nutrientes.

Os cinco sabores

Quando o baço distribui os cinco sabores, o acre vai para o pulmão, o salgado para o rim, o azedo para o fígado, o amargo para o coração e o doce para o próprio baço (ver p. 232). Quantidades moderadas de todos os sabores são necessárias para fortalecer as vísceras, mas o consumo exagerado de qualquer um deles vai lesar as funções dos órgãos.

Conforme podemos ver em **B**, cada um dos cinco sabores age em um órgão em particular. As qualidades dietéticas dos alimentos explicam seus benefícios terapêuticos e são responsáveis pelos problemas resultantes do consumo exagerado de qualquer um dos sabores. São observados os padrões e tipos constitucionais que se beneficiariam de alimentos em particular, aqueles que devem ser evitados ou usados com cuidado.

Quentes	Pimentas, gengibre seco
Mornos	Amêndoas, cenouras, galinha, alho, cravos
Neutros	Ovo de galinha, uvas, batatas, feijões vermelhos, arroz, gergelim
Frescos	Aipo, chá verde, menta, tofu, trigo
Frios	Banana, beringela, peras, melancia

(A) A natureza dos alimentos com exemplos.

Azedo Contrai, adstringe, reúne, estabiliza o *qi* e pode reduzir os inchaços.	**O azedo beneficia** os fluidos cessando os vazamentos, tonifica e enrijece os tecidos; é usado para tratar a perda de fluidos corporais, incontinências, músculos moles e uma personalidade errática, mutável.
O excesso lentifica o *qi*, endurece a carne, enrijece os tendões.	**Cuidado** com umidade e outros fatores patogênicos crônicos, com tensão muscular ou doenças envolvendo os tendões e ligamentos.
Amargo Drena, seca, enrijece, tem um efeito fortalecedor, leva o *qi* descendentemente.	**O amargo beneficia** o coração e o baço, drena descendentemente e melhora o apetite; amargo + morno seca a umidade, enquanto o amargo + fresco remove o calor e reduz a febre; usado para tratar lentidão, letargia, obesidade e tipos superaquecidos e agressivos.
O excesso enfraquece o baço, empalidece a pele, seca e enrijece a carne.	**Cuidado** com doenças de vazio de *yin* e sangue e pele seca; secura ou frio por vazio; problemas de estômago denso, seco ou congesto.
Doce Tonifica, fortalece, harmoniza, relaxa, lentifica.	**O doce beneficia** padrões de vazio de *qi* e sangue, é bom para uma constituição magra e debilitada, tipos nervosos, dispersivos e fracos, tipos agressivos, hepáticos e impacientes; usado para fortalecer a fraqueza, aliviar a dor e relaxar a tensão; alimentos de natureza doce e fresca engendram fluidos e umedecem a secura.
O excesso amolece os músculos e as carnes, causa umidade e dor nos ossos.	**Cuidado** com padrões de umidade ou flegma, vazio do *qi* do baço, pessoas com excesso de peso, fadiga crônica, doenças cardíacas ou diabete.
Acre Dissipa, move, dispersa, tem direção expansiva e ascendente.	**O acre beneficia** o pulmão, promove a circulação do *qi* e beneficia tipos lerdos, monótonos e letárgicos; usado para dispersar a estagnação (incluindo *qi* pernicioso alojado no exterior), para dissipar e mobilizar umidade-frio e flegma-umidade.
O excesso causa contratura nos músculos, dissipa o *qi* (→ vazio do *qi*), consome o *yin* (→ secura).	**Cuidado** com problemas relacionados ao calor e à secura, com padrões de vazio de *qi* e *yin*, com tipos magros e nervosos.
Salgado Amacia massas duras, umedece, limpa, leva o *qi* para dentro e para baixo.	**O salgado beneficia** o rim e amacia massas duras; usado para tratar cãibras musculares, acúmulo de flegma, nódulos e massas, constipação, inflamações crônicas, apetite fraco, tipos nervosos.
O excesso danifica as artérias, o sangue e os ossos.	**Cuidado** com doenças cardiovasculares, problemas do sistema circulatório, depressão; pode piorar padrões de umidade.

(B) Os cinco sabores.

Ainda nesse assunto, cada sabor tem um aspecto direcional (ver também p. 233): o acre ascende, o azedo contrai, o amargo drena, o salgado internaliza e descende. O doce não é direcional porque fica no centro. O brando, um sexto sabor neutro (essencialmente a ausência dos cinco sabores), desinibe as águas e tem uma direção descendente. Além disso, pode drenar ou filtrar o excesso de fluidos, beneficiando a diurese. Muitos alimentos têm mais de um sabor, apresentando, assim, um efeito em múltiplos sistemas orgânicos.

Como o baço é o órgão que manda os cinco sabores em direção aos quatro lados, é essencial que uma certa quantidade de alimentos doces seja consumida. Entretanto, alimentos doces nutritivos não são aqueles adoçados com açúcar refinado. Muitos alimentos naturais são doces, de modo que os alimentos com sabor doce formam a massa de uma dieta saudável e são essencialmente nutritivos do *qi* mediano. Na medicina chinesa, o doce frequentemente se refere a alimentos ricos em carboidratos complexos, que são de sabor suavemente doce. A maioria dos grãos (p. ex., o arroz) e vegetais ricos em amido (p. ex., batata doce) classificam-se nessa categoria. Interessante que esses são justamente os alimentos básicos da dieta chinesa, pois são fáceis de serem encontrados, baratos e saciam a fome. Os alimentos adoçados com açúcares refinados são demasiadamente doces e podem lesar o *qi* do baço, resultando em distúrbios digestivos.

Tropismo pelos canais

Os cinco sabores são um guia para associar os alimentos aos cinco órgãos. O canal pelo qual um alimento tem tropismo dá informações adicionais, mais específicas, para o tratamento. O tropismo pelos canais foi determinado pela observação das ações dos alimentos no organismo. O tropismo de determinado alimento por um dado canal significa que foi observado que o *qi* do alimento afeta esse sistema orgânico particular. Em outras palavras, os benefícios nutricionais tendem a ter efeitos mais pronunciados naqueles órgãos e nas suas atividades fisiológicas.

Por exemplo, as batatas são doces e possuem tropismo pelo baço e pelo estômago. São terapeuticamente usadas para beneficiar o queimador médio e fortalecer o *qi*. O mel é doce e neutro e tem tropismo pelo baço, pelo pulmão e pelo intestino grosso. O tropismo do sabor doce pelo baço explica porque o mel tonifica o queimador médio. Sabores doces e neutros em conjunto tendem a gerar fluidos, assim o mel também umedece a secura, especialmente dos pulmões e do intestino grosso. Suas características dietéticas explicam por que o mel é usado para cansaço, dor no estômago, tosse seca e constipação por secura intestinal (**A**).

A dietética chinesa considera a carne e os ovos de galinha alimentos muito benéficos. Ovos de galinha são doces e neutros e têm tropismo pelos cinco *zang* e pelo estômago; são especialmente bons para nutrir o sangue, enriquecer o *yin* e umedecer a secura. A carne de galinha é morna e doce e tem tropismo pelo estômago, pelo baço e pelo rim, de modo que tonifica o *qi* e o sangue, revigora o rim e nutre o *jing* (essência).

Doce e neutro	Amêndoas, carne de gado, beterraba, cenouras, milho, ovos, feijões verdes, lentilhas, aveia, cheróvia, ervilhas, batatas, arroz, gergelim, batata-doce
Doce e morno	Cenouras, couve-flor, frango, coco, funcho, carne de ovelha, missô, pêssego, nozes de pinheiros, moranga, *tempeh*, truta, nozes
Doce e fresco	Maçã, cevada, trigo sarraceno, berinjela, cogumelos, rabanete, espinafre, abóbora, tofu, castanha-d'água
Doce e acre	Manjericão, cebolinha, canela, coentro, alho, gengibre, mostarda, noz-moscada, cebola, menta, alecrim, cebolinha-branca, agrião
Doce e azedo	Feijão-azuqui, azeitonas, tomates, vinagre, iogurte e a maioria das frutas (p. ex., maçãs, damascos, amora silvestre, uvas, toranja, mangas, laranjas, peras, abacaxis, framboesas)
Amargo	Alfafa, café, alface, aveia, centeio, cúrcuma, agrião
Amargo e doce	Aspargo, brócolis, repolho, aipo, chá verde, alface, mamão, vinhos e destilados
Amargo e azedo	Vinagre
Amargo e acre	Cebolinha-branca, nabo, vinhos e destilados
Azedo	Amoras espinhosas (*shan zha*), limão, lima, picles, fruto da rosa silvestre, chucrute, *umeboshi*
Azedo e acre	Alho-poró, cebolas
Acre e morno	Manjericão, coentro, funcho, alho, gengibre, raiz forte, noz-moscada, cebolas, cebolinhas-brancas; pimentas vermelhas e pretas são acres e quentes
Acre e fresco	Flor de sabugueiro, *kumquat*, manjerona, menta, rabanete
Acre e neutro	Inhame, nabo, couve-rábano
Salgado e doce	Algas marinhas (*kelp*, *nori*, *kombu*, *wakame*), frutos do mar (anchovas, lagosta, ostras, pitu, salmão, lula), cevada, painço, missô, carne de porco, molho de soja
Salgado e fresco-frio	Mariscos, caranguejo, *kelp*, sal

(A) Alimentos e qualidades dietéticas (Garvey, 2008).

O chá tem tropismo pelo coração, pelo pulmão e pelo estômago, e pode ser doce, amargo ou fresco. O chá alivia a sede e a inquietação, promove a diurese e beneficia a digestão. Há inúmeras pesquisas que parecem corroborar os efeitos antienvelhecimento, antissenilidade e anti-hipertensivo do chá. Vinhos alcoólicos e destilados geralmente possuem sabor amargo, acre e doce; são mornos-quentes de natureza. O consumo moderado irá promover a circulação do *qi*, resolver a umidade, aliviar o cansaço e aquecer o *jiao* médio e o corpo para espantar o frio.

A natureza morna e o sabor azedo do limão têm tropismo pelo pulmão, pelo baço e pelo estômago. O limão transforma a flegma e cessa a tosse, ajuda a tratar a indigestão, tonifica o baço, umedece a garganta seca e alivia a sede. A cebola tem tropismo pelo pulmão, pelo baço, pelo fígado e pelo intestino grosso. Suas qualidades mornas e acres aquecem o interior e dispersam os fatores patogênicos frios. Tais características podem ser empregadas no tratamento de padrões de estagnação de *qi* e sangue, no resfriado comum, na diarreia e no combate aos vermes.

A mistura de algumas fatias de gengibre fresco e um pouco de açúcar não refinado, fervida em água quente por alguns minutos e tomada como chá pode ser usada para aliviar a dor de cabeça de resfriados ou as dores do tipo frio do período menstrual. Para um ataque de vento-calor com garganta seca e dolorida, recomenda-se chá de menta com mel. A menta tem tropismo pelo pulmão e pelo fígado, de forma que pode também remover o calor do fígado.

As ostras são salgadas e ligeiramente frescas. A carne das ostras fortalece o *qi*, tonifica o *yin* e o sangue e pode beneficiar pessoas fracas e nervosas. O sal é salgado e frio e pode ajudar a resfriar o sangue e a remover o fogo patogênico. Para tratar a insolação com sede e sudorese, recomenda-se beber água morna com um pouco de sal e açúcar dissolvidos (Garvey, 2008).

Aconselhamento dietético

Os alimentos que uma pessoa escolhe comer e os hábitos alimentares são geralmente muito pessoais e podem ser bastante difíceis de serem mudados. Muitos clientes, entretanto, vão querer adotar hábitos dietéticos mais adequados, e outros podem ser capazes de incorporar gradualmente algumas mudanças. O aconselhamento genérico quanto a refeições regulares, alimentos cozidos, entre outros fatores, podem fazer uma grande diferença terapêutica. Mudanças simples, como sentar-se para fazer as refeições em um ambiente relaxado, podem beneficiar imediatamente o *qi* do estômago, além de focar a atenção da pessoa nos fatores do estilo de vida que podem estar contribuindo para aumentar o seu problema.

Os médicos da medicina chinesa podem também oferecer sugestões concretas quanto a alimentos que devem ser evitados ou incluídos na dieta. O quadro da página anterior mostra algumas combinações e exemplos efetivos. As variações regionais e sazonais, o preparo e o cozimento e outros ingredientes em uma receita podem modificar as qualidades dietéticas de um alimento (**A-C**). As receitas seguintes ilustram algumas combinações e preparos e podem ser usadas para ilustrar a aplicação dos princípios terapêuticos da dietética chinesa no tratamento de distúrbios do *qi*, do sangue e dos fluidos.

Aconselhamento Dietético 311

(A-C) Variações regionais e sazonais, o preparo e o cozimento e outros ingredientes podem modificar as qualidades dietéticas de um alimento.

Estagnação do qi no queimador médio: curry *vegetariano suave*

- 2 colheres de sopa de *ghee* ou óleo vegetal
- 1 cebola picada
- gengibre fresco e alho picados (2 a 3 colheres de chá de cada)
- 1 colher de chá de cada: sementes de mostarda branca, sementes de cominho, sementes de coentro e feno-grego; refogar sem óleo até que libere o aroma e, então, moer
- canela e cúrcuma em pó (1 colher de chá de cada)
- 350 g de lentilhas vermelhas
- 1 L de caldo de galinha ou de vegetais
- 1 batata picada
- 1 berinjela picada
- 1 cenoura picada
- 2 tomates picados
- 1 molho de coentro fresco, cortado grande
- suco de 2 limões

Derreta o *ghee* ou aqueça o óleo em uma caçarola grande, adicione a cebola, o gengibre, o alho, os temperos e as lentilhas e misture. Refogue até que a cebola amoleça. Adicione o caldo e cozinhe por um período de 20 a 30 minutos ou até que as lentilhas estejam amolecidas. Adicione a batata, a berinjela, a cenoura e os tomates e cozinhe por mais um tempo de 20 a 25 minutos. Antes de servir, adicione o coentro e o suco de limão. Sirva espalhando o *curry* em arroz, papadam ou pão, usando seus condimentos favoritos (**A-C**).

Discussão

- O gengibre, o alho e os temperos usados na receita são acres e muito mornos. Eles mobilizam o *qi*, dissipam a estagnação, aquecem o queimador médio e auxiliam a digestão. As ervas e os temperos aromáticos despertam o baço para promover a transformação e o transporte, e sua natureza morna beneficia o movimento ascendente desse órgão.

- A cúrcuma e o feno-grego são de sabor amargo, secam a umidade e encorajam a ação descendente do *qi* do estômago.

✗ Aconselhe a pessoa com estagnação do *qi* do queimador médio a não comer em demasia, nem comer alimentos de má qualidade ou pesados, congestionantes (p. ex., queijo, ovos, lacticínios e carnes vermelhas)

✔ Recomende comer menos, devagar e apenas alimentos leves: uma dieta rica em vegetais, com poucos carboidratos e com ingestão moderada a baixa de carnes.

Aconselhamento Dietético **313**

(A-C) Os *curries* são bastante adaptáveis e deliciosos. Use ingredientes locais conforme eles aparecerem na estação, ajuste as especiarias e os temperos a gosto, sirva com arroz ou com pães indianos tipo crosta (*papadam*).

Vazio do sangue do fígado: risoto de beterraba

- 2 a 3 colheres de sopa de óleo de oliva extra virgem
- 1 cebola vermelha picada
- 1 dente de alho picado (opcional)
- 350 g de arroz arbóreo
- 2 beterrabas vermelhas, descascadas e picadas
- 125 mL de vinho tinto (opcional)
- 900 mL de caldo de galinha ou vegetais
- Um molho de espinafre tenro
- Queijo parmesão ralado (opcional)

Aqueça o óleo em uma caçarola grande com o fundo grosso. Adicione a cebola e refogue por aproximadamente 1 a 2 minutos até que amoleça. Adicione o arroz e a beterraba, mexa e cozinhe por 2 minutos até que eles estejam totalmente envolvidos pelo óleo. Despeje o vinho e mexa até que todo o líquido seja absorvido. Adicione o caldo (uma concha por vez), mexendo frequente e suavemente. Deixe que todo o líquido seja absorvido antes de adicionar a próxima concha cheia. Continue até que o arroz esteja cremoso e ao dente, por mais ou menos 25 minutos. Adicione o espinafre cortado em pedaços grossos e misture. Remova do fogo, tempere com pimenta e sal a gosto, tampe, deixe descansar por aproximadamente 2 a 3 minutos. Sirva com queijo parmesão ralado (**A-C**).

Discussão

- O arroz e a beterraba são doces e neutros. O arroz harmoniza o estômago, fortalece o baço e tonifica o *qi* e o sangue. A beterraba tonifica o sangue, suaviza o fígado e beneficia o coração.
- Cozinhar com álcool aquece os queimadores médio e superior e promove a circulação do *qi* e do sangue. Para evitar a estagnação, pratos ricos e tonificantes devem incluir alimentos acres para mobilizar a circulação. A acridez do vinho, da cebola e do alho vai ajudar nesse aspecto. Nota: o álcool é geralmente contraindicado para clientes com doença hepática. O alho também pode ser omitido se o calor no fígado for um problema.
- O queijo é neutro e fresco, doce e azedo, e tem tropismo pelo estômago, pelo baço, pelo pulmão e pelo fígado. Além disso, tonifica e move o *qi*, nutre o *yin* e umedece. Nota: excesso de queijo e de outros lacticínios agrava problemas de umidade e fleuma.

✘ Aconselhe a pessoa com vazio de sangue a evitar alimentos em excesso, pular refeições e alimentos frios ou não cozidos.

✓ Recomende refeições cozidas, mornas e simples com um pouco de proteína de qualidade (por exemplo, galinha caipira), e com bastante vegetais frescos, verdes e folhosos, legumes e raízes.

Aconselhamento Dietético 315

(A-C) O risoto é também um prato incrivelmente variado e adaptável. O cozimento lento e o mexer suave liberam o amido do rechonchudo arroz Italiano. As quantidades de arroz podem variar se um risoto mais "ensopado" for preferido.

Vazio do yin do pulmão causando secura: peras ao vapor

- 4 ou 5 peras
- Açúcar em pedra
- Iogurte natural

Descasque, retire as sementes e fatie as peras como desejar. Para evitar que a polpa fique marrom, salpique um pouco de suco de limão. Coloque em um recipiente adequado para banho-maria em um prato de vidro temperado e adicione algumas pedras de açúcar. Cubra e asse no vapor por um tempo de 1 a 2 horas. Coma morno ou após resfriar, com o iogurte (**A-C**).

Discussão

- As peras têm tropismo pelo pulmão e pelo estômago. Sua natureza fria e sabor doce, ligeiramente azedo, remove o calor e gera fluidos para umedecer a secura. Essas frutas são especialmente boas quando o calor pernicioso e a secura lesam os pulmões e a garganta.
- O açúcar em pedra é neutro e doce, tem tropismo pelo baço e pelo pulmão, gera fluidos e beneficia a digestão. O açúcar em pedra branco é especialmente bom para os pulmões.
- O iogurte é fresco-frio, com sabor doce e azedo, qualidades que nutrem os fluidos *yin* e removem o calor. Além disso, relaxa o fígado, umedece o pulmão e mata a sede.

✗ As pessoas com vazio de *yin* e fluidos devem evitar alimentos acres, amargos e que aqueçam (incluindo pimentas vermelhas, café, tabaco).

✔ Recomende alimentos doces e frescos para umedecer a secura (tais como frutas, laticínios, leite de soja, cevada).

Aconselhamento Dietético 317

(A-C) Peras ao vapor, como mostrado aqui com açúcar em pedra, contribuem para tratar tosses secas crônicas.

8

Qi gong

Anne Reinard e Yves Réquéna

Origens históricas **320**

Princípios **324**
Concentração, respiração e postura:
tríade indivisível da dança
do *qi gong* 324
Os três tesouros e o *qi gong* 328
Áreas de pesquisa e aplicação
do *qi gong* 328

Prática do *qi gong*. **334**
Qi gong estático 334
Qi gong em movimento 336
Qi gong sentado 338
Automassagem *qi gong*. 342

Origens históricas

As raízes do *qi gong* datam dos tempos do xamanismo chinês, precedendo a era dos registros escritos. Sendo uma civilização agrária, a China antiga era essencialmente dependente da energia da terra e do céu, e sua sobrevivência e bem-estar estavam estreitamente relacionados ao entendimento e ao respeito às leis da natureza. Por meio dessa conexão direta com a terra e pela observação dos ciclos naturais de semeadura e colheita, de vida e morte, os chineses aprenderam o princípio do equilíbrio entre o *yin* e o *yang* e deduziram a dinâmica do *qi gong*.

O Clássico de Medicina do Imperador Amarelo, escrito durante a dinastia Han (206 a.C.-220 d.C.), explica que os chineses antigos viviam de acordo com a "via da natureza" (o Tao). Eles ajustavam suas maneiras de viver de acordo com o *yin* e *yang*, a numerologia e os ritmos sazonais. As demandas de seu *habitat* geravam um estilo de vida equilibrado, que os ensinou a "evitar as 'perversões da exaustão e os ventos invasores' e, por meio da calma e da concentração, a manter a respiração natural em harmonia, de forma a conseguir manter seus espíritos dentro do corpo para que a doença não consiga invadir" (traduzido de Réquéna, 1998, p. 12).

Entre os registros de exercícios de *qi gong* mais antigos estão as danças xamânicas, que imitavam os animais do zodíaco chinês e eram praticadas como um ritual de ano novo durante a dinastia Zhou (1100-256 a.C.). Os xamãs apareceriam vestidos em pele de urso e adornados com quatro olhos dourados de forma a ver em todas as direções. Eles seriam acompanhados na sua dança por todos os habitantes da vila, usando máscaras de animais (ibid.).

O Livro das Mutações (*Yi Jing* ou *I Ching*), trabalho filosófico fundamental que estruturou o pensamento e a cultura chineses, constitui "o fundamento da racionalidade e a ferramenta básica para a inteligibilidade do universo" (Réquéna, 2003, p. 2) (**A**). De acordo com o *Yi Jing*, "vida gerando vida, isso é a mutação" (Javary & Faure, 2002, p. 1). O *Yi Jing* é um sistema de regras e padrões que elucida a correlação entre os humanos, a terra e o céu, incorporando a variável das mutações como a força motriz básica da vida. O *qi* é tanto o combustível quanto o agente da mudança; ele a linha de conexão que mantém tudo coeso.

Por volta de 300 a.C., o poeta filósofo taoísta Chuang Zi alegou que "os antigos respiravam até os calcanhares", sugerindo que a respiração, na forma de *qi*, é projetada e circula por todo o corpo. Uma série de figuras pintadas em seda (de 168 a.C.) foi achada durante a escavação arqueológica de uma tumba (as tumbas de Ma Wang), na província de Hunan, em 1973. Parcialmente danificados, esses rolos de seda pintados constituem um mapa conhecido como *taoyin tu*, literalmente o mapa da linha-guia do *qi*, e tem inscrições relacionadas com as práticas terapêuticas do *tao yin*, termo usado para descrever as práticas que mais tarde forneceram os conceitos fundamentais para o *qi gong*, para o *tai ji quan* e para a automassagem do *tui na*. **B** descreve os oito movimentos básicos do *qi gong*, chamados de Oito Peças de Brocado, usados hoje em dia.

(A) O *ba gua* (ou oito trigramas) representa a transformação incorporada no conceito de *yin* e *yang*. Ele forma a base conceitual de vários exercícios do *qi gong*. Mostrada aqui a sequência de Fu Xi (ver também p. 4 -5) dos oito trigramas. Cada um dos oito trigramas faz par com todos os outros para criar 8 x 8 ou 64 hexagramas, a base do *Yi Jing*.

Movimento	Indicação terapêutica
1. "Segurar o Céu"	Estimulando o triplo queimador, fortalece o sistema digestivo e equilibra a energia nos órgãos internos.
2. "Retesar o Arco para Atirar na Águia"	Beneficia o sistema imune e fortalece o coração e o pulmão. Realinha os músculos das costas e a coluna.
3. "Separando Céu e Terra"	Revigorando o dorso com a energia do céu e da terra, estimula o estômago e o baço.
4. "Olhando para trás para Liberar a Fadiga e o Estresse"	Fortalece o pescoço e os músculos oculares. Libera a tensão e beneficia o sistema nervoso.
5. "Balançar a Cabeça e Agitar a Cauda" (ver p. 338-339)	Libera o fogo do coração, regulando a função do coração e pulmões.
6. "Duas Mãos Seguram os Pés"	Alonga a coluna vertebral. Fortalece o rim e a cintura.
7. "Esmurrar com um Olhar Poderoso"	Expelindo sentimentos tensos e raivosos, aumenta a vitalidade geral e a força muscular.
8. "Pulando nos Dedos dos Pés"	Gerando ondas de energia, afugenta 100 doenças. Estimula os rins e aumenta o fluxo de sangue para os órgãos internos.

(B) Os oito movimentos básicos do *qi gong*, os *ba duan jin*, também chamados "Oito Peças de Brocado" ou "Oito Movimentos de Seda", são uma forma de *qi gong* médico. Em contraste com outras formas de *qi gong* – religioso ou marcial –, os oito movimentos básicos foram inicialmente designados para a melhoria da saúde.

Na dinastia Zhou, diz-se que Bian Que ensinou a prática da respiração para aumentar a circulação do *qi*. Durante a dinastia Han, Hua Tuo desenvolveu o "Folguedo dos Cinco Animais" (*Wu Qin Xi*), uma série de exercícios que mimetiza os movimentos do tigre, do urso, do veado, do macaco e do pássaro. A combinação de respiração (*nei gong*) e movimento une o trabalho interno e o externo. O *qi gong* trabalha o desdobramento dos três tesouros: essência (*jing*), *qi* e espírito (*shen*) (**A**), considerados a chave para uma saúde vibrante.

No final do século V e início do século VI da era cristã, Da Mo, um monge budista mahayana conhecido como Bodhidharma, chegou em Shaolin, na China, vindo da Índia, e achou os monges Shaolin fracos e indisciplinados. Da Mo, então, introduziu uma prática baseada na combinação de movimento com meditação, o que revigorou os monges e fortaleceu seus poderes. Isso seria o início da tradição dos artífices marciais superiores do templo de Shaolin, emblemáticos da escola da alquimia interna (*wai dan*). O *qi gong* marcial desenvolve a força, a resistência e o espírito do guerreiro. A prática do *wai dan* almeja fortalecer os músculos e ossos para desenvolver a invulnerabilidade física.

O *qi gong* taoísta é centrado na transmutação alquímica, na fusão com a natureza, na longevidade e na imortalidade. É focado nos três campos de transmutação (*dan tian*) e na transformação dos três tesouros. Primeiro, a essência (*shen*) é transformada em *qi* no campo de transmutação inferior; em seguida, o pensamento (*yi*, aspecto mental do baço) conduz o *qi* pelo campo de transmutação central, no nível do coração, para o campo de transmutação superior, onde, por sua vez, o *qi* é transmutado e refinado em espírito (*shen*). Essas técnicas originais taoístas são as joias das práticas contemporâneas do *qi gong*.

O *qi gong* confuciano tem foco no desenvolvimento do espírito como o "comandante do *qi*". Ele aspira o desenvolvimento ético e o refinamento do temperamento pessoal. Além disso, incorpora as ideias da virtude do equilíbrio, ou o caminho do meio, e da perseverança ou disciplina requeridas para gerar resultados efetivos. Veja **B** para os quatro diferentes tipos de *qi gong*.

O *qi gong* budista procura o refinamento da mente, a transcendência da dualidade ilusória, de forma a liberar todos os seres conscientes do sofrimento. Seu foco é a meditação para gerar uma transmutação do *qi* em compaixão ao nível do coração, o qual é guiado para o terceiro olho com a intenção de despertar uma sabedoria benevolente, de forma a tomar consciência do estado de não dualidade, o objetivo último de todas as práticas budistas.

O *qi gong* médico aumenta as capacidades curativas, trabalha nos três tesouros e harmoniza a energia nos níveis físico, psicológico e emocional. Idealmente, escolhe-se, entre o conjunto de métodos ancestrais, os exercícios mais adequados à saúde e ao bem-estar do estudante.

(A) *Jing, qi, shen.*

Qi gong taoísta	Almeja a transmutação alquímica do corpo, a união com a natureza e com o macrocosmo, a longevidade e a imortalidade na transcendência das limitações do corpo humano. Focado nos três campos de transmutação (*dan tian*) do corpo humano e na transformação e fortalecimento dos três tesouros (*jing*, *qi* e *shen*). Técnicas taoístas originais de autocultivo no contexto das práticas de longevidade são as joias das práticas de *qi gong* contemporâneas.
Qi gong confuciano	Focado no desenvolvimento do espírito como o "comandante do *qi*". Aspira o desenvolvimento ético e o refinamento do temperamento pessoal para a melhoria das relações sociais e da prática dos deveres em relação à comunidade e à família. Esforça-se para melhorar a disciplina mental, a concentração, o respeito, a moderação e o equilíbrio.
Qi gong budista	Procura o refinamento da mente e a transcendência da dualidade ilusória no mundo mental, de forma a liberar os seres conscientes do sofrimento associado à vida corporificada. O foco é a meditação. Há monastérios budistas famosos pelo desenvolvimento de artes marciais para autodefesa e disciplina espiritual.
Qi gong médico	Praticado tanto pelo terapeuta quanto pelos pacientes para melhorar a saúde e curar as doenças. Complementa as habilidades e técnicas do terapeuta no tratamento corporal dos pacientes por meio da aplicação do próprio *qi* para fortalecer o do paciente e expulsar as doenças. O poder do cultivo do *qi* é a raiz da habilidade do paciente de curar a si mesmo. Trabalha nos três tesouros e harmoniza a energia no níveis físico, psicológico e emocional. Incorpora todas as técnicas invocadas no *tao yin* (respiração, movimento, postura, meditação, etc.), possivelmente adicionando outros métodos, como a prática de sons terapêuticos para realçar a cura.

(B) Diferentes tipos de *qi gong*.

O paciente torna-se um agente responsável, consciente do poder que exerce na sua própria capacidade curativa e no processo de cura. A prática do *qi gong* acarreta o manejo do bem-estar e o reforço da saúde e da vitalidade pelos próprios meios. O *qi gong* médico incorpora todas as técnicas invocadas pelo *tao yin* possivelmente adicionando outros métodos, como a prática de sons terapêuticos para realçar a cura.

Todas as múltiplas linhagens que se desenvolveram ao longo dos séculos compartilham pontos em comum. Todas as formas de *qi gong* ligam o trabalho nos três tesouros com técnicas de estímulo dos canais associadas à respiração. Todas as escolas cultivam uma mente calma e valorizam um espírito virtuoso. Essas inúmeras técnicas são variações em uma mesma escala básica, muito adaptável, que ressoa efetivamente em áreas tão variadas como as artes marciais, a medicina e a pesquisa espiritual.

Princípios

Qi, literalmente alento, também implica a função essencial da vida (ver também p. 22-23). O caractere chinês para *qi* é construído de dois elementos, arroz e vapor (respiração), ambos essenciais para a vida. O arroz é um símbolo primordial para a vida. Ele é *yin* na sua forma mais concentrada, nutritiva e sustentável: o grão. Ele traz consigo a promessa de colheitas futuras. A respiração, essencialmente *yang*, é evocada na sua forma mais móvel, invisível e excitante: o vapor elevando-se da fervura. O significado composto emerge da correlação desses dois elementos.

O pictograma representando *gong* associa-se a uma ferramenta, um esquadro de carpinteiro usado na construção de paredes, significando o trabalho, com a força que manipula a ferramenta. Ele implica a prática regular, crucial para desempenhar qualquer tarefa. *Qi gong* significa exercício para cultivar a energia vital. O objetivo da prática é promover o fluxo do *qi* e fazê-lo circular através dos canais. Na medicina chinesa, o *qi*, ou aquilo que anima todos os organismos vivos, mantém o corpo em boa saúde. A prática do *qi gong* estimula a circulação do *qi* para encaminhá-lo ao longo do corpo e estimular as suas capacidades autocurativas (**A**).

Concentração, respiração e postura: tríade indivisível da dança do qi gong

Concentração, respiração e postura são os três ingredientes cuja combinação incorpora a essência do *qi gong*. As várias linhagens diferenciam-se por seus focos particulares. Algumas favorecem o treino mental, outras são focadas na respiração ou dão preferência às posturas. Embora cada forma de *qi gong* tenha sua função específica, o estímulo pelo movimento e pela respiração é a característica principal de todas as formas. As formas variam para se adaptar às necessidades de cada um – jovens e velhos, hiperativos ou narcolépticos – permanecendo fiel, na sua essência, ao *tao yin*. Movimento, respiração e concentração completam-se mutuamente e trabalham como componentes na prática do *qi gong* para estabelecer uma profunda sensação de bem-estar.

(A) Os caracteres para *qi gong*. *Qi gong* significa literalmente "exercícios para fortalecer o *qi*". O caractere *gong* é composto pela partícula *gong* 工 (que significa "trabalho" ou "labuta") e pela partícula *li* 力 (que significa "vigor" ou "força"). O significado composto dessas duas partículas é claramente "trabalho de força" ou, como interpretamos aqui, "exercícios para aumentar a força". Adicione a esse conceito o complexo significado de *qi*, e o significado de *qi gong* começa a emergir: exercício para fortalecer o *qi*.

Essa **postura** é praticada em um estado de espírito caracterizado por serenidade e mente aberta. Focando-se no corpo, o praticante torna-se consciente das quatro direções de seu corpo e de suas dimensões no espaço. A postura é tanto dinâmica quanto relaxada; a contração muscular é exercitada por meio da respiração e do relaxamento. Movimento, relaxamento e contração dos músculos aumentam o *qi* e a sua circulação ao longo da rede de canais, o que estimula e influencia as funções essenciais do corpo. De um modo geral, o *qi* do organismo flui nas quatro direções cardinais (para cima, para baixo, para a direita e para a esquerda).

A respiração é uma característica distintiva da prática do *qi gong*. Mais precisamente traduzido como movimento sincronizado e respiração (*tu na*), *tu* (dissipar, dispersar, espalhar) e *na* (absorver) dão o ritmo; a expiração e a inspiração estimulam o fluxo do *qi*. O praticante respira naturalmente, profundamente, devagar e regularmente pelas narinas. A inspiração segue os movimentos ascendentes do *qi*, é de natureza *yin* e energizante. A expiração acompanha os movimentos descendentes do *qi*, é de natureza *yang* e libera o *qi* usado. As diversas técnicas de respiração usadas no *qi gong* têm suas próprias características, no entanto todas elas incluem regularizar o movimento respiratório e acalmar a mente, permitindo que o *qi* desça e se reúna no campo de transmutação inferior, que tem um papel fundamental na distribuição e transmutação do *qi* (**A**).

Concentração, intenção e visualização são atributos da mente treinada pelo *qi gong* (**B**). O poder da mente move a matéria por meio do direcionamento do fluxo do *qi*. Direcionar a mente é, dessa forma, um elemento-chave na prática de qualquer movimento do *qi gong*. Consciente de seu movimento, o praticante o direciona mentalmente, a respiração é guiada pela mente, e a visualização é usada para reforçar o fluxo do *qi*. Tipicamente, a expiração serve para eliminar as energias usadas pretas ou cinzentas, enquanto a inspiração aproveita energias puras, brancas e luminosas. A visualização permite uma conexão direta com as energias naturais, o que reforça o potencial da prática e assenta os fundamentos para enfrentar o *qi gong* interno, uma prática sutil mas poderosa, na qual o espírito-mente é o comandante.

Praticado regularmente, esse manejo sincronizado do movimento, da respiração e da mente gera efeitos profundos. A dinâmica do *qi gong* é essencialmente harmonizante e contribui para a modificação de funções orgânicas por meio dos canais regulares e extraordinários e do sistema nervoso. De acordo com Roger Jahnke, "a prática do *qi gong* dispara uma grande quantidade de mecanismos fisiológicos que têm profundos benefícios curativos. Essa prática aumenta o fornecimento de oxigênio para os tecidos, aumenta a eliminação de dejetos, assim como o transporte de células imunes pelo do sistema linfático. Além disso, a prática do *qi gong* muda a química do cérebro e do sistema nervoso." (*Jahnke Qigong*)

Princípios 327

(A) Desenho antigo representando os campos de transmutação dentro do corpo.

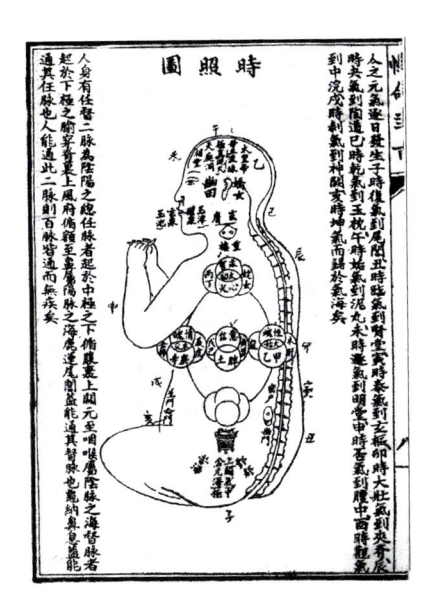

(B) Postura, respiração, concentração
(© por Thomas Langer, reimpressa com permissão).

Os três tesouros e o qi gong

O *qi gong* médico e o taoísta são baseados no poder transformativo e conectivo do *qi* que regula e movimenta os três tesouros. A prática taoísta consiste no refinamento e na transmutação da essência em *qi* para nutrir e unificar o espírito-mente. Em uma prática avançada com foco espiritual, o espírito é transformado no vazio.

A essência é a fonte da vida e do desenvolvimento. É a substância que será transformada em *qi*. O *qi gong*, como um exercício para fortalecer a energia vital, almeja reforçar a transformação da essência original do praticante em *qi*. A respiração harmonizada com o pensamento-mente é a chave para o movimento do *qi*, visto que dá o ímpeto para a transformação do *qi* em espírito. Essência, *qi* e espírito são fundidos em uma unidade por meio da prática do *qi gong* taoísta.

O *qi gong* inclui posturas estáticas, exercícios com movimento e práticas sentadas. Os movimentos e posturas do *qi gong* também podem ser diferenciados de acordo com os quatro tipos de movimento do *qi*: elevação, descida, abertura e fechamento. O *qi* flui muito bem ao longo dos canais quando o relaxamento está no seu máximo. O relaxamento insuficiente atrasa ou bloqueia o fluxo do *qi*.

Áreas de pesquisa e aplicação do qi gong

O *qi gong* representa um dos muitos ramos terapêuticos da medicina chinesa. Ele tem sido praticado por mais de 3 mil anos, tanto como uma terapia isolada quanto dentro do contexto do paradigma das terapias tradicionais chinesas. Acupuntura, terapia herbal chinesa, uma dieta personalizada e um conjunto de movimentos de *qi gong* selecionados são os elementos básicos de uma terapia holística, proativa e eficiente que estimule e refine a qualidade e a distribuição do *qi*, uma terapia que incorpore todos os níveis necessários para a cura: físico, emocional e espiritual.

Durante a Revolução Cultural, o *qi gong* foi proibido na China, devido à sua associação com tradições espirituais, como o taoísmo e o budismo. Liberados de sua enclave chinesa pela corrente liberalista da década de 1980, o *qi gong* rapidamente conquistou o mundo Ocidental. Menos invasivo do que a acupuntura, "o aspecto da medicina oriental que tem o potencial de realmente sacudir o mundo ocidental é o *Qigong*" (Jahnke History). De fato, o interesse que o *qi gong* despertou como uma ferramenta terapêutica levou a um impressionante número de experimentos e estudos científicos. Seguindo o exemplo chinês, hospitais ocidentais passaram a usar o *qi gong* como uma terapia complementar nos tratamentos da hipertensão, reumatismo, câncer, dependência e abuso de substâncias, cardiopatia, desequilíbrio emocional, choque, entre outros. A presunção de eficiência é tal que deu margem a investimentos substanciais tanto na China quanto nos Estados Unidos, onde o Instituto Nacional para a Saúde (NIH) subsidiou vários ensaios clínicos para testar o potencial terapêutico do *qi gong** (**A-D**).

---

* Para mais detalhes quanto a tipo e número de estudos científicos sobre o *qi gong*, consulte o *website* da Biblioteca Nacional de Medicina do Estados Unidos: http://www.ncbi.nlm.nih.gov/pubmed.

Nível de atividade física

☐ Intervenção ☐ Controle

Equilíbrio sobre a perna direita

☐ Intervenção ☐ Controle

Coordenação
(Nota: menos segundos indicam maior *performance*)

☐ Intervenção ☐ Controle

Subir em caixas com a perna direita

☐ Intervenção ☐ Controle

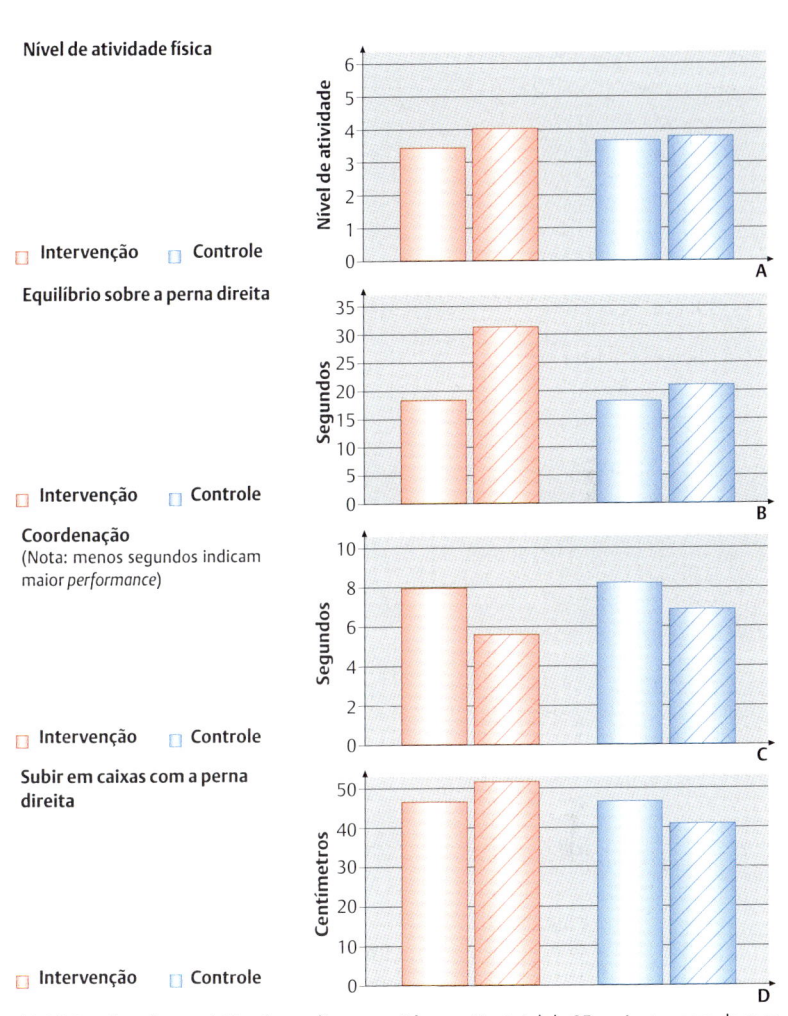

(A-D) Estudo sobre reabilitação cardíaca para idosos. Um total de 95 pacientes com doença coronariana documentada foram distribuídos aleatoriamente em um grupo para a intervenção (n = 48) ou para um grupo-controle (n = 47). O grupo da intervenção encontrou-se semanalmente por três meses. O grupo-controle recebeu cuidados usuais.

As barras descrevem a situação após a intervenção e o controle respectivamente. Um combinação de *qi gong* e discussões em grupo parece promover a reabilitação de pacientes idosos cardíacos em termos de melhoria autorreportada da atividade física, do equilíbrio e da coordenação (Cardiac rehabilitation for the elderly: qi gong and group discussions. *Eur J Cardiovasc Prev Rehabil*. 2005 Feb;12(1):5-11.).

A prática do *qi gong* aumenta o senso de equilíbrio físico do praticante e contribui para a prevenção de quedas entre os idosos. Os efeitos regenerativos induzidos pela prática do *qi gong* estimulam a mente e fortalecem a capacidade de concentração; eles são particularmente benéficos na prevenção de doenças degenerativas. Uma vantagem adicional do *qi gong* é a de ser uma prática acessível e salutar para indivíduos de todas as idades, independentemente de sua condição intelectual ou aptidão física.

No seus estudos relacionados com o uso do *qi gong* na educação, Heinrich Bölts cita a experiência de Rohrmoser, que introduziu o *qi gong* em um grupo de adolescentes com dificuldades de aprendizagem (Bölts, 2003). Rohrmoser registrou um reforço na consciência dos adolescentes quanto ao seu valor individual, assim como um aumento da autoestima. O autor insiste no significado da prática do *qi gong* no seu trabalho com adolescentes que sofrem de dislexia, problemas de coordenação ou concentração fraca, que têm como sintomas falta de confiança e medo de falhar. As práticas do *qi gong* ocasionam a compreensão e a experiência do potencial das ações do indivíduo, permitindo experimentar um aumento nas possibilidades de autorregulação.

Essa dinâmica promove a autoconfiança e fortalece a consciência das nossas competências; ela estabelece um fundamento nutridor que gera a transformação construtiva por meio da iniciativa individual. Os resultados dos estudos de Bölt (**A**) claramente demonstram que a prática regular do *qi gong* melhora a capacidade de regeneração em virtude do estabelecimento de fases de restauração experimentadas como prazerosos momentos de contentamento. Essa regeneração fortalece a confiança em nossas capacidades e aumenta o potencial para a ação, assim como nossa capacidade de encarar a vida mais livremente, e os desafios do dia a dia com mais serenidade. O *qi gong* desenvolve nossa capacidade de harmonizar corpo, respiração e mente, além de incorporar ativamente essa consciência no repertório de experiências vivenciais.

O *qi gong* é usado com sucesso em grupos com problemas sociais, como delinquentes juvenis, drogaditos ou populações prisionais. A bioenergética do *qi gong* começa a ser entendida por meio de pesquisas como uma investigação da efetividade da terapia com *qi gong* na desintoxicação de viciados em heroína em um ensaio clínico na China. Além da prática pessoal do *qi gong*, um grupo também recebia de um mestre em *qi gong* ajustes diários do *qi*. A redução dos sintomas de abstinência ocorreu mais rapidamente no grupo do *qi gong* do que nos outros grupos, junto com a média de escores de sintomas no dia 1, significativamente mais baixa, e escores de ansiedade significativamente mais baixos. A quantidade de morfina em amostras de urina diminuiu muito mais rapidamente, com resultados negativos a partir do dia 5 no grupo do *qi gong*, no dia 9 para o grupo que estava desintoxicando com lofexidina, e no dia 11 para o grupo-controle (Li, Chen & Mo, 2002).

O desenvolvimento e os estudos atuais pressagiam um papel promissor para o *qi gong* na âmbito da terapêutica moderna.

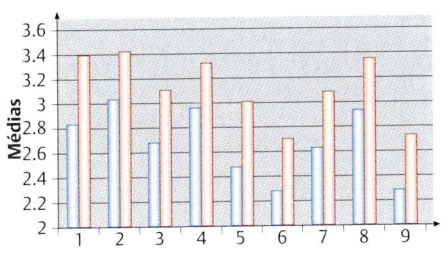

Princípios

Gráfico 1 (itens 1–9):
1. Estado físico e mental
2. Consciência corporal
3. Consciência das partes do corpo
4. Percepção mental e física
5. Mentalmente mais dinâmico
6. Capaz de concentrar-se melhor
7. Condição mental
8. Condição física
9. Capaz de permitir sentimentos

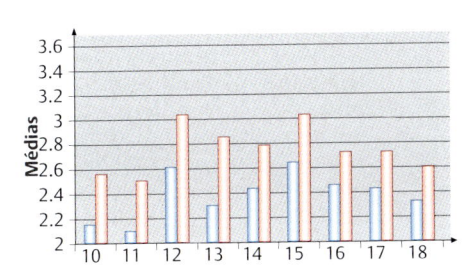

Gráfico 2 (itens 10–18):
10. Capaz de expressar sentimentos
11. Mais seguro
12. Mais forte
13. Mentalmente mais composto
14. Mais alegre
15. Mais equilibrado
16. Mais otimista
17. Mais rico em ideias
18. Mais motivado

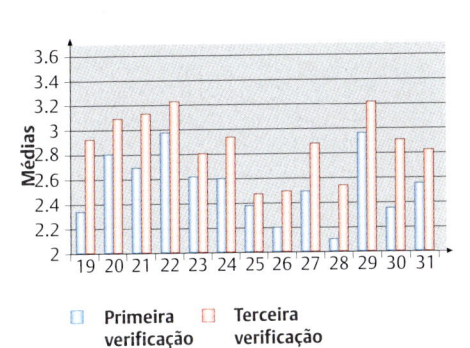

Gráfico 3 (itens 19–31):
19. Estado de saúde
20. Consciente dos sinais corporais
21. Capaz de regenerar-se
22. Consciente das desordens físicas
23. Consciente das desordens mentais
24. Autoaceitação
25. Reação aos estímulos do ambiente
26. Manuseio de substâncias danosas
27. Lidar com problemas do dia a dia
28. Motivação no dia a dia
29. Relaxamento no dia a dia
30. Dar conta de tempos difíceis
31. Lidar com tempos de estresse

☐ Primeira verificação   ☐ Terceira verificação

(A) Comparação da primeira e da terceira verificações das classes 8, 9 e 10 do curso de revigoramento em *qi gong* de acordo com o questionário QIE 2 (*Qigong Evaluation* 2) elaborado para essa pesquisa ($n = 58$). O questionário continha 31 itens relacionados à saúde. Mudanças significativas podem ser vistas em relação à consciência da saúde, o que é demonstrado pela melhora da percepção física (1-4, 7, 8), e à consciência do estado mental (6, 9, 10). Os participantes se sentiram mais seguros, mais equilibrados e mais ativos (11-15). Uma mudança positiva também é perceptível no manejo ativo dos desequilíbrios psicológicos. A responsividade a estados físicos e emocionais aumentou (19, 20, 22, 23), e os problemas do dia a dia e os tempos estressantes são manejados de forma melhor (27, 30, 31) (Bölts, 2003).

O *qi gong* abre o caminho para uma mudança paradigmática na dinâmica ocidental terapeuta-paciente, visto que ajuda a implementar um aspecto mais profundo da medicina asiática por meio do estabelecimento das raízes do autocuidado, transformando, dessa forma, o paciente em um agente de sua própria cura. De fato, quanto mais se pratica, mais o *qi* circula e mais *qi* há para compartilhar, para harmonizar o próprio requerimento energético ou, no caso de um terapeuta, do potencial de *qi* disponível para transmitir utilizando-se as mãos. Todo o iniciante que praticar a órbita microcósmica (ver p. 338-340) pode experimentar o despertar de seu processo energético. A prática de exercícios específicos aumenta o influxo de energia; a postura da árvore (ver p. 334-336) carregam o campo de transmutação inferior com a energia vital, que é conectada à energia sexual. A dinâmica respiratória causa a elevação do *qi* dentro do corpo, a energia é distribuída harmoniosamente, e a prática gera uma resistência física e intelectual muito mais forte, um vigor renovado e mais energia sexual.

Além disso, o *qi gong* é naturalmente alinhado com a busca em uma senda espiritual. Os exercícios de *qi gong* potencialmente garantem acesso a estados meditativos que permitam a transmutação da qualidade intrínseca da energia que flui dentro de nós. O aumento do padrão vibratório causa uma purificação da matéria com efeitos purgativos nas memórias celulares e, assim, estabelece um processo dinâmico transformativo no nível transpessoal, com o qual os Drs. Alexander Lowen e Wilhelm Reich lidam na psicologia transpessoal. Os engramas são traços de memória deixados no organismo pela repetição de um estímulo. Essas memórias duradouras, latentes, são entalhadas na psique, criando, assim, bloqueios e nós energéticos. A combinação harmonizadora da prática de *qi gong* e respiração ajuda na liberação energética desses bloqueios. O desfazer energético desses nós libera significativamente o organismo de seus engramas, aumentando a qualidade e o fluxo do *qi*. O *qi gong* representa uma ferramenta verdadeiramente multifuncional, com recursos para qualquer trabalho que lide com o desenvolvimento pessoal. A totalidade dos métodos do *qi gong* não apenas subsidia o trabalho em todos os aspectos da personalidade que influenciam nossa comunicação diária, como também permite a construção de uma prática individualizada que traz a harmonização energética para um *melhor*-estar nos níveis físico, psicológico e emocional.

O *qi gong* é diretamente interconectado com a dança: "a dança da vida" (**A**). Nesse *pas de deux*, o *gong* é conduzido pelo *qi*, seu guia e caminho, certamente também uma dança para a vida, para experimentar, bailar e crescer com o *qi*. A dança e o *qi gong* ativam e conduzem o *qi*, a "origem tanto da forma quanto da substância de todo o universo" (Rose & Zhang, 2001, p.120). Como tal, não é meramente criativo em sua essência e uma notável ferramenta para dar combustível ao potencial criativo, mas uma arte por si mesmo, que contém a semente para a arteterapia.

Princípios **333**

(A) O caractere esboçado aqui, pronunciado *wu*, é o caractere para dança. Ele traz o conceito de dança, de mover-se ao redor como em uma dança, de dançar com alguma coisa nas mãos e de movimento florescente. O movimento da dança pode conduzir o fluxo do *qi* e pode ser uma forma de *qi gong*, do mesmo modo que o *qi gong* é uma forma de dança e criatividade.

Prática do *qi gong*

Os dançarinos apreciam o *qi gong* como um eficiente método para preparar, fortalecer e proteger seus corpos. O desenvolvimento do *qi* dá margem a uma criatividade mais espontânea, e a distribuição do *qi* pela periferia do corpo permite que os dançarinos vivenciem suas coreografias de forma plena e harmoniosa. A prática do *qi gong* aprofunda a autoconfiança e ajuda a remover inibições pessoais; consequentemente, ele apresenta grande potencial como uma ferramenta para a terapia pela dança e outras arteterapias.

A aplicação do *qi gong* estende-se para todos os domínios da arte. O interesse trazido pela prática do *qi gong* e pelas técnicas de respiração levou seu uso a muitos conservatórios musicais do Ocidente como um meio de melhorar a consciência corporal visando uma postura perfeita para que se obtenha respiração e voz ótimas. Cantores e atores se beneficiam de exercícios específicos que ajudam a restaurar a qualidade e a força da voz. Os músicos creem que a prática regular do *qi gong* provoca uma transformação interior, que funde o músico, o instrumento e a interpretação da música em uma unidade precisamente afinada.

Os exercícios específicos previnem as tensões físicas e psicológicas, assim como o medo do palco. Todos os artistas criativos têm consciência da importância de uma mente vazia para disparar e sustentar o processo criativo; em última análise, um processo transformativo da experiência pessoal vivenciada. A prática do *qi gong* da mente vazia ativa o cérebro, que intensifica a percepção e as experiência sensoriais, e produz um sentimento de estar alerta e vigilante que enraíza o praticante no momento presente. Essa disponibilidade aumentada permite a expressão espontânea e poderosa da consciência individual: "Poesia é uma expressão da vontade ou aspiração. Canto é a recitação dos sons. Dança expressa a emoção e mobiliza a forma. Esses três têm origem no coração, despertado pela música. Assim os sentimentos profundos iluminam a escrita. É o florescimento do *qi* que assim transforma o espírito. Seu acúmulo e harmonização no centro irá fazer a excelência do espírito exteriorizar-se" (Livro dos Ritos, "Registros Musicais", citado de Rose & Zhang, 2001, p. 62).

Qi gong *estático*

O *qi gong* estático ensina uma variedade de tipos de exercícios, como as posturas associadas com os oito trigramas, ou as posturas estáticas dos animais. Todo o *qi gong* inicia pelo estabelecimento de raízes sólidas, para aterrar o praticante. A postura da árvore é a mais emblemática do *qi gong* estático, uma vez que simboliza tanto as nossas raízes na terra quanto o crescimento e o desenvolvimento em direção ao céu.

A postura estática da árvore (**A**), conhecida como "abraçando a árvore" ou "ficando na postura de árvore", é uma forma simples que combina o corpo e a mente. Ela estimula a essência, cultiva o *qi* e reforça o espírito. O estímulo da essência melhora a criatividade, a atenção e a qualidade do sono. A imunidade é amplificada, a vitalidade, aumentada, e o envelhecimento, retardado. A postura da árvore acalma a mente, regula a circulação do sangue, a digestão e os intestinos. Além disso, fortalece os tendões e as articulações, ao mesmo tempo em que fortalece nosso senso de equilíbrio. Consequentemente, essa postura reforça o tônus, a *performance* física e a resistência ao esforço. O efeito mais notável da prática da árvore é o reforço do sistema imune.

(A) A postura da árvore *song jing zhan li shi* (ficando em pé relaxado e quieto).

- Posicione os pés paralelamente afastados na largura dos ombros. Aponte os dedos dos pés ligeiramente para dentro.
Os joelhos ficam ligeiramente flexionados, de forma que o corpo fique em uma posição confortavelmente sentada.

- Encolha levemente o queixo e puxe levemente o peito para dentro.

- Relaxe os ombros, abra as axilas.

- Dobre os cotovelos, suspenda-os no ar, deixando os cotovelos afastados do corpo para abrir a cavidade das axilas.

- As palmas de suas mãos estão voltadas para o corpo, os pulsos estão relaxados, os dedos flexíveis.

- As mãos devem estar entre o campo de transmutação inferior (nível do umbigo) e o campo de transmutação médio (nível do coração). Deve haver uma distância de aproximadamente 30 cm entre as mãos e a frente do corpo.

- Os olhos estão voltados para baixo, focados em um objeto 1 a 2 m à frente.

- Inspire e expire pelo nariz usando respiração abdominal relaxada para manter os músculos dos ombros, costas e peito livres de tensões.

Essa postura ajuda a aterrar o praticante em termos corporais, colocando-o energeticamente em contato com a terra. Além disso, estabelece raízes pela conexão com a energia da terra por meio da dinâmica da intenção/respiração. Essa conexão é feita pelas solas dos pés (yong quan, R1). O enraizamento também é conseguido focando a mente para além desse ponto de conexão; visualize o qi se espalhando para fora, para dentro da terra. A prática da postura da árvore consiste em manter a postura, aparentemente sem movimentos. A postura própria da coluna vertebral deve ser mantida, e todas as articulações devem estar ligeiramente flexionadas, mas suficientemente estendidas para permitir que o qi flua e circule de forma eficaz. O tempo na postura é gradualmente alongado em 1 ou 2 minutos por semana, se praticada diariamente.

Qi gong *em movimento*

O *qi gong* em movimento lembra uma dança (**A**). A fluidez dos movimentos desdobra-se a partir de dentro da terra, das raízes do praticante, até a sua conexão com o céu; o movimento desdobra-se a partir da consciência que o praticante tem do eixo vertical perfeito.

Na prática, a postura e o movimento do *qi* estão ambos em harmonia, ou eles agem pela associação de forças opostas que simultaneamente mantêm e restringem uma à outra. Levantar os braços eleva o *qi*; se o tronco também estiver em movimento para cima, a força ascendente do *qi* aumenta em função do reforço recíproco. De forma contrária, quando levantamos os braços enquanto levamos o peito para baixo, abaixando as nádegas e flexionando os joelhos, a ascensão do *qi* é mais moderada. Aqui, os movimentos de ascensão e descida do *qi* operam por forças contrárias; eles agem como um contraponto, causando uma restrição mútua que harmoniza o fluxo do *qi*.

A dinâmica dos movimentos de abrir e fechar é similar: durante a abertura, o *qi*, guiado pela mente, inunda o corpo. Durante o fechamento, o *qi* converge das extremidades e áreas superficiais do corpo. O movimento e a postura sempre começam com uma abertura para preparar e incitar o *qi*. Eles são concluídos com um fechamento energético para coletar a energia gerada na prática e infundir o corpo com ela.

A Cabeça de Tartaruga

A Cabeça de Tartaruga em movimento para a frente: postura ereta, pés separados na largura dos ombros, mãos nos quadris, a cabeça alinhada com a coluna vertebral, suspensa por uma linha acima do ponto de acupuntura *bai hui* (Du20; Cem Convergências), queixo ligeiramente encolhido. Inspire enquanto eleva verticalmente o queixo e alongue as vértebras cervicais, então expire desenhando um grande círculo para a frente com o queixo. Quando o queixo tocar o esterno, inspire e, com o queixo deslizando pelo osso do peito, realinhe a cabeça com seu eixo. Continue o movimento tomando o cuidado de desenvolver uma fluidez relaxada afinada pela sincronização da respiração com o movimento. Após uma série de repetições, continue com a Cabeça de Tartaruga em movimento para trás: quando a cabeça tiver chegado à posição de partida, expire enquanto abaixa o queixo e inspire ao levantar o queixo (**B**).

Prática do Qi Gong 337

(A) Praticantes do *qi gong* semelhante à dança.

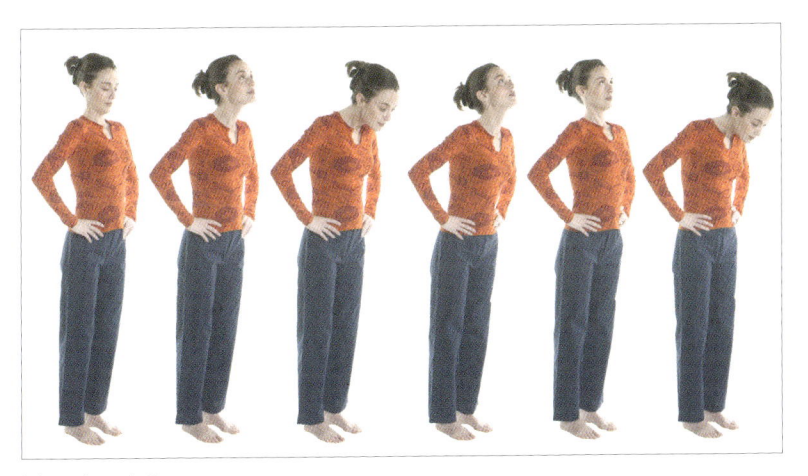

(B) A Cabeça de Tartaruga.

Indicações terapêuticas

Esse exercício alivia o pescoço, desbloqueando as articulações das vértebras, e ativa a bomba craniossacral, que nutre o cérebro e estimula a essência. Ele libera o fluxo da energia ao longo dos canais do pescoço, incluindo VB, B, ID e *Du Mai*.

Balançar a Cabeça e Agitar a Cauda

Abra bem os pés, para além da largura dos ombros, colocando as palmas nas dobras inguinais. Incline o peito 45° para a frente. Ao inspirar, flexione o joelho direito e mude o peso do corpo para a perna direita. Com a mão direita, empurre com força a perna dobrada. Com o corpo, desenhe um arco circular e incline-se lateralmente de uma maneira oblíqua. Alinhe a cabeça com o eixo da coluna vertebral, mantendo os quadris e os ombros voltados para a frente. Direcione os olhos para a esquerda e olhe para o dedão esquerdo. Após 1 a 3 segundos, expire, leve seu peito para trás a fim de centrá-lo. Repita o movimento para o lado oposto. Durante a inspiração, concentre-se no ponto de acupuntura *yong quan* (R1; Fonte Jorrante, localizado na planta do pé). Ao inspirar, o pulmão no lado dobrado absorve e resfria o fogo do coração, que é expelido do corpo na expiração (**A**).

Indicações terapêuticas

Esse movimento contribui para a massagem do coração. Acalma a agitação, a ansiedade e o estresse, melhora a qualidade do sono, além de ser uma prática recomendada para ajudar a prevenir palpitações e taquicardia.

Qi gong *sentado*

Algumas das posturas estáticas, como a Cabeça de Tartaruga, também podem ser praticadas sentando-se na beira de uma cadeira com os pés totalmente apoiados no chão. Existe uma grande variedade de práticas que devem ser feitas sentado e todas associam visualização e respiração para gerar o fluxo de *qi* pelo sistema de canais.

A órbita microcósmica

É preciso sentar-se confortavelmente na beira de uma cadeira com os pés apoiados no chão; ou em um colchão no chão, pernas encolhidas, coluna vertebral ereta, queixo ligeiramente encolhido para alinhar a cabeça com o eixo da coluna. A cabeça é suspensa por um fio acima do *bai hui* (Du20, localizado no topo da cabeça). Libere os ombros de qualquer tensão, ponha as palmas nos joelhos. Feche os olhos e toque o palato superior com a ponta da língua.

Relaxe respirando naturalmente, pelo abdome, para acalmar a mente e aumentar a consciência do espaço interno do corpo. Ao inspirar, visualize a ascensão da energia a partir do cóccix; faça a energia subir pelo vaso governador ao longo da coluna até o topo da cabeça. Ao expirar, concentre-se em descender a energia do topo da cabeça através do nariz e da boca, e, então, ao longo do vaso controlador até o períneo. Continue a circular a energia dessa maneira: para cima pela coluna durante a inspiração e para baixo pelo canal *ren* com a expiração. A respiração dita o ritmo (**B**).

Prática do Qi Gong   **339**

(A) Balançar a Cabeça e Agitar a Cauda (ver p. 321).

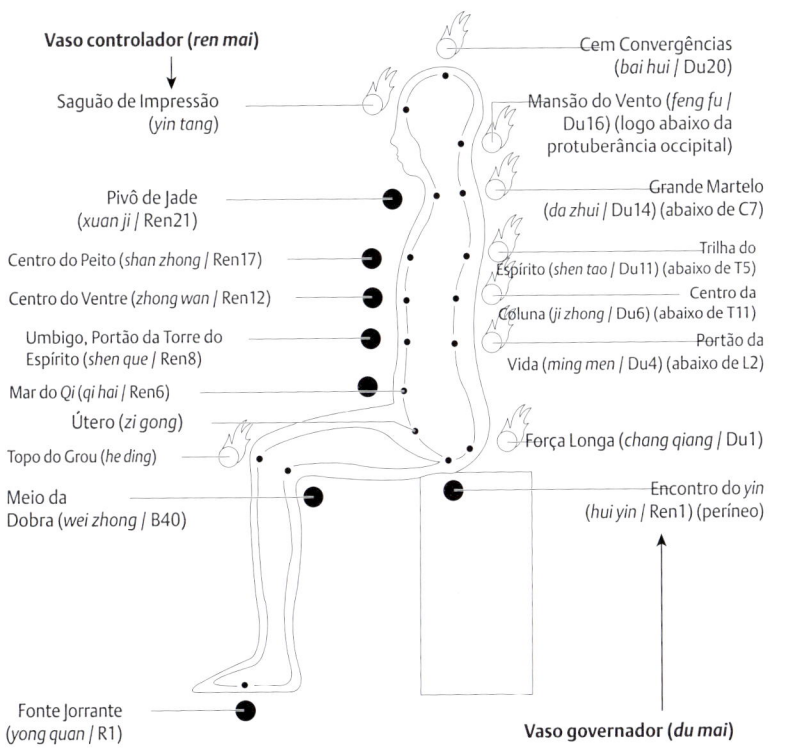

Vaso controlador (*ren mai*)

- Saguão de Impressão (*yin tang*)
- Pivô de Jade (*xuan ji* / Ren21)
- Centro do Peito (*shan zhong* / Ren17)
- Centro do Ventre (*zhong wan* / Ren12)
- Umbigo, Portão da Torre do Espírito (*shen que* / Ren8)
- Mar do Qi (*qi hai* / Ren6)
- Útero (*zi gong*)
- Topo do Grou (*he ding*)
- Meio da Dobra (*wei zhong* / B40)
- Fonte Jorrante (*yong quan* / R1)

- Cem Convergências (*bai hui* / Du20)
- Mansão do Vento (*feng fu* / Du16) (logo abaixo da protuberância occipital)
- Grande Martelo (*da zhui* / Du14) (abaixo de C7)
- Trilha do Espírito (*shen tao* / Du11) (abaixo de T5)
- Centro da Coluna (*ji zhong* / Du6) (abaixo de T11)
- Portão da Vida (*ming men* / Du4) (abaixo de L2)
- Força Longa (*chang qiang* / Du1)
- Encontro do *yin* (*hui yin* / Ren1) (períneo)

Vaso governador (*du mai*)

(B) A órbita microcósmica. A órbita microcósmica mostrando os pontos *yin* (descendentes, em preto) e *yang* (ascendentes, chamas).

Após 5 a 10 minutos, cesse a estimulação circulatória da energia e deixe que ela seja coletada no campo de transmutação inferior. A seguir, cesse a concentração e retorne a uma respiração natural. Após certo tempo, abra os olhos com uma inspiração profunda. Esse exercício pode ser praticado usando respiração abdominal, no entanto a respiração abdominal invertida é mais condutiva para iniciar a onda de energia.

Indicações terapêuticas

Essa visualização taoísta facilita a penetração da energia *jing* na medula espinal/medula óssea, no cérebro, no sistema nervoso e nos órgãos do tronco. A órbita microcósmica regenera a medula óssea e o cérebro, contribui para aumentar o estado de alerta do cérebro e facilita o desenvolvimento de habilidades sensoriais suplementares.

Sorriso Interior para o Fígado

Sentar-se confortavelmente na beira de uma cadeira com os pés apoiados no chão; ou em um colchão no chão, pernas encolhidas, coluna vertebral ereta, queixo ligeiramente encolhido para alinhar a cabeça com o eixo da coluna. A cabeça é suspensa por um fio imaginário acima do *bai hui* (Du20, localizado no topo da cabeça). Libere os ombros de qualquer tensão, ponha as palmas nos joelhos. Feche os olhos e toque o palato superior com a ponta da língua.

Respire calmamente. Alongue a inspiração e a expiração progressivamente para torná-las totalmente fluidas. Visualize sua face diante de você. Visualize sua face sorrindo, radiante e iluminada, ou visualize o sol. Inspire capturando a energia e o calor do sorriso. Expire ainda sorrindo para dentro em direção ao fígado. Envie esse sorriso luminoso, pacífico, para o fígado. Sinta como ele é nutrido e se preenche com essa energia apaziguante e revigorante. Continue a praticar até que você sinta o fígado repleto e contente (5 minutos ou mais). Retorne à respiração natural. Abra os olhos durante uma inspiração (**A**).

Indicações terapêuticas

Esse exercício acalma, relaxa e nutre o fígado; possui um efeito apaziguador e equilibrante tanto no nível físico quanto no emocional.

Prática do Qi Gong 341

(A) O Sorriso Interior para o Fígado.

(B) A prática do sorriso interior é encontrada nas tradições hindu, budista e taoísta.

Automassagem qi gong

A prática sustentada de mover e enviar o *qi* por meio do poder da concentração abre mais amplamente os canais do membro superior, e a prática do *qi gong* desenvolve a capacidade de curar com as mãos. Esse aspecto é aproveitado e desenvolvido em diferentes tipos de automassagem. A massagem do *qi gong* segue os canais através de um alisamento suave, um carinho, pancadinhas com as pontas dos dedos ou acupressura para liberar qualquer tensão induzida pelo estresse.

Massagem no nariz

Massageie vigorosamente o nariz com o dedo indicador, da asa superior do nariz até o meio das sobrancelhas e volte. Essa massagem simples é um tratamento eficiente para contrabalançar sintomas agudos de resfriado na cabeça ou rinite. Além disso, estimula o sentido do olfato e os pulmões e fortalece as membranas mucosas do nariz (**A**).

Massagem do *ming men* e *dan tian*

Massagem no *ming men*: com os punhos cerrados, polegares para dentro, massageie vigorosamente a área renal com um movimento circular (30 a 50 vezes para cada lado). Deve-se sentir o calor infundir a área com energia. Então, dê pancadinhas leves por toda a área com os punhos cerrados, ou com a parte interna das mãos espalmadas (30 a 50 vezes, **B**).

Massagem no *dan tian*: ponha as palmas abertas no ventre e esfregue alternadamente da área inferior do ventre acima, em direção ao umbigo. Continue até que o calor infunda a área inteira e a encha de energia. Então, dê pancadinhas leves por toda a área com os punhos cerrados (por volta de 50 vezes).

Essas duas formas estimulam a essência e constituem um tratamento genérico e preventivo, estimulam a função das glândulas suprarrenais e genitais e a produção de hormônios sexuais, enquanto ativa a circulação do sangue nas esferas renais e genitais.

Massagem nos olhos

Com os polegares e dedos indicadores, massageie os pontos de acupressura em volta dos olhos. Aperte o ponto, mantenha a pressão entre 3 e 5 segundos, então vá para o próximo ponto. Massageie em ordem e simultaneamente em ambos os lados (ver também p. 216-217).

Pontos e técnica

Massageie a extremidade medial da sobrancelha, o canto interno do olho e a cavidade suborbital, então esfregue três vezes da cabeça para a cauda das sobrancelhas. Em seguida massageie a extremidade lateral da sobrancelha e a cavidade na extremidade lateral do olho. Praticada complementando o sétimo movimento do *ba duan jin* (ver p. 321), essa massagem estimula o fígado, sendo um tratamento perfeito para melhorar a acuidade visual. Um excelente tratamento preventivo para contrabalançar o estresse dos olhos (trabalho no computador, dirigir à noite, olhar televisão). Essa técnica também previne a falência da energia do fígado (**C**).

Prática do Qi Gong **343**

(A) Massagem no nariz.

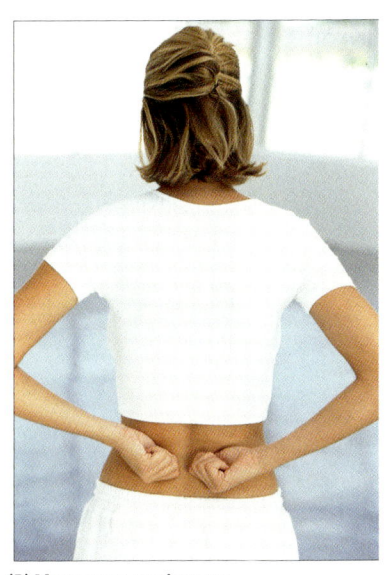

(B) Massagem no *ming men*.

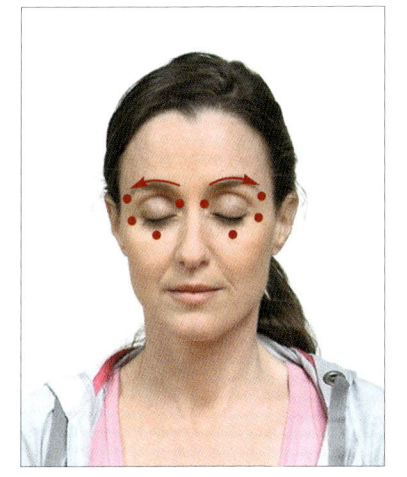

(C) Massagem nos olhos.

9

Tai ji quan

Douglas Wile

- Introdução 346
- Origem e evolução 348
- Cronologia e características dos estilos 352
  - Estilo Chen 352
  - Estilo Yang 352
  - Estilo Wu/Hao 352
  - Estilo Wu 352
  - Estilo Sun 352
- Princípios dos movimentos e mecânica corporal 354
- Marcos da literatura do *tai ji quan* 356
- *Tai ji quan* e medicina tradicional chinesa 356
- Autodefesa, competição e armas ... 360
- Posturas representativas 362
  - Agarrar a Cauda do Pardal 362
  - Chicote Simples 362
  - Galo de Ouro Sobre uma Perna 364
- *Tai ji quan* e medicina ocidental 364

Introdução

Em pouco mais de um século, o *tai ji quan*, cujo nome significa "grande última arte marcial", tornou-se a prática de saúde mais popular na China, perdendo apenas para a ioga e o caratê como produto de exportação cultural da Ásia. Entretanto, enquanto a ioga e o caratê têm pouca exposição pública nas terras de onde se originam, todas as manhãs, na China, os parques fervilham de pessoas praticando os movimentos lentos e fluidos das formas de *tai ji quan* de mãos ou armas e aplicações de autodefesa (**A**, **B**). Taipei sustenta o recorde de maior demonstração simultânea em um mesmo lugar, com quase 15 mil pessoas. Se a ioga evoluiu como uma filosofia espiritual que utiliza práticas físicas, o *tai ji quan* e o caratê começaram como artes de lutas práticas que adquiriram roupagens filosóficas. Na sua encarnação moderna, a ioga se ligou à escola Samkhya de filosofia indiana, enquanto o *tai ji quan* procura vestir-se com roupagens taoístas. A ioga tenta fazer de um filósofo um guerreiro; o caratê e o *tai ji quan* tentam fazer de um guerreiro um filósofo. Nesse sentido, o *tai ji quan* é semelhante às olimpíadas da Grécia antiga, que começaram como um treinamento marcial para, então, tornarem-se esportes, rituais religiosos e, finalmente, um reservatório dos ideais estéticos e filosóficos da cultura. Se a ioga fosse Vênus e o caratê fosse Marte, o *tai ji quan* cairia elegantemente no meio – a arte marcial das pessoas pensantes!

Sendo frequentemente o portal de acesso para a cultura chinesa, talvez não seja exagero dizer que mais pessoas no Ocidente tiveram contato com o modo chinês de pensar por intermédio do *tai ji quan* do que por meio de todos os cursos de língua, história, arte, filosofia e religião combinados. Poucos ocidentais tentariam (e uma parcela ainda menor conseguiria) aprender um nível mesmo que medíocre de caligrafia ou poesia chinesa, no entanto milhões adotaram o *tai ji quan* e o fizeram parte do seu dia a dia. Os ocidentais possivelmente o encontram em uma viagem pela China ou em incontáveis escolas, classes, torneios e demonstrações que se proliferam no Ocidente. Em um primeiro momento, os movimentos lentos, vagamente sugerindo técnicas de autodefesa, não se parecem com boxe, luta livre, esporte ou dança. A plasticidade do *tai ji quan* permitiu que ele fosse todas essas coisas para diferentes pessoas, tanto na China quanto no Ocidente: a maior arte marcial, medicina preventiva e restaurativa e meditação em movimento. Assim, o significado de uma determinada postura pode ser explicado como sendo dar um chute no períneo, melhorar o equilíbrio ou meditar mantendo uma posição.

Há uma tendência cultural na China de medicalizar todas as atividades humanas. As artes culinárias, a caligrafia e a sexologia foram todas invadidas por propósitos médicos, tanto que não surpreende que as artes marciais tenham adquirido conteúdo do *qi gong* ou até mesmo tenham sido transformadas em *qi gongs*. Talvez nenhuma outra arte tenha corporificado mais do que o *tai ji quan* o *ethos* de um império agrário e burocrático: estabilidade, moderação e suavidade.

(A) *Tai ji quan* na zona de Bund, na Xangai moderna.

(B) Praticantes modernos usando empurra-mãos.

Origem e evolução

Na China, contar a história do *tai ji quan* tem sido um grande foco de controvérsias entre os tradicionalistas e os modernizadores. Fundamentalmente, as várias abordagens às origens do *tai ji quan* podem ser reduzidas à materialista e à idealista. Entre os materialistas, há aqueles que dão ênfase à história da prática e aqueles que enfatizam a história das ideias; entre os idealistas, alguns vinculam suas origens aos mitos, outros, aos princípios filosóficos (Wile, 1996).

Se contarmos a história do *tai ji quan* do ponto de vista do desenvolvimento de um repertório distinto de posturas nomeadas, então podemos dizer que sua história inicia com o general Qi Ji Guang, da dinastia Ming (1528-1587), que sintetizou 16 estilos em uma rotina de 32 posturas para treinamento das tropas no seu *Clássico do Pugilismo*. Dessas 32 posturas, 29 aparecem na arte da família Chen, da vila Chen, em Henan, possivelmente tão antigas como Chen Wang Ting, no século XVII, e certamente não posteriores a Chen Chang Xing (1771-1853) e Chen Qing Ping (1795-1868), no início do século XIX (Wile, 2000). Os manuscritos da família, examinados pelo historiador das artes marciais Tang Hao, por volta de 1930, listou sete formas, das quais somente duas ainda eram praticadas (Tang, 1935). A linhagem do estilo familiar Chen continua intacta, mas também foi transmitida para Yang Lu Chan (1799-1872) de Yongnian, Hebei, que desenvolveu o estilo Yang e ensinou a arte para Wu Yu Xiang. Wu também viajou para a vila de Chen e, baseado no seu estudo com Chen Qing Ping e Yang, criou o estilo Wu/Hao, assim chamado por ter sido perpetuado por Hao Wei Zhen (1842-1920), que aprendeu a arte do sobrinho de Wu, Li Yi Yu (1832-1892). O filho de Yang, Ban Hou, transmitiu a arte para Wu Quan You (1834-1902), cujo filho, Wu Jian Quan (1870-1942), padronizou o estilo Wu, enquanto Hao Wei Zhen a transmitiu para Sun Lu Tang, que a misturou com os estilos internos *xing yi* e *ba gua* para criar o estilo Sun. Esses são os cinco estilos mais comumente praticados, com o Yang sendo o mais amplamente disseminado, seguido pelo Chen e o Wu, e, então, pelo Sun e pelo Wu/Hao. Cada um deles tem muitas ramificações, e os estilos de Zhao Bao e Wu Dang também têm feito fortes esforços para o reconhecimento (**A**).

Se ignorarmos as formas externas e nos focarmos no desenvolvimento de uma teoria distintiva de treinamento interno e estratégias de defesa, os princípios do estilo leve podem ser vistos desde *Sobre a Arte do Espadachim*, de Zhuang Zi, do período dos estados combatentes, e a história de uma mulher combatente, Yue Nü, em *Anais de Wu e Yue* (dinastia Han). O primeiro estilo documentado baseado nesses princípios é o Boxe Aproximado de Algodão de Zhang, descrito por Qi Ji Guang, seguido pelo Epitáfio para Wang Zhengnan, do filósofo do século XVII, Huang Zong Xi, e a Arte da Escola Interna, de seu filho Baijia, e que faz referências a "imobilidade sobrepujando o movimento" e "reverter os princípios do Shaolin".

Origem e Evolução

Chen Wang Ting (aprox. 1600-1680)
(Fundador especulativo do estilo Chen)
(9ª geração da vila Chen)

↓

Chen Chang Xing (1771-1853)
(14ª geração da vila Chen)

Chen Qing Ping (1795-1868)

A linhagem Chen continuou e foi passada para:

↓

Yang Lu Chan (1799-1872)
(Fundador do estilo Yang)

Yang Ban Hou
(1837-1892)
(2ª geração
do estilo Yang)

Wu Yu Xiang
(1812-1880)
(Fundador do estilo Wu/Hao)

Yang Jian Hou
(1839-1917)
(2ª geração
do estilo Yang)

↓

Wu Quan You
(1834-1902)
(3ª geração
do estilo Yang)

Li Yi Yu
(1832-1892)
(2ª geração do
estilo Wu / Hao)

Yang Cheng Fu
(1883-1936)
(3ª geração
do estilo Yang)

↓

Wu Jian Quan
(1870-1942)
(Fundador
do estilo Wu)

Hao Wei Zhen
(1849-1920)
(3ª geração do
estilo Wu/Hao)

↓

Sun Lu Tang (1862-1932)
(Fundador do estilo Sun)

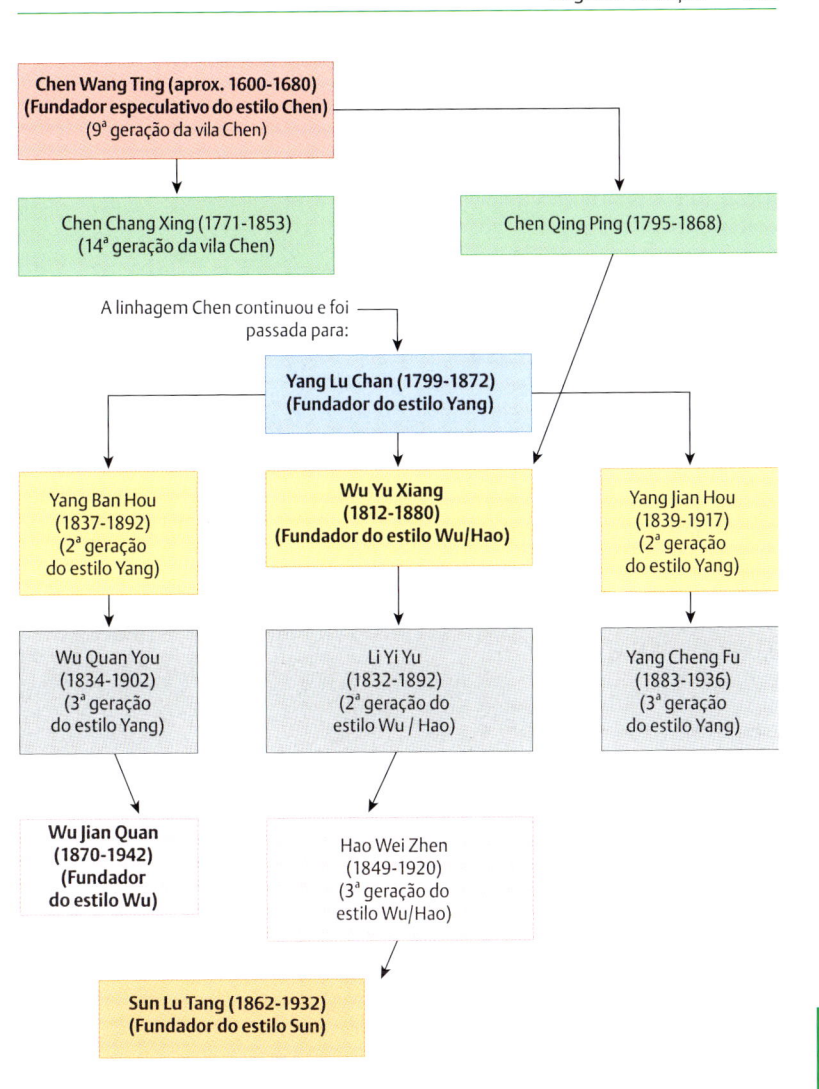

(A) Os fundadores dos estilos de *tai ji quan* e o mapa das linhagens.

O próximo estágio é a adição do treinamento interno à estratégia do estilo leve, o que foi encontrado nos escritos de Chang Nai Zhou, do século XVIII. Chang nos deixou um manual detalhado, descrevendo uma forma completamente diferente do *tai ji quan* nos seus movimentos externos, mas compartilhando princípios, similares e até mesmo a linguagem com os "clássicos" do *tai ji quan*, cujos primeiros textos datam do final do século XIX. O corpo e a alma da arte, suas práticas e princípios, finalmente se juntaram em um formato atualmente reconhecível como o estilo chamado de *tai ji quan,* por volta da metade do século XIX (Wile, 2000).

Os partidários da gênese mítica do *tai ji quan* prendem-se ao conto alegórico de Huang da escola interna, começando com a revelação do Deus da Guerra para o imortal Zhang San Feng ou com a inspiração de Zhang ao observar uma luta entre uma cegonha e uma cobra. Muitos autores dos séculos XIX e XX omitiram descontinuidades históricas e estilísticas entre a escola interna e o *tai ji quan* e adotaram o imortal Zhang para sua própria paternidade. Não contentes com um progenitor medieval, alguns traçaram uma linhagem fazendo todo o caminho de volta até Lao Zi na dinastia Zhou e por meio de uma série de figuras legendárias, incluindo o imortal Zhang San Feng e as figuras quase históricas Wang Zong Yue e Jiang Fa, finalmente entrando para o reino da história registrada com Chen Wang Ting, na vila Chen (Gu & Tang, 1982) (**A**). Os ideólogos do criacionismo têm se recusado a dar crédito à obscura e não suficientemente distinta família Chen, acreditando que somente aqueles semelhantes a deuses e imortais poderiam ter criado a sublime arte do *tai ji quan*. Sessenta anos de materialismo marxista e a crença na produção do conhecimento por meio da práxis não foram capazes de erradicar essa visão; atualmente um subgrupo de praticantes pós-modernos reviveram o culto de Zhang San Feng e praticam o *tai ji quan* como um ritual religioso (Wile, 2007).

Um grupo de idealistas estreitamente relacionado se concentra não tanto em linhagens mitológicas de figuras sobrenaturais e lendárias, mas nos antecedentes intelectuais da arte. Acreditando que os princípios precedem a existência da prática e a essência, esse grupo sustenta que o *tai ji quan* é baseado na cosmologia do *Livro das Mutações* (*Yi Jing* ou *I Ching*), na filosofia de Lao Zi e nas prescrições de saúde de *O Clássico de Medicina do Imperador Amarelo* (*Huang Di Nei Jing*), como se a prática da arte alçasse subitamente voo diretamente da cabeça dos teorizadores. Eles negam o constante jogo entre a teoria e a prática, preferindo acreditar que os princípios existem em um reino perfeito e transcendente, que os gênios acessam para criar as práticas da arte. Essa tendência é particularmente conspícua nos escritos de Sun Lu Tang, Wu Tu Nan e discípulos da família Yang, Chen Wei Ming, Dong Ying Jie e Zheng Man Qing (**A**, **B**).

Historiadores modernos dispensam tradições inventadas; em vez disso, têm seu foco na evolução do *tai ji quan* como um constructo combinando mecânica corporal, estratégia militar, cosmologia, filosofia taoísta e *qi gong* no contexto de condições sociais mutantes.

Origem e Evolução 351

(A) Este prédio fica na vila Chen. Na placa se lê: "Local para aprender *tai ji* de Yang Luchan".

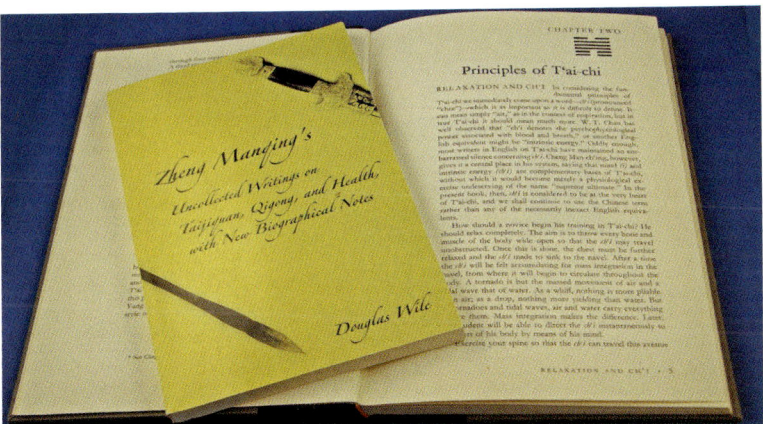

(B) Zheng Man Qing (1902-1975), sua abordagem ao ensino do *tai ji quan* e seus escritos capturaram a imaginação e os estilos de prática de muitos praticantes de artes marciais americanos. As coleções de seus escritos continuam populares. A página aberta, de uma exposição do "T'ai-Chi", usa os hexagramas do *Yi Jing* em toda a sua extensão para ilustrar as relações entre as formas do *tai ji quan* e a emergência dos 64 hexagramas a partir da permutações entre os *ba gua* (oito trigramas). Cada um dos hexagramas ilustra um momento da dinâmica do jogo entre o *yin* e o *yang*.

Cronologia e características dos estilos

Estilo Chen

A família Chen, e a maioria dos pesquisadores independentes, creditam a Chen Wang Ting (aprox. 1600-1680) a padronização da arte da família em sete rotinas. Chen Fake (1887-1957) introduziu a arte da família para o grande público chinês, e, na década de 1980, seu neto, Chen Xiao Wang, levou-a para o resto do mundo. Embora os outros estilos sejam todos derivados da arte da família Chen, eles carecem da qualidade marcial claramente preservada no original (**A**).

Estilo Yang

Yang Lu Chan estudou na vila Chen e ganhou fama como um artista marcial na capital Pequim. Seus filhos, Jian Hou e Ban Hou, foram lutadores famosos, e seu neto, Yang Cheng Fu (1883-1936), difundiu a arte nacionalmente com a ajuda de ricos patrocinadores e discípulos educados. À medida que Cheng Fu trouxe o *tai ji quan* para uma audiência maior, gradualmente eliminou as mudanças de andamento, os chutes altos e os socos explosivos para criar uma forma-padrão de 108 posturas, que poderia ser praticada usando posturas altas, médias ou baixas (**B**).

Estilo Wu/Hao

Wu Yu Xiang foi um acadêmico de uma família rica e influente de Hebei que, junto com seus dois irmãos, estudou com Yang Lu Chan. Wu "descobriu" e/ou editou um número de ensaios curtos, mais tarde canonizados como *O Clássico do Tai Ji Quan*. Ele transmitiu para o neto Li Yi Yu (1832-1892), que também foi autor de um número de trabalhos de referência, e ensinou o conterrâneo Hao Wei Zhen (1842-1920), cujos filhos reduziram os pulos e chutes rápidos de forma a popularizar o estilo na década de 1920. O estilo Wu/Hao é o terceiro em ordem cronológica, mas carece de linhagem familiar, sendo o último em disseminação para o resto do mundo (**C**).

Estilo Wu

Wu Quan You (1834-1902), um porta-bandeira amarelo manchu e oficial da guarda imperial, estudou *tai ji quan* com Yang Ban Hou, filho mais velho de Lu Chan. O filho de Quan You, Wu Jian Quan (1870-1942), modificou e padronizou o estilo para a popularização e o distinguiu do seu estilo progenitor, o Yang. A linhagem familiar foi continuada pelo filhos Gong Zao e Gong Yi e pelo neto Guang Yu (**D**).

Estilo Sun

Sun Lu Tang (1861 a 1933) era de origem humilde, procedente de Hebei e aprendeu *kung fu* shaolin e *xing yi* quando ainda era um garoto. Ele estudou o *ba gua* na sua terceira década de vida e o *tai ji quan* no início da quinta década de vida com Hao Wei Zhen. Ao sintetizar os três estilos e os chamar de "artes marciais internas", Sun criou o seu próprio estilo de *tai ji quan* e publicou o primeiro tratado com a extensão de livro com fotografias em 1921. Suas contribuições incluem ter enfatizado a consonância do *tai ji quan* com o *Yi Jing*, com a filosofia taoísta e com o cultivo espiritual, e também ter oferecido aulas para mulheres na sua escola (**E**).

1. Posições baixas, de peso duplo.
2. Andamento variado entre quase imóvel e explosivo.
3. Saltos, andar com passos pesados e socos a toda velocidade.
4. Forma de mãos abertas, mostrando hiperextensão dos dedos, abdução do dedo indicador e adução do polegar.
5. Forma de mãos em garra mostrando adução do polegar, com os outros dedos dobrados sobre a palma.
6. Respiração reversa, especialmente quando emanando energia.
7. Enrolando a energia em uma espiral de seda e rotação do *dan tian*.
8. No empurra-mãos, os parceiros se encaram como uma imagem de espelho (perna direita em oposição à perna esquerda do parceiro).
9. Demonstrar "sacudindo ou vibrando" a energia.

(A) Características distintivas do estilo Chen.

1. Movimentos de braços abertos, expansivos e arredondados dirigidos pela cintura.
2. Posturas curvadas evitando o peso duplo.
3. Pé de trás em ângulo de 45-90° com o pé da frente.
4. Ligeira inclinação do tronco para a frente quando levar o peso para a frente ou para trás.
5. Palma côncava com o aspecto ulnar (eminência hipotenar) conduzindo quando se empurra.
6. Ritmo regular durante toda a forma.

(B) Características distintivas do estilo Yang.

1. Movimentos compactos, sutis.
2. Posturas altas.
3. As mãos não se estendem além dos dedões dos pés, nem cruzam a linha central do corpo.
4. O pé que não carrega o peso segue o pé que carrega o peso movendo-se para a frente e para trás.

(C) Características distintivas do estilo Wu/Hao.

1. Posturas altas e estreitas.
2. Pés trabalham paralelamente.
3. Dorsiflexão do pé da frente quando estiver sentando sobre o pé de trás.
4. Técnicas de mão em pequenos círculos.
5. Alinhamento em plano inclinado da cabeça e calcanhares.

(D) Características distintivas do estilo Wu.

1. Posturas altas.
2. Pés trabalham rapidamente.
3. Seguir os passos pelo pé vazio com movimentos para a frente e para trás.
4. Alguns chutes e socos.
5. Sem posturas de cavalo ou arqueadas.
6. Gestos "abre-fecha" de mãos nas transições para a harmonização do *qi*.

(E) Características distintivas do estilo Sun.

Princípios dos movimentos e mecânica corporal

Embora o objetivo do *tai ji quan* seja um estado de integração corpo-mente, por conveniência analisaremos seus princípios de movimento em quatro aspectos: externo, interno, cinético e mental.

Externamente, os requisitos estruturais gerais incluem: manter a cabeça como se estivesse sustentada de cima, liberando os ombros, cotovelos e peito, manter a cintura e a pelve horizontais, encolhendo o cóccix, e evitar a hiperextensão dos joelhos ou pronação e supinação dos pés.

Internamente, os músculos estão relaxados, mas vivos. "Mergulhar o *qi* no *dan tian*" estimula a respiração diafragmática profunda; "enraizar" abaixa o centro de gravidade; pressionar a língua contra o palato superior forma a "ponte da pega", conectando os canais controlador e governador; e contrair o esfíncter anal eleva o *qi* do ponto *hui yin* (Ren1), no períneo.

Do ponto de vista cinético, todo movimento é "iniciado nas solas dos pés, sobe pelas pernas, é dirigido pela cintura e se projeta para fora pelas mãos". Isso coordena as partes alta e baixa do corpo e estabelece um caminho aberto para a força da terra para as mãos, permitindo economia de movimentos e vantagens mecânicas. Uma clara distinção entre o cheio e o vazio é adquirida evitando-se o peso duplo, com 70-100% do peso em um pé. O movimento é lento e contínuo, como "enrolar seda" ou um "rio fluindo". O alinhamento entre o nariz e o umbigo unifica o movimento da cabeça e do corpo. A pelve e a cintura giram como uma roda horizontal, nunca inclinando.

A mente tem diferentes papéis nos diferentes níveis de proficiência. Inicialmente, a mente está ocupada com a memorização do movimento, mas, depois que a sequência se torna automática, a mente se concentra no *dan tian*, de onde ela monitora as tensões em todos os lugares do corpo. O praticante pode escolher focar na respiração, fazendo com que ela preencha o *dan tian* ou se coordene com o movimento; ou pode focar em acupontos-chave, como o Fonte Jorrante (R1), na planta do pé, ou no Palácio da Labuta (Pe6), na palma da mão; ou imagens mentais podem ser usadas para desenvolver qualidades dos movimentos, como "nadar em terra seca", ou projetar oponentes imaginários. O praticante pode se apoiar em princípios abstratos, como "achar a imobilidade no movimento e movimento na imobilidade", ou praticar a "mente centrada", simplesmente sendo um com o movimento, sem pensamentos discursivos ou distrações. No nível mais alto, há um estado de "não mente", no qual a dicotomia corpo-mente é apagada, assim como a distinção entre o próprio ser e o outro. Veja **A** e **B** para exemplos de *tai ji quan* na prática.

Princípios dos Movimentos e Mecânica Corporal

(A) Aula de *tai ji quan*.

(B) Mestre chinês de *tai ji quan*, Huang Zhongda, de branco, ensina a seus estudantes o boxe das sombras, no seu centro de *tai ji quan*, em Xangai, em julho de 2007.

Marcos da literatura do *tai ji quan*

Mais do que em qualquer outra arte marcial, os praticantes de *tai ji quan* podem ser chamados de "pessoas dos livros". Embora a procedência e a data dos "clássicos" permaneçam controversas, *O Clássico do Tai Ji Quan*, *Tratado do Tai Ji Quan* e *Elucidação Mental das Treze Posturas no Tai Ji Quan*, junto com os escritos de Wu Yu Xiang e Li Yi Yu, adquiriram *status* de escrituras com autoridade (Davis, 2004). Na prática, são prescrições normativas para o desenvolvimento das habilidades; no nível literário, esses clássicos transportam o leitor para o reino da autoperfeição: totalidade, poder e pureza.

A primeira geração de escritos dedicados para a arte do *tai ji quan* em si, e datados do final do século XIX, compreende pequenos versos mnemônicos e ensaios, assim como poemas longos sistemáticos editados ou compostos por Wu Yu Xiang, seus irmãos e sobrinho, Li Yi Yu. A segunda geração consiste em transcrições dos ensinamentos orais de Yang Lu Chan, de seus filhos e neto, preservados como manuscritos secretos e publicados por estudantes da terceira geração, e livros do mercado de massa incluindo a história, teoria e prática, com fotografias. A publicação desses livros coincide com a humilhação da China pelo Japão e pelo Ocidente e representa uma tentativa, junto com a fundação de institutos de artes marciais, de promover as artes marciais nativas para a saúde, orgulho e espírito de resistência.

Tai ji quan e medicina tradicional chinesa

Fica claro na literatura tradicional que muitos mestres eram familiarizados com a medicina tradicional. Isso fica mais evidente no *Introdução ao Tai ji Quan da Família Chen*, de Chen Xin, e no *Treze Capítulos sobre Tai Ji Quan, do Mestre Zheng da Dinastia Qing*, de Zheng Man. A tradição de exercícios terapêuticos volta até o Imperador Yu, que criou uma dança de *qi gong* para remover a umidade que afligia seus súditos, até o médico da dinastia Han, Hua Tuo, que prescreveu a sequência do "Folguedo dos Cinco Animais" para seus pacientes, e até o Bodhidharma, que ensinou o boxe Shaolin para seus monges sedentários. Os manuscritos de "Ma Wang Dui", do século II a.C., contêm ilustrações de rotinas de *qi gong* como parte de um *corpus* de textos médicos, e o grande médico da dinastia Yuan, Zhu Dan Xi, disse: "Os céus fizeram com que todas as coisas estivessem em constante movimento: o homem, também, deve mover-se para viver".

A medicina e as artes marciais compartilham uma linguagem comum: a cosmologia do Yi Jing. Na teoria do *tai ji quan*, o *yin* e o *yang* são usados para distinguir o acima e o abaixo, o interno e o externo, o corpo e a mente, o rápido e o lento e o duro e o mole. As "13 posturas" do *tai ji quan* são analisadas de acordo com a teoria das cinco fases (avanço, retirada, esquerda, direita e equilíbrio central) e os oito trigramas (repelir, rolar para trás, pressionar, empurrar, puxar para baixo, dividir, batida de cotovelo, batida de ombro). Veja **A** e **B** para exemplos de posturas do *tai ji quan*.

(A) Usando o *tai ji quan* para a saúde e a cura.

(B) **Originário da China, o *tai ji quan* difundiu-se por todo o mundo.** Aqui um grupo de estudantes ocidentais pratica o *tai ji quan* em um campo.

Os benefícios médicos e a energética interna do *tai ji quan* são frequentemente descritos em termos da teoria dos canais. "Manter a mente no *dan tian*" e "mergulhar o *qi* no *dan tian*" são os primeiros passos para abrir a "órbita microcósmica" (ver p. 339) e circular o *qi* nos vasos controlador e governador. Ao abrir a "órbita macrocósmica", uma onda de *qi* pode elevar-se do ponto Fonte Jorrante, através dos canais *yin* das pernas, subindo pelo vaso governador na coluna, e para fora através dos canais *yin* dos braços e mãos. Técnicas mais defensivas lidam com os aspectos laterais dos braços e mãos, cujos meridianos *yang* fluem em direção ao corpo e são mais resistentes ao ataque. O currículo completo do treinamento em *tai ji quan* inclui técnicas de luta que requerem um conhecimento íntimo dos pontos de pressão e podem infligir paralisia instantânea ou efeitos tardios devastadores.

Quando nos focamos na teoria dos órgãos, a relação entre o coração e o rim ou, como expresso na teoria das cinco fases, entre o fogo e a água, é a mais importante conexão para a medicina chinesa, a meditação e as artes marciais. "Manter a mente no *dan tian*" coloca o fogo do coração sob a água do rim, como no auspicioso hexagrama "Após a conclusão" (veja **A** e **B**) e encoraja o *qi* e o *jing* a elevar-se e eventualmente preencher o cérebro e as medulas (Zheng, 1982). Isso também permite que o "fogo ministro" do "portão da vida" entre os rins seja animado, mas não estimulado em demasia pelo "fogo imperador" do coração. A circulação do *qi* no fígado mantém o fogo do fígado calmo, a mente clara, os olhos brilhantes e ossos e tendões fortes. O *qi* fortificado ajuda o baço e o estômago a transformar os alimentos e separar os elementos puros dos túrbidos. A respiração profunda fortalece os pulmões e envia *qi* para os rins para armazenamento e supre todos os outros órgãos, encorajando o *qi* dos pulmões e do estômago a descender em vez de se tornarem "rebeldes". Como o *qi* e o sangue circulam em dupla, despertar o *qi* também estimula o sangue e harmoniza o *qi* nutritivo que circula dentro dos vasos sanguíneos e o *qi* defensivo que circula fora deles (Qi, 2005). O ideal tanto da medicina quanto da meditação é estancar as perdas devido à sobrecarga física, mental e sexual, enquanto se evita a estagnação que resulta da inatividade. O *tai ji quan*, por meio do cultivo da "imobilidade no movimento", procura armazenar mais do que gasta, sendo ideal para condições como a tuberculose, em que tanto o repouso no leito quanto o excesso de exercícios são contraindicados.

Os movimentos de *tai ji quan* também são uma forma de automassagem. Há 41 pontos de acupuntura abaixo do tornozelo e eles recebem um massagem profunda conforme o peso é deslocado de um pé para outro. O bipedismo e a postura ereta do *homo sapiens* empilha os órgãos um em cima dos outros, fazendo-os se contraírem e estagnarem. A respiração diafragmática profunda e lenta, um movimento de baixo impacto, massageia os órgãos com o bombeamento do diafragma e o girar da cintura (Zheng, 1982).

	63. *Ji ji* 既 济 / Após a conclusão		
☵	Acima	Kan	O abissal, água
☲	Abaixo	Li	O aderir, fogo

(A) O hexagrama "após a conclusão" é um símbolo polivalente, consistindo do trigrama *li* (fogo) abaixo de *kan* (água). Metafisicamente, isso representa a união e a interação frutífera do fogo (que tende a subir) com a água (que tende a descer). No reino da política e da sociedade, como cada uma das seis linhas está na sua posição numerologicamente correta – as linhas contínuas *yang* nos espaços ímpares e as linhas quebradas *yin* nos pares –, isso representa aqueles que têm autoridade (*yang*) recebendo apoio e consentimento dos subordinados (*yin*), mas sem abusar de seu poder. Na ioga sexual chinesa, ele é interpretado como o simbolismo da posição superior feminina e a estratégia masculina de cumprir o papel passivo de forma a induzir a parceira a liberar sua energia *yang*. No autocultivo e nas artes marciais, "após a conclusão" representa a integração corpo-mente por meio do processo de segurar a mente (fogo) no *dan tian* (região do corpo relacionada à água), transformando, assim, água em vapor, ou *qi*, para saúde e força.

(B) O *ting* ou caldeirão com três pés é um importante objeto ritual da cultura chinesa. Fica no pátio do templo em Hang Zhou. Os *ting* eram usados para realizar sacrifícios e, frequentemente, como uma imagem da interação entre o fogo e a água descrita no hexagrama anterior. Essa relação é vista no portão da vida, onde a água do rim e o fogo do coração coexistem. Além disso, o *ting* é um importante recipiente na alquimia chinesa (© Kevin Ergil).

Autodefesa, competição e armas

Embora o *tai ji quan* atualmente seja praticado por muitos exclusivamente em virtude de seus benefícios para a saúde, a maioria dos professores incorpora pelo menos algumas aplicações de autodefesa em suas instruções. A família Chen é creditada como tendo desenvolvido uma forma única de treinamento de autodefesa chamado "empurra-mãos" (ver p. 347), que permite que os parceiros pratiquem técnicas ofensivas e defensivas sem equipamentos de proteção e com riscos mínimos de lesões. Utilizando-se dos princípios de empurrar o parceiro, seguir e prestar atenção, os estudantes adquirem sensibilidade tátil e são aptos a deixar que a força aplicada sobre eles se "apoie no vazio" ou "defletir mil quilos com quatro gramas". A rigidez ou alinhamento defeituoso são imediatamente explorados por um oponente habilidoso desenraizando, trancando ou arremessando, enquanto a elasticidade e complacência são recompensadas pela neutralização dos ataques do oponente. Os estudantes progridem do contato de uma mão para o de duas mãos e de posturas fixas para empurra-mãos em movimento. Há muitos estilos de empurra-mãos, mas um clássico envolve uma troca contínua "toma lá dá cá" de empurrar, pressionar, repelir e rolar para trás. Se não aparecerem brechas ou oportunidades, técnicas mais desafiantes, como puxar para baixo, dividir, batida de cotovelo e batida de ombro, podem ser introduzidas. Para estudantes avançados, há duetos coreografados de autodefesa chamados de *da lü* e lutas livres chamadas *san shou* ou *san da*.

Na década de 1950, à medida que as artes marciais chinesas foram introduzidas em um sistema nacional de educação física, rotinas simplificadas e padronizadas foram desenhadas para a popularização e competições (**A**, **B**). Uma das mais disseminadas delas é o *tai ji quan* simplificado de 24 posturas. Existem agora torneios para todas as formas e competições de empurra-mãos, mostrando estilos sintéticos e de tradições familiares e para diferentes faixas de peso no empurra-mãos. Partidas de contato total atraem atletas de diferentes formações em artes marciais, incluindo praticantes de *tai ji quan*.

Assim como em outras artes marciais, o *tai ji quan* também tem seu arsenal de armas. A mais popular é a escolha tradicional dos literatos chineses, a espada de dois gumes, ou *jian* (Chen, 2000) (**C**). Ela é seguida pela espada larga ou *dao* e pelo bastão e lança. Aqui também a característica principal do *tai ji quan* com armas é o ritmo lento, a continuidade e a projeção do *qi* por meio da arma. Na luta com espadas, como no empurra-mãos, a chave é estocar e seguir, esperar por brechas para atacar, mais do que forçar oportunidades e se expor.

Autodefesa, Competição e Armas **361**

(A) Autodefesa. O mestre de *tai ji quan* chinês, Huang Zhongda, de branco, ensina seus estudantes aplicações de autodefesa no seu centro de *tai ji quan*, em Xangai, em julho de 2007.

(B) Competição de *tai ji quan*. Um torneio de fato com um painel de jurados ao fundo.

(C) Espada do *tai ji*. Zhang Fang, a ganhadora da prata feminina no boxe das sombras e de espada do *tai ji* da província de Guangdong, no 10° Encontro Estadual de Esportes, em outubro de 2005.

Posturas representativas

Em todos os estilos, o *tai ji quan* tem um repertório de aproximadamente 30 posturas, cada uma incorporando uma aplicação genérica de autodefesa. O que segue são descrições gerais das três posturas básicas comuns a todos os estilos, exceto nos refinamentos da postura das mãos, alinhamento, posição dos pés e distribuição do peso que distinguem um estilo do outro.

Agarrar a Cauda do Pardal

O pé esquerdo está avançado e o peso está sobre ele, a mão esquerda move-se para a frente com as costas da mão voltadas para fora. Simultaneamente, a mão direita se move para baixo, com a palma na frente, até um ponto lateral ao quadril direito. Esse é o repelir com uma mão. Agora todo o peso é concentrado no pé esquerdo, conforme o direito é elevado e dá um passo 90° para fora à direita. Ao mesmo tempo, a mão direita move-se para a frente com as costas da mão na frente e a mão esquerda seguindo logo atrás, a palma voltada para fora. Isso é o repelir com as duas mãos. A cintura continua a rodar outros 45° para a direita, e, então, conforme o peso é transferido de volta para a perna de trás, as mãos balançam em retrocesso, com a palma direita voltada para baixo e a esquerda voltada para cima. Isso é o rolar para trás. O peso é agora movido para o pé da frente conforme as mãos se movem para fora com as costas da mão direita voltada para fora e a palma esquerda levemente tocando o pulso ou antebraço direitos. Isso é o pressionar. Então, deve-se sentar de volta na perna de trás, permitido que os braços se separem e se estendam paralelos à frente do corpo. Transfere-se o peso para a frente de novo, empurrando para fora com as duas palmas para formar a postura empurrar. Essa série é essencialmente uma versão solo do empurra-mãos de duas mãos descrito anteriormente e ilustra duas técnicas defensivas e duas ofensivas. Veja **A**.

Chicote Simples

Da postura empurrar, o peso é transferido de volta para o pé esquerdo, enquanto simultaneamente a cintura roda para a esquerda, e o pé direito vazio faz um pivô de calcanhar girando para a esquerda. Agora o peso muda para o pé direito, enquanto a mão direita forma um gancho suspenso acima da mão esquerda, que é mantida com a palma para cima. Com a cintura agora em 180° da posição empurrar, dê um passo para fora com o pé esquerdo enquanto as duas mãos se separam, a esquerda se movendo para fora pela frente do peito, a palma rotando para fora, e a mão direita, ainda mantendo o "gancho", estendendo-se horizontalmente para a direita. Isso frustra um ataque vindo de trás e da esquerda, ou alternativamente representa um ataque com a mão direita ou um virar a cabeça com a mão esquerda. Veja **B**.

Posturas Representativas **363**

(A) Agarrar a Cauda do Pardal.

(B) Chicote Simples.

Galo de Ouro Sobre uma Perna

A partir da postura mais baixa do chicote simples, todo o peso do corpo é concentrado na perna esquerda. À medida que o corpo se eleva para uma postura ereta, o joelho direito se lança para cima, com o cotovelo direito posicionado logo acima dele, os dedos estendidos para cima, e a mão esquerda varrendo para a esquerda e descansando com a palma para baixo lateralmente ao quadril esquerdo. Abaixando o pé direito até o chão e transferindo todo o peso para ele, o joelho esquerdo é elevado, o cotovelo esquerdo é suspenso acima dele e a mão direita varre para a direita, descansando com a palma para baixo lateral ao quadril. O joelho e o pé que se elevam ilustram golpes no abdome e virilha, enquanto as duas mãos ilustram bloqueios, desviando e elevando. Veja **A**.

Tai ji quan e medicina ocidental

O potencial terapêutico do *tai ji quan* não escapou da atenção da medicina ocidental. Centenas de ensaios clínicos controlados, randomizados e observacionais, junto com estudos transversais e longitudinais, atestam sua eficácia preventiva e restaurativa. A grande maioria das pesquisas está na área da geriatria, contudo a quantidade de condições estudadas é impressionante e pode ser agrupada em primárias, secundárias e holísticas. As aplicações primárias treinam as habilidades, melhorando a postura, equilíbrio, flexibilidade, agilidade, coordenação, tempo de reação e amplitude de movimento. Estudos mostram consistente redução nas quedas em idosos após curtos períodos de treinamento. Aplicações secundárias melhoram a função digestiva e intestinal, a capacidade cardiorrespiratória, a osteoporose, a artrite, as lesões ortopédicas, a insônia, a resposta imune, o equilíbrio endócrino, o manejo da dor e a circulação linfática. Doenças muito específicas, como doença de Parkinson, herpes-zóster, doença de Alzheimer, esclerose múltipla e hipertensão, também responderam bem à prática de *tai ji quan*. Os benefícios holísticos estudados incluem redução do estresse, interação social e calma mental. O *tai ji quan* também é uma modalidade atrativa por causa da segurança e da boa relação custo-benefício (Klein & Adams, 2004) (**A**, **B**).

O *tai ji quan*, o tesouro nacional da China, espalhou-se para todos os cantos da terra e continua atraindo novos praticantes para autodefesa, saúde e meditação. Podemos esperar que, no futuro, seus benefícios para a saúde, tendo sido promovidos na China por mais de um século e sido assunto de estudos biomédicos mundo afora por várias décadas, tenham um maior papel na prevenção de doenças, no gerenciamento de estresse e na medicina geriátrica.

(A) Galo de Ouro Sobre uma Perna.

(B) Idosos não intimidados pelas dificuldades da idade ou do clima praticam na rua no inverno rigoroso do norte da China.

10

*Pesquisa em acupuntura:
uma visão geral*

Stephen Birch

Tipos de pesquisa **368**	Modelos explanatórios 375
Pesquisa em laboratório 370	Intervenções complexas 375
Pesquisa clínica 372	**Áreas para futuras pesquisas** **375**
Desafios enfrentados pela	
pesquisa em acupuntura **374**	**Achando e lendo publicações de**
Estudos de mecanismos 374	**pesquisa em acupuntura** **376**
Estudos clínicos 374	

Este capítulo discute os tipos de pesquisa utilizados para investigar a acupuntura e revisa as evidências de estudos prévios. Ele mostra, em linhas gerais, uma forma de se encontrar publicações de pesquisas em acupuntura e de como formar julgamentos sobre essas pesquisas. O capítulo continua com uma discussão das limitações das pesquisas prévias, dos maiores desafios para o futuro e de diretrizes para encontrar pesquisas em acupuntura.

Tipos de pesquisa

A pesquisa em acupuntura se enquadra em duas categorias amplas: estudos que examinam a prática clínica e estudos que examinam mecanismos para explicar como o tratamento funciona. Há dois tipos de estudo da prática clínica: qualitativos e quantitativos. As abordagens qualitativas examinam áreas como a natureza da prática, quem e por que procura o tratamento, quem faz o tratamento, como as pessoas se sentem quanto a seus tratamentos, etc. (Cassidy, 2000, 2002; Broom, 2005; Richardson, 2005). Um estudo qualitativo pode coletar dados quanto a sentimentos, crenças, modelos, teorias e experiências. As abordagens quantitativas examinam quão efetivo é um tratamento em comparação a alguma outra coisa. Essas abordagens tentam medir algo específico, o que requer que uma coisa específica, como a dor, seja focada, em vez de focar no paciente como um todo. Tais estudos tentam medir mudanças objetivas usando tecnologias de mensuração. Os estudos quantitativos também tentam medir mudanças subjetivas usando questionários validados. Nos estudos comparativos quantitativos, o tratamento de acupuntura pode ser comparado a intervenções médicas usuais para a mesma condição, ou o tratamento pode ser comparado a uma intervenção falsa (*sham*).

Os tratamentos falsos são usados como controle para efeitos placebo. Os estudos tentam usar controles para efeito placebo para saber quão efetivo é o mecanismo da intervenção comparado ao impacto psicológico da intervenção (Hyland, 2003). Em um estudo controlado por placebo bem desenhado, pode-se entender a efetividade relativa do tratamento em comparação ao efeito placebo. Um tratamento é considerado efetivo se for demonstrado que ele é significativamente mais efetivo do que o placebo.

Há estudos clínicos mais pragmáticos, nos quais o tratamento por acupuntura é comparado ao tratamento biomédico usual para o mesmo problema, ou a acupuntura é adicionada ao tratamento usual em comparação ao tratamento-padrão (Thomas & Fitter, 1997, 2002; Sherman, Linde & White, 2007). Outras abordagens de pesquisa clínica podem examinar questões como a natureza e a acurácia do diagnóstico que um médico de MTC faz (Birch, 1997b; Schnyer, Birch & MacPherson, 2007; O'Brien, Abbas, Zhang, Wang & Komesaroff no prelo) (**A**).

Uma importante forma de consolidar e sumarizar estudos que pertencem à mesma área de pesquisa é a metanálise, ou revisão sistemática (Kane, 2004; White & Schmidt, 2005; Linde, Hammerschlag & Lao, 2007). A metanálise examina a qualidade dos estudos publicados e julga o nível de evidência da efetividade do tratamento para um problema particular.

Tipos de questão	Tipo de desenho de pesquisa	Nível de colaboração externa provavelmente necessário
Natureza da prática (O que os médicos fazem na prática? Como eles tratam X?)	Revisões de literatura Grupos de especialistas	Frequentemente nenhum especialista relevante
Demografia (Quem faz o tratamento? Quem vai ao tratamento?)	Inquéritos, entrevistas	Estatísticos e outros especialistas relevantes
Resultados da prática clínica (Como os pacientes descrevem os resultados de seus tratamentos? Quanto sucesso tenho em tratar X?)	Auditoria clínica Auditoria da população-alvo Estudos qualitativos	Geralmente mínima Médicos especialistas relevantes Especialistas relevantes, p. ex., antropólogos médicos
Confiabilidade do diagnóstico e tratamento (Quanta concordância temos no diagnóstico dos pacientes baseado na tradição?)	Estudos estruturados de ambiente controlado	Especialistas relevantes, p. ex., estatísticos, médico especialista, equipe
Desenvolvimento de ferramentas de avaliação e resultados (Como eu posso medir os resultados dos meus tratamentos baseados na tradição?)	Revisões de literatura, inquéritos, grupos de especialistas e estudos estruturados de ambiente controlado	Especialistas relevantes, p. ex., estatísticos, médicos especialistas, especialistas em biometria, equipe
"Estudos pragmáticos" de serviços de saúde e economia (Quanto o tratamento custa? Os pacientes usam menos serviços médicos se recebem esse tratamento?)	Ensaio clínico randomizado, como acupuntura *versus* terapia-padrão (p. ex., um medicamento) ou terapia-padrão e acupuntura *versus* terapia-padrão isolada	Especialistas relevantes – estatísticos, médicos especialistas, equipe
Pesquisas de comparação de resultados "ensaios pragmáticos" (Quão efetivo é esse tratamento comparado ao tratamento médico padrão?)	Ensaios clínicos randomizados, como acupuntura *versus* terapia-padrão (p. ex., um medicamento) ou terapia-padrão e acupuntura *versus* terapia-padrão isolada	Especialistas relevantes – estatísticos, médicos especialistas, equipe
Estudos controlados por placebo para examinar efeitos específicos "ensaios explanatórios" (Quão efetiva é a acupuntura para tratar X, isto é, os mecanismos específicos da acupuntura são melhores do que o "placebo"?)	Ensaio clínico randomizado, como acupuntura *versus* acupuntura-controle (falsa), algumas vezes também terapia-padrão ou nenhuma terapia	Especialistas relevantes – estatísticos, médicos especialistas, equipe

(A) Estudos da prática clínica – questões e métodos (baseado em Birch, 2003).

Pesquisa em laboratório

A pesquisa em laboratório pode usar várias disciplinas, como física, engenharia, biologia, química, farmacologia ou anatomia, para responder questões do tipo "como o tratamento funciona?" ou "quais mecanismos fisiológicos a terapia invoca?". O laboratório pode funcionar com modelos animais ou usar humanos voluntários, geralmente com algum tipo de técnica de mensuração, como análises químicas, medições elétricas e métodos de imagem, como raio X, tomografia computadorizada ou imagens por ressonância magnética funcional (RMF). Por questões de ética e segurança, a pesquisa é normalmente feita em animais antes de progredir para estudos em voluntários humanos. Estudos de laboratório também podem funcionar de uma maneira mais abstrata. Em vez de testar em todo o organismo (animal ou humano), derivados químicos ou células são testados para examinar possíveis mecanismos de ação.

Ao longo do último século, especialmente das três últimas décadas, trabalhos consideráveis têm sido feitos em todas essas áreas para investigar a acupuntura. Há grandes volumes de estudos publicados na Ásia Oriental (Bensoussan, 1991; Tang, Zhan & Ernst, 1999), e números menores, mas significativos de estudos no Ocidente (Han, 1989; Pomeranz, 1996, 1998).

Enquanto a pesquisa em laboratórios sobre acupuntura tem apresentado seus problemas, a área é geralmente mais bem recebida e revisada do que a pesquisa clínica, e mais estudos da Ásia Oriental são citados nas revisões ocidentais da área. Bensoussan (1991) inclui provavelmente a melhor, embora desatualizada, sumarização da maior parte da pesquisa chinesa em acupuntura. Pomeranz (1998) contém um dos melhores resumos dos estudos que examinam os mecanismos de ação da acupuntura. Os pesquisadores concluíram que a acupuntura parece capaz de disparar vários circuitos neurológicos e mecanismos de neuropeptídeos que são úteis no bloqueio da dor, na modulação da dor, na redução da inflamação, na alteração da circulação do sangue, etc. (Han, 1989; Pomeranz, 1998; Hammerschlag, Langevin, Lao & Lewith, 2007). Entre os mecanismos que foram descobertos, as betaendorfinas são as mais bem conhecidas e documentadas (Pomeranz, 1998) (**A**).

A RMF tem sido aplicada na investigação da acupuntura desde o início dos anos 1990 (Cho et al., 1998). Os dados que apareceram sugerem que a acupuntura modula a ativação e a desativação neural de áreas específicas do cérebro de maneiras que são consistentes com nosso entendimento do papel que ela tem na liberação das betaendorfinas e mostram como ela pode ser benéfica para pacientes com dor crônica (Hui, 2000, 2005; Napadow, 2007).

Recentemente, cientistas têm discutido as limitações dos estudos realizados até agora. Hammerschlag e colaboradores (2007) identificaram que os estudos de mecanismo até então têm ocorrido principalmente segundo uma abordagem do tipo "caixa-preta": aplicar um *input* reprodutível e medir o *output*, mas sem saber realmente o que ocorre no caminho entre eles. Dessa forma, temos bons modelos baseados em dados correlacionados (quando fazemos X, medimos Y), mas não boa documentação dos mecanismos pelos quais X desencadeia Y.

Tipo de questão	Exemplos de desenhos de pesquisa
Como a acupuntura bloqueia a dor aguda?	Produzir dor experimental em animais ou humanos, aplicar acupuntura para reduzir a dor, então aplicar vários métodos para bloquear efeitos analgésicos, como a injeção de naloxona (que bloqueia as endorfinas).
Como a acupuntura trata a dor crônica?	Aplicar acupuntura em pacientes com dor crônica. Para aqueles que têm alívio da dor, usar imagem de PET-scan (tomografia por emissão de pósitrons) do cérebro para explorar os mecanismos neurológicos que podem estar envolvidos.
Quais são os mecanismos cardiovasculares da acupuntura?	Medir a frequência cardíaca, a variabilidade da frequência cardíaca, a resistência vascular, a pressão sanguínea, o eletrocardiograma, etc.
Quais são os efeitos microcirculatórios da acupuntura?	Usar o método da "câmara de orelha de coelho" em coelhos para visualizar o leito capilar e fazer vídeos das mudanças no fluxo capilar.
Os pontos de acupuntura têm propriedades elétricas distintivas?	Usar um sistema de medição eletrodérmica, medir a resistência elétrica da pele nos acupontos, comparando com a pele circunvizinha.
Os canais de acupuntura têm propriedades distintivas?	Injetar radioisótopos no corpo próximo ou nos canais e fotografar a migração dos isótopos no corpo.
A acupuntura tem efeito anti-inflamatório?	Medir, por exemplo, níveis de cortisol sanguíneo.
A acupuntura tem efeito hormonal?	Medir os níveis sanguíneos de vários hormônios, como o FSH, o TSH, etc.

(A) Estudos dos mecanismos da acupuntura – questões e métodos.

Pesquisa clínica

Infelizmente, a qualidade da pesquisa conduzida para testar a eficácia clínica da acupuntura é variável. Problemas como tratamento inadequado, intervenção controle inadequada, número de pacientes inadequado, cegamento ou garantias de cegamento inadequados são comuns em ensaios de acupuntura orientais (Ezzo, Lao & Berman, 2000; White, Filshie & Cummings, 2001; Birch, 2004). Na Ásia, problemas com a qualidade da pesquisa são mais comuns, incluindo problemas com medidas de resultados, randomização e critérios de inclusão e exclusão. Como esses são problemas fundamentais, a maior parte da pesquisa asiática não é citada em publicações ocidentais. Além disso, muitas das pesquisas asiáticas não acharam seu caminho até as línguas indo-europeias, consequentemente a maioria dos pesquisadores no Ocidente revisando estudos clínicos tem se limitado a publicações de origem ocidental, principalmente em inglês. Birch, Keppel Hesselink, Jonkman, Hekker e Bos (2004) publicaram um amplo resumo de resultados de ensaios clínicos de acupuntura a partir de revisões internacionais das revisões sistemáticas que foram conduzidas. Esses autores listaram todas as revisões sistemáticas e metanálises de acupuntura que foram publicadas. Examinaram, então, como grupos de revisão trabalhando para diferentes autoridades de saúde ou agências governamentais revisaram essas revisões. Por meio dessa metavisão de publicações, análises e resumos, os autores foram capazes de identificar acordos internacionais emergentes ocupando-se dos níveis de evidência da eficácia da acupuntura. As várias revisões de agências por si mesmas são bons resumos que devem ser examinados (Acupuncture, 1998; Filshie & White, 1998; BMA, 2000; Ezzo et al., 2000; Filshie & Linde et al., 2001; Tait, Brooks & Harstall, 2002; Vickers, Wilson & Kleijnen, 2002) (**A**).

Uma das questões-chave na interpretação de estudos clínicos de acupuntura e suas revisões é o papel do placebo. Muitos estudos e revisões se basearam na ideia de que, quando a acupuntura é comparada a alguma forma de acupuntura falsa, a acupuntura falsa é inerte, e assim equivalente a um placebo. Até o momento, entretanto, nenhum estudo demonstrou que o tratamento falso é verdadeiramente inerte. A comparação, nos estudos que usam acupuntura falsa, entre os efeitos do tratamento e do placebo, torna-se confusa e, frequentemente, impossível de ser interpretada (Birch, 2006). Além disso, o que é rotulado como efeitos incidentais do placebo são frequentemente partes específicas do tratamento na prática da acupuntura (Paterson & Dieppe, 2005). Isso torna impraticável qualquer tentativa de fazer um controle simples para esses efeitos e requer que a acupuntura seja abordada como uma "intervenção complexa" (ibid.), que necessariamente tem requisitos diferentes de uma intervenção mais simples, como uma terapia com uma droga única (Medical Research Council, 2000).

O exame da efetividade de uma terapia deve ser feito em conjunto com seu exame da segurança. Uma terapia que seja altamente efetiva, mas muito perigosa, vai ser considerada de uma forma muito diferente de uma que demonstre alguma eficácia e tenha poucos riscos associados (**B**).

Condições em que há concordância geral de que a acupuntura é efetiva (a) e casos em que algumas revisões alegam ser efetivas (b)	(a) Náusea e vômitos decorrentes de quimioterapia e pós-operatórios; dor dentária aguda pós-operatória (b) Dor na mandíbula (ATM); enxaqueca; lombalgia crônica
Condições em que há concordância geral de que a acupuntura não parece ser muito efetiva	Cessação do tabagismo; perda de peso; zumbidos
Condições em que é difícil chegar a conclusões claras por causa de problemas metodológicos, mas as evidências são, pelo menos, promissoras	Vícios; reabilitação de acidentes vasculares cerebrais; asma; cefaleia tensional; dor cervical; osteoartrite; dismenorreia; dor pós-operatória; dor musculoesquelética; fibromialgia
Condições em que as evidências estão se acumulando, mas ainda não foram sistematicamente revisadas	Angina de peito; depressão; reversão de apresentação pélvica do feto; aumento da taxa de sucesso de procedimentos de fertilização *in vitro*; diminuição da duração do parto; problemas urológicos; xerostomia

(A) Resumos de pesquisa tipo ensaio clínico em acupuntura (baseado em Birch et al., 2004).

Conferência para o Desenvolvimento de Consenso em Acupuntura do US National Intitutes os Health (Acupuncture, 1998)	"Uma das vantagens da acupuntura é que a incidência de efeitos colaterais é substancialmente menor do que a de muitos medicamentos e de outros procedimentos aceitos para algumas condições."
Revisão da British Medical Association (BMA, 2000)	"Em termos de segurança, são reportadas poucas reações mais importantes ao tratamento com acupuntura em comparação às reações adversas de intervenções ortodoxas."
Revisão do UK National Health Service (Vickers, 2001)	"A acupuntura parece ser um tratamento relativamente seguro se realizado pelas mãos de médicos adequadamente treinados; os eventos adversos são extremamente raros."
Revisão das Canadian/Alberta Health Authorities (Tait et al., 2002)	"As conclusões dos estudos são consistentes no sentido de terem achado uma baixa taxa de incidência de eventos adversos sérios devido à acupuntura, porém eles existem. MacPherson e colaboradores afirmaram que a taxa de eventos adversos, quando comparada à dos medicamentos da atenção primária, sugere que a acupuntura é um tratamento relativamente seguro, e muitos pesquisadores concordam que se trata de uma técnica relativamente segura."
Vários inquéritos de eventos adversos em acupuntura (Birch, 2004)	"Nenhum evento adverso sério foi encontrado em quatro inquéritos recentes, no Japão, Suíça e Reino Unido, com 140.229 sessões de acupuntura (Yamashita, Tsukayama, Tanno & Nishijo, 1999; MacPherson, Thomas, Walters & Fitter, 2001; Oldsberg, Schill & Haker, 2001; White, Hayhoe, Hart & Ernst, 2001). Ernst e White revisaram esses e cinco outros inquéritos e acharam dois casos de pneumotórax em aproximadamente um quarto de milhão de sessões de tratamento. Da sua revisão, eles concluem: 'eventos adversos sérios são raros. Aqueles responsáveis por estabelecer as competências necessárias para a prática da acupuntura devem considerar como reduzir esses riscos' (Ernst & White, 2001)."

(B) Conclusões de estudos e revisões internacionais quanto à segurança da acupuntura.

Desafios enfrentados pela pesquisa em acupuntura

Estudos de mecanismos

Até o presente, os estudos de mecanismos têm se ocupado em descobrir os mecanismos de ação da acupuntura a partir dos efeitos observados nos tratamentos mais do que em tentar entender os modelos teóricos por trás desses tratamentos. Por exemplo, a acupuntura tem sido usada como um tratamento para condições dolorosas, o que levou à perseguição de seus mecanismos de ação analgésica, como as mudanças em endorfinas, encefalina, dinorfina e serotonina (Stux & Hammerschlag, 2000). Infelizmente por tais estudos não partirem dos postulados teóricos da acupuntura (que o tratamento regula a circulação do *qi*), mas somente testarem hipóteses quanto à analgesia produzida por várias vias, eles não testam hipóteses baseadas em sua teoria (Birch & Lewith, 2007). Eles nem tentam entender o que os conceitos e modelos tradicionais de acupuntura significam, nem como poderiam se relacionar com mecanismos fisiológicos conhecidos. A pesquisa neurofisiológica não testou a acupuntura como ela é praticada na realidade, nem está claro como os resultados ajudam a explicar a sua prática.

Estudos de acupuntura por imagem cerebral estão ficando correntes na pesquisa da acupuntura (Cho, Na, Wang, Lee & Hong, 2000; Hui, 2000, 2005; Napadow, 2007), mas também não está claro se eles conseguem investigar os modelos teóricos explicativos tradicionais subjacentes aos tratamentos (Scheid, 2002; Kim, 2006). Finalmente, tais estudos podem ser úteis somente para validar a acupuntura como uma terapia capaz de fazer alguma coisa (conforme se visualizam mudanças no cérebro). Como os estudos neurofisiológicos de analgesia, os estudos de imagem cerebral vão mais provavelmente levar à substituição das explicações de como a acupuntura funciona *sem realmente ter testado as explicações nas quais o tratamento é baseado* (Kim, 2006; Birch & Lewith, 2007). Essa questão permanece como um desafio considerável para os pesquisadores da acupuntura se a pesquisa quiser ter significado para os praticantes baseados na tradição.

Estudos clínicos

Muitos ensaios clínicos têm seu foco no teste dos efeitos dos tratamentos da acupuntura tradicionalmente fundamentados de uma condição biomédica conhecida, como a asma. Quando o modelo de tratamento tradicional oferece uma base diferente para descrever a natureza dos sintomas e as descrições não têm uma clara correlação com uma situação biomédica única (Kaptchuk, 1983), isso cria um problema não somente para a seleção de um tratamento adequado para cada paciente, mas também para se definir quais serão as medidas apropriadas de mudanças nos pacientes. Uma solução que tem sido oferecida é recrutar pacientes com uma condição X e depois subdividi-los em categorias de diagnósticos tradicionais e administrar o tratamento de acordo com essas subcategorias (Lao, Ezzo, Berman & Hammerschlag, 2000). Entretanto, sem evidências de que há consenso quanto a esses diagnósticos nas comunidades de praticantes (concordância entre os avaliadores), fica difícil determinar qual deve ser o tratamento "correto". Poucos estudos usaram diagnósticos baseados na tradição, e menos ainda investigaram a confiabilidade dos diagnósticos (O'Brien & Birch, no prelo; O'Brien et al., no prelo).

Modelos explanatórios

Dentro da MTC, e principalmente no campo mais amplo da medicina tradicional do Leste Asiático (MTLA), há múltiplas explicações e modelos tradicionais, tanto dentro de um determinado país e sua "tradição" (Birch & Sherman, 1999; Scheid, 2002), quanto entre países e tradições (MacPherson & Kaptchuk, 1997; Birch & Felt, 1999: Schnyer et al., 2007). Isso impõe desafios para o pesquisador e pode levar a dificuldades para selecionar um tratamento verdadeiro e um tratamento falso (Birch, 1997a; Schnyer et al., 2007). Estudos de um sistema de práticas baseadas na tradição precisam documentar e trabalhar a partir de um modelo relativamente claro daquela prática, e não tentar generalizar a partir daquele sistema para todo o campo (Birch, 1997b; Schnyer et al., 2007). Estudos de acupuntura frequentemente não documentam os tratamentos que eles usaram, simplesmente citam os textos nos quais os tratamentos foram baseados (Birch, 1997b). Outros estudos afirmam ser "tradicionais" ou "clássicos", embora não pareçam ser baseados em teorias tradicionais (Birch, 2002; Médici, Grebski, Wu, Hinz & Wuthrich, 2002).

Intervenções complexas

Estudos recentes têm demonstrado que a acupuntura é uma "intervenção complexa" (Paterson & Dieppe, 2005), com requisitos diferentes daquelas das intervenções simples (Medical Research Council, 2000). Assim, é de suma importância que métodos adequados de pesquisa sejam desenvolvidos e aprovados se a acupuntura for ser investigada em ensaios clínicos.

Áreas para futuras pesquisas

1. Mais estudos exploratórios são necessários antes que estudos de grande escala sejam iniciados (Aickin, 2007). Muitos estudos são realizados com poucos, ou nenhum, estudos exploratórios ou pilotos para estabelecer o trabalho de base. Estudos exploratórios são pequenos, não precisam ser publicados como estudos definitivos e podem ser realizados com baixo custo por médicos, escolas e organizações de praticantes. Devem ser coordenados dentro de uma agenda global para que obtenham resultados mais úteis (Birch, 2003; Sherman & Cherkin, 2003).

2. Mais inquéritos e estudos qualitativos por questionários são necessários para investigar a natureza da prática e o que ocorre durante os tratamentos. Sem dados desses estudos, é difícil definir precisamente o que testar em ensaios clínicos controlados ou em estudos de laboratório. Podem ser achados poucos bons exemplos publicados (Cassidy, 2000); um grande estudo bem executado na Alemanha será publicado em breve (Voigt, 2008), mas há uma carência extrema desses estudos.

3. Mais estudos examinando a natureza e o papel do diagnóstico na acupuntura baseada na MTC necessitam ser realizados. Muitos estudos usando abordagens de diag-

nóstico altamente simplificadas têm examinado a concordância entre examinadores no diagnóstico da MTC (Zell, Hirata, Marcus, Ettinger, Pressman & Ettinger, 2000; Hogeboom, Sherman & Cherkin, 2001), contudo não refletem a prática clínica real (O'Brien & Birch, no prelo; O'Brien et al., no prelo). Um recente estudo australiano de alta qualidade descreve as razões e os métodos para que se façam tais estudos e tem uma das mais significativas concordâncias entre avaliadores com base em uma abordagem mais normal do diagnóstico (O'Brien et al., no prelo). Mais ensaios necessitam ser feitos usando categorias diagnósticas baseadas na tradição, como aquelas achadas na MTC ou na terapia japonesa dos meridianos, minuciosamente aplicadas (Schnyer et al., 2007). Existem vários modelos para se fazer isso; entre os mais interessantes, está o uso de uma abordagem de diagnóstico e tratamento "manualizada" (Schnyer & Allen, 2002; Schnyer et al., 2007).

Achando e lendo publicações de pesquisa em acupuntura

Buscar na internet está se tornando cada vez mais fácil quando se quer rastrear informações e dados sobre um assunto. Uma rápida busca no Google por "acupuntura pesquisa"* em 16 de janeiro de 2009, nos trouxe 705 mil *sites*. Além de ser necessário muito tempo para se fazer uma seleção adequada,

---
* N. de T.: Do original em inglês *"acupuncture research"*.

a qualidade do que surge é muito precária ou, pelo menos, de valor questionável. Assim, é necessário procurar em bases de dados estabelecidas se o objetivo é um resultado de melhor qualidade. Há uma quantidade de bases de dados eletrônicas que são boas fontes para pesquisar publicações. Muitas são revisadas pelos usuários, o que significa que o padrão a partir do qual são publicadas deve ser melhor. Entre as bases de dados eletrônicas que se pode usar para estudos em acupuntura estão a MEDLINE, EMBASE, AMED e o registro de ensaios controlados Cochrane (Linde et al., 2007).

Provavelmente o local mais fácil para iniciar uma busca é por meio de livros que tenham foco no tópico da pesquisa em acupuntura. Aqui um bom número de publicações de alta qualidade pode ser encontrado. Pode-se, então, iniciar uma busca por informações mais confiáveis com base nos processos que os autores usaram para procurar e incluir estudos e bases de dados para a discussão.

Existem livros e revisões que foram publicados sumarizando a literatura. Alguns deles têm foco somente em estudos de laboratório (Pomeranz, 1998), alguns são mais focados em estudos clínicos (BMA, 2000; Birch et al., 2004), alguns incluem resumos de ambas as áreas (Ernst, 1996; Acupuncture, 1998; Filshie & White, 1998; Stux & Hammerschlag, 2000; MacPherson, Hammerschlag, Lewith & Schnyer, 2007). Ler esses textos pode fornecer panorama das pesquisas prévias e das conclusões que podem ser extraídas deles. Entretanto, algumas vezes, os mesmos dados podem ser analisados de maneiras diferentes, refletindo as inúmeras perspectivas dos pesquisadores que realizaram cada revisão (Ernst & White, 1998; van Tulder, Cherkin, Berman, Lao & Koes, 1999 – ver Linde et al., 2007).

Em geral, se alguém quer ter uma boa visão geral da pesquisa em acupuntura, que comece a ler os livros publicados nessa área e procure os artigos citados nas referências desses livros. No entanto, antes disso, se você tem pouca ou nenhuma experiência em leitura e *abordagem crítica* do que você está lendo, é bom ler como fazer isso também. Existem poucas publicações que podem dar a você algum entendimento sobre o assunto (Kane, 2004; MacPherson et al., 2007).

Se você está interessado em ensaios clínicos de acupuntura, muitas revisões têm sido publicadas. Essa é uma área complexa e que requer um estudo paciente para ser entendida. Em geral, desenvovler e conduzir ensaios clínicos pode ser um procedimento complexo e caro (Meinert, 1986). Em um tratamento como a acupuntura, há questões adicionais que precisam ser minuciosamente pensadas e muitos problemas que precisam ser sanados se quisermos que os resultados do ensaio sejam significativos (Vincent & Lewith, 1995; Lewith & Vincent, 1996; Hammerschlag & Morris, 1997; Hammerschlag, 1998; Margolin, Avants & Kleber, 1998a, 1998b; White et al., 2001; Lewith, Jonas & Walach, 2002; Lewith, Walach & Jonas, 2002; Sherman & Cherkin, 2003; Birch, 2004; MacPherson, Hammerschlag, Lewith & Schnyer, 2007). Isso é ainda mais complicado quando o estudo busca testar uma forma tradicional de tratamento, como a acupuntura baseada na MTC (Birch, 1997b, 2004; MacPherson, Sherman, Hammerschlag, Birch, Lao & Zaslawski, 2002; Schnyer & Allen, 2002). Até mesmo definir o que constitui um tratamento adequado ou apropriado nos ensaios de acupuntura tem provado ser difícil (Birch, 1997a; Stux & Birch, 2000; White et al., 2001). Em geral, tem sido dada atenção insuficiente para essas questões. Recentemente as diretrizes do STRICTA* (Standards for reporting interventions in clinical trials of acupuncture) têm sido desenvolvidas para orientar o reporte de tratamentos em ensaios de acupuntura publicados; essas diretrizes informam quais questões precisam ser atendidas nos ensaios clínicos (MacPherson, White, Cummings, Jobst, Rose & Niemtzow, 2002). Essas diretrizes estão sendo atualizadas para serem incorporadas ao CONSORT (Padrões Consolidados para Reportar Ensaios), as diretrizes biomédicas para a apresentação de ensaios clínicos.

Para as pessoas interessadas em se envolver com a pesquisa em acupuntura, uma excelente discussão de como os praticantes podem se engajar foi escrita por Wayne, Sherman e Bovey (2007). O texto de Hugh MacPherson, Richard Hammerschlag, George Lewith e Rosa Schnyer é provavelmente o mais útil livro a respeito do estado da pesquisa em acupuntura e de como melhorar a sua condição (MacPherson et al., 2007).

---

* N. de T.: Em português, Padrões para Reportar Intervenções em Ensaios Clínicos de Acupuntura.

Referências

História

DeBary W, Chan W, Watson B. *Sources of Chinese Tradition*. Vol 1. New York: Columbia University Press; 1960.

Ergil M. Chinese medicine in China: Education and learning strategies. Paper presented at Association for Asian Studies Annual Meeting: Boston, MA; 1994.

Ergil M, Ergil K. The translation of Chinese medical texts into English: Issues surrounding transparency, transmission, and clinical understanding. In: McCarthy M, Birch S, eds. *Thieme Almanac: Acupuncture and Chinese Medicine*. Stuttgart: Thieme; 2008:309-20.

Farquhar J. Problems of knowledge in contemporary Chinese medical discourse. *Soc Sci Med 24*. 1987;12:1013-21.

Hucker C. *China's Imperial Past: An Introduction to Chinese History and Culture*. Stanford, CA: Stanford University Press; 1975.

Needham J. *Clerks & Craftsmen in China & the West*. Cambridge: Cambridge University Press; 1970.

Reston J. Now, let me tell you about my appendectomy in Peking. *New York Times*. July 26, 1971. Available at: http://www.acupuncture.com/testimonials/restonexp.htm. Accessed 29 April, 2008.

Taylor K. *Chinese Medicine in Early Communist China: A Medicine of Revolution*. London: Routledge Curzon; 2005.

Unschuld P. *Medical Ethics in Imperial China: A Study in Historical Anthropology*. Berkeley, CA: University of California Press; 1979.

Unschuld P. *Medicine in China: A History ofIdeas*. Berkeley, CA: University of CaliforniaPress; 1985.

Unschuld P. *Nan-Ching: The Classic of Difficult Issues*. Berkeley, CA: University of California Press; 1986.

Unschuld P. *Huang Di Nei Jing Su Wen: Nature, Knowledge, Imagery in an Ancient Chinese Medical Text*. Berkeley, CA: University of California Press; 2003.

Wilhelm R, Byrnes C (translators). *The I Ching or Book of Changes*. Princeton, New Jersey: Princeton University Press; 1967.

Wiseman N, Ellis A. *Fundamentals of Chinese Medicine*. Brookline MA: Paradigm Publications; 1996.

Wiseman N, Ye F. *A Practical Dictionary of Chinese Medicine*. Brookline MA: ParadigmPublications; 1998.

Wiseman N. *Glossary of Chinese Medical Terms*. Brookline MA: Paradigm Publications; 1989.

Wiseman N. Approaches to Chinese medical term translation. Paper presented at American Association for Acupuncture & Oriental Medicine Annual Conference: Portland, OR; 2007.

Wong K, Wu T. *History of Chinese Medicine*. 2nd ed. Taipei, Taiwan: Southern Materials Center, Inc; 1985.

Teorias fundamentais da medicina chinesa

Ergil K. Chinese medicine. In: Micozzi M., ed. *Fundamentals of Complementary and Integrative Medicine*. St. Louis: Saunders Elsevier; 2006.

Larre C. *The Way of Heaven: Neijing Suwen Chapters 1 and 2*. Cambridge: Monkey Press; 1994.

Unschuld P. *Introductory Readings in Classical Chinese Medicine*. Boston: Kluwer Academic Publishers; 1988.

Unschuld P. *Medicine in China: A History of Ideas*. Berkeley, CA: University of California Press; 1985.

Veith I (translator). *The Yellow Emperor's Classic of Internal Medicine*. Berkeley: University of California Press; 1972.

Wiseman N, Ellis A. *Fundamentals of Chinese Medicine*. Brookline MA: Paradigm Publications; 1996.

Wiseman N, Ye F. *A Practical Dictionary of Chinese Medicine*. Brookline MA: Paradigm Publications; 1998.

Diagnóstico na medicina chinesa

Deng T. *Practical Diagnosis in Traditional Chinese Medicine*. Edited by Ergil K. Translated by Ergil M. and Yi S. New York: Churchill Livingstone; 1999.

Huang B, Di F, Li X, et al. *Syndromes of Traditional Chinese Medicine*. Edited by Huang B. Translated by Ma D, Wang G, Sun S, Cao H. Heilongjiang: Heilongjiang Education Press; 1987.

Kaptchuk TJ. *The Web That Has No Weaver: Understanding Chinese Medicine*. Chicago: Contemporary (McGraw Hill); 2000.

Wiseman N, Ellis A. *Fundamentals of Chinese Medicine*. Brookline, MA: Paradigm Publications; 1996.

Acupuntura

Ellis A, Wiseman N, Boss K. *Fundamentals of Chinese Acupuncture*. Brooklyn, MA: Paradigm Publications; 1991.

Huang LC. *Auriculotherapy: Diagnosis & Treatment*. Texas: Longevity Press; 1996.

Low R. *The Secondary Vessels of Acupuncture*. New York: Thorsons Publishers Inc; 1983.

Ni YT. *Navigating the Channels of Traditional Chinese Medicine*. San Diego: Oriental Medicine Center; 1996.

Nogier PFM. *Handbook to Auriculotherapy*. France: Maisonneuve; 1981.

Nogier PFM. *From Auriculotherapy to Auriculomedicine*. France: Maisonneuve; 1983.

O'Connor J, Bensky D (translators). *Acupuncture: A Comprehensive Text*. Seattle, Shanghai College of Traditional Chinese Medicine: Eastland Press; 1981.

Unschuld P. *Medicine in China: A History of Ideas*. Berkeley, CA: University of California Press; 1985.

Wiseman N, Ye F. *A Practical Dictionary of Chinese Medicine*. Brookline, MA: Paradigm Publications; 1998.

Tui na

Sun C, ed. *Chinese Massage Therapy*. Shangdong: Shandong Science and Technology Press; 1990.

Wang GC, Fan YL, Zheng G. 中国推拿/ *Chinese Massage*, Vol 10 of *A Practical English-Chinese Library of Traditional Chinese Medicine*. Zhang Enqin, ed. Shanghai: Publishing House of Shanghai College of Traditional Chinese Medicine; 1990.

Farmacoterapia tradicional chinesa

Bensky D, Barolet R. *Chinese Herbal Medicine: Formulas and Strategies*. Seattle, WA: Eastland Press; 1990.

Chan K, Cheung L. *Interactions Between Chinese Herbal Medicinal Products and Orthodox Drugs*. London: Tayolr and Francis; 2003.

Merriam Websters Collegiate Dictionary, 10th edition. Springfield, MA: MerriamWebster, Inc. 1997.

Unschuld P. *Medicine in China: A History of Pharmaceutics*. Berkeley, CA: University of California Press; 1986.

Yang SZo (translator). *The Divine Farmer's Materia Medica*. Boulder, CO: Blue Poppy Press; 1998.

Yeoh TS, Lee HS, Lee AS. Gastrointestinal absorption of mercury following oral administration of cinnabar in a traditional Chinese medicine. *Asia Pacific Journal of Pharmacology*. 1989;4(2):69-73.

Zhou YP. *Chinese Materia Medica: Chemistry, Pharmacology and Applications*. Amsterdam: Harwood Academic Publishers; 1998.

Dietética chinesa

Garvey M. *Chinese Medicine Foundations 2: Course Notes*. Sydney: University of Technology; 2008.

Wiseman N, Ellis A. *Fundamentals of Chinese Medicine*. Brookline, MA: Paradigm Publications; 1996.

Qi gong

Bölts J. *Lernziel: Gesundheitskompetenz; Der Beitrag des Qigong zur zukunftsfähigen Gesundheitsbildung in der Schule*. Oldenburg: BIS-Verlag; 2003. Extract canbe downloaded from http://www.uniodenburg.de/ptch/.

Jahnke R. "History of Qi (Chi) Cultivation." 2007. Available at http://www.feeltheqi.com. Accessed: March 09, 2009.

Jahnke R. "Qi Gong (Chi Kung)." 2007. Available at http://www.feeltheqi.com. Accessed: March 09, 2009.

Javary C, Faure P (translators). *Yi Jing (The Book of Changes)*. Paris: Albin Michel; 2002.

Réquéna Y. *Le Guide du Bien-être Selon la Médecine Chinoise*, Paris: Guy Trédaniel; 2000.

Réquéna Y. Interview "Le qi gong—de corps et d'esprit." 2004. Available at: http://www.passeportsante.net/fr/Actualites/Entrevues/Fiche.aspx?doc=requena_y_20040105. Accessed: March 09, 2009.

Rose K, Zhang Y. *A Brief History of Qi*. Brookline:Paradigm Publications; 2001.

Vocca ML. Origini storiche del *qigong*. 2006. Available at: http://web.tiscali.it/qigong/italiano/origini%20storiche.htm. Accessed: March 09, 2009.

Yang JM. *Les Racines du Chi-Kung*. Noisy sur Ecole: Budo; 2003.

Tai ji quan

Davis B. *The Taijiquan Classics: An Annotated Translation*. Berkeley, CA: North Atlantic Books; 2004.

Gu L, Tang H. *Taijiquan Shu* (The Art of *Tai Ji Quan*). Shanghai: Jiaoyu chubanshe; 1982.

Klein P, Adams W. Comprehensive benefits of *taiji*: a critical review. *American Journal of Physical Medicine and Rehabilitation*, 83. 2004;9:735-45.

Qi H. *Taijiquan Yangsheng* (*Taijiquan* for Health). Beijing: Renmin tiyu chubanshe; 2005.

Tang H. *Neijiaquan de Yanjiu* (A Study of the Internal School of Martial Arts). Hong Kong: Unicorn Press (reprint); 1935.

Wile D. *Lost T'ai-chi Classics from the Late Ch'ing Dynasty*. Albany, NY: State University of New York Press; 1996.

Wile D. *T'ai-chi's Ancestors: The Making of an Internal Martial Art*. New City, NY: Sweet Ch'i Press; 2000.

Wile D. Taijiquan and Daoism: From Religion to Martial Art and Martial Art to Religion. *Journal of Asian Martial Arts*, 16. 2007;4:8-45.

Zheng M (translated by Wile). *Master Cheng's Thirteen Chapters on T'ai-chi Ch'üan*. Brooklyn, NY: Sweet Ch'i Press (original 1950); 1982.

Pesquisa em acupuntura: uma visão geral

Acupuncture. Acupuncture: NIH consensus development panel on acupuncture. *JAMA*. 1998;280(17):1518-24.

Aickin M. The importance of early phaseresearch. *J Alt Complem Med*. 2007;13(4):447-50.

Bensoussan A. *The Vital Meridian*. Edinburgh: Churchill Livingstone, 1991.

Birch S. Issues to consider in determining an adequate treatment in a clinical trial of acupuncture. *Complem Ther in Med*.1997a;5:8-12.

Birch S. Testing the claims of traditionally based acupuncture. *Complem Ther Med*.1997b;5:147-51.

Birch S. Letter to the editor: acupuncture and bronchial asthma, a long-term randomized study. *J Alt Complem Med*. 2002;8(6):751-54.

Birch S. Developing a research strategy for the acupuncture profession: research questions, resources necessary to answer them and guidelines for matching resources to types of research. *Clin Acup Orient Med*. 2003;4(1):29-33.

Birch S. Clinical research of acupuncture. Part two—controlled clinical trials: an overview of their methods. *J Alt Complem Med*. 2004;10(3):481-98.

Birch S. A review and analysis of placebo treatments, placebo effects and placebo controls in trials of medical procedures when sham is not inert. *J Alt Complem Med*. 2006;12(3):303-10.

Birch S, Felt R. *Understanding Acupuncture*. Edinburgh: Churchill Livingstone; 1999.

Birch S, Keppel Hesselink J, Jonkman FAM, Hekker TAM, Bos A. Clinical research on acupuncture 1: what have reviews of the efficacy and safety of acupuncturet old us so far? *J Alt Complem Med.* 2004;10(3):468-80.

Birch S, Lewith G. Acupuncture research, the story so far. In: Macpherson H, Hammerschlag R, Lewith G, Schnyer R, eds. *Acupuncture Research: Strategies for Building an Evidence Base.* London: Elsevier; 2007:15-35.

Birch S, Sherman K. *Zhong Yi* acupuncture and low back pain: traditional Chinese medical acupuncture differential diagnoses and treatments for chronic lumbar pain. *J Alt Complem Med.* 1999;5(5):415-25.

BMA (British Medical Association). *Acupuncture: Efficacy, Safety and Practice.* London: Harwood Academic Publishers; 2000.

Broom A. Using qualitative interviews in CAM research: A guide to study design, data collection and data analysis. *Complem Ther in Med.* 2005;13(1):65-73.

Cassidy CM. Beyond numbers: qualitative research methods for Oriental medicine.In: Stux G, Hammerschlag R, eds. *Scientific Bases of Acupuncture in Basic and Clinical Research.* Berlin: Springer; 2000:151-69.

Cassidy CM. *Methodological Issues in Investigations of Massage/Bodywork Therapy.* Evanston: American Massage Therapy Association Foundation; 2002.

Cho ZH, Chung SC, Jones JP, Park JB, Park HJ,Lee HJ, Wong EK, Min BI. New findings of the correlation between acupoints and corresponding brain cortices using functional MRI. *Proc Nat Acad Sci USA*.1998;95:2670-73.

Cho ZH, Na CS, Wang EK, Lee SH, Hong IK. Functional magnetic resonance imaging of the brain in investigations of acupuncture. In: Stux G, Hammerschlag R, eds. *Scientific Bases of Acupuncture in Basic and Clinical Research.* Berlin: Springer; 2000:83-95.

Ernst E, ed. *Complementary Medicine: An Objective Appraisal.* Oxford: Butterworth Heinemann; 1996.

Ernst E, White AR. Acupuncture for backpain: a meta-analysis of randomized controlled trials. *Arch Int Med.* 1998;158:2235-41.

Ernst E, White AR. Prospective studies of the safety of acupuncture: a systematic review. *Am J Med.* 2001;110(6):481-85.

Ezzo J, Lao LX, Berman B. Assessing clinical efficacy of acupuncture: what has been learned from systematic reviews of acupuncture? In: Stux G, Hammerschlag R, eds. *Clinical Acupuncture: Scientific Basis.* Berlin: Springer; 2000:113-30.

Filshie J, White A (eds.) *Medical Acupuncture*.Edinburgh: Churchill Livingstone; 1998.

Filshie J, White A. The clinical use of, and evidence for, acupuncture in the medical systems. In: Filshie J, White A, eds. *Medical Acupuncture.* Edinburgh: Churchill Livingstone; 1998:225-94.

Hammerschlag R. Methodological and ethical issues in clinical trials of acupuncture. *J Alt Complem Med.* 1998;4(2):159-71.

Hammerschlag R, Langevin HE, Lao LX,Lewith G. Physiological dynamics of acupuncture: correlations and mechanisms. In: Macpherson H, Hammerschlag R, Lewith G, Schnyer R, eds. *Acupuncture Research: Strategies for Building an Evidence Base.* London: Elsevier; 2007:181-97.

Hammerschlag R, Morris MM. Clinical trials comparing acupuncture with biomedical standard care: a criteria-based evaluation of research design and reporting. *Complem Ther Med.* 1997;5:133-40.

Han JS. Central neurotransmitters and acupuncture analgesia. In: Pomeranz B, Stux G, eds. *Scientific Bases of Acupuncture*, Berlin: Springer; 1989:7-33.

Hogeboom CJ, Sherman KJ, Cherkin DC.Variation in diagnosis and treatment of patients with chronic low back pain by traditional Chinese medical acupuncturists. *Complem Ther Med.* 2001;9:154-66.

Hui KK, Liu J, Makris N, Gollub RL, Chen AJ, Moore CI, Kennedy DN, Rosen BR, Kwong KK. Acupuncture modulates the limbic system and subcortical gray structures of the human brain: evidence from fMRI studies in normal subjects. *Hum Brain Mapp*. 2000;9(1):13-25.

Hui KK, Liu J, Marina O, Napadow V, Haselgrove C, Kwong KK, Kennedy DN, Makris N. The integrated response of the human cerebro-cerebellar and limbic systems to acupuncture stimulation at ST 36 asevidenced by fMRI. *Neuroimage*. 2005 Sep;27(3):479-96.

Hyland ME. Methodology for the scientifice valuation of complementary and alternative medicine. *Complem Ther Med*. 2003;11:146-53.

Kane M. *Research Made Easy in Complementary and Alternative Medicine*. Edinburgh: Churchill Livingstone; 2004.

Kaptchuk TJ. *The Web That Has No Weaver*. New York: Congdon and Weed; 1983.

Kim JY. Beyond paradigm: Making transcultural connections in a scientific translation of acupuncture. *Soc Sci Med*. 2006;62(12):2960-72.

Lao L, Ezzo J, Berman BM, Hammerschlag R. Assessing clinical efficacy of acupuncture: considerations for designing future acupuncture trials. In: Stux G, Hammerschlag R, eds. *Scientific Bases of Acupuncture in Basic and Clinical Research*. Berlin: Springer; 2000:187-209.

Lewith G, Jonas WB, Walach H. *Clinical Research in Complementary Therapies*. Edinburgh: Churchill Livingstone; 2002.

Lewith G, Vincent C. On the evaluation of the clinical effects of acupuncture: a problem reassessed and a framework for future research. *J Alt Complem Med*.1996;2(1):79-90.

Lewith G, Walach H, Jonas WB. Balanced research strategies for complementaryand alternative medicine. In Lewith G, Jonas WB, Walach H, eds. *Clinical Researchin Complementary Therapies*. Edinburgh: Churchill Livingstone; 2002:3-27.

Linde K, Hammerschlag R, Lao LX. Evidence overviews: the role of systematic reviews and meta-analyses. In: MacPherson H., Hammerschlag R., Lewith G., Schnyer R, eds. *Acupuncture Research: Strategies for Building an Evidence Base*. London: Elsevier;2007:199-217.

Linde K, Vickers A, Hondras M, et al. Systematic reviews of complementary therapies—an annotated bibliography. Part 1: Acupuncture. *BMC Complem Alt Med*. 2001;1:3.

MacPherson H, Hammerschlag R, Lewith G, Schnyer R. *Acupuncture Research: Strategies for Building an Evidence Base*. London: Elsevier; 2007.

MacPherson H, Kaptchuk TJ. *Acupuncture in Practice*. New York: Churchill Livingstone; 1997.

MacPherson H, Sherman K, HammerschlagR, Birch S, Lao L, Zaslawski C. The clinical evaluation of East Asian systems of medicine. *Clin Acup Orient Med*. 2002;3(1):16-19.

MacPherson H, Thomas K, Walters S, Fitter M. The York acupuncture safety study: a prospective survey of 34,000 treatments by traditional acupuncturists. *BMJ*. 2001;323:486-87.

MacPherson H, White A, Cummings M, Jobst K, Rose K, Niemtzow R. Standards for reporting interventions in controlled trials of acupuncture: the STRICTA recommendations. *J Alt Complem Med* 2002;8(1):85-89.

Margolin A, Avants SK, Kleber HD. Rationale and design of the cocaine alternative treatments study (CATS): a randomized, controlled trial of acupuncture. *J AltComplem Med*. 1998a;4(4):405-18.

Margolin A, Avants SK, Kleber HD. Investigating alternative medicine therapies in randomized controlled trials. *JAMA*. 1998b;280(18):1626-28.

McDowell I, Newell C. *Measuring Health: A Guide to Rating Scales and Questionnaires*. Oxford: Oxford University Press; 1987.

Medical Research Council. A framework for development and evaluation of RCTs for complex interventions to improve health; 2000. Available at: http://www.mrc.ac.uk/Utilities/Documentrecord/index.htm?d=MRC003372. Accessed November 4,2008.

Medici TC, Grebski E, Wu J, Hinz G, Wuthrich B. Acupuncture and bronchial asthma: a long-term randomized study of the effects of real versus sham acupuncture compared to controls in patients with bronchial asthma. *J Alt Complem Med.* 2002;8(6):737-50.

Meinert CL. *Clinical Trials: Design, Conduct and Analysis.* Oxford: Oxford University Press; 1986.

Melzack R. Short-form McGill pain questionnaire. *Pain.* 1987;30:191-97.

Napadow V, Kettner N, Liu J, Li M, Kwong KK, Vangel M, Makris N, Audette J, Hui KK. Hypothalamus and amygdala response to acupuncture stimuli in Carpal Tunnel Syndrome. *Pain.* 2007 Aug;130(3):254-66. Epub 2007 Jan 19.

O'Brien KA, Abbas E, Zhang J, Wang WC, Komesaroff P. Examining the reliability of a Chinese examination. In submission.

O'Brien KA, Birch S. A review of the reliability of traditional East Asian medicine diagnoses. In press. *Alt Complem Med.*

Oldsberg A, Schill U, Haker E. Acupuncture treatment: side effects and complications reported by Swedish physiotherapists. *Complem Ther Med.* 2001;9:17-20.

Paterson C, Dieppe P. Characteristic and incidental (placebo) effects in complex interventions such as acupuncture. *BMJ.* 2005;330:1202-05.

Pomeranz B. Scientific research into acupuncture for the relief of pain. *J Alt Complem Med.* 1996;2(1):53-60.

Pomeranz B. Scientific basis of acupuncture. In: Stux G, Pomeranz B. *Basics of Acupuncture.* 4th ed. Berlin: Springer; 1998:6-72.

Richardson J. Design and conduct a survey. *Complem Ther in Med.* 2005;13(1):47-53.

Scheid V. *Chinese Medicine in Contemporary China. Plurality and Synthesis.* Durham, CA and London: Duke University Press; 2002.

Schnyer RN, Allen JJB. Bridging the gap in complementary and alternative medicine research: manualization as a means of promoting standardization and flexibility of treatment in clinical trials of acupuncture. *J Alt Complem Med.* 2002;8(5):623-34.

Schnyer R, Birch S, MacPherson H. Acupuncture practice as the foundation for clinical evaluation. In: MacPherson H, Hammerschlag R, Lewith G, Schnyer R, eds. *Acupuncture Research: Strategies for Building an Evidence Base.* London: Elsevier; 2007:153-79.

Sherman KJ, Cherkin DC. Challenges of acupuncture research: study design considerations.*Clin Acup Orient Med.* 2003;3(4):200–06.

Sherman K, Linde K, White A. Comparing treatment effects of acupuncture and other types of healthcare. In: MacPherson H, Hammerschlag R, Lewith G, Schnyer R, eds. *Acupuncture Research:Strategies for Building an Evidence Base.* London: Elsevier; 2007:111-31.

Stux G, Birch S. Proposed standards of acupuncture treatments for clinicalstudies. In: Stux G, Hammerschlag R, eds. *Scientific Bases of Acupuncture in Basic and Clinical Research.* Berlin: Springer; 2000:171-85.

Stux G, Hammerschlag R, eds. *Scientific Bases of Acupuncture in Basic and Clinical Research.* Berlin: Springer; 2000.

Tait PL, Brooks L, Harstall C. *Acupuncture: Evidence from Systematic Reviews and Meta-analyses.* Alberta, Canada: Alberta Heritage Foundation for Medical Research; 2002.

Tang JL, Zhan SY, Ernst E. Review of randomised controlled trials of traditional Chinese medicine. *BMJ.* 1999;319(7203):160-61.

Thomas KJ, Fitter MJ. Evaluating complementary therapies for use in the National Health Service: "Horses for courses." Part 2: alternative research strategies. *Complem Ther in Med.* 1997;5:94-98.

Thomas K, Fitter M. Possible research strategies for evaluating CAM therapies. In: Lewith G, Jonas WB, Walach H. *Clinical Research in Complementary Thera-*

pies. Edinburgh: Churchill Livingstone; 2002:59-91.
van Tulder MW, Cherkin DC, Berman B, LaoL, Koes BW. The effectiveness of acupuncture in the management of acute and chronic low back pain. A systematic review within the framework of the Cochrane Collaboration Back Review Group. *Spine*. 1999;24(11):1113-23.
Vickers. Acupuncture. NHS Centre for Reviews and Dissemination. *Effective Health Care*. 2001;7(2):1-12.
Vickers A, Wilson P, Kleijnen J. Effectiveness bulletin: acupuncture. *Qual Saf Health Care*. 2002;11:92–97.
Vincent C, Lewith G. Placebo controls for acupuncture studies. *J Royal Soc Med*.1995;88:199-202.
Voigt J. Qualitative acupuncture research in Germany. In: McCarthy M, Birch S, eds. *Thieme Almanac: Acupuncture and Chinese Medicine*. Stuttgart: Thieme; 2008:30-35.
Ware JE, Sherbourne CD. The MOS 36-item short-form health survey (SF-36); 1.Conceptual framework and item selection. *Medical Care*. 1992;30(6):473-83.
Wayne P, Sherman K, Bovey M. Engaging acupuncturists in research—some practical guidelines. In: MacPherson H, Hammerschlag R, Lewith G, Schnyer R, eds. *Acupuncture Research: Strategies for Building an Evidence Base*. London: Elsevier; 2007:219-37.
White AR, Filshie J, Cummings TM. Clinical trials of acupuncture: consensus recommendations for optimal treatment, sham controls and blinding. *Complem Res Ther*. 2001;9:237-45.
White A, Hayhoe S, Hart A, Ernst E. Adverse events following acupuncture: prospective survey of 32,000 consultations with doctors and physical therapists. *BMJ*. 2001;323:485-6.
White A, Schmidt K. Systematic literature reviews. *Complem Ther in Med*. 2005;13(1):54-60.
Yamashita H, Tsukayama H, Tanno Y, Nishijo K. Adverse events in acupuncture and moxibustion treatment: a six-year survey at a national clinic in Japan. *J Alt Complem Med*. 1999;5:229-36.
Zell B, Hirata J, Marcus A, Ettinger B, Pressman A, Ettinger KM. Diagnosis of symptomatic postmenopausal women by traditional Chinese medicine practitioners. *Menopause*. 2000;2:129–33.

Leituras adicionais

História

A Medicina Tradicional Chinesa surge como o produto cultural e intelectual de mais de 2 mil anos de história chinesa registrada. Enquanto a história do desenvolvimento definitivo da medicina chinesa ainda está por ser escrita, e talvez nunca o seja, os seguintes textos oferecem ao leitor pontos de partida confiáveis do desenvolvimento histórico da medicina chinesa, assim como da sua expressão contemporânea como um produto de processos culturais e históricos. Os editores recomendam enfaticamente, como ponto de início, o livro *Medicine in China: A History of Ideas* (1985) e *Medicine in China: A History of Pharmaceutics* (1986), ambos de Paul Unschuld.

Furth C. *A Flourishing Yin: Gender in China's Medical History, 960-1665*. Berkeley, CA: University of California Press; 1999.
Lu GJ, Needham J. *Celestial Lancets: A History and Rationale of Acupuncture and Moxa*. London/New York: RoutledgeCurzon; 2002.
Scheid V. *Currents of Tradition in Chinese Medicine 1626-2006*. Seattle: Eastland Press; 2007.
Taylor K. *Chinese Medicine in Communist China, 1945-63: A Medicine of Revolution*. London/New York: RoutledgeCurzon; 2005.
Unschuld P. *Medicine in China: A History of Ideas*. Berkeley, CA: University of California Press; 1985.

Unschuld P. *Medicine in China: A History of Pharmaceutics*. Berkeley, CA: University of California Press; 1986.
Veith I (translator). *The Yellow Emperor's Classic of Internal Medicine*. Berkeley, CA: University of California Press; 1972.
Wong K, Wu T. *History of Chinese Medicine*. 2nd ed. Taipei, Taiwan: Southern Materials Center, Inc; 1985.

Teorias fundamentais da medicina chinesa

A fidelidade aos conceitos e princípios nucleares desenvolvidos ao longo dos milênios ainda são fundamentais para o entendimento da teoria e da Prática da Medicina Tradicional Chinesa. Entre os muitos livros-texto disponíveis no Ocidente que tratam dos conceitos fundamentais da medicina chinesa, bem poucos conservam uma ligação estreita com os conceitos tradicionais. O *The Web That Has No Weaver* (2000), de Ted Kaptchuk, recentemente revisado, permanece sendo um importante primeiro passo no aprendizado da medicina chinesa. Manfred Porkert merece um tremendo crédito por ter reconhecido o papel crítico do rigor linguístico para o entendimento dos conceitos da medicina chinesa, e seu livro, *The Theoretical Foundations of Chinese Medicine: Systems of Correspondence* (1982), permanece sendo um esforço pioneiro. A abordagem mais acessível de Wiseman e Ellis à fidedignidade linguística e à escolha sistemática de termos no *Fundamentals of Chinese Medicine* (1995), entretanto, surgiu como o padrão definitivo para o entendimento dos conceitos da medicina chinesa.

Kaptchuk TJ. *The Web That Has No Weaver: Understanding Chinese Medicine*. Chicago: Contemporary (McGraw Hill); 2000.
Porkert M. *The Theoretical Foundations of Chinese Medicine: Systems of Correspondence*. Cambridge, MA/London: MIT Press; 1982.
Wiseman N, Ellis A. *Fundamentals of Chinese Medicine*. Revised ed. Brookline, MA: Paradigm Publications; 1996.

Diagnóstico na medicina chinesa

As preocupações expressadas com respeito à linguagem e à teoria se aplicam equivalentemente ao diagnóstico na medicina chinesa. O seminal *Practical Diagnosis in Chinese Medicine* (1999), de Tietao Deng oferece um retrato confiável do diagnóstico na Medicina Tradicional Chinesa. Os outros trabalhos apresentados a seguir são notáveis pela excelência de suas organizações, ilustrações e abordagens inovadoras.

Deng, TT. *Practical Diagnosis in Traditional Chinese Medicine*. Ergil K (ed.). Ergil M, Yi SM (translators). New York: Churchill Livingstone; 1999.
Kirschbaum B. *Atlas of Chinese Tongue Diagnosis. Vols 1 and 2*. Seattle: Eastland Press; 2000.
Li Shi Zhen (translator Hoc Ku Huynh). *Pulse Diagnosis*. Brookline, MA: Paradigm Publications; 1981.
Lin ZH (translated by Li M). *Pocket Atlas of Pulse Diagnosis*. Stuttgart, New York: Thieme; 2008.
Porkert M. *The Essentials of Chinese Diagnostics*. Zurich: ACTA Medicinae Sinensis Chinese Medicine Publications Inc.; 1983.
Schnorrenberger CC, Schnorrenberger B. *Pocket Atlas of Tongue Diagnosis*. Thieme; 2005.
Wiseman N, Ellis A. *Fundamentals of Chinese Medicine*. Revised ed. Brookline, MA: Paradigm Publications; 1995.

Acupuntura

Selecionamos os seguintes textos baseados nas escolhas que rotineiramente fazemos ao treinar nossos estudantes. Estes livros representam o que consideramos ser os melhores trabalhos de referência correntemente disponíveis na língua inglesa para guiar a localização dos pontos, sua seleção e aplicação terapêutica na acupuntura chinesa.

Deadman P, Al-Khafaji M. *A Manual of Acupuncture*. Hove, UK: Journal of Chinese Medicine Publications; 1998.

Ellis A, Wiseman N, Boss K. *Fundamentals of Chinese Acupuncture*. Brooklyn, MA: Paradigm Publications; 1991.

Hempen C-H, Wortman Chow V. *Pocket Atlas of Acupuncture*. Stuttgart, New York: Thieme; 2006.

Low R. *The Secondary Vessels of Acupuncture*. New York: Thorsons Publishers Inc; 1983.

MacLean W, Lyttleton J. *Clinical Handbook of Internal Medicine Vols I and II*. Macarthur, Australia: University of Western Sydney Press; 1998.

Ni YT. *Navigating the Channels of Traditional Chinese Medicine*. San Diego: Oriental Medicine Center; 1996.

Nogier R. *Auriculotherapy*. Stuttgart/New York: Thieme; 2009.

Oleson T. *International Handbook of Ear Reflex Points*. Los Angeles: Health Care Alternatives; 1995.

Shanghai College of Traditional Medicine (John O'Connor and Dan Bensky translators). *Acupuncture: A Comprehensive Text*. Seattle: Eastland Press; 1981.

Wiseman N, Ellis A. *Fundamentals of Chinese Medicine*. Revised ed. Brookline, MA: Paradigm Publications; 1995.

Wu Y, Fischer W. *Practical Therapeutics of Traditional Chinese Medicine*. Brookline, MA: Paradigm Publications; 1997.

Tui na

Há muitos títulos sobre o *tui na* (massagem chinesa), representando diferentes estilos de prática e abordagens clínicas individuais. Escolhemos uma seleção de livros que sentimos prover uma útil e acessível introdução ao *tui na*. Entre eles, o *Chinese Massage Therapy* (1990), de Sun, é considerado por muitos praticantes um recurso com autoridade, e o *A Tooth From the Tiger's Mouth* (2004), de Tom Bisio, é uma introdução muito acessível à aplicação do *tui na* e aos princípios da correção óssea nos cuidados com o paciente.

Bisio T. *A Tooth From the Tiger's Mouth: How to Treat your Injuries with Powerful Healing Secrets of the Great Chinese Warriors*. New York: Simon & Schuster; 2004.

Bisio T, Butler F. *Zheng Gu Tui Na*. New York: Zheng Gu Tui Na; 2007.

Cao XZ. *The Massotherapy of Traditional Chinese Medicine*. Hong Kong: Hai Feng Publishing Company; 1985.

Cline K. *Chinese Paediatric Massage*. Rochester, VT: Healing Arts Press; 2000.

Luan C. *Concise Tuina Therapy*. Shandong: Shandong Science and Technology Press; 1992.

Marcus A. *Musculoskeletal Disorders, Healing Methods from Chinese Medicine, Orthopaedic Medicine and Osteopathy*. Berkeley, CA: North Atlantic Books; 1998.

McCarthy M. Skin and touch as intermediates of body experience with reference to gender, culture and clinical experience. *J Bodywork Movement Ther 2*. 1998;3:175-83.

McCarthy M. Palpatory literacy and Chinese therapeutic bodywork (tui na) and the remediation of head, neck and shoulder pain. *J Bodywork Movement Ther 7*. 2003;4:262-77.

Sun CN, ed. *Chinese Massage Therapy*. Shangdong: Shandong Science and Technology Press; 1990.

Sun CN, ed. *Chinese Bodywork, A CompleteManual of Chinese Therapeutic Massage*. Berkeley, CA: Pacific View Press; 1993.

Xu MZ. *Manual Treatment for Traumatic Injuries*. Beijing: Foreign Languages Press; 1997.

Zhu JH (compiler), Ding XH (translator). *Chinese-English Illustrated Tuina Therapies for Common Diseases*. Shanghai: Shanghai Scientific and Technical Publishers; 2006.

Farmacoterapia tradicional chinesa

Selecionamos os seguintes textos com base nas escolhas que rotineiramente fazemos para treinar nossos estudantes. Estes livros representam o que consideramos ser os melhores trabalhos de referência em língua inglesa para guiar o estudo da matéria médica, das fórmulas e da aplicação clínica das ervas chinesas. A seleção inclui referências-padrão, livros-texto terminologicamente corretos, como o *Concise Chinese Materia Medica* (2008), de Brand and Wiseman, guias para a prática clínica, como o *Practical Therapeutics of Traditional Chinese Medicine* (1997), de Yan Wu e Warren Fischer, e textos avançados baseados nas observações de clínicos seniores, como a série de Jiao Shu De (2001-06).

Bensky D, Clavey S, Stöger E. *Chinese Herbal Medicine: Materia Medica*. Seattle, WA: Eastland Press; 2004.

Bisio T. *A Tooth From the Tiger's Mouth: How to Treat your Injuries with Powerful Healing Secrets of the Great Chinese Warriors*. New York: Simon & Schuster; 2004.

Brand E, Wiseman N. *Concise Chinese Materia Medica*. Brooklyn, MA: Paradigm Publications; 2008.

Chen J, Chen T. *Chinese Medical Herbology and Pharmacology*. City of Industry, CA: Art of Medicine Press; 2004.

Foster S, Yue Chongxi. *Herbal Emissaries: Bringing Chinese Herbs to the West*. Rochester, VT: Healing Arts Press; 1992.

Jiao SD. *Ten Lectures on the Use of Formulas from the Personal Experience of Jiao Shu De*. Brooklyn, MA: Paradigm Publications; 2005.

Jiao SD. *Ten Lectures on the Use of Medicinals from the Personal Experience of Jiao Shu De*. Brooklyn, MA: Paradigm Publications; 2001.

Jiao SD. *Case Studies on Pattern Identification*. Brooklyn, MA: Paradigm Publications; 2006.

MacLean W, Lyttleton J. *Clinical Handbook of Internal Medicine Vols I and II*. Macarthur, Australia: University of Western Sydney Press; 1998.

Scheid V et al. *Formulas and Strategies*. 2nd ed. Seattle: Eastland Press; 2009.

Wu Y, Fischer W. *Practical Therapeutics of Traditional Chinese Medicine*. Brookline, MA: Paradigm Publications; 1997.

Dietética chinesa

Há poucos livros confiáveis sobre a dietética da Medicina Tradicional Chinesa. Muitos autores ocidentais incorporaram uma discussão limitada dos princípios da dietética tradicional sob perspectivas substancialmente ocidentais, sobre saúde e dieta, como a macrobiótica ou nutrição com alimentos integrais. Embora esses esforços integrativos sejam valorosos, os textos que listamos abaixo relacionam a dietética tradicional chinesa em seus próprios termos e representam precisamente sua prática. Nós recomendamos particularmente o *Chinese Nutrition Therapy* (2009), de Jeorg Kastner como provavelmente o livro-texto mais útil e abrangente sobre esse assunto disponível em inglês. O *Chinese Medicated Diet* (Enqin Zhang, 1990), embora seja uma leitura desafiante, traz uma perspectiva totalmente tradicional da dietética chinesa. O *Book of Jook* (2001), de Bob Flaws, introduz o leitor ocidental à distinta cozinha chinesa, o que é muito importante na aplicação terapêutica da dietética chinesa.

Cai JF. *Eating Your Way to Health: Dietotherapy in Traditional Chinese Medicine*. Beijing: Foreign Languages Press; 1993.

Flaws B. *Book of Jook: Chinese Medicinal Porridges, A Healthy Alternative to the Typical Western Breakfast*. Boulder, CO: Blue Poppy Press; 2001.

Kastner J, MD, LAc. *Chinese Nutrition Therapy*. 2nd ed. Stuttgart: Thieme; 2009.

Liu J. *Chinese Dietary Therapy*. Edinburgh: Churchill Livingstone; 1995.

Maclean W, Lyttleton J. *Clinical Handbook of Internal Medicine. Vol. 2: Spleen and Stomach*. Penrith: University of Western Sydney; 2002.

Zhang E, ed. *Chinese Medicated Diet*. Shanghai: Publishing House of Shanghai College of Traditional Chinese Medicine; 1990.

Zhao Z, Ellis G. *The Healing Cuisine of China: 300 Recipes for Vibrant Health and Longevity*. Rochester, VT: Healing Arts Press; 1998.

Qi gong

Há inumeráveis títulos do tipo "como fazer" sobre o *qi gong*, representando muitos estilos diferentes e milhares de mestres. Em vez de inadvertidamente deixar de fora um ou mais mestres ou tradições de prática, nós escolhemos uma pequena seleção de livros que consideramos um ponto de partida genérico ao amplo tópico do *qi gong*. São livros escritos por autoridades na área, mas de forma nenhuma levam o tema à exaustão.

Cohen KS. *The Way of Qigong*. New York: Ballantine Books; 1997.
Ding L. *Transmitting the Qi along the Meridian: Meridian Qigong*. Beijing: Foreign Languages Press; 1988.
Jwing Ming Yang. *The Root of Chinese Chi Kung—The Secret of Chi Kung Training*. Wolfeboro, NH: Yang's Martial Arts Association; 1989.
Liang SY, Wu WC. *Qi Gong Empowerment*. East Providence: The Way of the Dragon Publishing; 1996.
MacRitchie J. *Chi Kung: Cultivating PersonalEnergy*. Rockport, MA: Element Books; 1993.
Réquéna Y. *Qi Gong Gymnastique Chinoise de Santé & de Longévité*. Paris: Guy Trédaniel; 1998.
Réquéna Y. *La Gymnastique des Gens Heureux: Qi Gong*. Paris: Guy Trédaniel; 2003.

Website

http://www.feeltheqi.com.

Tai ji quan

Embora os livros do tipo "como fazer" abundem nas dez ou mais escolas de *tai ji quan*, há poucos estudos acadêmicos da história e da literatura original do *tai ji*. Os seguintes títulos rompem com o mito e com o paroquialismo para apresentar de uma maneira objetiva e sem vieses as origens e o desenvolvimento do *tai ji*, suas fontes primárias e seu papel na cultura chinesa. Eles também incluem amplas bibliografias para leituras adicionais.

Davis B. *The Taijiquan Classics: An Annotated Translation*. Berkeley, CA: North Atlantic Books; 2004.
Wile D. *Lost T'ai-chi Classics from the Late Ch'ing Dynasty*. Albany, NY: State University of New York Press; 1996.

Pesquisa em acupuntura: uma visão geral

Estar em dia com a pesquisa em medicina tradicional chinesa requer um esforço constante na leitura de artigos de revistas recentemente publicados. Esse tópico é discutido no capítulo sobre pesquisa, que apresenta um guia para o leitor. Os livros abaixo trazem perspectivas úteis na condução e no entendimento da pesquisa em medicina tradicional chinesa, ou sintetizam os resultados em áreas específicas até a data de publicação. O *Clinical Acupuncture: Scientific Basis* (2001) editado por Stux e Hammerschlag, embora já ligeiramente defasado, permanece sendo o mais completo texto único sobre os desenvolvimentos na pesquisa em acupuntura. O *Acupuncture Research* (2007), de Hugh MacPherson, oferece os entendimentos mais atualizados das questões confrontadas na pesquisa em acupuntura.

Bensoussan A. *The Vital Meridian*. Edinburgh: Churchill Livingstone, 1991.
Flaws B, Chace C. *Recent TCM Research from China: 1991-94*. Boulder, CO: Blue Poppy Press; 1994.
Lewith G, Jonas WB, Walach H. *Clinical Research in Complementary Therapies*. Edinburgh: Churchill Livingstone; 2002.
MacPherson H, Hammerschlag R, Lewith G, Schnyer R. *Acupuncture Research: Strategies for Building an Evidence Base*. London: Elsevier; 2007.
Stux G, Hammerschlag R, eds. *Clinical Acupuncture: Scientific Basis*. Berlin: Springer; 2001.

Fotos e ilustrações

Capa: Thomas Gefaell, Thomas Möller, Michael McCarthy, Kevin Ergil; páginas 5A, 25C, 43B: Patrick Ryan; páginas 5B, 13A, 167A, 173A, 175A, 181A-D, 327B: Bob Felt/Paradigm Publications; páginas 7A, 17B, 27B, 31B, 41A, 337A: Angelika-M. Findgott; página 9A: fotolivraria; página 11A: David Sibai; páginas 11B e C, 47A: Yuhuan Grant; página 23B: Velia Wortman Chow; página 25A: Julien Mohr; página 27A: Ahazan; página 31C: Alastair Clark; página 33B: Kate James; página 35B: Amrit MacIntyre; página 37A: China Purmed GmbH; página 43A: Ralph Harpuder; página 95A: Corbis; páginas 107B, 161A, 163A, 169A, 175B, 185A, 359B: Marnae e Kevin Ergil; página 121: Markus Voll; páginas 161B, 195C: 3B Scientific/Stefan Baudis; página 197A: Raphael Nogier; página 219A: Karl Wesker; páginas 301A e B: Christine Zilka; página 327A: Thomas Langer; página 341A: fonte de imagens; página 341B: Corel Stock; páginas 343A e B: MEV; páginas 347A e B, 355B, 357A, 361A-C, 363A e B, 365A e B: Imagine-china; página 351A: Sunya Dickman: página 355A: Asociaso Catalana Kun Fu; página 357B: Corbis.

Caligrafias nas páginas 9B, 13B, 19B, 23A, 325A e 333A: Tan Sheng Yan; caligrafias na página 323B: Helmut Magel.

O editor gostaria de agradecer Kevin Ergil por ter tirado mais de 70 fotos para capítulos que não foram de sua autoria.

Índice

Números de páginas em *itálico* se referem a ilustrações

A

a shi ("é aí!"), pontos 172, *189*
abalone, concha 256
abdome
- anamnese 112
- palpação 120

abrir os orifícios, fórmulas para *267*, 290, 291
abrir os orifícios, medicamentos para *239*, 256, *257*
abuso de substâncias 196
acalmar a falta de ar, medicamentos para *239*, 246, *247*
acalmar o fígado e extinguir o vento, medicamentos para *239*, 256, *257*
acelerar o sangue, fórmulas para *267*, 284, *285*
ácido aristolóquico, nefrotoxicidade 294
acônito 234, 236, 250, *251*, 292
- detoxificação 236, *237*
- fórmulas contendo 270, 276, 278
Acorus, raiz 256, *257*
acre, sabor 306-308, *307*, *309*
- medicamentos acre 232, *233*
acupuntura 32, 42, 46, 157-203
- microssistemas 194-196
- pesquisa 367-377
- - desafios 374-375
- - direções futuras 375-376
- - estudos dos mecanismos 370, *371*, 374
- - pesquisa clínica 372, *373*, 374
- - pesquisa em laboratório 370
- - publicações 376-377
- - segurança 372, *373*
- - tipos de pesquisa 368, *369*
  veja também pontos de acupuntura; canais; agulhas; agulhamento
adstringentes, fórmulas *267*, 286, *287*
adstringentes, medicamentos *239*, 254, *255*
agarrar 210, *211*, 212, *213*
  veja também massagem chinesa
Agarrar a Cauda do Pardal 362, *363*
água
- edema 68, *69*
- função do pulmão 76
- função do rim 82
água, fase *21*, *61*, 62, *83*
agulhamento
- com martelo de sete pontas (flor de ameixeira) 174, *175*
- inserção das agulhas 160, *161*
agulhas 158, *159*, *197*
- número de 188, 198, 200
alarme (*mu*), pontos 120, *121*, *189*
alcaçuz, raiz 232, 236
- nas fórmulas medicinais 262, 268, 276, 278, 290
álcool 310
alegria *61*, 74, *75*, *89*, 90, *91*
alimentos 300
- anamnese 113
- estagnação dos 140, *141*, 246, 292, *293*
- natureza dos 306, *307*, *309*
- tropismo pelos canais 308-310
  veja também dietética chinesa
Alisma 278
almíscar 256, 290
alúmen 258, *259*
amargo, sabor 306, *307*, 308, *309*
- medicamentos amargos 232, *233*, 240, 242
anmo 206
  veja também massagem chinesa
Amomum, fruto 246, *247*
amora 230, *231*, 246, 282
amora rubus 254
an fa (pressionar) 210, *211*
anamnese, *veja* questionar
Anemarrhena, rizoma 242
angélica, raiz 244, *245*, 262
Angelica daurica, raiz 234, 274
Angelica sinensis 225
ansiedade *89*, *91*
"Após a conclusão", hexagrama 358, *359*
aquecer o interior, fórmulas para *267*, 276, 277
aquecer o interior, medicamentos para *239*, 250, *251*

aquietar o espírito, fórmulas para *267*, 288, *289*
aquietar o espírito, medicamentos para *239*, 254, *255*
Arisaema, raiz 246
armas, no *tai ji quan* 360, *361*
arroz 246
Artemisia vulgaris (erva-de-são-joão) 162, 248
artéria radial, palpação 118, *119*
árvore, postura da 334-336, *335*
árvore-do-bálsamo 256
Asarum 292
aspídio 234
assistente, papel nas fórmulas 262
Astragalus, raiz 234, 286
atividade sexual, excesso de 92
Atractylodes, raiz 274, 282
Atractylodes ovata 260, *261*, 262, 278
Aurantium, fruto 270
auricular, acupuntura 196, *197*
autodefesa 360, *361*
automassagem 216, *217*
- do *qi gong* 342, *343*
- *tai ji quan* e 358
azedo, sabor 306, *307*, 308, *309*
- medicamentos azedos 232, *233*

B

ba gua 4, 5, *321*
baço 72, 78, *79*, 94, 302
- função 78
- padrões de doenças 138, *139*, 304
- princípios críticos 79
- *qi* 78, 302
Balançar a Cabeça e Agitar a Cauda 338, *339*
batatas 308
Bebida de *Cephalanoplos* 284
Bebida de *Gastrodia* e *Uncaria* 288, *299*
Bebida de Sálvia 284
Beligerantes, período dos Estados 14-26, *15*, 50
Ben Cao Gang Mu veja Fundamentação Herbal Abrangente
benjoim 256
bexiga 82, *83*
- padrões de doenças 144, *145*
bezoar bovino 256, 290
Bian Que 30, 322
bing zheng veja padrões de doenças

biota, semente 254
borneol 256, 290
budismo 32
- *qi gong* budista 322, *323*
Bupleurum, raiz 272

C

cabeça 194
- acupuntura escalpeana 194, *195*
- anamnese 112, *113*
Cabeça da Tartaruga 336-338, *337*
calor, doenças do 130
calor 88, *89*
- dispersar o *239*, 240-242, *243*, 270, *271*
- - medicamentos que resolvem o exterior 240
- doença do calor 130
- doença gastrointestinal por 140, *141*
- doenças do baço por 138, *139*
- doenças do coração por 134, *135*
- doenças do fígado/vesícula biliar por *143*
- doenças do pulmão por 136
- experiências do paciente de 110
- no sangue *69*
- nos padrões diagnósticos 124, *125*, 126, *127*
calor de verão 88, *89*
canais 70, *71*, 164, 166, *185*
- 12 canais divergentes 176, *177*
- - seis confluências (pontos de confluência) 176, *177*
- 12 canais principais 166, *167*, *185*
- 12 canais tendinomusculares 172, *173*
- 12 regiões cutâneas 174, *175*
- canais pareados *yin* e *yang* 166, 168, 176
- conexões com os órgãos 72, 170
- funções 164, *165*
- oito vasos extraordinários 70, 166, 178, *179*, 180, *185*
- - funções 178, *179*, 180
- palpação 120
- relações entre os canais 74, 76, 168
- sinais de patologia 170, *171*
- tropismo dos alimentos pelos canais 308-310
- tropismo dos medicamentos pelos canais 234, *235*
  veja também órgãos específicos
canais divergentes, os 12 176, *177*
- seis confluências (pontos de reunião) 176, *177*

canais regulares, os 12 166, *167*, 185
- vasos de conexão 182
canais tendinomusculares 70, 172, *173*
canal da bexiga
- sinais de patologia *171*
- trajetos dos canais divergentes *177*
canal da vesícula biliar, sinais de patologia *171*
canal do baço
- sinais de patologia *171*
- vaso de conexão 182, *183*
canal do coração, sinais de patologia *171*
canal do estômago 128
- sinais de patologia *171*
- vaso de conexão 182, *183*
canal do fígado 142
- sinais de patologia *171*
- trajeto 80
canal do intestino delgado
- sinais de patologia *171*
canal do intestino grosso 128
- sinais de patologia *171*
- vaso de conexão *183*
canal do pericárdio
- sinais de patologia *171*
canal do pulmão
- sinais de patologia *171*
- vaso de conexão *183*
canal do rim
- sinais de patologia *171*
- trajeto dos canais divergentes *177*
canal do triplo queimador, sinais de patologia *171*
canela 240, *241*, 268, 274, 278, 284, 297
caqui, cálice 248
caratê 346
Carthamus 248, *249*
cataplasmas 218, *219*
cebola 310
cefaleia 112, *113*, 186-188
centopeia 234, 256
cevada, broto 246
chá 310
Chang Nai Zhou 350
cheirar, *veja* escutar e cheirar (*wen zhen*)
Chen, *tai ji quan* estilo 348, 352, *353*
Chen Chang Xing 348, *349*
Chen Wang Ting 348, *349*, 352
Chicote Simples 362, *363*
Chuang Zi 24, 320
chuanxiong, rizoma 248
cimicífuga 238

cinábrio (cinnabar) 288, 290
- toxicidade 295
Cinco fases, teoria das 20-22, *21*, 60, *61*, 91
- pontos das cinco fases 190
- quatro ciclos das 62, *63*, 303
cinco sabores, *veja* sabores
cinco sobrecargas 93
cintura, vaso da *179*, 180, *181*
comando, pontos *189*
competição, *tai ji quan* 360, *361*
concentração no *qi gong* 324, 326, *327*
conexão, pontos de *189*
confluência, pontos 178, *189*
confluência, pontos de 176, *177*, *189*
Confúcio (Kong Fu Zi) 14-16, *25*
confucionismo 14-16, 24, *25*
- confucionista, *qi gong* 322, *323*
consolidar e adstringir, fórmulas para *267*, 286, *287*
consolidar e adstringir, medicamentos para *239*, 254, *255*
constipação 115
controlador, vaso 178, *179*, 180, *181*
- vaso de conexão 182
Coptis, raiz 242, *243*, 292
cor, inspeção da 102, *103*
- da língua 104-106, *105*
coração 74, *75*, 94
- funções 74
- padrões de doenças 134, *135*
- princípios críticos *75*
- relação com os canais 74
Cordyceps 250, 252, *253*
corno de búfalo aquático 242
Cornus, fruto 278
corpo sadio 94
Crataegus, fruto 246, 292
crescimento 86
crianças 114
- tratamento da dor abdominal 216
- *tui na* pediátrico (massagem chinesa) 216, *217*
crisântemo 238
cróton, semente 234
cruzamento/intersecção, pontos *189*
curcúligo 236
curry 312, *313*
curry de vegetais 312, *313*
cuscuta, semente 252
Cyathula, raiz 248
Cyperus, raiz 248, 282

D

Da Mo 322
damasco, caroço 268
dan tian, massagem no 342
dang gui (*tang kuei*) 225, 250, 252, *253*, 276, 278, 292
Decocção das Oito Gemas 278, *279*
Decocção de *Angelica pubescens* e Azevinho 274
Decocção de Bulbo de *Lilium* Consolidativa do Metal 272
Decocção de Casca de *Pinellia* e Magnólia 282
Decocção de Corno de Antílope e *Uncaria* 288
Decocção de *Ephedra* 268
Decocção de Folhas de Amora e Caroço de Damasco 272
Decocção de Fruto de *Perilla* para Descender o *Qi* 282
Decocção de *Gentiana* para Drenar o Fígado 270
Decocção de Ginseng, *Poria* e *Atractylodes ovata* 260, *261*
Decocção de Ginseng e Acônito 276
Decocção de *Pinellia*, *Atractylodes ovata* e *Gastrodia* 262
Decocção de Ramos de Canela, Peônia Branca e *Anemarrhena* 274
Decocção de Ruibarbo e Acônito 270
Decocção de *Tang Kuei* para Frio em Contrafluxo 276
Decocção de *Trichosantis*, Cebolinha Chinesa e Licor Branco 282
Decocção dos Dois Ingredientes Maturados 290, *291*, 292
Decocção dos Guerreiros Verdadeiros 274
Decocção dos Quatro Agentes 278, *279*
Decocção dos Quatro Agentes de Caroço de Pêssego e *Carthamus* 284, *285*
Decocção dos Quatro Cavalheiros 260, 262, 278, *279*
decocção em água 264
veja também fórmulas medicinais
Decocção Estabilizadora da Falta de Ar 282
Decocção Maior Coordenadora do *Qi* 270
Decocção Menor de *Bupleurum* 272, *273*
Decocção para Aquecer a Menstruação 284
Decocção para Expelir a Estase da Casa do Sangue 284
Decocção para Frio em Contrafluxo 276
Decocção que Consolida os Caminhos 286
Decocção que Resolve Toxinas de *Coptis* 270, *271*
Decocção que Tonifica o Centro e Amplifica o *Qi* 263
- formas de dispensação 265
Decocção Removedora de Calor para Sangramento Uterino 284
decocções 264
veja também fórmulas medicinais; *decocções específicas*
defensivo, aspecto 130, *131*
demônios, medicina dos 12-14
desarmonia 122
desenvolvimento 86, *87*
desinibir as águas, medicamentos para 244, *245*
deslocamentos, tratamento dos 218
dez questões 110, *111*
diagnóstico na medicina chinesa 97-155, *99*
- diagnóstico dos padrões *99*, 122-147
- diagnóstico Shang 8
dian fa (pressionar os pontos) 210, *211*
diarreia 115
Dicionário de Medicamentos 228
Dicionário Prático de Medicina Chinesa 48
dietética chinesa 299-317
- aconselhamento dietético 310-317
- anamnese dietética 112
- irregularidades como causa de doenças 89, 92, 304-306
veja também alimentos
digestão 78
dinastias *3*, *50-51*
veja também dinastias específicas
Dioscorea, raiz 278
Discussão sobre Doenças do Calor 42
Discussão sobre Epidemias do Calor 42
Discussão sobre o Baço e o Estômago 226
dismenorreia, estudo de caso 101, 152
- diagnóstico 106, 120, 152, *153*, 200
- tratamento 152
- - acupuntura *193*, 200, *201*
- - farmacoterapia 284, *285*
- - massagem chinesa (*tui na*) 214
dispersar, fórmulas para *267*, 292, *293*
dispersar a umidade, fórmulas para *267*, 274, *275*
dispersar o vento, fórmulas para *267*, 288, *289*

dispersar o vento e a umidade, medicamentos para 239, 244, 245
dispersar os alimentos, medicamentos para 239, 246
divergentes, canais 70
doce, sabor 306, 307, 308, 309
- medicamentos doces 232, 233
doenças 98, 122, 146, 147
- causas externas de 88, 89
- causas internas de 89, 90
- causas nem internas nem externas de 89, 92
- como uma paisagem desordenada 98-100
- *qi gong* e 328, 330
- *tai ji quan* e 364
- termos 147
- tratamento das, *veja* tratamento das doenças
domador de bois *veja* Fu Xi
dor abdominal em crianças, tratamento 216
dor de cabeça, *veja* cefaleia
doze canais tendinomusculares 172, 173
ducto do estômago, anamnese 112
Duplo Amarelo e *Lonicera* 266

E

"é aí!" (*a shi*), pontos, *veja a shi* ("é aí!"), pontos
educação médica 38-40, 39, 42, 54
Elixir do Imperador Celestial para Tonificar o Coração 288
"empurra-mãos" 347, 360
empurrar 210, 211, 215
- método de empurrar da meditação de um dedo 212
 veja também massagem chinesa
entorse do tornozelo, tratamento do 218, 219
envelhecimento 86
Ephedra 230, 240, 241, 268, 274
- segurança 294-295
erguer nas costas, método de 212
erva-de-são-joão (*Artemisia vulgaris*) 162, 248
escalpeana, acupuntura 194, 195
Escola das Doenças do Calor 226, 270
escorpião 236, 256, 257
escutando (exame) 112
escutar e cheirar (*wen zhen*) 100, 108, 109
espinheiro chinês 246
espírito 66, 90
- coração e 74
- observando o 102
 veja também shen
essência 66, 82, 328
- desenvolvimento e 86, 87
- insuficiência, rim 144, 145
estagnação, *veja qi*; estase de sangue
estancar o sangue, fórmulas para 267, 284
estase de sangue 68, 69, 92, 93, 132, 133, 248, 284
estômago 78, 79, 302
- função 78
- padrões de doenças 138, 140, 141
- princípios críticos 79
- *qi* 78, 116, 302
Estudo do Pulso do Mestre do Lago 40
ética médica 36
Evodia, fruto 284, 286
excremento de esquilo voador 284, 297
expelir os vermes, fórmulas para 267, 292
expelir os vermes, medicamentos para 239, 258, 259
extraordinários, órgãos 84
extratos secos 264
 veja também fórmulas medicinais

F

fadiga por sobrecarga 89, 92
falsa, acupuntura 368, 372, 375
farmacoterapia 221-269
- farmacopeias 228, 230
- fórmulas medicinais 260-293
- - categorias 266-293, 267
- - estrutura das fórmulas 262, 263
- - formas de administração 244-246, 265
- - segurança dos medicamentos 294-297
- - durante a gestação 295
- - interações entre drogas e ervas 296-297
- - precauções 294-295
- - substâncias medicinais 230-259
- - categorias 238-259, 239
- - processamento das 236, 237
- - propriedades 232-236
Fazendeiro Divinal *veja*, Shen Nong
febre 110
fenda, pontos 189
fezes 114
fígado 72, 80, 81
- funções 80
- padrões de doenças 142, 143
- princípios críticos 81
- *qi* 80, 108

filtrar a umidade, medicamentos para 239, 244, *245*
flegma *89*, 92, *93*, 132
- cinco flegmas *133*
- coração 134, *135*
- pulmão 136, *137*
flegma-reuma 68, *69*, 92
flor de ameixeira, agulhamento 174, *175*
fluidos corporais 66
- padrões de doenças 132, *133*
- patologia geral 68, *69*
- vazio 132
  veja também água
fogo, fase 20, *21*, *61*, 62, *75*
fogo, *veja* calor
Folguedo dos Cinco Animais 322
forma, inspeção da 102
- língua 104, *105*
Fórmula para Tosse com Sangue 284
Formulário da Era Taiping da Graça Imperial 226
Formulário de Padrões Pediátricos 280
fórmulas medicinais 260-293
- categorias 266-293, *267*
- estruturas das fórmulas 262, *263*
- formas de administração 264-266, *265*
  veja também farmacoterapia; *fórmulas específicas*
Fórmulas para 52 Doenças 222
Forsythia 242, 268, 292
frango 301
fraturas, redução das 218
frescos, medicamentos 232, *233*, 240-242, 252
fricção em círculos 210, *211*
  veja também massagem chinesa
frio 88, *89*
- dispersar o *239*, 250, *251*, *267*, 276, *277*
- - medicamentos que resolvem o exterior 240
- doença do baço pelo 138, *139*
- doença gastrintestinal por 140, *141*
- doença pulmonar pelo 136
- experiências dos pacientes de 110
- lesão pelo frio 128-130
- nos padrões de diagnóstico 124, *125*, 126, *127*
frios, medicamentos 232, *233*, 240-242, 252
Fritillaria 246, *247*, 292
Fritillaria sichuan, bulbo 246, *247*
Fu Xi (o domador de bois) 4, *5*

Fundamentação Herbal Abrangente 40, *41*, 226, *227*, 234
Fundamentos da Medicina Chinesa 48

G

Galo de Ouro Sobre uma Perna 364, *365*
gardênia, fruto 282
gastrodia, raiz 256
gengibre 234, 250, *251*, 276, 290, 310
Gentiana, raiz 270, 274
geração, ciclo de 62, *63*, *303*
gestação, uso de ervas na 299
gestual, inspeção do 102, 104
ginseng 250-252, *251*, 278, 292, *297*
ginseng americano 252
Glossário de Termos Médicos Chineses 48
gosto, anamnese 112
governador, vaso 178, *179*, 180, *181*
- vaso de conexão 182
Grande Dicionário de Medicamentos Chineses 228, *229*
gua sha, tratamento pelo 174, *175*
gun fa (rolamento) 212, *215*
Gypsum 232, 242

H

Haloisita 297
Han, dinastia 22, 26, *50*, 322
- textos da 28-32
harmonizadoras, fórmulas *267*, 272, *273*
hematita 256
hipocôndrios, anamnese 112
história da medicina chinesa 1-51
- base textual 28-32, *29*
- China moderna 42-46
- criação do mundo 2-4
- dinastia Shang 8-11
- dinastia Zhou 12-14
- farmacoterapia 222-227
- introdução no Ocidente 46-48
- maturação da medicina chinesa 34-36
- origens lendárias 4-7
- período dos Estados Beligerantes 14-26
- período imperial tardio 40-42
- *qi gong* 320-324
- sistematização da medicina 36-40
- taoísmo 24-26
Hua Tuo 30, *31*, 322
Huang Di (Imperador Amarelo) 6, *7*, 28
  veja também O Clássico de Medicina do Imperador Amarelo

Huang Fu Mi 34
humores 66
- depleção intestinal 140, *141*
- desaparecimento dos 68, *69*
hun (alma etérea) 14

I

Imperador Amarelo, *veja* Huang Di
impotência, tratamento da 214
ingestão de líquidos 112
- sede 114
insônia 98
inspeção (*wang zhen*) 100, 102, *103*
- da cor 102, *103*
- da forma e do gestual 102, 104
- da língua 104, *105*
interações entre drogas e ervas 296-297
intersecção, pontos de *189*
intervenção complexa, acupuntura como *375*
intestino delgado 78, 134
- função 78
- princípios críticos *79*
- relações dos canais 74
    veja também vísceras ocas; intestinos
intestino grosso 78
- funções 78
- padrões de doenças 140
- princípios críticos *79*
- relações com os canais 76
    veja também vísceras ocas; intestinos
intestinos, padrões de doenças 140, *141*
    veja também vísceras ocas; intestino delgado; intestino grosso
ioga 346

J

jasmim-estrela 244
Jin, dinastia 40, 50, *51*
joelho, dor no, *veja* lombar e nos joelhos, estudo de caso de dor na região
jujuba espinhosa, caroço 254, *255*

L

Lao Zi 24, *25*, 50, 350
laranja azeda 230
levedura 282, 292
Li Dong Yuan 40, 226
Li Shi Zhen 40, *41*, 226
Li Yi Yu 348, *349*, 352, 356

Ligusticum 278, 282, 284
limão 310
língua 74, *107*
- inspeção da 104-106, *105*, *107*
- relacionamento com o coração 74
Liu Wan Su 40
Livro das Mutações 320, 350
lombar e joelhos, estudo de caso de dor na região 101, 150
- diagnóstico 106, 120, 124, 150, *151*, 198
- tratamento 150
- - acupuntura 196, 198, *199*
- - farmacoterapia 280, *281*
Lonicera (madressilva) 242, 268

M

Ma Wang, textos de 28, *29*, 164, 222, 320, 356
maconha, semente 244
madeira, fase 20, *21*, 60, *61*, *62*, *81*
madeira, pontos 192
madressilva (*Lonicera*) 242
magnólia, casca 270
manipulação 212, *213*, 218
mão
- acupuntura 194, *195*
- canais *yin* e *yang* na *187*, 194
- programa de treinamento da, para o *tui na* 208, 209
Mao Zi Dong 42-44, *43*
mar (de união), pontos 190, *191*
martelo de sete pontas (flor de ameixeira) 174, *175*
massagem chinesa (*tui na*) 205-219
- aplicações *207*, 214-218
- - estudo de caso de dismenorreia 214
- - pediátricas 216, *217*
- automassagem 216, *217*
- condições tratadas *207*
- manipulações 212, *213*, 218
- movimentos das mãos 210-212, *211*, *213*
- preparações tópicas 218, *219*
- preparo físico do praticante 208, *209*
Matéria Médica do Fazendeiro Divinal 24, 28, *29*, 32, 222, 224, *225*
mecanismos, estudos dos, da acupuntura 370, *371*, 374
medicamentos aromáticos transformadores da umidade *239*, 246, *247*
medicamentos preparados 264-266
    veja também fórmulas medicinais

Medicina das Correspondências Sistemáticas 16-22, 26, 32, 34
- conceito de *qi* 22, *23*
- incorporação da medicina herbal 38
- teoria das cinco fases 20-22, *21*
- teoria *yin* e *yang* 18-20, *19*
- unidade da humanidade com a natureza 18
medicina herbal 24, 38, 222
- interações entre drogas e ervas 296-297
- resumo histórico 222-227
- uso na gestação 295
   veja também farmacoterapia
medo *61*, *83*, *89*, *91*
mel 308
Melia, casca 258, *259*
mensageiro, papel nas fórmulas 262
menta 240, *241*, 310
mente 90
- corporificada 90, *91*
mente corporificada 90, *91*, 94
- princípios críticos *91*
metal, fase *21*, *61*, 62, *77*
metal, pontos 192
metanálises 368
método chinês dos seis pontos 192, *193*
método coreano dos quatro pontos 192, *193*
Método do Coração de Zhu Dan Xi 226
Ming, dinastia 40, *51*
ming men, massagem no 342, *343*
minhoca 256, *257*
ministro, papel nas fórmulas 262
mirabilitum 270
mo fa (fricção em círculos) 210, *211*
moutan, casca 278, 284
moxabustão 158, 162, *163*
mu (alarme), pontos 120, *121*, 189
mulheres 114
Mume, fruto 290
mundo, criação do 2-4
Muralha da China 26, *27*
Mylabris 258, *259*
Myristica, semente 286

N

na (agarrar) 210, *211*, 213
NADA, *veja* National Acupuncture Detoxification Association
Nan Jing (O Clássico das Dificuldades) 29, 30, *31*, 32, 60, 118, *119*, 192
nariz, massagem no 342, *343*
nascente, pontos 190, *191*

National Acupuncture Detoxification Association (NADA) 196
natureza, unidade com a humanidade 18
neutros, medicamentos 232, *233*
notoginseng, raiz 248, *249*

O

O Clássico das Dificuldades (Nan Jing) 29, 30, *31*, 32, 60, 118, *119*, 192
O Clássico de Medicina do Imperador Amarelo 6, *7*, 28, *29*, 32, 74, 116, 320, 350
O Clássico do Pulso 34
O Clássico Sistematizado de Acupuntura e Moxabustão 34
odores 100, 108, *109*
Oito Peças de Brocado 320, *321*
oito princípios, diagnóstico dos padrões segundo os 124, *125*
oito vasos extraordinários 70, 166, 178, *179*, 180, *185*
- funções 178, 179, 180
olhos
- anamnese 112
- massagem nos olhos 342, *343*
Ophiopogon, tubérculo 252, *253*
órbita microcósmica 338-340, *339*
orelha
- acupuntura na 196, 197
- anamnese 112
órgãos internos, *veja* vísceras
órgãos sólidos 72
- órgãos extraordinários 84
- padrões de doenças 134-145
   veja também órgãos específicos
ossos, ajustar/arrumar 206, 218
ossos de dragão 254, *255*
ostra, concha 254
ostras 310

P

padrões, diagnóstico dos 99, 122-146, *147*
padrões de doenças (*bing zheng*) 98, 122-146, *147*
- padrões de órgãos 134-145
   veja também órgãos específicos
palpação (*qie*) 100, 116-120
   veja também pulso, exame do
Pan Gu 2-4
Panax ginseng 250, *251*
papéis sociais na hierarquia confucionista 16, *17*

parasitas *89*, 92
pavor (medo) 80, *89*, *91*
pé
- acupuntura no 194, *195*
- canais *yin* e *yang* do *187*, 194
peito, anamnese 112
penetrante, vaso *179*, 180, *181*
pensamento *61*, *79*, *89*, *91*
peônia branca, raiz 234, 278
peras ao vapor 316, *317*
pericárdio 74, *75*
- padrões de doenças 134, *135*
Perilla, semente 246
pesquisa, acupuntura, *veja* acupuntura
pesquisa clínica, acupuntura 372, *373*, 374
pêssego, caroço de 248
pestilento, *qi* 88
Phellodendron 242, *243*, 292
Pílula de Acônito Retificadora do Centro 276, *277*
Pílula de *Mume* 292
Pílula de Seis Ingredientes da *Rehmannia* 280
Pílula do Cofre de Ouro do *Qi* do Rim 278, 280, *281*
Pílula do palácio Pacífico de Bezoar Bovino 290
Pílula dos Quatro Espíritos 286
Pílula para Drenar o Verde-azulado 270
Pílula para Superar a Depressão 282, *283*
Pílula Preservadora da Harmonia 292, *293*
Pílula Redutora do Riacho 286
Pílula Retificadora do Centro 276
pílulas de chá 266
Pílulas de Sementes de Maconha 270
Pinellia 290
placebo, efeito 368, 372
po (alma corpórea) 14
Pó das Oito Retificações 274
Pó de Caroço de Damasco e Folhas de Perilla 272
Pó de Flor de Sophora 284
Pó de *Fritillaria* e *Trichosanthis* 292
Pó de Jade para Barrar o Vento 286, *287*
Pó de *Lindera Tian Tai* 282
Pó de *Lonicera* e *Forsythia* 242, 268, *269*
Pó do Sorriso Súbito 284, *285*
Pó dos Cinco da *Poria* 274, *275*
Pó para Dispersar o Vento 288
Pó para Drenar o Amarelo 270
Pó para Drenar o Branco 270
Pó para Levar à Simetria 288

Pó para Sequestrar o Vermelho 270
Pó Retificador do *Qi* de Agastache 262, 274
poço, pontos 190, *191*
Polygonum multiflorum 236
pontilhar, *veja* pressionar os pontos
pontos de acupuntura 148
- categorias de pontos 188, *189*
- pontos *a shi* ("é aí!") 172, *189*
- pontos de alarme (*mu*) 120, *121*, *189*
- pontos de comando *189*
- pontos de conexão *189*
- pontos de confluência 178, *189*
- pontos de cruzamento/intersecção 189
- pontos de influência 176, *177*, *189*
- pontos de transporte *189*, 190, *191*
- pontos de transporte posterior *189*
- pontos-fenda *189*
- pontos-fonte *189*
- seleção de pontos 160, 186-188, *187*, 192
- - combinação de pontos 186, *187*
- - estudo de caso de dismenorreia 200, *201*
- - estudo de caso de dor na lombar e nos joelhos 198, *199*
- - estudo de caso de resfriado comum 202, *203*
pontos-fonte *189*
poria 244, *245*, 278, 290
postura, no *qi gong* 324, 326, *327*
precipitantes, fórmulas *267*, 270, *271*
precipitantes, medicamentos *239*, 244, *245*
Prescrições dos Mil Ducados 36, 226, 300
Prescrições Essenciais do Cofre de Ouro 226, 278
pressionar 210, *211*
  veja também massagem chinesa
pressionar 210, *211*
  veja também massagem chinesa
pressionar os pontos *207*, 210, *211*
  veja também massagem chinesa
princípios críticos 72, *73*
  veja também órgãos específicos
processamento de medicamentos 236, *237*
Prunella, espinho 242
psique, *veja* mente corporificada
Psoralea, fruto 286
Pueraria 230
pulmão 76, *77*
- funções 76
- padrões de doenças 136, *137*
- princípios críticos *77*

- *qi* 76, 108
- relações com os canais 76
pulso, exame do 116-118, *119*
- qualidades do pulso *117*

Q

qi 16, 22, *23*, 64, *65*, 66, 94, 324
- circulação do 168, *169*, 176, 190
- - canais tendinomusculares 172
- - ciclo diurno 168, 302, *303*
- contrafluxo 68, *69*
- - do *qi* do estômago 140, *141*, 248
- dos alimentos 306
- dos medicamentos *233*
- essencial 82
- estagnação 68, *69*, 132, 282, 312
- estagnação do *qi* do fígado 142, *143*
- fígado, papel do 80
- padrões de doenças do 132, *133*
- - padrões de doenças dos quatro aspectos 130, 132
veja também órgãos específicos
- patologia geral 68, *69*
- pestilento 88
- produção *65*
- pulmão, papel do 76, 136
- rim, papel do 82
- submersão do 68, *69*
- *tai ji quan* e 358
- tonificação 250-252, 278
- vazio do 68, *69*, 132
- - baço 138, *139*
- - coração *135*
- - estômago *141*
- - pulmão 136, *137*
- - rim 144, *145*
- *zheng qi* 64
  veja também órgãos específicos
qi gong 216, 319-343
- origens históricas 320-324
- pesquisa e áreas de aplicação 328-334
- prática 334-343
- - automassagem 342, *343*
- princípios 324-333
- tipos de 322, *323*
- Três tesouros e 326-328
qi gong estático 334-336, *335*
qi gong médico 322-324, *323*, 328
Qi Ji Guang 348
Qin, dinastia 26, 50
Qin Shi Huang Di 26
Qing, dinastia *11*, 42, *51*

qualitativos, estudos 368
quantitativos, estudos 368
quatro aspectos, padrões de doenças segundo os 130, *131*
quatro ciclos das cinco fases 62, *63*, *303*
quatro exames 99, 100
queimador inferior, *veja* triplo queimador
queimador médio 302
- dieta e distúrbios 304
- estagnação do *qi* no 312
  veja também baço, estômago; triplo queimador
queimador superior *veja* triplo queimador
quentes, medicamentos 232, *233*, 234, 250
questionar (anamnese) 100, 110-114, *111*, *113*, 115

R

rabanete, sementes 292
raiva *61*, 80, *81*, 89, 90, *91*
reabilitação cardíaca para idosos *329*
realgar 290
rebelião, ciclo de 62, *63*
regiões cutâneas, 12 174, *175*
- aplicação clínica 174, *175*
regiões cutâneas 70, 174, *175*
- aplicações clínicas 174, *175*
regulatória, função, dos canais 164, *165*
Rehmannia, raiz 234, 242, 250, 278, 280
remover o calor, fórmulas para *267*, 270, *271*
remover o calor, medicamentos para *239*, 240-242, *243*
repleção 192
- nos padrões de diagnóstico 124, *125*
reprodução 86
resfriado comum, estudo de caso 101, 154
- diagnóstico 106, 120, 124, 126, 130, 154, *155*, 202
- tratamento 154
- - acupuntura 202, *203*
- - farmacoterapia 268, *269*
resolver o exterior, fórmulas para *267*
resolver o exterior, medicamentos para *239*, 240, *241*, 268, *269*
respiração, no *qi gong* 324, 326, *327*
Reston, James 46, *47*
restrição, ciclo de 62, *63*
retificar o *qi*, fórmulas para *267*, 282, *283*
retificar o *qi*, medicamentos para *239*, 248, *249*
retificar o sangue, fórmulas para *239*, 248, *249*

riacho, pontos 190, *191*
rim 80, 82, *83*, 94, 136
- desenvolvimento e *87*
- funções 82, 144
- padrões de doenças 144, *145*
- princípios críticos *83*
rio, pontos 190, *191*
risoto 314, *315*
risoto de beterraba 314, *315*
rolamento 212, *215*
    veja também massagem chinesa
Rota da Seda 32, *33*
rotação, método de 212
rou fa (amassamento) 210, *211*
ruibarbo 244, *245*, 270

S

sabores 306-308, *307*
- dos medicamentos 232, *233*
salgado, sabor 306, *307*, 308, *309*
- medicamentos salgados 232, *233*
sálvia, raiz 248
sangramento 162
sangue 64, 66, *67*
- calor no *69*
- circulação do 168
- estase do 68, *69*, 92, *93*, 132, *133*, 248, 284
- função do baço 78
- função do fígado 80
- nos padrões de doenças dos quatro aspectos 130, 132
- padrões de doenças 132, *133*
- patologia geral 68, *69*
- tonificação do 252, 278
- vazio do 68, *69*, 132
- - do coração *135*
- - do fígado 142, *143*, 314
    veja também órgãos específicos
sanguissorba, raiz 248
sapo, veneno 258
Saposhnikovia, raiz 274
Schisandra, amora 254, *255*, 286
Scrophularia, raiz 242
Scutellaria, raiz 242, *243*, 272, 282
secura 88, *89*, 316
- nas doenças pulmonares 136
- nos padrões de diagnóstico *127*
sede 114
segurança
- da acupuntura 372, *373*
- dos medicamentos 294-297

seis canais, padrões de doenças dos 128-130, *129*
seis confluências (pontos de encontro) 176, *177*, 189
seis fatores perniciosos/excessos 88, *89*, 126, *127*
seleção de pontos, *veja* pontos de acupuntura
sentado, *qi gong* 338 - 341
sete emoções 90, *91*
sham, *veja* falsa, acupuntura
Shang, dinastia 8-11, *50*
Shang Han Za Bing Lun (Tratado do frio nocivo e doenças miscelâneas) 29, 30, 32, 128, 226
shen 49, 66, 322, *323*
    veja também espírito
Shen Nong (Fazendeiro Divinal) 4, *5*, 24, 28, 224
    veja também Matéria Médica do Fazendeiro Divinal
Sichuan, pimenta 292
soberano, papel nas fórmulas 262
Sobre o Frio Nocivo veja Tratado do Frio Nocivo e Doenças Miscelâneas
sofrimento *61*, 77, *89*, *91*
Song, dinastia 36-38, *51*
sono, anamnese 114
sons 100, 108, *109*
sopa coreana de galinha *301*
Sorriso Interior para o Fígado 340, *341*
Styrax 256
subjugação, ciclo de 62, *63*
substâncias medicinais 230-232
    veja também farmacoterapia; *substâncias específicas*
Sui, dinastia 34, *39*, 50
Sun, *tai ji quan* estilo 348, 352, *353*
Sun Lu Tang 348, *349*, 352
Sun Si Miao 36, 226, 300
Sun Yat Sen 42, *43*
suor 112
suprimir a tosse, medicamentos para *239*, 246, *247*

T

tai ji di tu 57
tai ji quan 345-365
- armas 360, *361*
- autodefesa 360, *361*
- competição 360, *361*
- estilos 352, *353*
- história 348-350, *349*

- literatura 356
- medicina ocidental e 364
- medicina tradicional chinesa e 356-358
- posturas representativas 362-364
- princípios de movimento 354, *355*
talcum 244
tâmaras chinesas 262
Tang, dinastia 34-36, *35*, *39*, *51*
tang kuei (*dang gui*) *225*, 250, 252, *253*
- nas fórmulas medicinais 276, 278, 292
tangerina 230, 248, *249*
Tao Hong Jing 224
taoísmo 24-26, 40
- *qi gong* taoísta 320, 322, *323*, 328
teoria fundamental da medicina chinesa 54-95, *55*
terminologia 48, *49*
terra, fase 20, *21*, *61*, 62, *79*
textos 28-32, *29*
- traduções 48
tônicas, fórmulas *267*, 278-280, *279*, *281*
tônicos, medicamentos *239*, 250-252, *251*, *253*
tonturas, tratamento das 256, 262
toxicidade dos medicamentos 234-236
tradução, problemas de 48, *49*
trajetos 164
 veja também canais; vasos de conexão
transformar a flegma, fórmulas para *267*, 290-292, *291*
transformar a flegma e suprimir a tosse e a dispneia, medicamentos para *239*, 246, *247*
transporte, função de, dos canais 164, *165*
transporte, pontos de *189*, 190, *191*
transporte posterior, pontos *189*
Tratado do Frio Nocivo e Doenças Miscelâneas *29*, 30, 32, 128, 226, 260
tratamento das doenças
- curso do tratamento 188
- dinastia Shang 10
- dinastia Zhou 14
- *gua sha* 174, *175*
- métodos 148, *149*
- princípios 148
- tratamento dos canais tendinomusculares 172
 veja também acupuntura; massagem chinesa (*tui na*); farmacoterapia
trauma 92

Três tesouros 326-328
Trichosanthis 292
triplo queimador 72, 84, *85*
- *qi* 84
 veja também queimador médio
tui (empurrar) 210, *211*, 215
tui na (massagem chinesa) pediátrico 216, *217*
tui na, *veja* massagem chinesa
Typha, pólen 284

U

umedecer a secura, fórmulas para *267*, 272, *273*
umidade 88, *89*
- dispersar a *239*, 242, 244-246, *245*, *247*, 274, *275*
- doenças do baço por 138, *139*
- doenças do fígado/vesícula biliar por *143*
- doenças intestinais por 140, *141*
- nos padrões de diagnóstico 126, *127*
união (mar), pontos *veja* mar, pontos
urina 114
uso externo, medicamento de *239*, 258, *259*

V

varfarina, interações 296
vasos de conexão 164, *165*, 182-184, *183*, *185*
- dezesseis divergentes de conexão 182-184
- - divergentes de conexão longitudinais 182, 184
- - divergentes de conexão transversais 182, 184
- vasos de conexão diminutos 184
- vasos de conexão sanguíneos 184
- vasos de conexão superficiais 184
vasos de conexão diminutos 184
vasos de conexão sanguíneos 184
vasos de conexão superficiais 184
vasos extraordinários 70, 178, *179*, 180
- funções 178, *179*, 180
vazio 192
- nos padrões de diagnóstico 124, *125*
- vazio duplo de *qi* e *yin* 136
 veja também sangue; fluidos corporais; *qi*; *yin* e *yang*

vento 88, *89*
- dispersar o *239*, 244, *245*, 288, *289*
- - fórmulas para resolver o exterior 268
- - medicamentos para acalmar o fígado e extinguir o vento *239*, 256, *257*
- - medicamentos para resolver o exterior 240, *241*
- doenças do fígado por 142, *143*
- doenças do pulmão por 136
- nos padrões de diagnóstico 126, *127*
ventosas 162, *163*
Veratrum, raiz 234
vermes *veja* parasitas
vesícula biliar 80, *81*, 84
- funções da 80
- padrões de doenças da 142, *143*
- *qi* 80
vinhos medicinais 266
vísceras 72
vísceras ocas 72
- movimentos, questionando 114, *115*
- padrões de doenças 138, 140, *141*
  veja também intestino grosso; intestino delgado; triplo queimador
visualização no *qi gong* 326

W

wai dan 322
wang, *veja* inspeção
Wang Shu He 34
Wang Zhi Zhong 124
wen/wen zen/wen zhen, *veja* questionar
wu (xamãs) 8, 12, *13*, 16
Wu, *tai ji quan* estilo 348, 352, *353*
Wu Quan You 348, *349*, 352
wu xing, *veja* cinco fases, teoria das
Wu You Ke 42, 88
Wu Yu Xiang 348, *349*, 352, 356
Wu/Hao, *tai ji quan* estilo 348, 352, *353*

X

xamãs, *veja wu*
Xuan Zang 35

Y

Yan Chen 88
Yang, *tai ji quan* estilo 348, 352, *353*
yang, veja *yin* e *yang*
yang de conexão, vaso *179*, 180
yang do calcanhar, vaso *179*, 180
Yang Lu Chan 348, *349*, 352, *357*
Ye Tian Shi 42
Yi Jing (*I Ching*) 320
yin de conexão, vaso *179*, 180
yin do calcanhar, vaso *179*, 180
yin e *yang* 16, 18-20, 19, 54-68, 57
- canais 70, 128-130
- - equilibrando os pontos 186, *187*
- na medicina 58, *59*
- órgãos 72
- padrões de doenças 124, *125*, 128-130, *129*
veja também órgãos específicos
- tonificação do *yang* 250, 252, 278-280
- tonificação do *yin* 252, 278-280
- vazio do *yang* 110
- - baço *139*
- - coração *135*
- - rim 144, *145*, 280
- vazio do *yin* 110
- - do coração *135*
- - do estômago *141*
- - do pulmão 136, *137*, *145*, 316
- - do rim 144, *145*
  veja também órgãos específicos
yin zhi chan tui fa 212
Yuan, dinastia 40, *51*

Z

Zhang San Feng 350
Zhang Zhong Jing 30, *31*, 38, 128, 226, 268
Zhang Zi He 40
Zheng Man Qing *351*
zhong yi 42
Zhou, dinastia 12-14, *15*, *50*, 320, 322
Zhu Dan Xi 40, 226, 282